중도·중복장애학생 교육

한경근 · 박순길 · 박경옥 · 김영미 · 김혜리 공저

EDUCATION OF
STUDENTS WITH
SEVERE AND
MULTIPLE DISABILITIES

학지사

머리말

최근 특수교육 현장은 장애의 중도화, 중복화가 심화되어 가는 추세에 있으며, 증가하는 중도 · 중복장애학생들의 교육에 관심과 초점이 맞추어지고 있다. 이러한 현상들은 장애학생의 개별화교육으로 실천되고 있으며, 특수교육대상자 개개인의 교육적 요구에 알맞은 교육이 질적인 교육이 될 수 있다.

특수교육의 시대 흐름은 장애학생에게 적합한 교육과 적절한 치료지원 서비스 등이 동시에 이루어져야 함을 강조한다. 특히 중도 · 중복장애의 조기발견과 조기중재는 이후에 생길지도 모르는 2차 장애를 예방하고, 적절한 서비스를 제공함으로써 장애 정도를 경감시킬 수 있다. 이러한 노력은 장애영유아의 무상교육으로, 장애 위험이 있는 아동을 적극적으로 찾아서 진단 의뢰를 해야 하는 법적인 근거로 나타났다.

중도 · 중복장애학생들은 장애의 심화로 인해 기본적 생존의 욕구인 섭식 기능, 이동 기능, 생활 기능 등 인간이 살아가는 데 필요한 조건들이 충족되지 않아 삶의 질이 낮다고 할 수 있다. 그렇기 때문에 중도 · 중복장애학생들이 학교교육을 받는다는 것은 2차적인 과제가 될 수 있다. 장애학생은 유치원부터 고등학교까지가 의무교육이므로 반드시 학교교육을 받아야 하지만, 이러한 교육적 정책이 있음에도 기본적인 생활 욕구가 해결되지 못하고 있는 중도 · 중복장애학생들 중 학교에 갈 수 있는 학생은 소수에 불과하다. 순회교육은 중도 · 중복장애학생들의 교육적 요구에 맞는 서비스를 할 수 있는 시스템이라 하겠다. 또한 중도 · 중복장애학생의 가족 구성원들에게 다양한 형태의 지원이 필요하며, 이러한 가족지원은 중도 · 중복장애학생의 교육에 직접적인 영향을 미치는 요인이 될 수 있다. 장애학생과 그 가족들에게 다양한 지원이 필요한 것은 그것이 우리 모두가 원하는 완전사회통합으로 갈 수 있는 길이기 때문이다.

이 책은 특수교육교사를 양성하는 대학에서 '중도 · 중복장애학생 교육' 관련 과목의 교재로 사용하기 위해 집필되었다. 우리나라에 중도 · 중복장애학생을 배려한 교육과정이 없는 실정에서 체계적인 지도 방법을 찾기가 쉽지 않고, 교사 양성기관에서 그 지도 방안을 모색하기도 쉽지 않은 점이 있었다. 또한 중도 · 중복장애와 관련한 다양한 번역서들이 있지만, 그 내용적인 면에서 학부생들의 욕구에 알맞은 교재는 부족한 현실이다. 그래서 중도 · 중복장애학생의 다양한 특성 이해와 교육적 요구에 부합하는 내용이 수록되기를 갈망하고, 예비 특수교사들이 중도 · 중복장애학생을 이해하는 데 조금이나마 도움을 받기를 바라는 마음에서 이 책을 집필하였다.

이 책의 특징은 중도 · 중복장애 관련 전공서적으로서는 우리나라에서 처음으로 집필된다는 점과 중도 · 중복장애 전문가들이 모여서 논의와 토의를 거쳐 내용 주제와 형식을 구성하였다는 점이다. 특히 저자진이 우리나라 중도 · 중복장애 전문가들로 구성되어 있는 점은 이 책의 가장 큰 장점이자 자부심이라 할 수 있다.

이 책은 제1부 중도 · 중복장애학생을 위한 이론적 접근, 제2부 중도 · 중복장애학생을 위한 실제적 접근으로 구성하였다. 제1부는 1장 중도 · 중복장애의 정의 및 분류(한경근), 2장 진단 및 평가(김영미), 3장 교육과정 편성과 운영(김혜리), 4장 교수 · 학습 방법(박경옥), 5장 개별화교육계획(박순길), 6장 보편적 학습 설계(한경근)로 구성되어 있고, 제2부는 7장 의사소통 지도(김혜리), 8장 섭식기술 지도(박순길), 9장 일상생활 지도(박경옥), 10장 치료지원 서비스(김영미), 11장 보조공학지원(김혜리), 12장 순회교육(박순길), 13장 전환교육(박경옥), 14장 가족지원

(김영미)으로 구성되어 있다.

저자들이 각고의 노력으로 집필한 책이지만 보완해야 할 내용이 많을 것으로 생각한다. 앞으로 독자들의 의견을 수렴하여 수정하고 보완해서 더 좋은 책을 만들도록 노력해 나갈 것이다. 미흡하나마 중도 · 중복장애학생 이해와 교육에 조금이라도 도움이 되었으면 하는 바람을 전한다.

마지막으로 이 책이 나오기까지 많은 도움을 주신 학지사 김진환 사장님, 정승철 부장님, 편집부 이하나 선생님의 노고에 감사를 드린다.

2013년 2월

저자 일동

차 례

제1부

중도 · 중복장애학생을 위한 이론적 접근

제 1 장

중도 · 중복장애의 정의 및 분류

이 장에서는 중도 · 중복장애의 정의와 분류 및 특성에 대해 개괄적 설명을 한다. 먼저 중도 · 중복장애 개념에 대한 논점을 바탕으로 정의를 도출하고, 중도 · 중복장애를 가진 학생들의 일반적 특징을 기술한다. 이어서 주 장애를 기준으로 5가지 유형의 중도 · 중복장애의 분류와 특성을 설명하고, 마지막으로 희귀질환을 가진 중도 · 중복장애의 유형과 특성을 설명한다.

13세의 진희는 특수학교에 다니고 있다. 진희는 지적장애로 진단받았는데, 중도의 심한 인지장애와 지체장애를 함께 가지고 있고, 구어를 사용하지 못한다. 진희가 낼 수 있는 소리는 손등에 혀를 마찰시켜 내는 소리, 입술을 자극하여 내는 소리 정도다. 그는 부모님과 함께 살고 있고, 다른 형제는 없다. 어머님은 진희가 스스로 식사하고, 소변을 볼 수 있기를 희망한다.

교실에서 진희는 대부분 의자를 뒤로 쭉 밀어 엎드려 있거나 손으로 목을 두드리고 혀를 손등에 문지르며 "에~"하는 소리를 지속적으로 내는 행동을 보인다. 수업시간에 진희를 위해서 둥근 스티로폼에 필기구를 끼워 주면 교사와 함께 선긋기를 하기도 하지만, 연필을 잘 쥐려고 하지 않고 관심을 보이지도 않는다. 진희는 풍선에 큰 관심을 보인다. 진희의 시각적 반응이 어느 정도인지 알아보기 위해서 빨간색과 파란색의 풍선을 교실 곳곳에 두었더니 진희에게서 약 2m 정도 떨어진 거리까지 몸을 움직여 풍선을 잡기도 했다. 청각적 반응을 알아보기 위해 진희 앞에서 이름을 부르면 속눈썹을 깜빡깜빡이며 소리를 감지하는 것을 알 수 있었다. 촉각적 반응을 알아보기 위해 세면대에서 물을 틀고 손바닥을 흐르는 물에 대주면 깜짝 놀라는 반응을 보였으나 그 이후부터는 세면대에 가면 스스로 손을 내밀어 물을 느끼려는 시도를 보였다. 미각이나 후각적 반응은 뚜렷하게 구별되지 않았고, 섭식에 어려움이 있어 음식을 잘게 다져 주거나 마실 수 있도록 제공해 주면 음식을 섭취할 수 있다. 교사는 진희의 이러한 감각 반응을 바탕으로 시각, 청각, 촉각을 활용한 자극을 지속적으로 제공하려고 한다.

학급 친구들은 진희를 좋아하고 도와주기를 즐겨한다. 편마비 증상으로 걷는 것에 어려움이 있지만, 도움을 받아 걸어 다닐 수 있고 컨디션이 좋을 때는 30m정도의 거리는 스스로 걷기도 한다. 그러나 긴 거리를 이동할 때에는 휠체어에 의존해야 한다.

1. 중도 · 중복장애의 정의

특수교육대상자의 장애가 중도 · 중복화되고 있는 경향이 두드러지고 있다. 그만큼 오랫동안 공교육 서비스를 받지 못했던 중도 · 중복장애학생을 특수교육 현장에서 어렵지 않게 볼 수 있게 된 것이다. 이를 반영하듯 2009년 교원자격검정 실무편람에 특수학교 교사 양성을 위한 기본 이수과목으로 '중복 · 중증장애교육' 관련 교과가 교육과정에 추가되기도 하였다.

장애의 정도가 심한 특수교육대상자의 교육에 대한 관심이 높아지고, '중도 · 중복장애'라는 용어가 최근 사용되는 추세이나, 중도장애, 중증장애, 중도 · 중복장애, 중증중복장애 등 교육과 연구 분야에서 여러 용어가 사용되어 왔다. 법적인 차원에서도 중도 · 중복장애라는 명칭은 찾기 어렵다. 다만, 사회적 지원을 위해 장애 등급이 1급과 2급인 장애인, 그리고 주 장애가 3급이면서 다른 장애를 함께 가지고 있는 중복장애인을 일컫기 위해 '중증장애인'이라는 표현을 일반적으로 사용한다. 하지만 장애인 등에 대한 특수교육법에서 중도 · 중복장애라는 장애 유형은 특수교육대상자로서 명시되어 있지 않다. 미국 장애인교육법(Individuals with Disabilities Education Act; IDEA)에도 중도 · 중복장애라는 명칭은 없다. 다만 중복장애(multiple disabilities)를 지적장애와 시각장애 또는 지적장애와 정형외과적 손상 등이 수반되는 장애로 보았다. 중복장애는 하나의 특정 장애를 가진 학생을 위한 특수교육프로그램을 통해서는 교육적 요구가 맞추어질 수 없는 복합적 장애를 의미한다고 명시하고 있다(IDEA, 2004).

중도 · 중복장애에 대한 용어나 특성에 대한 설명에 있어 합의를 이끌어 내기는 쉽지 않은 일이다. 이는 중도 · 중복장애가 여러 가지 원인에 기인하고, 여타 장애와 구별되는 배타적인 행동특성을 범주화하는 데 곤란하며, 대부분 주 장애 외에 2차적 장애가 중복으로 나타나므로 정의에 필요한 단일 기준 설정 및 정의 방법에 있어서 어려움이 있는 것이다(우주형, 2004).

이숙정(2005)은 용어상 '중복장애'와 '중도장애'는 별개처럼 보이지만, 대부분의 중도장애는 중복장애를 동반하며, 또한 중복장애에 비해 중도장애의 범위 및 정도가 더 포괄적이기에 중도 · 중복장애를 2가지 현상이 겹치는 교집합의 범주로 이해하는 것이 바람직할 것이라고 하였다. 정리해 보면 중도 · 중복장애는 장애의 심각성을 기준으로 '중도'와 '중증', 그리고 주 장애 이외의 부수적 장애 조건을 가진다는 측면에서 '중복'이라는 용어를 사용할 수 있다. 따라서 장애의 심각성의 정도 및 서비스 요구 수준을 반영하는 차원에서 '중도(severe)'를, 2가지 이상의 장애 조건으로서 '중복(multiple)'을 아우르도록 '중도 · 중복장애(severe and multiple disabilities)'라는 용어가 특수교육적 차원에서 적절하다고 할 수 있다.

중도 · 중복장애학생은 어떤 학생들일까?

중도 · 중복장애의 개념에 있어 한경근(2006)은 '중도 · 중복장애'라는 명칭이 특수교육 맥락에서 교육적 요구에 부응하기 위한 서비스 제공의 정도가 매우 크다는 개념과 더불어 중도(重度)의 지적장애를 포함한 2가지 이상의 장애가 중복되어 나타난다는 것을 의미할 수 있다고 하였다.

Westling과 Fox(2000)에 의하면 중도 · 중복장애를 가진 사람들은 기능적 능력에 있어서 매우 이질적인 집단이며, 지체장애와 정형외과적 장애(예, 이분척추, 근위축증, 기타 관련 증후군 등) 등도 아우르나 주로 심한 인지적 장애와 신체 · 감각적 장애를 수반하는 경우와 2가지 이상의 심한 감각장애를 가진 경우(예, 농 · 맹)라 하였다.

중도 · 중복장애학생은 학업 면에 있어 장기기억에 저장된 정보를 적절히 인출하여 적용하지 못하며, 정보의 통합적인 활용 및 학습한 정보의 일반화에도 어려움을 겪는다. 또한 그들이 지니고 있는 신체적 이동성의 제한은 친구관계 및 사회성 부분에서 많은 제약을 가져오며, 관계형성과 상호작용을 위한 타인과의 적절한 의사소통에도 많은 어려움을 야기한다. 건강 문제도 개별적 건강상태에 따른 지원을 필요로 하는 경우가 대부분이며, 인지적 장애와 더불어 신체적 장애 또는 건강장애를 지니고 있는 경우가 많다(한경근, 이미경, 박윤정, 2009).

중도 · 중복장애를 지능, 운동, 감각, 행동적 측면에서의 결함으로만 인식하는 것은 개인을 전인적 관점에서 인식하는 것이 아니므로 유의해야 한다. 중도 · 중복장애를 가진 사람들도 흥미, 선호, 인성, 학습 특성 등이 일반인과 마찬가지로 다양하다는 것을 염두에 두어야 한다. 중도 · 중복장애인의 다른 점은 집중적이고 지속적인 지원이 필요하다는 데 있다고 할 수 있다.

미국 중도장애인협회(The Association for Persons with Severe Handicaps; TASH, 2000)에서는 중도장애인을 '통합된 사회에 참여하기 위하여 삶의 주요 활동에 지속적인 지원이 필요한 사람들'로 정의하였다. 또한 TASH에 의하면 중도장애인들은 사회적으로 배제될 위험이 가장 높은 사람이고, 전통적인 서비스체계 하에서 도전을 가장 많이 받을 사람들이며, 자신의 권리를 빼앗길 위험성이 매우 높고, 분리된 환경에서 생활하고 학습할 가능성이 높은 사람들이다. 그리고 스스로를 옹호하는 데 필요한 도구와 기회를 가질 가능성이 매우 낮으며 통합된 지역사회 안에서 참여하고 다른 모든 사람들이 누리는 것과 유사한 삶의 질을 누리는 데 개별적인 지원이 필요한 사람들이다. TASH의 정의는 삶의 활동에 집중적이고 지속적인 지원이 필요하다는 데 초점을 두고 있다. 또한 개인과 환경의 관계를 강조하는데, 개인에게 다양한 환경적 요구에 대처하는 적응기술을 요구하는 한편 환경 역시 개인의 요구에 부응하도록 조정되어야 한다고 강조한다.

미국 장애인교육법(P.L. 101~476)은 특수교육대상자 범위에 농 · 맹(시 · 청각장애), 기타 중복장애, 외상성 뇌손상 등을 포함하고 있는데, 농 · 맹을 기타 중복장애와는 별개의 중복장애 범주로 분리하여 특수교육적 요구를 인정하고 있다. 농 · 맹(Deaf-Blindness)이란 청각장애와 시각장애가 동시에 수반되어 나타나는 것으로, 단지 농아 혹은 맹아를 위한 특별교육프로그램으로는 충족시킬 수 없는 심각한 의사소통과 발달 및 교육상의 문제가 결합된 장애를 말한다. 이에 반해 기타 중복장애란 여러 가지 장애가 중복되어 나타나는 것으로(지적장애 · 맹, 지적장애 · 지체장애 등) 한 가지 장애를 가지고 있는 학생을 위한 특수교육프로그램만으로는 교육적 요구에 충분히 부응하기 어렵다.

중도 · 중복장애는 많은 부분에서 제한을 가지고 있고 이 제한점들의 결합으로 인해 다른 장애에 비해 보다 다양하고 폭넓은 지원이 요구된다. 특히 자기관리, 이동, 적응행동, 의사소통 등과 같은 일상생활 영역과 지역사회 주거, 고용, 자족(self-efficiency), 학습 등을 위해서 한 가지 또는 그 이상의 지원(교육)이 필요하다(TASH, 2000).

중도 · 중복장애학생의 사회참여와 자립을 위해서 교육적 · 사회적 · 심리학적 · 의학적 지원이 확대되어야 할 뿐 아니라 지역사회에 통합되어 활동하고 함께 살아갈 수 있도록 확장적이고 지속적인 지원을 요구한다(국립특수교육원, 2001; Mayer, Peck, & Brown, 1991; McDonnell et al., 1995). 이들은 전반적인 발달이나 자신을 돌보는 일, 생각이나 감정의 표현, 환경 자극에의 반응, 생활연령이 같은 또래들과의 상호 교류의 영역에서 현저한 기능적 불일치를 나타내며, 장애로 인해 의사소통능력과 적응 기능에 장애를 가지고 있기 때문에 일상생활에서 강도 높은 지원을 필요로 한다(국립특수교육원, 2001; McDonnell et al., 1995).

〈표 1-1〉 국립특수교육원(2009)의 중도 · 중복장애 정의

장애의 정도가 매우 심하고 장애가 2가지 또는 그 이상 중복해 있는 경우다. 중도 · 중복장애를 가지고 있는 대부분의 아동들은 중도의 정신지체를 나타내며, 운동장애, 의사소통장애, 시각 및 청각의 손상, 간질 발작과 같은 중복장애를 수반하고, 특별하게 고안된 교육적 · 사회적 · 심리학적 · 의학적 서비스를 필요로 한다. 일반적으로 중도 · 중복장애아동에게 나타나는 행동과 기술의 문제는 다음과 같다. ① 새로운 기술 습득 시 낮은 학습 속도, ② 새롭게 학습한 기술에 대한 일반화 및 유지의 곤란, ③ 제한된 의사소

통기술, ④ 신체적 운동 발달의 결함, ⑤ 신변자립기술의 결함, ⑥ 낮은 빈도의 적절한 행동 및 상호작용, ⑦ 높은 빈도의 부적절한 행동 등이 나타난다. 중도 · 중복장애의 출현율은 전체 인구의 약 0.1~1%의 범위에 이르는 것으로 추정되고 있다. 중도 · 중복장애는 광범위하고 다양한 원인에 의하여 나타나는데, 대부분은 뇌형성 부전, 뇌손상 등과 같은 뇌장애와 관계가 있다. 또한 임신 중의 합병증으로 인한 미숙아, Rh 불일치, 모체로부터의 질병 감염, 산모의 임신 중 약물 복용, 알코올 중독, 영양 실조 등도 중도 · 중복장애아동을 출산할 가능성을 높인다.

이와 같은 여러 논의를 바탕으로 중도 · 중복장애를 가진 특수교육대상자를 다음과 같이 정의할 수 있다.

> 중도 · 중복장애를 가진 특수교육대상자는 선천적 또는 발달적으로 인지, 운동, 감각, 정서, 행동 등의 영역에 관련하여 그 정도가 심한 한 가지 또는 두 가지 이상의 장애를 가지고 있어 교육적 성취를 위한 지원의 요구가 매우 높으며, 일상생활 및 의료적 차원에서도 지속적이고 전반적인 지원이 필요한 사람이다.

2. 중도 · 중복장애의 하위 유형 및 특성

중도 · 중복장애학생은 그 수가 매우 적어 학령기 인구 중 약 1%에 해당되는 학생들로 분류되지만, 전체 특수교육대상자 중 24% 정도가 중복장애를 갖고 있다고 보고되기도 하였다(국립특수교육원, 2009; 2011). 중도 · 중복장애학생들이 지니고 있는 특성은 매우 다양하고 이질적이다. 중도 · 중복장애학생은 심한 중도의 장애를 보이고 많은 부분에서 전반적인 지원을 필요로 하는 집단으로 주 장애를 기준으로 분류해 보면 다음의 5가지 하위 유형을 확인할 수 있다.

1) 지체장애를 주 장애로 하는 중도 · 중복장애

중도 · 중복장애 중 가장 많은 부분을 차지하는 주 장애는 지체장애(뇌성마비 포함) 영역이다. 지체장애를 주 장애로 하는 중도 · 중복장애에는 중도 지체장애와 뇌성마비+지적장애, 뇌성마비+발달장애, 뇌성마비+감각장애, 뇌성마비+언어장애 등 다양한 장애가 중복되어 나타날 수 있다. 또한 지체장애나 뇌성마비를 주 장애로 하면서 지적장애, 발달장애와 같이 3가지 이상의 장애가 중복되어 나타날 수도 있다(한경근 외, 2009).

영희는 특수학교에 다니는 14살 여학생이다. 영희는 뇌성마비로 인해 특히 왼쪽 하지마비가 심하고 중도의 지적장애를 가지고 있다. 왼쪽 다리의 마비 증상으로 인해 왼쪽 다리를 끌듯이 걸으나 똑바로 걷지 못하고 사선 방향으로 걷는다. 계단을 오르거나 내려올 수 없고, 혼자 걷는 것에 어려움이 많아 이동 시 휠체어 등의 지원을 필요로 한다. 신변처리도 타인의 도움 없이는 혼자서 하기 힘들다.

한경근 등(2009)은 중도 뇌성마비 또는 뇌성마비와 지적장애 등을 중복으로 지니고 있는 학생들을 연구대상자로 참여시킨 연구들을 분석하여 다음과 같은 특징들을 제시하였다. 중도의 뇌성마비 또는 지적장애 등을 함께 가진 뇌성마비학생들은 최소한의 상징을 통한 특정 사물의 인식이 가능하고 일상생활 속 친숙한 대상을 어느 정도 변별하며, 자주 반복되는 일상적인 짧은 대화가 가능하다고 한다. 의사소통의 경우에는 대부분 언어장애를 수반하고 구어사용능력에 제한이 많고 몸짓 등 신체를 통한 비상징적 의사소통에 의존하는 예가 많다. 자신의 고유한 음성을 사용하여 간단한 의사소통을 시도하기는 하지만, 화제집중능력이 부족하고 자발적 표현에 많은 어려움이 따르며, 의사소통 실패 경험도 많은 것으로 나타났다. 일상생활 영역에서는 신변처리에 있어서 타인의 전반적 도움이 필요한 경우가 많으며, 지역사회 참여를 위해서도 지속적이고 전반적인 지원이 필요한 것으로 드러났다. 건강 및 운동에서는 상지의 움직임이 비교적 가능하나 하지 기능이 많이 취약하여 경직되어 있거나 대근육의 움직임이 자유롭지 않았다. 전체적으로 신체의 균형을 잡기가 어렵고 신체를 기능적으로 사용하는 데 제약이 있어 보조기기를 활용하며, 보행 측면에 있어서는 독립 보행이 불안정할 뿐만 아니라 안전에 위험이 있는 것으로 나타났다. 또한 경련 및 간질 등으로 건강관리 요구를 지니고 있으며 병, 허약 문제와 호흡 및 배설의 어려움도 지니고 있어 교사 및 관계자의 주의가 지속적으로 필요한 것으로 나타났다.

〈표 1-2〉와 〈표 1-3〉은 지체장애인과 뇌병변장애인에 대해 장애인복지법 시행령에서 규정하는 등급체계다. 대체로 1~3급을 중증장애인으로 규정하는데, 다른 장애와의 중복은 제외한 상태이기 때문에 중도에 초점을 두고 참고할 수 있다.

〈표 1-2〉 지체장애 등급: 제1급~제3급

가. 신체의 일부를 잃은 사람

제1급

1. 두 팔을 손목관절 이상의 부위에서 잃은 사람
2. 두 다리를 무릎관절 이상의 부위에서 잃은 사람

제2급

1. 두 손의 손가락을 모두 잃은 사람
2. 한 팔을 팔꿈치관절 이상의 부위에서 잃은 사람
3. 두 다리를 발목관절 이상의 부위에서 잃은 사람

제3급

1. 두 손의 엄지손가락과 둘째손가락을 잃은 사람
2. 한 손의 모든 손가락을 잃은 사람
3. 두 다리를 쇼파관절(chopart's joint) 이상의 부위에서 잃은 사람
4. 한 다리를 무릎관절 이상의 부위에서 잃은 사람

나. 관절장애가 있는 사람

제1급

1. 두 팔의 어깨관절, 팔꿈치관절, 손목관절 모두의 기능에 현저한 장애가 있는 사람
2. 두 다리의 고관절, 무릎관절, 족관절 모두의 기능에 현저한 장애가 있는 사람

제2급

1. 한 팔의 어깨관절, 팔꿈치관절, 손목관절 모두의 기능에 현저한 장애가 있는 사람
2. 두 팔의 어깨관절, 팔꿈치관절, 손목관절 중 각각 2개 관절의 기능에 현저한 장애가 있는 사람
3. 두 팔의 어깨관절, 팔꿈치관절, 손목관절 모두의 기능에 상당한 장애가 있는 사람
4. 두 손의 모든 손가락의 관절 기능에 현저한 장애가 있는 사람
5. 두 다리의 고관절, 무릎관절, 족관절 중 각각 2개 관절의 기능에 현저한 장애가 있는 사람
6. 두 다리의 고관절, 무릎관절, 족관절 모두의 기능에 상당한 장애가 있는 사람

제3급

1. 두 팔의 어깨관절, 팔꿈치관절, 손목관절 중 각각 2개 관절의 기능에 상당한 장애

가 있는 사람
2. 두 팔의 어깨관절, 팔꿈치관절, 손목관절 모두의 기능에 장애가 있는 사람
3. 두 손의 엄지손가락과 둘째손가락 관절 기능에 현저한 장애가 있는 사람
4. 한 손의 모든 손가락의 관절기능에 현저한 장애가 있는 사람
5. 한 팔의 어깨관절, 팔꿈치관절, 손목관절 중 2개 관절의 기능에 현저한 장애가 있는 사람
6. 한 팔의 어깨관절, 팔꿈치관절, 손목관절 모두의 기능에 상당한 장애가 있는 사람
7. 한 다리의 고관절, 무릎관절, 족관절 모두의 기능에 현저한 장애가 있는 사람

다. 지체기능장애가 있는 사람

제1급
1. 두 팔의 기능을 잃은 사람
2. 두 다리의 기능을 잃은 사람

제2급
1. 한 팔의 기능을 잃은 사람
2. 두 팔의 기능에 현저한 장애가 있는 사람
3. 두 손의 모든 손가락의 기능을 잃은 사람
4. 두 다리의 기능에 현저한 장애가 있는 사람
5. 경추와 흉요추의 기능을 잃은 사람

제3급
1. 두 팔의 기능에 상당한 장애가 있는 사람
2. 두 손의 엄지손가락 및 둘째손가락의 기능을 잃은 사람
3. 한 손의 모든 손가락의 기능을 잃은 사람
4. 한 팔의 기능에 현저한 장애가 있는 사람
5. 한 다리의 기능을 잃은 사람
6. 경추 또는 흉요추의 기능을 잃은 사람

〈표 1-3〉 뇌병변장애인의 장애 등급

제1급
보행이 불가능하거나 일상생활동작을 거의 할 수 없어, 도움과 보호가 필요한 사람

제2급
1. 보행이 현저하게 제한되었거나 일상생활동작이 현저하게 제한된 사람
2. 보행과 일상생활동작이 상당히 제한된 사람

제3급
1. 보행이 상당한 정도 제한되었거나 일상생활동작이 상당히 제한된 사람
2. 보행이 경중한 정도 제한되고 섬세한 일상생활동작이 현저하게 제한된 사람

뇌성마비는 운동은 물론 언어와 인지 등의 영역에서 복합적인 장애 조건을 보이는 대표적인 중복장애의 한 유형이라 할 수 있다. 뇌성마비의 장애 정도를 평가하는 데 '대운동 기능 분류 시스템(Gross Motor Function Classification System, GMFCS-E&R)'을 사용할 수 있다. GMFCS는 세계보건기구(WHO)의 국제장애분류(ICF) 개념처럼 환경 및 개인적 요인을 강조하며, 뇌성마비 아동이 가정, 학교, 지역사회 등 일상적인 상황에서 보이는 운동 수행 수준(즉, 실제로 하는 것)을 5가지 수준으로 분류한다. 수준 I은 제한 없이 걷는 수준, 수준 II는 걷지만 제한적인 수준, 수준 III은 손으로 잡는 보행보조기구를 사용하여 걷는 수준이다. 수준 IV는 전동이동장비를 사용할 수 있는 수준이고, 수준 V는 수동 휠체어로 다른 사람이 옮겨 주어야 하는 가장 중도의 수준이다. 〈표 1-4〉는 GMFCS의 5가지 수준에 따른 운동 능력을 간단히 설명한 것이다.

〈표 1-4〉 대운동 기능 분류 시스템(Gross Motor Function Classification System, GMFCS-E&R): 6세 이상~12세 미만

GMFCS 수준	운동 능력
수준 I	집, 학교, 야외, 지역사회에서 걷는다. 신체적 보조 없이 도로 경계석을 오르거나 내려갈 수 있고, 난간을 잡지 않고도 계단을 오르내릴 수 있다. 달리기나 뛰기 등의 대운동 기술은 수행하지만, 속도, 균형, 조절이 완벽하지는 않다.
수준 II	대부분의 경우에 걷는다. 장거리를 걸을 때 어려움을 겪을 수 있고, 평평하지 않거나 경사진 곳, 사람이 많거나 좁은 공간, 물건을 들었을 때 균형을 잘 잡지 못한다. 난간을 잡거나, 난간이 없을 경우에는 신체적 보조를 받으며 계단을 오르내린다. 실외와 지역사회에서는 신체적 보조를 받거나 손으로 잡는 보행보조기구를 써서 걸으며, 장거리의 경우 바퀴달린 이동장비를 사용할 수 있다.
수준 III	실내에서는 대부분 손으로 잡는 보행보조기구를 써서 걷는다. 앉을 때는 골반 정렬과 균형을 위해 좌석 벨트가 필요한 경우도 있다. 앉은 자세에서 일어나거나 바닥에서 일어설 때 타인의 신체적 보조나 지지면이 있어야 한다. 장거리 이동 시 바퀴 달린 장비를 사용한다.
수준 IV	대부분 신체적 보조를 요하는 이동장비나 전동이동장비가 필요하다. 몸통과 골반의 자세 조절을 위하여 개조된 의자가 필요하며 이동 시 대부분 신체적 보조가 필요하다. 집에서는 바닥에서 뒤집거나 기어서 다니고, 신체적 보조를 받으면 짧은 거리는 걷거나, 전동이동장비를 사용한다.
수준 V	항상 수동 휠체어로 다른 사람이 옮겨주어야 한다. 목과 몸통을 가누지 못하고 팔과 다리의 동작을 잘 조절하지 못한다. 이동 시에 전적으로 성인의 신체적 보조를 받는다.

출처: 방문석, 정세희 역(2007). 뇌성마비 대운동 기능 분류 시스템: 확장 개정판에서 발췌.

2) 지적장애를 주 장애로 하는 중도 · 중복장애

지적장애를 주 장애로 하는 중도 · 중복장애에는 중도 지적장애를 포함하여 지적장애+감각장애, 지적장애+운동장애, 지적장애+발달장애, 지적장애+ADHD 등 다양한 장애가 중복되어 나타날 수 있다(한경근 외, 2009). 중도 지적장애는 인지적 기능과 개념적 · 사회적 · 실제적 적응기술로 표현되는 적응행동에서 심각한 제한을 나타내는 장애를 말한다(박원희 외, 2009).

미국 지적장애 및 발달장애협회(AAIDD, 2010)에서는 지적장애를 다음과 같이 정의하였다.

> 지적장애는 지적 기능과 개념적 · 사회적 · 실제적 적응기술로 표현되는 적응행동의 두 영역에서 유의한 제한을 보이는 것이다. 이 장애는 18세 이전에 나타난다.

AAIDD는 2002년 분류체계에서 지원의 강도에 따른 유형을 제시하였는데, 간헐적 지원, 제한적 지원, 확장적 지원, 그리고 전반적 지원이다. 중도의 지적장애인은 일부 환경에서 정기적으로 제공되는 확장적(extensive) 지원과 항구성을 가지는 고강도의 지원을 지속적으로 전반적 환경에서 제공해야 하는 전반적(pervasive) 지원이 필요한 사람들이라고 할 수 있다. 한편 국립특수교육원(2009)은 AAIDD의 전신인 AAMR의 정의를 바탕으로 중도 정신지체를 다음과 같이 정의하기도 하였다.

> 정신지체를 정도에 따라 분류할 때 미국정신지체협회(American Association on Mental Retardation; AAMR) 기준으로 IQ 20~25에서 35~40 사이, 또는 세계보건기구(WHO)의 ICD-10(International Statistical Classification of Diseases and Ralated Health Problem-10th ed.) 기준으로 IQ 20~34에 해당하는 정신지체다. ICD-10에 따르면 성인이 되었을 때 정신연령이 3~6세 정도 된다. 대략 3~4%의 정신지체가 여기에 해당된다고 할 수 있다. 운동발달이 늦고, 기초적인 자조 기술이나 간단한 의사소통기술들을 보이기도 하지만, 일상

생활을 위해 제한적 또는 확장적 지원을 주로 요구하는 경우가 많다. 성인이 되었을 때 그룹홈에 거주하기도 하며, 직업을 가졌을 때 지속적인 보조와 감독이 필요하다.

철수는 염색체 질환과 함께 뇌손상을 가지고 태어났다. 15세가 된 철수는 식사, 대소변 처리, 이동 등 거의 모든 부분에 전반적인 지원을 필요로 한다. 철수는 알아들을 수 없는 소리를 계속적으로 반복하여 내고 교실 바닥에 주저앉아 있거나 실내화를 벗어 의자에 발을 올리기를 좋아한다.

한경근 등(2009)의 연구에 의하면 중도 지적장애 및 지적장애를 중복으로 지니고 있는 경우 인지적 능력의 정의적 부분은 개별적인 장애 정도 및 특성에 따라 차이가 많았다. 대체적으로 그림 및 사진을 통한 사물인식이 가능하고, 3개 이상의 사물 변별 또한 가능한 경우가 있었으며, 발음은 부정확하나 사물 이름 명명하기는 가능한 것으로 나타났다. 의사소통의 경우에는 간단한 수용언어는 이해하고 지시 따르기가 가능한 것으로 나타났고, 소리를 통해 자신의 요구를 표현하며, 주변 시선 끌기가 가능한 것으로 나타났다. 단어 음절 음소 수준의 글자를 대응하거나 평소에 많이 접한 글자를 읽는 학생도 있었다. 일상생활 영역에서는 또래와 교류하는 등의 사회적 상호작용기술 및 개인 신변처리에는 타인의 도움이 필요하며, 독립생활에 어려움이 있는 것으로 나타났다. 건강 및 운동 특성에 있어 소근육은 사진 자료 등을 건네줄 수 있을 정도로 손가락 및 상지의 움직임이 가능한 것으로 나타났다. 운동능력의 자세는 좋으나, 신체모방을 위해서는 타인의 신체적 · 언어적 도움이 필요한 것으로 나타났다.

3) 건강장애를 주 장애로 하는 중도 · 중복장애

건강장애를 주 장애로 하는 중도 · 중복장애는 건강장애+지적장애, 건강장애+발달장애, 건강장애+지체장애, 건강장애+운동장애, 건강장애+감각장애 등 다양한 장애가 중복되어 나타날 수 있다. 이 장의 뒷부분에서 별도로 언급하고 있는 희귀질환을 가진 학생들도 건강장애의 차원에서 볼 수도 있다. 장애인 등에 대한 특수교육법에서는 건강장애를 지닌 특수교육대상자를 '만성질환으로 인하여 3개월 이상의 장기입원 또는 통원치료 등 계속적인 의료적 지원이 필요하여 학교생활 및 학업 수행에 어려움이 있는 사람'으로 정의한다. 이 정의는 다른 장애를 가진 특수교육대상자와 구별되는 배타적 정의로서 중도의 건강장애 및 중복의 장애를 가진 건강장애학생을 명확히 하기는 어려움이 있다.

미국의 IDEA는 기타 건강장애(Other Health Impairments)라는 유형을 두어 다음과 같이 정의한다.

> 기타 건강장애에는 체력, 활력도 또는 환경 자극에의 과민성을 포함한 기민성에 제한을 가진 상태로 교육적 환경에 관련하여 제한적인 기민성을 유발한다. 기타 건강장애는 만성적이거나 급성의 건강상의 문제에 기인하는데, 건강상의 문제에는 천식, 주의력결핍 또는 과잉행동장애, 당뇨, 간질, 심장병, 혈우병, 납중독, 백혈병, 신장염, 류머티즘열, 겸상적혈구성빈혈, 뚜렛증후군 등이 포함된다. 기타 건강장애는 학생의 교육적 수행에 부정적인 영향을 준다.

미국의 기타 건강장애 정의에서 눈여겨 볼 것은 '기타'라는 용어를 사용한다는 점이다. 이는 이 정의에 열거된 건강 문제 이외의 문제들도 포함될 수 있다는 것을 의미한다. 만성과 급성의 건강 문제 상태와 교육적 수행에 부정적 영향을 미친다는 조건을 충족한다면 여타의 문제들도 포괄할 수 있는 것이다. 우리나라에서 정의하는 건강장애를 지닌 특수교육대상자는 물론 미국에서 정의하는 기타 건강장애를 가진 학생들은 모두 심각한 수준인 '중도'의 건강상의 문제로 인하여 발달기를 거치면서 복합적인 양상으로의 변화, 즉 중복장애의 조건을 가질 수 있다.

건강장애학생들은 인지적 · 심리사회적 적응에 어려움이 있다. 이러한 어려움은 소아당뇨가 있는 학생이 과소혈당 때문에 학업 수행에 방해를 받는 것, 방사선 치료나 화학요법과 같은 치료로 인해 인지적 능력의 손상을 입는 것과 같이 치료 과정으로 인해 생기는 경우도 있다. 또한 장기 결석, 장기간의 입원, 가족 구성원의 기능에서의 변화 등과 같은 경험도 만성적 질환을 가진 학생들이 인지적 · 심리사회적 어려움을 가지는 이유가 된다(박은혜, 이정은, 2004). 대표적인 건강장애 유형에 해당하는 소아암, 소아당뇨, 소아천식, 신장장애, 심장장애 등은 각각의 질병에 따른 고유한 건강 및 학업 수행상의 어려움을 가지며, 이러한 점들로 인해 치료 후 학교로 복귀하여 학업을 지속하는 데 특별한 교육적 지원을 필요로 하게 된다(박은혜, 박지연, 노충래, 2005).

4) 감각장애를 주 장애로 하는 중도 · 중복장애

감각장애와 동시에 한 가지 이상의 장애를 함께 수반하고 있는 학생들이 있다. 감각장애는 시각장애와 청각장애 그리고 이들 모두를 수반하는 농 · 맹장애를 포함한다. 이들이 정보의 수용과 표현에 관련된 감각 기능에 손상을 입었다고 하더라도 하나의 동질 집단으로 구분되어서는 안 되며, 수반하고 있는 장애에 따라 다양한 특성을 보이는 이질 집단이므로 이들에 대한 정의와 유형에 대한 이해를 갖는 것은 중요하다.

(1) 시각중복장애

시각중복장애는 시각장애 이외의 다른 장애를 함께 수반하는 것을 의미하며 시각중복장애는 시각장애와 수반 장애의 정도에 따라 중복장애 유형이 매우 다양하다.

시각장애는 일반적으로 맹(blind)과 저시력(low vision)으로 구분하며, 이를 다시 의학적 · 법적 · 교육적 맹과 저시력으로 세분한다. 장애인 등에 대한 특수교육법은 특수교육대상자로서의 시각장애학생을 '시각계의 손상이 심하여 시각 기능을 전혀 이용하지 못하거나 보조공학기기의 지원을 받아야 시각적 과제를 수행할 수 있는 사람으로서 시각에 의한 학습이 곤란하여 특정의 광학기구 학습매체 등을 통하여 학습하거나 촉각 또는 청각을 학습의 주요 수단으로 사용하는 사람' 이라고 정의하고 있다. 그렇지만 이 정의는 교육현장에서 시각장애와 중복장애를 수반하는 특수교육대상자를 판별하는 데 필요한 구체적 기준을 제시하고 있지 못하다.

이렇듯 우리나라는 일정한 개념으로 적용되기 위한 시각중복장애의 분류 및 특성에 대해 국가수준에서나 학회 수준에서의 진단 방법 및 규준이 명시된 바는 없다. 대안적인 방법으로 시각중복장애인의 유형을 설명하기 위해 장애인 등에 대한 특수교육법 제15조의 특수교육대상자의 선정과 관련해 명시하고 있는 장애 영역별로 시각장애를 함께 수반하였을 경우를 살펴보면 각 시각중복장애 유형은 시각 · 청각장애, 시각 · 지적장애, 시각 · 지체장애, 시각 · 정서 · 행동장애, 시각 · 자폐성장애, 시각 · 의사소통장애, 시각 · 학습장애, 시각 · 건강장애, 시각 · 발달지체 등으로 나누어 볼 수 있다. 그러나 장애인 등에 대한 특수교육법 시행령 제 20조 관련 별표에서 정하는 학습장애를 지닌 특수교육대상자는 개인의 내적 요인으로 인하여 학습에 곤란을 갖고 있는 학생이라고 할 수 있기 때문에 중복장애 분류 중 시각장애와 학습장애 수반 중복장애는 제외될 수 있다.

시각장애와 함께 수반되는 대표적인 중복장애 유형들로 지적장애, 지체장애, 정서 · 행동장애, 자폐성장애, 의사소통장애, 건강장애, 발달지체 등을 함께 갖는 경우를 설명하기로 한다.

① 시각 · 지적장애

시각장애와 지적장애의 중복장애인 경우, 대 · 소운동 기능 발달에 현저한 지체가 나타나고, 언어발달이 전혀 이루어지지 않거나 매우 느리며, 도전적인 행동, 즉 머리박기, 머리카락 뽑기, 눈 문지르기, 눈 찌르기, 손이나 손가락 흔들기 등과 같은 행동 및 자기 자극 행동이 나타나며, 짜증, 공격행동 사회적 고립 등의 전형적인 행동 유형을 보인다(박순희, 2010).

지적장애를 수반하는 시각장애학생들은 단순 지적장애학생은 물론 보다 낮은 연령대의 아동들에게도 미치지 못하는 인지발달 양상을 보인다(황정현, 2012). 또한 시각장애와 기타 장애의 수반만으로도 학습의 수행에 있어 중도의 장애를 수반하는 것과 같이 교육적 지원의 요구가 매우 커진다.

② 시각 · 지체장애

지체장애 및 병허약 학생 가운데 시각장애학생의 출현율은 높다. 뇌성마비학생 중 시각에 결함이나 문제를 지닌 학생이 30%라고 했고, 뇌성마비아동의 50% 이상이 안구 운동장애가 있으며, 25% 이상이 정상 이하의 시력을 가지고 있다고 보고되고 있다(Brimer, 1990). 특히 시각장애를 보이는 뇌성마비학생은 지적장애를 수반하고 있을 가능성이 높으며, 골격의 기형, 운동 기능과 자세의 이상, 발작장애, 근육과 골격이상으로 호흡장애 등의 의학적 문제를 수반하기도 한다. 또한 말이나 동작으로 자신의 의사를 표현하지 못하고, 학습 속도가 느리며, 학습할 기술을 유지 혹은 일반화시키는 데 어려움을 보일 수 있다.

③ 시각 · 의사소통장애

Warren(1984)은 시각장애학생의 언어발달에 관한 연구에서 시각 정보의 결여, 언어 심화학습을 위한 부모 참여의 결여 등으로 시각장애학생의 언어발달이 지체되고, 언어유희 현상을 보인다고 했다. 한편 시각장애학생의 의사소통장애 출현율에 관한 상반된 주장이 있으나, 시각장애학생 가운데 의사소통장애의 출현율은 비장애학생 가운데 의사소통장애 출현율보다 더 높지 않다는 연구가 지배적이다(박순희, 2010).

(2) 청각중복장애

청각중복장애는 청각장애 이외의 다른 장애를 함께 수반하는 것을 의미한다. 장애인 등에 대한 특수교육법에서는 청각장애를 지닌 특수교육대상자를 '청력손실이 심하여 보청기를 착용해도 청각을 통한 의사소통이 불가능 또는 곤란한 상태이거나, 청력이 남아 있어도 보청기를 착용해야 청각을 통한 의사소통이 가능하며 청각에 의한 교육적 성취가 어려운 사람'으로 정의하고 있다.

청각중복장애학생들은 청력손실 정도에 따라 다소 차이는 있지만, 듣기를 통해 언어를 습득하는 것에 어려움이 있고 청각적으로 접하게 된 음성신호를 언어적으로 해석하고 이를 바탕으로 사고하는 능력이 심각하게 제한된다. 뿐만 아니라, 청각장애학생들이 보이는 낮은 학업능력, 수업 참여가 어려울 정도의 낮은 한국어 능력, 교과 지식을 이해하기 위해 바탕이 되는 실제 경험의 부족, 절대적인 어휘의 부족함, 학급에서 자기를 드러낼 수 있는 기회의 박탈, 학업에 희망을 걸 만한 역할모델의 부재라는 난제도 함께 겪게 된다.

① 농 · 지적장애

농 · 지적장애는 청력의 손실과 더불어 평균 이하의 일반적 지적 능력 및 행동적응의 결함을 갖는 경우를 말한다(Healey & Karp-Nortman, 1975). Brimer(1990)는 가장 중도의 중복장애는 '의사소통기술의 결함과 사회적 상호작용 기능의 결함이 함께 나타나는 경우'라고 언급하며 농 · 지적장애가 중도장애임을 언급하였다.

일반적으로 농 · 지적장애인들은 청각손상으로 언어장애를 보이게 된다. 즉, 학생이 농과 지적장애를 함께 수반하는 경우 조기에 발견하여 적극적으로 조기중재하여도 농 · 지적장애학생은 50개 이상의 수용 어휘와 30개 이상의 표현 어휘를 사용하기 어렵다는 것이다. 이러한 언어발달의 지체는 적응행동기술을 습득하는 데 방해가 되고, 이 때문에 농 · 중복장애학생들은 욕구 불만, 짜증, 학습곤란, 사회적 상호작용기술의 결여 등을 초래한다.

농 · 지적장애학생들은 이외에도, 지능이 보통인 농아보다 지체가 현저하여 언어를 매개로 하는 추상적이고 논리적인 사고 활동이나 기억력이 지적장애학생이나 농아보다 지체되며, 환경에 대한 적응력이 낮고 다른 사람의 입장에 대한 이해능력이 부족하여 고립되거나 비사회적 · 반사회적 행동을 보일 수 있다. 또한 학습 상황에서 타율적 · 의존적 경향이 높고 신체발달이 지연되기도 한다.

② 농 · 정서장애

농 · 정서장애란 청각장애와 정서장애를 동시에 수반하는 경우를 말한다. Schein(1974)은 학령기 농학생의 10%가 정서적 · 행동적 문제로 인해 학교에 입학하여 수학하기에 어려울 정도로 중도의 정서장애를 보인다고 보고하였다. 농 · 정서장애학생은 일반적으로 경도(mild), 중등도(moderate), 중도(severe)로 구분되는데 중도 농 · 정서장애학생의 경우 청각장애학교의 교육으로 적절한 지원을 받기 어려울 만큼 이질적인 집단으로 여겨지기도 한다.

농 · 정서장애학생은 주변 환경의 요구에 대해 적절히 대처하는 데 어려움을 겪는다. 이러한 특성은 위축된 행동이나 자기와 다른 사람의 학습 수행을 방해하는 행동으로 나타나게 되며 이는 특정 상황에서만 일시적으로 나타나지 않고 지속적이고 반복적으로 정형화되어 나타날 수 있다. 그러므로 농 · 정서장애는 학업 장면에서뿐만 아니라 일상생활에서도 많은 지원이 필요한 중도장애 중 하나다.

③ 시 · 청각장애

시각장애와 청각장애가 함께 수반되는 경우를 일반적으로 농 · 맹(deaf-blind)

이라 한다. 농 · 맹장애학생은 맹 수준의 심각한 시각의 손상과 난청 이상의 청각장애를 겸한 학생을 말한다.

어셔 증후군(Usher syndrome)은 내이의 이상 등으로 인한 청각장애와 망막색소변성 등과 관련이 있는 시각장애를 함께 보이는 대표적인 희귀질환으로 농 · 맹장애의 대표적인 원인으로 꼽힌다. 알스트롬 증후군(Alstrom syndrome) 역시 시각장애(안구진탕, 망막퇴행 등의 증상을 보이다 대개 10대 중반에 시력을 상실)가 첫 증상으로 나타나다 감각신경성 청각장애(경미하거나 중간 정도)를 함께 보이는 희귀질환이다.

농 · 맹학생은 시각장애로 인해 방향정위는 물론 운동과 이동기술에 있어 발달이 지연되고 청각장애학생의 경우와 같이 심각한 의사소통발달상의 어려움을 보인다. 농 · 맹의 경우 70%가 중도의 지적장애를 수반하기도 한다(Jensema, 1980).

농 · 맹학생들은 일반적으로 시각과 청각으로부터 얻게 되는 원거리 감각(distance senses)을 상실하게 되는데, 거리 감각은 스스로 팔을 뻗은 거리보다 떨어져 있는 것들에 대한 감각과 관련된 것으로 대부분의 사람들이 감각기관을 통해 수집된 정보를 통해 얻게 되는 주요한 수단이다(Huebner, Prickett, Welch, & Joffee, 1995). 이러한 정보 수용의 주요 통로를 상실하게 됨으로써, 농 · 맹학생들은 불완전하고 왜곡된 정보를 얻게 된다. 만지고 냄새 맡고 맛 볼 수 있는 근거리 내의 정보 등 몇 가지 스스로 확인해 갈 수 있는 정보들도 있지만 산이나 바다와 같이 그 크기가 촉각으로 탐색하기에 크거나 멀리 떨어져 있는 대상에 대한 이해는 원거리의 정보를 감지할 수 있는 감각기관의 역할 없이는 이해에 어려움이 따른다.

이러한 원거리에 있는 정보들에 대한 손상은 농 · 맹학생의 발달을 지연시키고 어렵게 만들기도 한다. 이는 시각손상에서 오는 학습의 결손과는 비교할 수 없이 큰 손실로 농 · 맹학생들에게는 보다 많은 시간과 구조화된 교수적 접근이 필요하다.

5) 희귀질환을 가지고 있는 중도 · 중복장애

희귀 · 난치성 질환을 가지고 있으며 다른 장애가 중복되어 나타나거나 특별한 건강관리가 요구되는 등 좀 더 복잡한 요구를 지닌 중도 · 중복장애인이 있다. 이들은 대개 2가지 이상의 장애 조건을 함께 가지고 있어 주 장애를 특정하기 어려운 경우가 많다. 예를 들어, 헐러 증후군(Hurler syndrome)은 뮤코다당질이 축적되는 뮤코다당증의 한 유형인데 중도의 지적장애와 함께 지체장애는 물론 청력손실, 뇌수종, 시각장애 등이 함께 나타난다. 이외에도 중도 지적장애와 지체장애를 보이는 레쉬-니한 증후군(Lesch-Nyhan syndrome), 소아기 간질 증후군으로 간질중첩증이 흔하며 지적장애와 지체장애를 보이는 레녹스-가스토 증후군(Lenox-Gastaut syndrome)도 중복장애를 보이는 희귀 · 난치성 질환이다. 골덴하르 증후군(Goldenhar syndrome) 역시 여러 가지 장애 조건이 함께 나타나는 희귀질환으로 눈과 귀의 기형 그리고 난청과 척추 이상을 동반하며 일부는 지적장애를 보이기도 한다.

보건복지부 질병관리과의 한국희귀의약품센터는 희귀질환(rare disease)을 국내 유병률이 2만 명 이하인 질병, 또 적절한 치료법과 대체의약품이 개발되지 않는 질병으로 보고 있다(이해석, 2004). 우리나라는 현재까지도 희귀 · 난치성 질환에 대한 뚜렷한 정의나 기준이 없고 질환별 국내 유병률 파악을 위한 정확한 자료도 충분하지 않다.

미국 장애아동협회(Council for Exceptional Children, 1998)에서 제시하는 특수교사가 갖추어야 할 지식과 기술에 관한 기준을 보면, 중도 · 중복장애학생 담당 특수교사에게 필요한 필수 소양을 구체적으로 권고하고 있다. 이에 따르면 중도 · 중복장애학생을 지도하는 교사들은 건강 문제가 학생의 교육적 성취에 미치는 잠재적 영향을 이해하고, 학생들의 신체적 · 인지적 · 행동적 · 의료적 상태가 미치는 효과와 문제점을 이해하며, 개별 학생의 장애와 병력을 이해해야 한다. 또한 친숙하지 않은 장애나 의료적 조건을 가진 학생을 만날 경우, 동료나 관련 서적, 여타의 다양한 자원으로부터 정보를 습득하는 데 적극적이고, 약물치료의 광범위한 효과 및 부작용에 대해서 숙지하며, 학생의 건강과 안전을 유지시킬 수 있는 대안적인 치료와 중재에 대해 잘 알고 있으며, 언제 전문적 의료진의 도움이 필요하고 응급 상황에는 어떻게 효율적으로 대처해야 하는지를 알아야 한다고 제시하고 있다.

서울시 소재 특수학교 건강요주의 학생 정보를 확인한 결과(한경근, 박윤정,

2008) 내분비 · 영양 및 대사질환, 염색체 이상 질환, 신경근육계질환, 피부신경계질환, 근골격계질환, 레트증후군, 망막색소병증, 모야모야병, 혈우병, 기타 만성질환에 해당하는 만성신부전증을 포함하여 보건복지부 희귀 · 난치성질환 의료비지원대상 휘귀질환 19종과 의료비 비지원 희귀질환(진행성골화성섬유형성이상, 양성성)을 포함하여 12가지의 일반적 만성질환(천식, 소아당뇨, 선천성 심장질환 등)을 지닌 학생이 재학 중인 것으로 나타났다.

〈표 1-5〉 희귀질환의 원인 유형과 해당 증후군

원인의 유형	해당 증후군
내분비 · 영양 및 대사질환	뮤코다당증(Mucopolysaccharidoses; MPS) 페닐케톤뇨증(Phenylketonuria; PKU)
염색체 이상 질환	파타우 증후군(Patau Syndrome; Trisomy 13 Syndrome) 프라더윌리 증후군(Prader-Willi Syndrome) 묘성증후군(Cri-du-chat Syndrome) 터너증후군(Turner's Syndrome)
신경근육계 질환	중증근육무력증(Myasthenia gravis)
피부신경계 질환	신경섬유종증(Neurofibromatosis) 결절성경화증(Tuberous sclerosis) 스터지-베버 증후군(Sturge-Weber Syndrome)
근골격계 질환	불완전 골형성증(Osteogenesis imperfecta) 이분척추(Spina bifida) 선천척추뼈끝이상(Spondylo-epiphyseal dysplasia congenita) 누난증후군(Noonan Syndrome)
정신 및 행동장애 질환	레트증후군(Rett's Syndrome; RS)

학습문제

1. 중도 · 중복장애의 정의를 설명하시오.

2. 중도 · 중복장애학생의 일반적 특성을 설명하시오.

3. 중도 · 중복장애학생의 하위 유형과 주요 특성을 주 장애를 기준으로 3가지 이상 설명하시오.

제 2 장

진단 및 평가

장애학생에게 적절한 교육과 관련 서비스를 제공하기 위해서는 무엇보다 그들의 능력과 특성을 파악하는 것이 중요하다. 능력과 특성은 객관적인 준거를 가진 검사도구나 주 양육자와의 면담 혹은 아동 행동의 관찰을 통해서 파악할 수 있다. 하지만 중도·중복장애학생은 그들이 가지고 있는 여러 가지 인지적·행동적·사회적 특성으로 말미암아 표준화된 검사도구로는 사정이 불가능할 수도 있으며, 그들에 대한 부정적인 편견이 진단과 평가에 영향을 줄 가능성도 높다. 이는 아동이 가진 잠재능력과 특성을 제대로 파악할 수 없게 하며, 결국 아동에게 양질의 특수교육 서비스를 제공할 수 없게 하는 결과를 초래한다. 따라서 중도·중복장애학생에게 적절한 교육과 관련 서비스를 제공하기 위해서는 먼저 목적에 맞는 검사도구를 선정할 필요가 있으며, 목적에 맞는 검사도구를 사용하여 올바른 방법과 절차로 진단 및 평가를 실시해야 할 것이다.

1. 진단 및 평가의 목적과 필요성

1) 진단 및 평가의 목적

진단 및 평가는 장애로 의심되는 at-risk 아동 및 확연한 장애의 징후를 나타내는 아동에게 필수적인 과정이라 할 수 있다. 진단 및 평가의 목적과 관련하여 황복선(2008)은 발생할 수 있는 장애 및 발달 이상을 조기에 발견함으로써 적절한 중재 및 특수교육 서비스를 제공하도록 도와 정상적인 성장발달을 촉진하며, 더 이상의 문제가 발생되지 않도록 예방하기 위해 진단 및 평가를 실시한다고 밝히고 있다. 한편 이나미(2008)는 초기 선별을 통하여 위기에 있는 아동이거나 중재를 해야 하는 아동을 파악하여 사회적응이 더 어려워지기 전에 조기중재 및 대책을 수립하며, 현재 수행능력을 파악하고 요구사항을 분석함으로써 지원 방향을 설정하기 위해 진단 및 평가를 실시한다고 하였다. 종합하여 볼 때, 진단 및 평가는 첫째, 조기에 문제를 발견함으로써 개별 아동에게 적합한 중재를 적시에 실시하여 장애의 심화와 2차 장애를 예방하고 둘째, 현재 수행 수준을 파악하고 그들의 요구사항을 분석함으로써 향후 어떠한 지원을 해야 하는지 방향을 설정하기 위한 목적을 가진다.

2) 진단 및 평가의 필요성

국립특수교육원(2009)은 진단 및 평가의 필요성을 다음의 5가지로 제시하고 있다.

(1) 선별

학습에 심각한 어려움을 갖고 있는 아동을 초기 단계에 확인하기 위해 진단 및 평가가 필요하다. 이는 '선별'이라는 용어로 표현될 수 있는데, 선별 단계에서는 믿을 만한 정보를 간단하고 표준화된 검사도구로 효율적인 시간 내에 수집하는 것이 중요하다. 특히 유의해야 할 점은 특수교육대상자가 선별되지 않거나 특수교육대상이 아닌 아동이 선별되지 않도록 하는 것이다. 만약 지속적인 문제가 존재한다는 것이 확인되면 그 아동을 특수교육대상자로 의뢰하기 위한 심층적인 검사를 실시하여야 한다.

(2) 특수교육대상자로의 적격성 판별

특수교육대상자로의 적격성을 판별하기 위해 진단 및 평가가 필요하다. 이때에는 선별 과정보다는 좀 더 구체적인 정보 수집이 요구된다. 따라서 대부분 표준화된 검사를 통해 자료들을 얻게 되며 이를 통하여 장애가 있는 것으로 확인되면 아동은 특수교육을 받을 자격을 갖게 된다.

(3) 교육프로그램 및 전략 결정

개별 아동에게 적절한 교육프로그램과 교수전략을 결정하기 위해 진단 및 평가가 필요하다.

(4) 아동의 진보 확인

특정 기간 동안 아동의 향상 여부를 확인하기 위해 진단 및 평가가 필요하다. 즉, 개별화교육계획에서 계획된 장 · 단기 목표가 제대로 달성되어 가는지 여부를 측정하기 위한 것이다.

(5) 프로그램 평가

프로그램의 유용성 혹은 효과에 대해 판단하기 위해 진단 및 평가가 필요하다. 이러한 지속적인 평가를 통해 적용하고 있는 프로그램의 유지나 수정 혹은 폐지 여부를 결정하게 된다.

진단 및 평가 관련 용어

국립특수교육원(2009)은 진단 및 평가와 관련된 용어를 다음과 같이 정의하고 있다.

■ 검사

개인의 특성이나 속성을 체계적인 관찰을 통해 추정할 목적으로 사용하는 도구로서

행동표본을 알아보기 위해 사전에 정해진 규칙이나 절차에 따라 실시하고 채점하며 해석하는 것

■ 측정

개인의 속성이나 특성에 대해 수치를 부여하는 절차로 수적으로 혹은 양적으로 나타내는 것. 측정은 객관적인 기술 즉 점수를 내는 일을 말하며 그 결과가 어떤 의미를 나타내는지는 말해 주지 않음

■ 평가와 사정

측정을 통해 얻어진 검사 점수에 주관적인 가치를 부여하는 일로, '많이 혹은 자주' 나타난 행동 특성을 측정한 후 그것이 좋은지 나쁜지를 판단하는 일. 사정은 전인적인 평가라고도 할 수 있으며 여러 번의 검사와 측정 등을 통하여 개인의 정보를 종합하는 총체적 과정임. 사정을 위해서는 다양한 형식적 · 비형식적 정보를 사용하며, 검사, 관찰, 면접 등 다양한 정보 수집 방법을 활용함. 특수교육에서는 사정을 평가라는 말로 대체하여 사용하는 경향이 있음

■ 판별

아동이 지닌 이상성 혹은 교육상의 현저한 문제를 파악하기 위한 선별 및 평가 활동을 통하여 개인의 능력 및 심리적 특성이 같은 사람들을 구분하는 진단 활동

한편 이소현 등(2009)은 진단 및 평가를 다음과 같이 정의하고 있다.

■ 진단

특정 질문에 대한 해답을 찾기 위하여 검사도구나 관찰 등의 다양한 방법을 통하여 정보를 수집하고 그 정보를 기록하는 진행적인 과정

■ 평가

진단이 정보를 수집하는 전반적인 과정임을 의미하는 것과는 달리 평가는 수집된 정보를 기반으로 하여 아동의 발달이나 행동 등과 관련된 결정을 내리는 총체적인 과정. 따라서 평가는 검사도구나 관찰 등의 방법을 통하여 수집된 정보에 기초해 특정 판단을 내리거나 해석하는 것

2. 진단 및 평가의 기능

Waterman(1994)은 진단 및 평가는 선별과 확인, 적격성과 진단, 개별화교육프로그램 개발, 지도계획, 평가의 5가지 기능을 가진다고 하였다. 한편 이소현 등(2009)은 다음의 5가지를 진단 및 평가의 기능으로 제시하고 있다.

1) 대상자 발견

특수교육 서비스를 필요로 할 가능성 있는 아동을 찾아내는 체계적인 과정으로 실제적인 진단 절차라고 할 수는 없지만 공교육을 시작하지 않은 어린 영유아의 경우 대상자를 발견하는 일 자체가 실질적인 진단이 시작되는 활동이기 때문에 진단 활동에서 첫 번째 단계로 인식되곤 한다.

2) 선별

대상자 발견을 통하여 발견된 아동을 대상으로 앞으로 특수교육이 제공되어야 하는지에 대한 확인을 위하여, 그리고 추가적인 진단이 필요한지를 결정하기 위하여 행해지는 간단한 진단 과정이다.

3) 장애진단 및 적격성 판정

선별을 통하여 추가 진단의 필요성의 제기된 아동이나 선별 과정을 거치지 않았더라도 장애진단이 필요하다고 판단되는 아동은 장애의 여부 및 그 성격과 정도 등을 알아보는 장애진단을 받게 된다. 장애진단은 종합적인 평가를 통하여 이루어지게 되는데, 발달이 지체되었는지 또는 장애를 지녔는지를 확인하거나 특수교육의 적격성을 결정하기 위한 목적으로 이루어진다.

장애진단이 이루어지고 나면 그 결과를 기초로 특수교육 적격성이 결정된다. 특수교육 적격성을 결정한다는 것은 아동이 특수교육 서비스를 받기 위한 조건을 충족시키는지를 결정하는 것이다.

4) 교육진단

교육진단은 아동이 현재 지니고 있는 기술과 지니고 있지 못한 기술은 무엇이며 또 앞으로 반드시 습득해야 하는 기술은 무엇인지를 알아가는 진행적인 과정이다. 이를 통해 아동의 개별적인 필요를 반영하는 교수계획이 이루어진다.

5) 진도 점검 및 프로그램 평가

진도 점검은 아동의 성취 수준과 진도를 평가하는 것으로 특히 발달 영역별로 설정된 교수목표가 성취되고 있는지를 점검하게 된다. 진도 점검 절차를 통한 성취도 평가 정보는 아동의 다음 단계 교수전략을 결정하기 위한 유용한 자료로 사용될 수 있다.

한편 프로그램 평가는 아동의 전반적인 성취 정도, 아동에게 실시한 중재 프로그램의 질과 효과, 부모의 만족도 등을 알아보기 위한 객관적이며 체계적인 절차를 말한다.

3. 진단 및 평가의 중요성과 문제점

1) 진단 및 평가의 중요성 - 관련법을 통해 본 중요성

진단 및 평가의 중요성은 다음에 제시하고 있는 우리나라 장애인 등에 대한 특수교육법과 동법 시행령(2007)에도 잘 나타나 있다. 법에서 제시하고 있는 바와 같이 진단 및 평가는 장애의 조기발견을 위하여 선별검사를 무상으로 실시할 것을 명시하고 있으며, 유관기관과의 협조체제 및 진단 · 평가 과정에서의 보호자 권리와 역할, 그리고 관련 기관장의 의무에 대해 명확히 제시하고 있다. 이렇듯 진단 및 평가와 관련된 일련의 체계적인 법적 절차는 진단 및 평가가 아동에게 얼마나 중요한 일인가를 나타내 준다.

한편 미국 장애인교육법(IDEA)은 진단과 평가를 실시함에 있어 다음 사항을 반드시 준수하도록 하고 있다(Snell & Brown, 2006).

- 팀은 반드시 프로그램의 평가, 실시, 감독, 배치 결정에 책임이 있는 일반교사와 학생의 부모, 학생, 특수교사, 전문가를 포함해야 한다.
- 진단에 있어서 부모의 참여는 증가되어야 한다.
- 평가는 개별화교육계획 및 프로그램과 연계되어야 한다.
- 평가는 일반교육과정에 학생이 참여하는 것을 고려해야 한다.
- 교실에서의 수행에 근거한 자료가 만들어져야 하며 그 자료는 고려와 검토의 대상이 되어야 한다.
- 진단은 인지, 행동, 신체 그리고 발달적 영역 등 네 영역의 질에 초점이 맞추어져야 한다.
- 팀은 학교가 학생들의 교육적 요구에 부응하고 있는지를 알려 줄 수 있는 '도구와 전략'을 사용해야만 한다.
- 팀은 편견이 배제된 진단도구와 진단절차를 사용해야만 한다.
- 학생의 부모와 교사가 관찰한 내용은 팀의 진단자료에 반영되어야만 한다.

장애인 등에 대한 특수교육법과 동법 시행령

장애인 등에 대한 특수교육법

제14조(장애의 조기발견 등) ① 교육장 또는 교육감은 영유아의 장애 및 장애 가능성을 조기에 발견하기 위하여 지역주민과 관련 기관을 대상으로 홍보를 실시하고, 해당 지역 내 보건소와 병원 또는 의원(醫院)에서 선별검사를 무상으로 실시하여야 한다.

② 교육장 또는 교육감은 제1항에 따른 선별검사를 효율적으로 실시하기 위하여 지방자치단체 및 보건소와 병 · 의원 간에 긴밀한 협조체제를 구축하여야 한다.

③ 보호자 또는 각급학교의 장은 제15조 제1항 각 호에 따른 장애를 가지고 있거나 장애를 가지고 있다고 의심되는 영유아 및 학생을 발견한 때에는 교육장 또는 교육감에게 진단 · 평가를 의뢰하여야 한다. 다만, 각급 학교의 장이 진단 · 평가를 의뢰하는 경우에는 보호자의 사전 동의를 받아야 한다.

④ 교육장 또는 교육감은 제3항에 따라 진단 · 평가를 의뢰받은 경우 즉시 특수교육지원센터에 회부하여 진단 · 평가를 실시하고, 그 진단 · 평가의 결과를 해당 영유아 및 학생의 보호자에게 통보하여야 한다.
⑤ 제1항의 선별검사의 절차와 내용, 그 밖에 검사에 필요한 사항과 제3항의 사전 동의 절차 및 제4항에 따른 통보 절차에 필요한 사항은 대통령령으로 정한다.
제16조(특수교육대상자의 선정절차 및 교육지원 내용의 결정) ① 특수교육지원센터는 진단 · 평가가 회부된 후 30일 이내에 진단 · 평가를 시행하여야 한다.
② 특수교육지원센터는 제1항에 다른 진단 · 평가를 통하여 특수교육대상자로의 선정 여부 및 필요한 교육지원 내용에 대한 최종 의견을 작성하여 교육장 또는 교육감에게 보고하여야 한다.
③ 교육장 또는 교육감은 특수교육지원센터로부터 최종 의견을 통지받은 때부터 2주일 이내에 특수교육대상자로의 선정 여부 및 제공할 교육지원 내용을 결정하여 부모 등 보호자에게 서면으로 통지하여야 한다. 교육지원 내용에는 특수교육, 진로 및 직업교육, 특수교육 관련 서비스 등 구체적인 내용이 포함되어야 한다.
④ 제1항에 따른 진단 · 평가의 과정에서는 부모 등 보호자의 의견진술의 기회가 충분히 보장되어야 한다.

장애인 등에 대한 특수교육법 시행령

제9조(장애의 조기발견 등) ① 교육장 또는 교육감은 매년 1회 이상 법 제14조 제1항에 따른 홍보를 하여야 한다.
② 교육장 또는 교육감은 장애의 조기발견을 위하여 관할 구역의 보육시설 · 유치원 및 학교의 영유아 또는 학생(이하 "영유아 등"이라 한다. 이하 이 조에서 같다)을 대상으로 수시로 선별검사를 하여야 한다. 이 경우 국민건강보험법 제47조 제1항 또는 의료급여법 제14조 제1항에 따른 건강검진의 결과를 활용할 수 있다.
③ 교육장 또는 교육감은 선별검사를 한 결과 장애가 의심되는 영유아 등을 발견한 경우에는 병원 또는 의원에서 영유아 등에 대한 장애 진단을 받도록 보호자에게 안내하고 상담을 하여야 한다.
④ 교육장 또는 교육감은 선별검사를 받은 영유아 등의 보호자가 법 제15조에 따른 특수교육대상자로 선정받기를 요청할 경우 영유아 등의 보호자에게 영유아 등의 건강검진 결과통보서 또는 진단서를 제출하도록 하여 영유아 등이 특수교육대상자에 해당하는지 여부를 판단하기 위한 진단 · 평가를 하여야 한다.

⑤ 교육장 또는 교육감은 제3항에 따라 진단 · 평가한 결과 영유아 등에게 특수교육이 필요하다고 판단되면 보호자에게 그 내용과 특수교육대상자 선정에 필요한 절차를 문서로 알려야 한다.
⑥ 제2항부터 제5항까지의 규정에 따른 선별검사 및 진단 · 평가에 필요한 사항은 교육과학기술부령으로 정한다. 이 경우 제2항에 따른 선별검사에 관한 사항은 보건복지부장관과 협의하여야 한다.

2) 진단 및 평가의 문제점

진단 및 평가는 아동이 발달기에 있고 아동에게 영향을 줄 수 있는 여러 상황이 수시로 변하기 때문에 주기적으로 이루어져야 한다. 하지만 현실적으로는 주기적인 평가가 잘 이루어지고 있지 않으며 설사 평가가 실시되더라도 전환기에 형식적으로 실시하는 경향이 많다. 또한 현장에서 사용되는 진단 · 평가 도구들은 중도 · 중복장애학생에게 적용하기 곤란한 도구들이 대부분이므로 주관적인 판단을 배제할 수 없는 임상관찰에 의존하여 아동을 진단하는 기관이 많다.

더구나 형식적 검사는 학교 상황에 필요한 행동이나 과제와 관련 없는 검사가 진행될 가능성이 있으며, 검사 시 아동의 기분, 상태, 환경, 검사자의 성격 및 실시 상황이 검사 결과에 영향을 줄 수 있다. 또한 정확한 실시 절차에 따라야 하기 때문에 아동의 개인적인 상황을 반영하지 못하므로 검사가 불가능한 중도 · 중복장애학생의 검사로는 부적합한 경우가 많다. 반면 비형식적 검사는 검사도구를 개발하는 데 많은 시간이 소요되고, 자칫하면 신뢰도와 타당도를 확보하지 못한 검사도구를 사용할 가능성도 있다. 또한 검사 결과 해석에 있어서도 객관적인 타당성이 결여될 수 있다는 단점이 있다.

따라서 진단 · 평가를 실시하는 검사자의 능력은 매우 중요한 요소라 할 수 있다. 즉, 검사자에게는 표준화검사를 실시하면서 나타날 수 있는 후광효과 및 기타 오류를 충분히 인식하고 결과 점수를 해석할 수 있는 능력이 반드시 필요하다. 이는 표준화검사의 여러 문제점과 한계를 인식하고, 검사 시 아동이 보여 주는 여러 사인(sign)을 충분히 활용할 수 있는 능력을 말한다(이나미, 2008).

4. 신뢰도와 타당도

1) 신뢰도

신뢰도란 동일한 대상에게 동일한 검사를 한 번 이상 시행했을 때, 혹은 동일한 대상에게 한 명 이상의 검사자가 동일한 검사를 시행했을 때 등 측정 시기나 검사자 등에 좌우되지 않고 일관적인 검사 결과를 얻는 것을 의미한다.

신뢰도는 일반적으로 계수로서 표시되며, 계수는 0에서 +1.00까지의 범위를 가진다. 그리고 높은 계수는 높은 신뢰도를 나타내는 반면 낮은 계수는 낮은 신뢰도를 나타나며, 완벽한 신뢰도는 +1.00의 계수를 가진다(Alper, Ryndak, & Schloss, 2001).

신뢰도에는 재검사 신뢰도, 동형검사 신뢰도, 내적 일관성 신뢰도, 반분 신뢰도, 평정자 간 신뢰도 등이 있다.

(1) 재검사 신뢰도

재검사 신뢰도(test-retest reliability)는 동일한 검사를 동일한 대상에게 일정 시간 간격을 두고 2회 실시하여 두 점수 간의 상관계수로 신뢰도를 구하는 방법을 말한다. 따라서 2회의 측정 사이 시간 간격이 중요한데, 일반적으로 피험자의 기억이 소멸된다고 여겨지는 2주에서 4주로 설정하나 이는 검사도구의 특성, 측정 내용에 따라 달라질 수 있다(성태제, 시기자, 2006). 하지만 검사 시간 간격에 따라 결과가 다르게 나타날 수 있는데, 시간 간격이 너무 짧으면 기억이나 연습효과가 결과에 영향을 미칠 수 있는 반면 시간 간격이 너무 길면 지적 발달과 같은 성숙효과가 결과에 영향을 미칠 수 있다. 그리고 동일한 검사 동기, 검사 환경, 검사 태도 등을 조성하기 어렵다는 문제도 있다.

(2) 동형검사 신뢰도

동형검사 신뢰도(parallel-form reliability)는 하나의 검사를 실시한 후 내용, 형식, 문항 수, 난이도 등 검사의 주요 속성이 동일한 검사를 일정 시간 간격을 두거나 바로 이어서 실시하여 두 점수 간의 상관계수로 신뢰도를 산출하는 방법을 말한다. 이는 재검사 신뢰도가 가지고 있는 연습효과나 성숙효과의 문제를 극복하기 위해 사용된다. 하지만 현실적으로 동형의 검사도구 개발 자체가 어려우며, 동일한 대상에게 동형의 2가지 검사를 실시하는 것이 어렵다는 문제가 제기된다.

(3) 내적 일관성 신뢰도

내적 일관성 신뢰도(internal consistency reliability)는 문항 간 내용의 일관성으로 검사의 목적에 따라 각 문항들이 서로 일관성 있게 그 내용을 측정하고 있는가를 말한다. 가장 많이 쓰이는 계수는 Cronbach's 계수다.

(4) 반분 신뢰도

반분 신뢰도(split-half reliability)는 한 가지 검사를 한 번만 실시한 후 두 부분으로 검사를 나누어 각각의 점수를 계산하여 이 두 점수 간 상관계수로 신뢰도를 산출하는 방법을 말한다. 이는 측정 항목이 길거나, 동일한 측정을 2가지 형태로 실시하는 것이 어려울 경우, 또는 동일한 측정을 2회 실시하는 것이 어려울 경우에 효과적으로 사용된다(Alper et al., 2001). 하지만 항목을 반분하는 방법에 따라 신뢰도에 영향을 줄 수 있으므로, 일반적으로 난이도 순으로 등급화하여 홀수와 짝수로 분류한다든지 문제은행을 만들어 사용하는 방법을 이용한다.

(5) 평정자 간 신뢰도

평정자 간 신뢰도는 동일한 결과를 가지고 각자가 채점한 후 그들 결과를 서로 비교함으로써 신뢰도를 산출하는 방법을 말한다. 이는 똑같은 결과에 대해서도 각자의 관점에 따라 결과 해석에 차이가 있을 수 있다는 점을 반영한 것이다. 여기에는 채점자 간 신뢰도, 판단자 간 신뢰도, 관찰자 간 신뢰도가 있다.

신뢰도 계수

개인을 선별하기 위한 목적이라면 최소 .80 이상의 신뢰도가, 배치나 중요한 교육을 결정하기 위한 목적이라면 최소 .90 이상의 신뢰도가 요구된다(Salvia & Ysseldyke, 1998).

2) 타당도

타당도란 검사도구가 갖추어야 할 가장 중요한 요건으로 평가 목적에 맞는 적절한 도구를 사용했는가를 의미한다. 따라서 누구를 대상으로, 무엇을 목적으로 검사도구가 개발되었는지를 파악하는 것이 무엇보다 중요하다(Gay, 1992). 타당도에는 내용 타당도, 준거 타당도, 구인 타당도가 있다.

(1) 내용 타당도

검사하고자 하는 내용이 검사 항목에 반영되어 있는 정도를 말하는 것으로 객관적 수치에 따르지 않는다. 즉, 검사 내용이 검사의 목표를 대표하고 있는지 전문가들의 의견을 통해 결정한다. 예전에는 내용 타당도를 설명할 때 안면 타당도(face validity)와 동의어로 사용하기도 했다. 이는 검사 내용을 전문가가 주관적으로 판단한다는 의미에서였지만 피험자의 측면에서 자주 접해 본 검사 문항들이 있으면 안면 타당도가 있다고 말하기도 하는 등 학계의 의견이 분분하므로 최근에는 안면 타당도라는 용어는 사용하지 않는다.

(2) 준거 타당도

검사 점수와 어떤 준거 점수와의 상관을 구하여 타당도를 산출하는 방법으로 공인 타당도와 예언 타당도가 있다.

- 공인 타당도: 한 가지 검사도구의 점수(새롭게 개발한 검사도구의 점수)와 어떤 준거 점수(기존에 타당도를 입증받은 검사도구의 점수)와의 상관을 구하여 타당도를 산출하는 것을 말한다.
- 예언 타당도: 한 가지 검사도구의 점수(새롭게 개발한 검사도구의 점수)와 일정기간이 지난 뒤 검사한 내용과 관련 있는 행동을 측정한 점수와의 상관을 구하여 타당도를 산출하는 것으로 검사 결과가 아동의 향후 행동이나 특성을 예측해 준다.

(3) 구인 타당도

구인이란 관찰되지 않는 심리적 특성이나 행동 양상, 속성(예, 지능, 창의성) 등을 설명하는 데 사용하는 용어다. 따라서 구인 타당도란 조작적으로 정의되지 않는 인간의 심리적 특성이나 성질을 심리적 구인으로 분석하여 조작적 정의를 부여한 후 검사 점수가 조작적 정의에서 규명한 심리적 구인들을 제대로 측정하였는가를 검정하는 방법으로 구성 타당도라고도 한다(성태제, 시기자, 2006). 구인 타당도를 산출하기 위해 일반적으로 요인 분석을 사용한다.

이상에서 살펴본 바와 같이 신뢰도와 타당도는 진단평가도구가 갖추어야 할 필수요건이라 할 수 있다. 신뢰도와 타당도 모두 중요하지만 신뢰도와 타당도 중 더 우선시되어야 하는 것은 무엇일까? 결론부터 말하자면 신뢰도보다는 타당도를 고려해 보아야 한다. 즉, 우리는 검사 목적에 맞지 않는 항목들이 일관적으로 제시되어 있는 신뢰도 높은 검사도구를 사용할 수도 있다. 이는 신뢰도는 확보되어 있지만 타당도에는 문제가 발생하게 되는 결과를 초래한다. 어떠한 검사도구든 검사 목적에 맞는 타당도 높은 검사도구라고 한다면 신뢰도 또한 높다고 추정할 수 있다.

5. 규준지향검사와 준거지향검사

1) 규준지향검사

규준참조검사라고도 하며 개인 간 상대적인 위치를 나타내 주는 상대평가의 개념이다. 따라서 규준집단에 의하여 얻어진 검사의 평균적인 수행 수준과 개인의 수준을 비교하게 된다. 주로 표준편차를 이용한 표준 점수로 나타내며 대부분의 표준화된 검사들이 규준지향검사에 해당된다. 하지만 규준지향검사는 개인의 수행 수준을 양적으로만 파악하기 때문에 질적인 평가를 통한 풍부한 정보를 얻기 어려우며, 객관적인 절차에 따라 수행되어야 하므로 매일의 성취 정도를 평가할 수 없다는 단점이 있다.

표준 점수

- Z점수: 평균이 0, 표준편차가 1인 점수
- T점수: 평균이 50, 표준편차가 10인 점수
- 스테나인 점수: 평균이 5, 표준편차가 2인 점수(standard와 nine의 합성어로 1~9까지의 범위를 가짐)

2) 준거지향검사

준거참조검사라고도 하며 개인 내 차이를 나타내 주는 절대평가의 개념이다. 따라서 목표에 따른 자신의 이전 수행 정도와 현재의 수행 정도를 비교하게 된다. 이는 개인이 달성하고자 하는 목표에 어느 정도 도달했는지를 확인할 수 있도록 해 주므로 이후 어떤 영역에 더 초점을 맞추어 교육해야 하는지에 대한 방향을 설정하는 데 도움이 되고 개별 학생의 발달을 지속적으로 점검할 수 있다는 장점이 있다. 하지만 준거지향검사는 어느 정도 달성해야 성취했다고 볼 수 있는지 등 평가의 기준을 설정하는 것이 어렵다는 문제가 있다.

6. 진단 및 평가 방법

1) 표준화검사

표준화검사는 형식적 검사로 규준과 검사요강으로 구성된다. 검사요강은 검사 방법에 대한 설명과 신뢰도 및 타당도 정보를 제공하며 점수화하는 과정 및 점수의 해석지침을 제공한다. 따라서 개개인은 다른 사람들과 비교될 수 있으며, 검사로부터 얻은 자료는 양적으로 기록될 수 있다(국립특수교육원, 2009).

(1) 지능검사

① 한국 웩슬러 아동지능검사-3판

한국 웩슬러 아동지능검사-3판(Korean Wechsler Intelligence Scale for

Children-Ⅲ; K-WISC-Ⅲ)은 2001년에 한국에서 표준화된 지적 능력을 측정하는 검사도구로 동작성 소검사(7개)와 언어성 소검사(6개)의 총 13개 소검사로 구성되어 있다. 이 검사도구는 학업 성취도와 높은 상관관계를 가지기 때문에 학습장애 진단에 매우 유용하게 사용될 수 있으나 전체 IQ가 40 미만인 경우에는 규준이 제시되어 있지 않다는 단점이 있다. 검사 결과는 언어성 IQ 지수 점수, 동작성 IQ 지수 점수, 전체 IQ 지수 점수로 나타나며, 4가지 지표 점수(언어이해, 지각조직, 주의집중, 처리속도)로의 산출도 가능하다. 검사의 기록 용지에는 원점수, 환산 점수, 지능지수 점수, 지표 점수, 백분위 점수, 신뢰구간이 기록되며, 적용 범위는 6세 0개월부터 16세 11개월까지다.

하위 영역별 소검사

동작성 소검사	언어성 소검사
1. 빠진곳찾기*	2. 상식
3. 기호쓰기*	4. 공통성
5. 차례맞추기*	6. 산수*
7. 토막짜기*	8. 어휘
9. 모양맞추기*	10. 이해
11. (동형찾기)*: 보충검사	12. (숫자): 보충검사
13. (미로)*: 보충검사	

* 초시계를 사용하는 소검사

측정지표별 소검사

언어이해	지각조직	주의집중	처리속도
상식	빠진곳찾기*	산수*	기호쓰기*
공통성	차례맞추기*	숫자	동형찾기*
어휘	토막짜기*		
이해	모양맞추기*		

* 초시계를 사용하는 소검사

② 한국 웩슬러 아동지능검사-4판

2011년 한국에서 표준화된 한국 웩슬러 아동지능검사-4판(Korean Wechsler Intelligence Scale for Children-IV; K-WISC-IV)은 한국 웩슬러 아동지능검사-3판의 개정판으로 전반적인 지적 능력에 대한 정보를 제공한다. 총 15개의 소검사로 구성되는데 K-WISC-Ⅲ와 동일한 10개의 소검사와 5개의 새로운 소검사로 이루어져 있다. 검사 결과는 전체 IQ 지수점수와 보다 분리된 인지적 지능 영역인 4가지 지표 점수(언어이해, 지각추론, 작업기억, 처리속도)로 제시되는데, 기존의 동작성 IQ 지수 점수와 언어성 IQ 지수 점수의 구조를 더 이상 사용하지 않는다. 검사 결과는 기존의 수기채점 방식에서 자동채점 방식으로 전환되었으며, 검사의 기록용지에는 원점수, 환산 점수, 합산 점수, 지능지수 점수, 지표 점수, 백분위 점수, 신뢰구간이 기록된다. 적용 범위는 6세 0개월부터 16세 11개월까지다.

소검사 종류

유지(10개)	토막짜기, 공통성, 숫자, 기호쓰기, 어휘, 이해, 동형찾기, (빠진곳찾기), (상식), (산수)
추가(5개)	공통그림찾기, 순차연결, 행렬추리, (단어추리), (선택)
삭제(3개)	차례맞추기, 모양맞추기, 미로
※ ( )는 보충 소검사임	

측정지표별 소검사

언어이해	지각추론	작업기억	처리속도
공통성	토막짜기*	숫자	기호쓰기*
어휘	공통그림찾기	순차연결	동형찾기*
이해	행렬추리	(산수)*	(선택)*
(상식)	(빠진곳찾기)*		
(단어추리)			

* 초시계를 사용하는 소검사

③ K-ABC

1997년 한국에서 표준화된 K-ABC(Korean Kaufman Assessment Battery for Children)는 지능과 성취도를 측정하는 검사로, 지능을 '정보를 처리하고 문제를 해결하는 아동의 능력'이라고 정의하고 있다. 순차처리척도(3개)와 동시처리척도(7개)의 10개 소검사와 6개의 습득도 소검사로 구성되어 있는데, 인지발달 이론에 근거하여 연령별로 실시하는 하위 검사를 차별화하였다. 순차처리척도는 과제의 순서와 계열적 처리능력을 측정하는 척도이고, 동시처리척도는 부분적으로 주어진 정보를 통합하는 능력을 측정하는 척도다. 그리고 이 2가지 척도를 합한 것이 전체적인 지적 능력을 나타내는 인지처리과정척도다. 또한 K-ABC는 청각장애, 언어장애, 비영어권 아동을 위해 비언어적 점수를 제공하는데, 이는 비언어성 척도로 제시된다. 즉, 언어요인이 배제된 상태에서 검사자가 손짓이나 몸짓으로 문제를 내고 아동에게 동작으로 반응하도록 요구함으로써 점수가 산출된다. 특히 K-ABC는 습득도척도를 통해 후천적인 습득 정도에 대한 정보를 제공하기 때문에 향후 교육목표와 양을 결정하는 데 도움을 준다. 한편 검사의 기록 용지에는 원점수, 척도 점수, 백분위 점수, 강/약, 표준 점수와 측정오차, 신뢰 수준, 척도 간 비교가 기록된다. 적용 범위는 2세 5개월부터 12세 5개월까지다.

하위 영역별 소검사

동시처리	순차처리	습득도
1. 마법의 창	3. 손동작	11. 표현어휘
2. 얼굴기억	5. 수회생	12. 인물과 장소
4. 그림통합	7. 단어배열	13. 산수
6. 삼각형*		14. 수수께끼
8. 시각유추		15. 문자해독
9. 위치기억		16. 문장이해
10. 사진순서		

* 초시계를 사용하는 소검사

(2) 적응행동검사

① KNISE-SAB

KNISE-SAB(Korea National Institute for Special Education-Scales of Adaptive Behavior)는 국립특수교육원(2003)이 한국 최초로 우리의 사회·문화적 맥락과 생활양식에 적합하게 개발한 적응행동검사로 검사 대상자의 선별과 특수교육의 적격성 결정, 특정 교수프로그램의 개발과 평가를 목적으로 실시하는 검사다. 이 검사는 개념적 적응행동(6개), 사회적 적응행동(7개), 실제적 적응행동(11개)의 전체 24개 소검사로 구성되어 있다. 개념적 적응행동이란 구체적·현실적 실제가 아니라 학문적 상황에서 성공하는 데 필요한 기술을 말하고, 사회적 적응행동이란 사회적 기대와 다른 사람의 행동을 이해하고 사회적 상황에서 자신이 어떻게 행동하는 것이 적절한지를 판단하는 기술을 말한다. 그리고 실제적 적응행동이란 평범한 일상생활 활동을 해 나가는 데 있어 독립된 인간으로서 자신을 유지해 가는 실제적 적응기술을 말한다. KNISE-SAB는 아동의 특성과 행동을 잘 파악하고 있는 정보 제공자와의 면담을 통해서 실시된다. 한편 검사의 기록 용지에는 각 항목별 및 전체 원점수와 환산 점수, 적응행동지수 점수 및 프로파일로 결과가 제시되는데, 특이할 점은 비장애학생과 지적장애학생을 대상으로 표준화함으로써 비장애학생은 물론 지적장애학생 집단의 규준으로도 비교할 수 있도록 되어 있다는 점이다. 검사의 적용 범위는 21개월부터 17세까지의 비장애아와 만 5세부터 17세까지의 지적장애아다.

하위 영역별 소검사

개념적 적응행동	사회적 적응행동	실제적 적응행동
언어이해	사회성 일반	화장실 이용
언어표현	놀이 활동	먹기
읽기	대인관계	옷 입기
쓰기	책임감	식사준비
돈개념	자기존중	집안정리
자기지시	자기보호	교통수단 이용
	규칙과 법	진료받기
		금전관리
		통신수단 이용
		작업기술
		안전 및 건강관리

② 사회성숙도검사

미국의 Edgar Doll(1965)이 제작한 Vineland Social Maturity Scale을 김승국, 김옥기(1977, 1985)가 우리나라 실정에 맞게 수정하고 3개의 문항을 새로 만들어 모두 117개 문항으로 제작한 적응행동검사다. 검사는 자조(일반, 식사, 용의), 이동, 작업, 의사소통, 자기지향성(또는 자기관리), 사회화의 6가지 하위 영역으로 구성되어 있으며, 아동의 특성을 잘 알고 있는 부모나 형제 등과의 면담을 통해 실시되지만, 여의치 않을 경우 아동을 직접 관찰하여 기록할 수도 있다. 사회성숙도검사는 6가지 행동 영역이 발달 단계별로 이루어져 있어 아동에게 향후 필요한 프로그램을 계획하고 성취 정도를 평가하는데 유용하다. 하지만 정보 제공자의 주관적 판단이 결과 해석에 많은 영향을 미칠 수 있으며, 나이가 많은 지적장애아는 높은 생활연령으로 인해 사회지수가 낮게 나올 수 있고, 발달 단계가 높아질수록 문항이 자세하게 분류되어 있지 않다는 점이 단점으로 지적된다. 검사 결과는 사회연령(Social Age: SA)과 사회지수(Social Quotient: SQ)로 제시되며 적용 범위는 0세부터 30세까지다.

③ 한국 아동 · 청소년 행동평가척도

K-CBCL(Korean-Child Behavior Checklist)은 Achenbach와 Edelbrock(1983)가 개발하고, Achenbach(1991년)가 개정한 아동 · 청소년 행동평가척도를 오경자 등(1997)이 한국판으로 표준화한 적응행동검사다. 애초에 CBCL은 부모보고형, 교사보고형, 자기보고형의 3가지 유형으로 개발되었으나 우리나라에서는 부

하위 영역

<table>
<tr><td rowspan="7">사회능력척도</td><td rowspan="4">사회성척도</td><td>친구의 수</td></tr>
<tr><td>친구와 어울리는 정도</td></tr>
<tr><td>다른 사람과의 관계(형제자매, 또래, 부모 등 사회적 관계의 질, 속해 있는 단체, 단체의 개수, 참가 활동의 활발 정도)</td></tr>
<tr><td>혼자 놀거나 공부하는 정도</td></tr>
<tr><td rowspan="3">학업수행척도</td><td>학업성적의 평균(국어, 수학, 사회, 과학, 영어 등 5개 과목별로 0, 1, 2, 3의 4점 척도를 통해 평정)</td></tr>
<tr><td>특수학급에 있었는지의 여부</td></tr>
<tr><td>휴학 여부</td></tr>
<tr><td rowspan="6">문제행동증후군 척도</td><td colspan="2">위축, 신체증상, 불안/우울, 사회적 미성숙, 사고의 문제, 주의집중 문제, 비행, 공격성</td></tr>
<tr><td>내재화 문제</td><td>위축, 신체증상, 불안/우울</td></tr>
<tr><td>외현화 문제</td><td>비행, 공격성</td></tr>
<tr><td>총문제행동</td><td>문항 2(알레르기), 4(천식)를 제외한 전체 문항의 합</td></tr>
<tr><td>성 문제</td><td>4~11세만 적용되는 특수척도, 총 6문항</td></tr>
<tr><td>정서불안정</td><td>6~11세만 적용되는 특수척도, 총 10문항</td></tr>
</table>

모보고형만을 표준화했다. K-CBCL은 부모가 자녀의 6개월간 행동과 정서 특성을 회상하여 응답하도록 한다. 사회능력척도와 문제행동증후군척도의 두 부분으로 구성되어 있으며 총 119개 문항으로 이루어져 있다. 검사 결과는 원점수, 백분위 점수, 표준 점수(T점수), 프로파일로 제시되며 적용 범위는 만 4세부터 17세까지다.

④ 중도장애아 발달 사정

중도장애아 발달 사정(Developmental Assessment for the Severly Handicapped; DASH)은 Mary Kay Dykes가 개발한 것으로 5가지 척도(언어, 감각운동기술, 일상생활기술, 학습전 기술, 사회/정서적 기술)를 통해 아동의 수행능력을 평가한다. 이 검사는 어린 연령층에서 나타나는 다양한 행동들을 파악할 수 있다는 장점은 있지만 객관적인 득점 처리 방법이 없어 주관적 · 편견적 결과를 제공할 수 있다는 단점이 있다. 적용 범위는 0세부터 8세까지다(Pierangelo & Giuliani, 2004).

(3) 학습능력검사

KNIISE-BAAT

KNISE-BAAT(Korea National Institute for Special Education-Basic Academic Achievement Tests)는 국립특수교육원(2008)에서 개발한 것으로 읽기, 쓰기, 수학 세 영역에서의 아동의 기초학력을 측정함으로써 학습에서 부진을 나타내는 아동을 선별 · 진단하고 부진을 나타내는 영역과 수준을 파악하는 데 도움이 되는 정보를 제공한다. KNISE-BAAT는 프로그램의 일반화와 전이 효과를 측정할 수 있도록 읽기, 쓰기, 수학검사가 각각 2종의 동형검사로 되어 있으며, 장애학생을 위

구성 내용

구성	측정 내용
읽기	선수 기능, 음독능력, 독해능력(낱말이해, 문장완성, 어휘선택, 문장배열, 짧은 글 이해)
쓰기	선수 기능, 표기능력, 어휘 구사력, 문장 구사력, 글 구성력
수학	수(범자연수, 분수와 소수, 비와 백분율), 도형, 연산(덧셈, 뺄셈, 곱셈, 나눗셈, 암산), 측정(측정, 시간과 화폐, 어림), 확률과 통계, 문제해결

해 응답 시간을 연장하거나 검사 방법이나 내용을 조정하여 실시할 수 있도록 되어 있다. 검사 결과는 읽기, 쓰기, 수학 각각에 대한 원점수, 백분위 점수, 환산 점수, 학력지수, 학년규준으로 제시되며, 적용 범위는 만 5세부터 14세까지다.

(4) 지각능력검사

① 한국판 시지각발달검사-2

한국판 시지각발달검사-2(Korean Developmental Test of Visual Perception-Second edition; K-DTVP-2)는 문수백, 여광응, 조용태(2003)가 개발한 것으로 아동의 시지각 능력과 시각-운동능력을 측정한다. 단, 운동장애를 지닌 뇌성마비 아동 등에게 실시할 경우 시각-운동통합 하위 검사를 실시할 것인지의 여부를 결정해야 하고, 청각장애학생에게 실시할 경우 수화나 몸짓의 사용여부를 고려할 필요가 있다. 총 8개의 하위 검사로 구성되어 있으며, 이는 일반 시지각(GVP), 운동-감소시지각(MRP), 시각-운동통합(VMI)이라는 3가지 종합 척도로 구분할 수 있다. 검사 결과는 원점수, 연령지수, 백분위 점수, 표준 점수, 지수 점수로 제시되며, 적용 범위는 만 4세부터 8세까지다.

종합 척도별 하위 검사

종합 척도	하위 검사
일반시지각 (General Visual Perception; GVP)	눈-손 협응, 공간위치, 따라그리기, 도형-배경, 공간관계, 시각통합, 시각-운동속도, 형태항상성
운동-감소시지각 (Motor-Reduced Visual Perception; MRP)	공간위치, 도형-배경, 시각통합, 형태항상성
시각-운동통합 (Visual-Motor Integration; VMI)	눈-손 협응, 따라그리기, 공간관계, 시각-운동속도

② 시각 운동 통합 발달검사-제4판

시각 운동 통합 발달검사-제4판(Developmental Test of Visual Motor Integration-4; VMI-4)은 Beery(1981)가 개발한 것을 박화문과 구본권(1990)이 번안한 것으로 아동의 시지각과 운동 협응 능력을 평가함으로써 조기에 시각 운동 문제를 발견하고 학습과 문제행동을 파악하여 예방하고자 하는 데 목적이 있다. 이 검사는 학업성적이 기하도형 모사능력과 유의한 상관이 있다는 여러 연구 결과를 바탕으로 24개의 기하도형(예, 수직선, 수평선, 원 등)을 모사하도록 한다. VMI-4의 장점으로는 문자가 아니기 때문에 아동에게 친숙하며 아동의 발달 단계와 과제의 난이도를 고려하여 배열되어 있다는 점이다. 그리고 사용 연령대가 넓으며 도형의 난이도에 따라 나이가 어리거나 장애가 심한 아동들에게는 성공감을, 청소년들에게는 도전심을 심어 준다. 또한 언어를 사용하는 검사가 아니므로 청각장애학생이나 언어장애학생에게도 손쉽게 사용할 수 있으며, 다른 심리검사의 준비검사로도 활용이 가능하고, 실시 방법이 간단하기 때문에 한 명의 교사가 소집단 아동을 대상으로 실시할 수도 있다. 하지만 시각과 운동 모두를 평가하기 때문에 아동의 문제가 시각에서의 문제인지, 운동에서의 문제인지, 아니면 두 영역 모두에서의 문제인지를 명확히 규정하기 어려우며, 공간조직 기능을 측정하는 데 한계가 있다. 또한 어떤 문항은 정확한 반응을 요구하고, 어떤 문항은 검사자의 주관이 많이 포함되는 등 채점에서 일관성이 부족하다는 단점이 있다. 검사 결과는 연령 점수, 표준 점수(평균 10, 표준편차 3), 백분위 점수로 제시되며, 적용 범위는 만 2세부터 15세까지다. 단, 4세 이하 아동에게는 개별 검사로, 4세 이상 아동에게는 소집단으로도 실시할 수 있다.

(5) 운동능력검사

① 한국판 오세레츠키 운동능력검사

한국판 오세레츠키 운동능력검사는 Oseretsky(1923)가 개발한 것을 김정권, 권기덕, 최영하(1974)가 표준화한 것으로 아동의 운동능력 발달 변화에 대한 정보를 제공하고 지능, 사회, 직업, 일상생활 등 여러 영역에서 아동의 능력에 대한 기초 자료를 제공하는 데 목적이 있다. 이 검사는 정적 협응, 손동작 협응, 일반동작 협응, 운동속도, 동시적 자발동작, 단일동작 수행능력의 6가지 영역을 측정한다. 검사의 장점으로는 폭넓은 연령과 다양한 능력을 가진 아동들에게 흥미와 도전심을 갖게 하며, 장애학생의 운동능력을 측정함으로써 향후 교육전략을 개발하는 데 중요한 정보를 제공한다는 점이다. 하지만 시간을 측정해야 하는 문항이 많고, 어떤 경우에는 시범이 필요하므로 검사자는 실시 방법에 숙련되어 있어야 한다.

그리고 채점 절차가 복잡하며 운동연령을 산출함으로써 모든 평가가 끝나는 등 운동발달지수를 제공하지 않아 검사 결과를 어떻게 사용해야 하는지에 대한 정보가 부족하다. 더불어 검사도구의 표준화 절차 및 신뢰도와 타당도가 제시되어 있지 않다는 단점이 있다. 검사 결과는 운동 수준, 운동지체, 운동과숙으로 제시되며, 적용 범위는 4세부터 16세까지다.

② 대근육 운동발달검사

대근육 운동발달검사(Test of Gross Motor Development; TGMD)는 아동의 운동기술을 사정하기 위한 검사도구다. 이 검사는 이동(Locomotion, 달리기, 질주하기, 한발뛰기, 도약하기, 평면뛰기, 깡충뛰기, 무게 중심을 한 쪽에서 다른 쪽으로 옮기는 좌우기술 등)과 사물조작(Object Control, 두 손으로 치기, 정적인 바운스 잡기, 차기, 오버핸드 던지기 등과 같이 사물을 던지고 받는 기술)의 2가지 하위 검사로 구성되어 있다. TGMD는 대근육 운동기술에서 또래보다 수행 정도가 낮은 아동을 파악하여 그들에게 체육교과 등의 시간에 적절한 특수교육 서비스를 제공할 수 있도록 하며, 대근육 운동기술 발달을 위한 교육프로그램을 계획하고 평가하는 데 도움을 준다. 또한 비교적 신뢰도와 타당도가 높으며 장애학생과 비장애학생 간 능력 차이를 알 수 있다는 장점이 있다. 그러나 전반적인 평점이 대체로 부정적이라는 것이 단점이다. 검사 결과는 지각연령과 표준 점수로 제시되고, 적용 범위는 3세부터 10세까지다.

(6) 선별검사

① Bayley 영아발달검사-제2판

Bayley 영아발달검사-제2판(Bayley Scales of Infant Development-Second edition; BSID-II)은 Bayley에 의해 개발된 것으로 영아의 발달 기능을 평가하기 위한 목적을 가진다. 이 검사는 지능척도, 운동척도, 행동평정척도의 3가지 하위척도로 구성되어 있는데, 이 중 행동평정척도는 지능척도와 운동척도 이후에 실시하게 된다. Bayley 영아발달검사는 인종, 민족, 성 등을 망라한, 표준화가 잘 된 검사도구로 평가받고 있지만 검사 실시와 해석에 있어 검사자의 능력이 요구되며 준거 타당도와 구인 타당도에 있어 한계를 가진다. 검사 결과는 지능발달지

척도별 하위 검사 측정 내용

척도	하위 검사	측정 내용
지능척도	정신발달지표(Mental Developmental Index; MDI)	감각적/지각적 예민함, 구별 및 반응, 대상 불변성 개념, 기억/학습/문제해결력, 발성/구어적 의사소통 시작, 추상적 사고의 기초, 순응성, 정신적 지도, 수학적 개념 형성
운동척도	심리운동발달지표(Psychomotor Developmental Index; PDI)	신체조절 정도, 대근육 협응, 손과 손가락의 미세한 조작 기술, 역동적인 움직임, 자세 모방, 입체지각
행동평정척도	행동발달지표(Behavior Developmental Index; BDI)	반응행동의 질적 평가, 각성상태, 주의집중, 방향성, 참여, 정서적 규칙, 운동 특성

수, 신체발달지수, 행동발달지수로 제시되며, 적용 범위는 1개월부터 42개월까지다.

② Denver 발달선별검사-개정판

Denver 발달선별검사-개정판(The Denver Developmental Screening Test-revised; Denver II)은 Frankenburg에 의해 개발된 것으로 문제 가능성이 있는 아동을 선별하거나 발달지연을 확증하거나 주산기에 문제가 있었던 고위험아동을 지속적으로 관찰하기 위한 목적을 가진다. 이 검사는 개인-사회성 능력(personal-social abilities), 미세운동 및 적응발달(fine motor adaptive abilities), 언어발달(language abilities), 운동발달(motor abilities)의 4가지 영역 105항목으로 구성되어 있으며, 각 항목에 대한 아동의 반응을 관찰함으로써 평가된다. Denver 발달선별검사는 실시방법 및 결과 해석이 간단하며 신뢰도와 타당도가 높다는 장점은 있으나 이후의 적응능력이나 지적 능력에 대한 예측을 하지는 못하며, 평정이 매우 주관적이고, 표준화 집단이 일부 지역에만 한정되어 있다는 단점이 있다. 검사 결과는 연령 수준으로 제시되며, 적용 범위는 출생에서부터 6세까지다.

2) 비표준화검사

(1) 면담

상호작용이 없는 관찰법에 비해 면담은 면담자와 피면담자 간의 대화를 통한 상호작용 속에서 정보를 얻는 방법이다. 면담에는 비구조화된 면담, 반구조화된 면담, 구조화된 면담이 있는데, 비구조화된 면담은 면접할 내용이나 절차, 방법을 미리 정해 놓지 않고 면담의 목적만을 가지고 면담하는 방법을 말하고, 반구조화된 면담은 체크리스트나 개략적인 질문지를 이용하여 면담하는 것으로 사전에 어느 정도의 준비가 필요한 면담을 말한다. 한편 구조화된 면담은 미리 준비한 설문지를 가지고 설문의 순서에 따라 정해진 방법으로 면담을 진행하는 것으로 결과 해석이 용이하다는 장점은 있으나 면담 상황에 따른 융통성 있는 면담이 이루어지지 않을 가능성이 있다는 단점을 가진다.

(2) 관찰

관찰은 아동을 평가할 때 가장 많이, 그리고 가장 쉽게 사용할 수 있는 방법이다. 관찰 방법으로는 첫째, 아동의 환경 안에 있는 누군가(예, 교사)가 관찰자가 되는 방법으로 이는 아동의 일상적인 행동을 자연스럽게 관찰할 수 있다는 장점은 있으나 관찰자는 본래의 역할을 수행하면서 관찰을 해야 하기 때문에 자료 수집에 한계를 가진다. 둘째, 아동 환경 외의 누군가가 관찰자가 되는 방법으로 이는 아동이 외부 관찰자를 의식하고 행동할 가능성이 있어 객관적인 자료를 수집하는 데 한계를 가진다. 셋째, 아동의 환경 안에 관찰자가 있지 않고 외부에서 일면경을 통해 관찰하거나 동영상기기로 녹화하는 방법이 있다. 이는 아동이 관찰자를 의식하지 않고 자연스럽게 행동함으로써 신뢰할 만한 자료를 수집할 수 있다는 장점은 있지만 기기가 설치된 제한된 환경에서만 관찰해야 하며, 자료 분석에 시간이 많이 소요된다는 단점이 있다.

한편 관찰한 내용을 기록하는 방법에는 다음과 같은 방법이 있다.

① 일화기록

일화기록(Anecdotal Records)은 관찰 내용을 구체적이고도 간결하게 요약하여 기록하는 방법으로 교사의 판단을 배제하고 사실 그대로를 기록하는 방법이다. 일화기록의 중요한 목적은 아동의 발달이나 성취의 중요한 증거가 될 수 있는 행동과 사건을 사실 그대로 기록하는 것이다. 일화기록을 통해 관찰할 때 중요한 것은 사건이 발생한 후 아동의 행동과 그것이 발생한 맥락을 누가, 언제, 어디서, 무엇을, 어떻게 하였는지에 따라 기록해야 한다는 것이다(이소현 외, 2009).

② 검목표

검목표(Checklists)는 특정 행동의 출현 여부나 수행이 가능한지를 체크하는 것으로, 아동의 수행 정도를 알 수는 없다.

③ 평정척도

평정척도(Rating Scales)는 특정 행동의 발생 정도나 아동의 수행 정도를 평정자의 판단에 따라 체크하는 것으로 3단계에서 9단계 척도 등 다양한 단계가 있지만 응답자들은 선택을 하지 않고 중간 선택을 하려는 경향이 있으므로 4점, 6점, 8점 척도 등을 많이 사용하기도 한다(박도순, 2005). 평정척도는 특정 행동을 빠르고 쉽게 평가할 수 있다는 장점은 있지만 평정자의 주관이 많이 반영되므로 객관적인 평가가 이루어지지 못할 수도 있고 나타나는 행동만을 평정하므로 그 행동이 발생한 상황이나 원인에 대해서는 간과할 수 있다는 단점이 있다

(3) 포트폴리오

수행평가 방법 중 하나로 학생 개개인이 수행한 결과물을 통하여 아동의 능력 향상 과정을 판별하는 방식을 말한다(박도순, 홍후조, 1998). 특히 포트폴리오는 단순한 학생 활동의 결과물을 수집하는 데 그치는 것이 아니라 학생의 향상 정도에 대한 설명과 함께 전반적인 의견이나 토론, 비판을 제공하며 아동의 강점과 약점을 파악하는 데 도움을 준다. 포트폴리오 사정을 위해 학생의 과제 수행 표본, 교사의 요약물, 활동 사진, 비디오테이프 등 다양한 자료를 활용할 수 있으며, 체크리스트와 평정척도를 활용한다면 시간을 절약할 수도 있다. 이러한 포트폴리오는 개별화교육계획 목표나 활동 주제 및 내용에 따라 다양하게 조직될 수 있다.

(4) 교육과정중심 진단

실제 교육과정과 관련하여 아동의 특별한 교육적 욕구를 파악하기 위한 방법으로(서경희 외, 2004), 이소현 등(2009)은 교육과정중심 진단의 목적을 다음과 같이 제시하고 있다.

- 초기 진단을 수행하기 위한 주요 절차로 사용할 수 있다.
- 개별 아동의 강점과 제한점을 파악하는 데 적합한 준거참조검사이므로 장단기 교수목표를 판별하고 개별화교육프로그램을 작성하는 데 활용할 수 있다.
- 아동이 학습해야 할 교수목표의 형태로 평가 문항이 기술되어 있는데, 상업적으로 개발된 도구일 경우, 대개 교수목표별 교육활동이 함께 제공되므로 교육과정의 내용이나 교수를 실행하는 데 유용한 도구로 활용할 수 있다.
- 대체로 발달 순서에 따른 기술이 위계적으로 제시되어 있기 때문에 교수목표를 가르치고 다시 검사를 하여 진도를 점검하는 연계적이고 지속적인 진도 점검 과정에 활용할 수 있다.
- 전반적으로 프로그램의 효과를 평가하기 위한 아동 평가의 한 과정으로 활용할 수 있다.

한편 교육과정중심 진단은 먼저 진단하고자 하는 목적을 확인하고, 진단 영역을 파악한 뒤 진단도구(예, 표준화검사, 비표준화검사 등)를 선정한다. 그리고 교육과정중심 진단을 위한 계획을 세우고 진단을 시행한 후 아동이 가지고 있는 기술은 무엇이며, 어떠한 기술이 향후 학습에 도움이 될 것인지, 그리고 앞으로 습득해야 할 기술은 무엇인지 등에 대해 분석한다. 이러한 분석 결과를 토대로 진단보고서를 작성하고 보고서를 바탕으로 수립한 교수계획을 실시한 후 교수의 효과를 측정하는 등의 일련의 절차를 가진다.

(5) 생태학적 목록

협력적 진단 방법 중 하나인 생태학적 목록(Ecological inventory)은 아래에서 위로의(bottom-up) 발달적 접근과 달리 위에서 아래로의(top-down) 접근으로 성인의 기능 영역이나 기술 범주를 고려하게 하는 비공식적 진단이다. 진단 영역으로 가정, 여가, 지역사회, 학교, 직업 등이 포함되는데, 생태학적 목록 검사 과정은 다음과 같다. ① 교육과정 영역 정하기, ② 현재와 미래의 자연스러운 환경을 조사하고 선별하기, ③ 하위 환경으로 나누기, ④ 하위 환경에서 행해지는 활동 목록 만들기, ⑤ 그 활동을 하기 위해 필요한 기술 정하기(Snell & Brown, 2006 재인용).

학습문제

1. 진단 및 평가의 5가지 기능에 대해 설명하시오.

2. 진단 및 평가의 중요성을 장애인 등에 대한 특수교육법(2007)에 근거하여 논하시오.

3. 규준지향검사와 준거지향검사를 비교하여 설명하시오.

4. 비표준화검사 중 '생태학적 목록'을 예를 들어 설명하시오.

제 3 장

교육과정 편성과 운영

교육과정이란 교육목적 및 교육목표를 달성하기 위하여 학교가 행하는 교육활동의 총체적 계획이다. 중도·중복장애학생의 경우 일상생활 기능훈련, 놀이 활동, 감각운동 활동, 치료교육 활동 등이 주된 교육과정으로 구성된다. 그러나 중도·중복장애학생에게 질 높은 교육을 실시하기 위해서는 보다 그들의 삶의 세계에 밀착된 다채로운 내용을 교육과정으로 다루어야 할 것이다.

따라서 이 장에서는 중도·중복장애학생의 교육과정 편성과 운영을 위한 법적 근거를 살펴보고, 중도·중복장애학생을 위한 교육과정 유형과 우리나라보다 선진화된 일본의 중도·중복장애학생 교육과정을 모델로 제시한다. 아울러 현행의 중도·중복장애학생을 위한 우리나라 국가수준 교육과정의 체제와 개선 과제를 비롯하여 실제적으로 교육현장에서 편성 운영되고 있는 중도·중복장애학생을 위한 학교교육과정의 사례를 소개하기로 한다.

1. 법적 근거

우리나라의 특수교육 관련 법규인 장애인 등에 대한 특수교육법에서는 중도 · 중복장애학생이라는 명확한 용어를 찾아볼 수 없을뿐더러 이들을 지칭하여 편성 · 운영되는 교육과정에 대한 언급도 전무하다. 단, 장애인 등에 대한 특수교육법 제25조 '순회교육'의 부분에서 "장애 정도가 심하여 장단기 결석이 불가피한 특수교육대상자의 교육을 위하여 필요한 경우 순회교육을 실시하여야 한다." "이동이나 운동 기능에 심한 장애로 인하여 각급 학교에서 교육을 받기 곤란하거나 불가능하여 복지시설 · 의료기관 또는 가정 등에 거주하는 특수교육대상자의 교육을 위해 필요한 경우 순회교육을 실시하여야 한다."라고 기술하면서 '심한 장애'라는 표현을 사용하고 있다.

만약 '심한 장애학생'을 중도 · 중복장애학생과 동일한 대상으로 본다면 법적으로 중도 · 중복장애학생을 순회교육의 대상으로 규정하는 것이 되고, 나아가 학교장면에서의 교육이 불가능함을 암묵적으로 인정하는 상황이 발생할 위험성이 있다. 교육과학기술부(2010b)의 자료에 의하면 순회교육을 받고 있는 전체 8,083명의 학생 중 일반학교 학생 5,059명을 제외한 3,024명을 중도 · 중복장애학생으로 추정할 수 있는데, 2007년도 2,592명에 비해 그 수가 증가했음을 알 수 있다. 이러한 증가 추세는 취학유예 · 면제 대신에 이들이 순회교육의 대상이 되었기 때문에 나타난 것으로 짐작할 수 있다. 물론 중도 · 중복장애학생의 교육권 신장 및 교육기회의 제공이라는 측면에서는 매우 고무적인 일이지만, 결론적으로 얘기하자면 중도 · 중복장애학생에 대한 현행의 교육은 학교장면에서가 아닌 주로 순회교육의 형태로 이루어지고 있다는 사실을 부정할 수 없게 된다. 또한 宋와 高橋(2010)는 한국의 중도 · 중복장애학생 교육실태 조사를 통하여 특수학교 한 학급당 과다한 학생 수, 교사 부족, 의료적 지원의 부재 등과 같은 교육 조건으로 인해 어쩔 수 없이 순회교육을 받거나 취학유예 · 면제의 상태로 가정, 시설, 병원 등에 방치되어 있는 중도 · 중복장애학생의 사례가 적지 않으며, 의료적 지원을 필요로 하는 자는 학교교육의 대상에서 제외되고 있다고 설명하고 있다.

그러므로 방치 상태에 놓여 있는 중도 · 중복장애학생을 학교교육의 대상으로 끌어들이는 것은 물론, 보다 적절한 교육환경 속에서 질 높은 교육을 제공하기 위해서는 그들을 위한 교육이 기본적으로는 학교장면에서 이루어져야 할 것이다. 이를 위해 우선적으로 중도 · 중복장애학생에 대한 명확한 개념 정의를 실시하여 장애인 등에 대한 특수교육법에 '중도 · 중복장애학생'이라는 용어와 개념에 대한 사항을 명기해야 한다. 아울러 국가수준 특수교육 교육과정에서도 '중도 · 중복장애학생에 대한 교육과정 편성 및 운영'에 관한 사항을 상세하게 기술함으로써 중도 · 중복장애학생의 학교장면에서의 교육이 법적 구속력을 가지고 충실하게 시행될 수 있도록 해야 할 것이다.

2. 교육과정

교육과정이란 교육목적 및 교육목표를 달성하기 위하여 학교가 행하는 교육활동의 총체적 계획이다. 중도 · 중복장애학생의 경우 일상생활 기능훈련, 놀이 활동, 감각운동 활동, 치료교육활동 등이 주된 교육과정으로 구성된다. 그러나 중도 · 중복장애학생에게 질 높은 교육을 실시하기 위해서는 보다 그들의 삶의 세계에 밀착된 다채로운 내용을 교육과정으로 다루어야 할 것이다.

한편 교육과정 편성에 전제가 되는 것은 학생의 장애와 그 장애에 기인하는 발달상의 제약, 생활상의 한계 등을 정확하게 파악하는 것이다. 그리고 가정, 지역, 시설, 병원 등과 같이 각각 다른 상황에 처해져 각양각색의 생활상 제약을 받으면서 성장하고 있는 학생들의 생육사를 파악하는 것도 중요하다. 개별 학생의 장애, 발달 수준, 생활에 초점을 맞추어 지도상 과제와 단서를 파악하는 것을 교육과정 편성에 있어서 가장 우선적으로 강조해야 한다.

그러나 학교교육은 교사라는 교육 전문가가 학생에게 의도적 · 조직적 · 계획적으로 접근하여 각각의 학생이 가진 가능성과 잠재력을 충분하게 개발시키고 인격형성을 도모하고자 하는 경영이다. 즉, 일상적이고 구체적인 교육목표는 개별 학생의 실태와 교육활동 내용에 입각하여 그때그때마다 설정되지만 그것의 기반에는 학급이나 학교의 교육목표가 있다는 사실을 유념할 필요가 있다.

아동은 장애유무에 관계없이 각각의 연령과 발달 단계에서 여러 가지 활동을 수행하면서 인간으로서의 모든 능력을 습득해 나간다. 예를 들어, 영아기에는 생명을 유지하기 위한 기본적 활동(섭식, 배설, 수면, 체온조절 등)을 통하여 점점 생명 활동의 리듬을 획득하고, 감각기관이나 운동기관을 작동시켜 외부 자극을 수용하면서 인간 및 사물 등의 외부세계와 능동적으로 상호작용하게 된다. 또 유아기(언어 획득기 및 발달기) 발달을 주도하는 활동은 놀이다. 놀이는 말과 장난감, 규칙 등 놀이문화를 매개로 하고 있고 관계형성 속에서 발전하며, 아동은 이러한 놀이 활동을 통하여 지적 능력 및 사회적 능력 등의 다양한 능력을 발달시킴으로써 일상생활기술을 몸에 익히는 것과 더불어 협의의 학습을 통하여 문화 창조와 자기계발을 이룩해 나간다(大久保 외, 1997).

발달 단계 초기에 속해 있는 아동의 활동은 미분화되어 있고 유동적이기 때문에 교육활동이나 교육내용을 정리하고 문서화하여 기록해 두어야만 한다. 왜냐하면 개별 아동의 교육활동 목표를 명확하게 제시하고, 목표들 간의 상호관련성 및 발전적 전망을 밝히는 것이 학교교육의 전체적인 계획 속에서 학교가 담당해야 할 필수적인 역할이기 때문이다. 발달의 극히 초기 단계에서는 주변 성인의 보호 아래에서 아동은 생명과 건강을 유지하고, 성인으로부터의 상호작용을 통하여 정서적 활동을 활성화시키며 웃는 얼굴을 획득할 수 있게 된다. 따라서 이 시기의 교육활동은 생명과 건강을 지키기 위한 '신체 · 건강' 활동 또는 '정서적 교류' '표현 활동'이 중심이 된다. 이와 같은 발달 수준에 속한 아동은 감각기관 및 신체기관을 활발하게 작동시킴으로써 감각 및 운동 능력을 발달시키고 대인관계를 형성해 나가기 때문에 감각 및 운동 기관의 의도적인 활동은 이 발달 단계의 아동을 위한 학교교육에서 중요하다. 이를 놀이 활동으로 조직하거나 음악 교과 등에서 집약하여 장면을 설정하는 경우도 있다. 또한 그림 그리기나 만들기 등의 능동적 활동 장면이 이에 더해지거나 언어 지도 장면으로 연결되는 사례도 있지만 대다수는 놀이 활동의 형태로 지도를 전개해 나간다(飯野, 2008).

이상의 내용은 일반교육에서 말하는 교과에 준하는 것으로서 중도 · 중복장애학생 교육에서는 이를 교과라고 칭하기도 하지만 교과적 지도나 기초학습 등과 같은 다른 명칭으로 부르기도 한다. 그리고 중도 · 중복장애학생의 교육과정 속에는 교과뿐만 아니라 아침 조회, 급식, 종례 등 학생의 생활 지도 시간이 설정되어 있고, 이와 같은 전체 활동을 통하여 배설, 청결, 의복 착탈의, 식사 등 신변처리 능력의 습득을 도모하고자 한다. 신변처리는 특정 장면에서만이 아니라 개별적, 수시적으로 지도된다. 그리고 생활지도는 나아가서 사람과의 관계 및 집단 활동 지도로 발전된다. 아울러 중도 · 중복장애학생의 경우에는 건강이나 장애 특성에 초점을 맞춘 독자적인 활동도 중요하기 때문에 치료교육활동 역시 요구된다.

1) 중도 · 중복장애학생을 위한 교육과정 유형

중도 · 중복장애학생을 위한 교육 접근법은 매우 다양하나 가장 대표적인 것으로서 발달적 접근 방법과 생태학적(환경적) 접근 방법을 들 수 있다. 전자는 아동의 정상적인 발달 계열에 기초한 상향식 접근법으로써 장애가 가볍거나 비교적 낮은 연령의 중도 · 중복장애학생을 위한 대근육 · 소근육 운동, 사회적 기술, 자조기술 등의 지도 계획에 효과적으로 적용할 수 있는 데 비해, 후자는 현재 혹은 미래의 환경에 필요한 기능들이 무엇인가에 초점을 둔 하향식 접근법으로써 장애가 무겁거나 높은 연령의 중도 · 중복장애학생의 지역사회 적응기술이나 직업적 기술 등 실생활과 관련된 교육계획에 유효할 수 있다(竹重, 2011). 여기에서는 최근 특수교육의 주된 흐름인 생태학적 접근에 따른 교육과정 유형을 중심으로 살펴보기로 한다.

(1) 기능적 교육과정

기능적 교육과정은 학생이 현재 생활하고 있는 환경이나 앞으로 생활할 환경에서 살아가는 데 필요한 기초 능력을 교육하는 데 가장 효과적이기 때문에 적합한 교육과정 유형이라고 할 수 있다. 김효선(1995)은 중도 · 중복장애학생은 생활중심 기초 능력을 학습해야 한다고 강조하면서 첫째, 인사, 의사소통 등과 같은 인간관계 유지기술, 둘째, 자기 확인, 개인생활, 건강, 위생, 안전 등과 같은 개인생활에 필요한 기능, 셋째, 읽기, 셈하기, 쓰기 등과 같은 최소한의 기능적 지식, 넷째, 올바른 작업 태도, 다섯째, 이동능력과 교통수단의 이용능력, 여섯째, 직업을 선택하는 능력, 일곱째, 보조기구와 보조 자료의 사용 등 직업환경의 적응을 교육과정 내용에 포함시켜야 한다고 제안하였다. 다음에서 Brown 등(1979)이 제안한 기능적 교육과정의 개발 절차를 소개하기로 한다.

① 개별 학생의 실태 파악

개별 장애학생의 현행 수준과 능력, 특성 등을 밝힘으로써 교육과정 구성의 기준을 설정한다. 이를 위해 교사는 공식적 · 비공식적 방법과 절차를 사용하여 장애학생의 실태를 파악할 수 있다

② 목표 영역의 설정

학생들의 장애 정도와 특성, 부모들의 요구를 파악하여 개별 장애학생에게 적합한 영역들을 설정하여야 한다. 장애학생들의 능력과 생활연령에 따라 특정 기능 영역에서 강조되는 영역이 달라질 수 있다.

③ 개별화교육계획의 작성

교육목적을 달성하기 위한 단기 목표뿐 아니라 학기 또는 1년 동안 교육의 주된 일반적인 개요를 나타내는 문서를 작성함으로써, 각 목표 영역별로 학생의 현재 수준을 평가하고 이에 입각하여 연간 목표와 단기 목표를 구체화하도록 한다.

- 연간 목표: 각 교과나 영역을 가능한 한 모두 포함시켜 1년 동안 달성하여야 할 성취 수준과 장기적인 방향을 제시해 주고, 다양한 학습 경험이 이루어질 수 있도록 하여야 한다. 그러나 학생 요구의 우선순위와 학습능력, 교수 · 학습에 걸리는 시간을 고려하여 목표 범위를 융통성 있게 정한다.
- 단기 목표: 목표로 하는 행동조건이 구체적-계열적으로 진술되어야 하고, 학생과 교사가 모두 다루기 쉬운 것이어야 한다. 단기 목표의 계열적 요소를 분석하는 방법으로서 과제역분석법, 과제전향분석법 등이 있다.

④ 교수프로그램의 작성

과제를 어떻게 가르칠 것인가 대한 방법론으로서의 교수프로그램설계(Instructional Program Design; IPD)는 교수 · 학습 방법을 기획하는 것을 말한다. 무엇을 가르쳐야 하는가 각 학생들을 어떻게 가르칠 것인가를 명확하고 구체적으로 진술하는 것이다. 그리고 교수프로그램은 개별화교육계획에 진술된 목표를 학년말에 어떻게 성취했는가에 대한 자료를 제공하게 된다. 또한 여러 가지 상황이 학습에 영향을 미치기 때문에 IPD 변인이 포함된다. 다시 말해, 교사의 지시(cues), 교수 · 학습자료, 강화자극, 강화전달계획, 적절치 못한 반응에 대한 조정계획 등은 물론, 학생의 진전 상황을 밝힐 수 있는 평가체계가 포함되어야 한다.

⑤ 교수 · 학습 활동

IPD 개발의 완료 후에는 교수 · 학습 활동에 들어가고 평가도 실시한다. 단, 중도 · 중복장애학생의 경우에는 매일 평가를 실시해야 하고, 평가 후 즉각적으로 교정을 위한 피드백과 활동이 이루어져야 한다.

⑥ IPD 수정

IPD의 평가 결과에 따라 교수 · 학습 활동의 수정을 행하고 그에 만족하지 못할 경우에는 조정이 필요하다. 즉, 교사의 지시 방법을 바꾸거나 혹은 다른 교수 · 학습 자료를 사용할 수도 있으며 강화자극 유형을 변형하거나 강화 일정을 변경하기도 한다.

⑦ 진보에 대한 간헐적 평가

중도 · 중복장애학생이 어떤 기능을 습득하게 되면 습득한 기능을 유지 또는 일반화하고 있는지를 확인하기 위하여 주기적인 평가를 해야 한다. 동일한 혹은 다른 상황에서 습득한 기능을 사용하고 있는지 그리고 일반화되고 있는지에 대하여 간헐적으로 확인할 필요가 있다.

(2) ICF 모델에 근거한 교육과정

세계보건기구(WHO)가 제시한 국제 기능 · 장애 · 건강분류(International Classification of Functioning, disability and health; ICF)는 건강과 장애에 관련된 광범위한 정보를 구분하는 틀을 제공하고, 신체적 장애보다는 기능적 장애의 측면을 강조하는 보편적 시각에서 접근하여 장애 그 자체보다 그로 인한 건강과 활동 수준에 역점을 두도록 설계되었다(Salter et al., 2005). ICF는 총 2개의 부분과 4개의 구성 요소로 이루어져 있는데, 이 모델에 근거하여 개발된 교육과정에 대하여 소개하기로 한다.

① 신체 기능/ 구조

바른 자세 관리 및 학습 능률을 높일 수 있는 보조공학기기 등을 활용하고, 신체 기능 개선을 위한 물리치료사, 언어치료사, 작업치료사와의 팀 접근을 시행한다.

② 건강

건강이나 의료적 문제에 대한 이해와 사고 발생 등 안전에 유의하고 병결 등으로 인한 학업결손을 보완할 수 있도록 직접적 · 간접적 교육계획을 수립하며, 긴급 상황에 대비한 전문가와의 비상 연락 체제 구축 및 학급 또래를 적절하게 활용한다.

③ 활동

기본 교과목의 학습을 위한 특별한 교구교재와 기구를 정비하고 보완 · 대체 의사소통 지도를 행한다. 또한 핵심 내용을 중심으로 교육목표를 설정하고, 융통성 있는 교육과정 운영을 도모하며, 중요한 학습 내용은 가능한 한 피로로 인해 학습 의욕 및 주의집중력이 떨어지지 않는 시간에 지도하도록 한다.

④ 참가

통합교육을 추구하면서 또래나 보조교사 등을 활용한 이동이나 학습 활동 지원을 행하고 학교 활동 및 사회적 상호작용에서 제외되지 않도록 적절한 교수 · 학습 방법(CCTV, 원격교육)을 강구한다. 그리고 자립심이 길러질 수 있도록 부모와 협력한 학교와 가정에서의 일관적인 지도를 실시하고 장래의 독립생활을 위한 자기결정권이나 진로 · 직업교육 등에 대한 지도와 더불어 순회교육 교육과정 운영 및 학교 활동 참여(schooling)에 대한 기반을 구축한다.

⑤ 환경

가능한 한 모든 학습 활동에 접근이 가능한 환경을 정비하고 교사가 학생을 쉽게 관리하고 지원할 수 있는 곳에 학생의 좌석을 배치한다.

(3) 위계적 교육과정

중도 · 중복장애학생을 위한 학교교육과정은 Bigge 등(2001)이 제시한 〈표 3-1〉과 같이 위계적 교육과정으로 편성 운영할 수 있는데, 저학년 교육과정의 적용이 어려울 경우에 생활중심 교육과정을, 생활중심 교육과정의 적용이 어려울 경우에는 치료 및 직업 등의 기타 교육과정을 적용하도록 한다.

〈표 3-1〉 위계적 교육과정

	Bigge 등(2001)
↓	저학년 교육과정(lower grade level curriculum)
	생활중심 교육과정(life management curriculum)
	기타 교육과정(치료, 직업 등)

2) 일본의 중도 · 중복장애학생 교육과정 편성과 운영

(1) 교육과정 운영에 관한 규정

일본에서는 일반적으로 지적장애의 유무 및 장애 정도에 따라 크게 4가지 유형의 교육과정 편성이 이루어지며, 중도 · 중복장애학생을 위한 교육과정은 주로 자립 활동을 중심으로 이루어진다. 자립 활동은 일반 교육과정과는 별개의 독자적인 교육목적과 체제를 가진, 그리고 지적장애 대체 교육과정의 체제 및 내용과도 차별화되는 중도 · 중복장애학생을 위한 특수한 교육과정으로서, 특별지원학교 교육과정의 가장 큰 특징이며 중요한 위치를 차지하고 있다.

중도 · 중복장애학생은 복수의 장애가 수반되어 있고 한 사람 한 사람의 장애 정도나 상태가 매우 다양하기 때문에 중도 · 중복장애학생의 교육과정 편성 시 학생의 장애 상태에 따라 특히 필요한 경우에는 '중복장애자 등에 관한 교육과정 운영'을 고려하여 탄력적인 교육과정을 편성할 수 있다. 이전의 교육과정에서는 '중복장애자 등에 관한 특례'로서 규정되었으나 이번 학습지도요령의 개정에서는 교육과정 운영에 관한 규정과 중복장애자 등의 수업시수에 관한 규정을 정리하여 명기하고 있는데(文部科學省, 2009a), 그 구체적인 내용은 다음과 같다.

첫째, 장애의 상태에 따라 특히 필요한 경우(초 · 중 제1장 제2절 제5의1, 고 제1장 제2절 제6의1)에는 ① 각 교과 및 외국어 활동의 목표 및 내용에 관한 사항의 일부를 다루지 않을 수 있음, ② 각 교과의 학년 목표 및 내용의 전부 또는 일부를 당해학년의 전학년 목표 및 내용의 전부 또는 일부로 대체할 수 있음, ③ 중등부의 각 교과 목표 및 내용에 관한 사항의 전부 또는 일부를 당해 각 교과에 해당하는 초등부의 각 교과 목표 및 내용에 관한 사항의 전부 또는 일부로 대체할 수 있음, ④ 시각장애, 청각장애, 지체부자유 또는 병약 학생에 대한 교육을 행하는 특별지원학교 중등부의 외국어과에 대해서는 외국어 활동의 목표 및 내용의 일부를 도입할 수 있음, ⑤ 유치부교육요령에 제시된 각 영역의 목표 및 내용의 일부를 도입할 수 있다고 하였다.

둘째, 시각장애, 청각장애, 지체부자유 또는 병약 학생에 대한 교육을 행하는 특별지원학교에 취학한 학생 중, 지적장애를 수반한 중복장애자(초 · 중 제1장 제2절 제5의2, 고 제1장 제2절 제6의2)에 대하여 각 교과 또는 각 교과의 목표 및 내용에 관한 사항의 일부를 당해 각 교과에 상응하는 지적장애학생에 대한 교육을 행하는 특별지원학교의 각 교과 또는 각 교과의 목표 및 내용의 일부로 대체할 수 있도록 한다. 또한 이 경우에 초등부 학생에 대해서는 외국어 활동 및 종합적 학습시간을 설치하지 않을 수 있도록 한다. 그리고 중등부 학생에 대해서는 외국어과를 설치하지 않을 수 있도록 한다.

셋째, 중복장애자 중, 장애 상태에 따라 특히 필요한 학생의 경우(초 · 중 제1장 제2절 제5의3, 고 제1장 제2절 제6의3)에는 각 교과, 도덕, 외국어 활동, 특별 활동의 목표 및 내용에 관한 사항의 일부 또는 각 교과, 외국어 활동, 종합적 학습 시간에 대체하여 자립 활동을 위주로 한 지도를 행할 수 있는 것으로 한다.

넷째, 방문교육(초 · 중 제1장 제2절 제5의4, 고 제1장 제2절 제6의4)의 경우, 의료상의 제약이나 생활상의 규제로 인하여 통학하며 수업을 받는 것이 곤란한 학생에 대하여 교원을 파견하여 교육을 실시할 수 있는데, 이때 초 · 중등부 학습지도요령 제1장 총칙 제2절 제5의1에서 3에 제시된 교육과정 운영에 따를 수 있다.

다섯째, 중복장애자 등에 관한 수업시수(초 · 중 제1장 제2절 제5의5)에 있어서 중복장애자나 요양 중인 학생에 대한 교육 또는 방문교육을 실시하는 경우에는 실정에 따라 수업시수를 적절하게 정할 수 있다. 중복장애자나 의료기관에 입원하고 있는 학생에 대한 교육 또는 방문교육의 경우, 각 학년의 총 수업시수 및 각 교과 등의 연간 수업시수는 초등학교나 중학교에 준하는 것이 아니라 필요에 따라 각 학교에서 적절하게 정할 수 있다.

여섯째, 요양 중 및 방문교육학생의 통신교육 실시(고 제1장 제2절 제6의5)에 있어서 각 교과목 등의 일부를 통신에 의해 교육을 행하는 경우에는 지도 횟수 등을 명시하고 있다. 요양 중인 학생이나 방문교육을 받는 학생에 대하여 각 교과목 등의 일부를 통신에 의해 교육을 행하는 경우에는 1단위당 첨삭지도, 면접지도의 회수 및 시험 실시 등에 대하여 실정에 따라 적절하게 정하는 것으로 하고 있으며 탄력적인 운영이 가능하다.

(2) 자립 활동 교육과정

자립 활동은 '양호 · 훈련'이라는 명칭으로 1971년 4월부터 특수학교의 교육과정 영역으로 설정되어 오랜 시간에 걸쳐 성과를 축적해 왔다. 그러나 영역의 명칭이 '보호한다, 간병한다' 또는 '반복적으로 길들인다'라는 이미지를 상정시켜 학생의 적극적인 활동으로서 인식되지 못하고 있었다. 따라서 2000년도 맹학교, 농학교 및 양호학교 유치부교육요령의 개정에 따라 '자립 활동'으로 그 명칭을 변경하였다(香川, 藤田, 2000). 이후 2002년 4월 시행의 맹학교, 농학교 및 양호학교 초 · 중등부 학습지도요령과 2003년 4월 시행의 맹학교, 농학교 및 양호학교 고등부 학습지도요령에서도 '자립 활동'으로 명칭이 개정되고 내용의 수정이 이루어졌다. 또한 2008년 4월 시행의 신 학습지도요령에서는 종래의 내용이 부분적으로 재편됨과 동시에 새롭게 '인간관계의 형성' 영역이 추가되었다(横山, 2011).

문부과학성(2009c)에 의하면 자립 활동의 목표는 '개별 학생의 자립을 목적으로 하며 장애로 인한 학습상 또는 생활상의 곤란을 주체적으로 개선 · 극복하기 위해서 필요한 지식, 기능, 태도 및 습관을 기르고 심신의 조화적 발달의 기반을 마련하는 것이다. 자립 활동의 수업시수에 대해서는 개별 학생의 실태에 따라 적절하게 정하도록 하고 있다. 이전의 '양호 · 훈련'에 배당된 수업시수는 연간 105단위시간(고등부는 주 3단위시간)이 표준이었지만 장애의 중도 · 중복화 및 다양화 등에 입각할 때, 개별 장애학생의 실태에 따라 표준보다 많은 설정의 필요성이 대두됨으로써 수업시수를 적절하게 정하도록 규정하고 있는 것이다. 한편 자립 활동의 내용은 인간으로서 기본적 행동을 수행하기 위해 필요한 요소와 장애로 인한 학습상 또는 생활상의 곤란을 극복하기 위해서 필요한 요소다. 즉, 학생 개개인의 장애 상태와 발달 단계에 따른 과제에 대응할 수 있도록 그리고 장애의 중도 · 중복화 및 다양화에 대응하여 적절하고 효과적인 지도를 진전시켜 나갈 수 있도록 6개 영역으로 구분하여 제시하고 있는데, 이러한 6개의 내용 영역에는 각각 3~5개의 하위 항목이 포함되어 전체 26개 항목으로 구성되어 있다. 그 구체적인 내용은 〈표 3-2〉와 같다.

〈표 3-2〉 자립 활동의 내용

영역	하위 항목
건강유지	1. 생활리듬과 생활습관의 형성에 관한 것 (체온조절, 각성과 수면 상태 등의 유지개선에 필요한 생활리듬의 습득, 식생활습관 형성, 의복조절, 실온 · 환기, 감염 예방을 위한 청소 등의 건강한 생활환경의 형성) 2. 병 상태의 이해와 생활관리에 관한 것 (자신의 병에 대한 이해, 병의 진행을 예방하기 위한 생활양식 이해에 근거한 자기관리) 3. 신체 각 부위의 상태 이해와 양호에 관한 것 (신경, 관절, 뼈, 피부 등의 손상 상태를 이해하고 적절하게 양호하여 진행을 방지하는 것) 4. 건강 상태의 유지개선에 관한 것 (운동량의 부족 및 체력의 약화를 방지하기 위한 일상생활에서의 적절한 건강관리)
심리적 안정	1. 정서적 안정에 관한 것 (정서적 안정을 도모하는 것이 곤란한 학생이 안정된 정서 속에서 생활하도록 하는 것) 2. 상황 이해와 변화에 대한 대응에 관한 것 (장소나 장면에 대한 심리적 저항을 경감시키거나, 변화하는 상항을 이해하거나 적절한 행동방식을 몸에 익히는 것) 3. 장애로 인한 학습상 또는 생활상의 곤란을 극복 · 개선할 의욕에 관한 것 (자신의 장애 상태를 이해하고 수용하며 적극적으로 장애로 인한 다양한 어려움을 개선 · 극복하려는 의욕의 향상을 도모하는 것)
인간관계의 형성	1. 타인과의 관계를 위한 기초적 사항에 관한 것 (인간에 대한 기본적인 신뢰감을 가지고 타인의 상호작용을 수용하며 그것에 응할 수 있도록 하는 것) 2. 타인의 의도나 감정의 이해에 관한 것 (타인의 의도나 감정을 이해하고 장소에 따라 적절한 행동을 취하도록 하는 것) 3. 자기이해와 행동 조절에 관한 것 (자신의 장점과 단점, 행동의 특징 등을 이해하고 집단 속에서 상황에 따라 행동할 수 있는 것) 4. 집단에의 참가를 위한 기초적 사항에 관한 것 (집단 분위기에 맞추거나 집단에 참가하기 위한 수단 및 규칙을 이해하며 놀이나 집단 활동에 적극적으로 참가할 수 있도록 하는 것)
환경 파악	1. 보유감각의 활용에 관한 것 (보유 시각, 청각, 촉각 등의 감각을 충분히 활용할 수 있도록 하는 것) 2. 감각 및 인지 특성에 대한 대응에 관한 것 (개개인의 감각이나 인지 특성에 따라 정보를 적절하게 처리할 수 있도록 하며 각각의 특성에 적절하게 대응할 수 있도록 하는 것) 3. 감각의 보조 및 대행수단 활용에 관한 것 (보유 감각기관을 사용하여 상황을 파악하기 쉽도록 각종 보조기기를 활용할 수 있게 하거나 다른 감각이나 기기로의 대행이 명확하도록 하는 것) 4. 감각을 통합적으로 활용한 주위 상황 파악에 관한 것 (여러 감각기관이나 그 보조 및 대행수단을 통합적으로 활용하여 정보를 수집하거나 환경 상황을 파악

환경 파악	하여 정확한 판단이나 행동이 가능하도록 하는 것) 5. 인지 및 행동의 단서가 되는 개념 형성에 관한 것 (사물의 기능이나 속성, 형태, 색, 소리가 변화는 모습, 공간 시간 등의 개념 형성을 도모함으로써 인지의 단서로서 활용할 수 있도록 하는 것)
신체 움직임	1. 자세와 운동동작의 기본적 기능에 관한 것 (일상생활에 필요한 동작의 기본이 되는 자세유지와 상하지의 운동동작 개선 및 습득, 관절구축이나 변형 예방, 근력의 유지 강화를 도모하는 등의 기본적 기능에 관한 것) 2. 자세유지와 운동동작의 보조적 수단 활용에 관한 것 (자세 유지와 각종 운동동작이 곤란한 경우, 다양한 보조도구 등의 보조적 수단을 활용하여 가능하도록 하는 것) 3. 일상생활에 필요한 기본동작을 몸에 익히도록 하는 것 (식사, 배설, 의복 착탈의, 세면, 입욕 등의 신변처리 및 쓰기, 그리기 등 학습을 위한 동작 등의 기본동작을 몸에 익히도록 하는 것) 4. 신체의 이동 기능에 관한 것 (자력으로 신체이동이나 보행, 보행기나 휠체어에 의한 이동 등, 일상생활에 필요한 이동능력의 향상을 도모하는 것) 5. 작업의 원활한 수행에 관한 것 (작업에 필요한 기본 동작을 습득하고 교치성 및 지속성의 향상을 도모하며 작업을 원활하게 수행하는 능력을 향상시키는 것)
의사소통	1. 의사소통의 기초 능력에 관한 것 (장애 종류나 정도, 흥미, 관심 등에 따라 표정이나 몸짓, 각종 도구 등을 사용하여 의사교환이 이루어질 수 있도록 의사소통에 필요한 기초적 능력을 몸에 익히는 것) 2. 언어수용과 표출에 관한 것 (구어 및 각종 문자기호 등을 사용하여 상대의 의도를 수용하거나 자신의 생각을 전달하는 등 언어를 수용하여 표출할 수 있도록 하는 것) 3. 언어의 형성과 활용에 관한 것 (의사소통을 통해서 사물과 현상, 자기행동 등에 대응하는 언어의 개념 형성을 도모하고 체계적인 언어를 몸에 익히도록 하는 것) 4. 의사소통 수단의 선택과 활용에 관한 것 (구어 및 각종 문자기호, 도구 등의 의사소통 수단을 적절하게 선택·활용하여 의사소통이 원활하게 이루어질 수 있도록 하는 것) 5. 상황에 적합한 의사소통에 관한 것 (장소나 상대의 상황에 적합하게 주체적으로 의사소통을 전개할 수 있도록 하는 것)

출처: 文部科學省(2009c).

3. 국가수준 교육과정

우리나라는 학교에서 운영하는 교육과정의 기본적인 사항을 각각 법률인 대통령령과 행정규칙인 고시로 정하고 있기 때문에 국가수준 교육과정은 정부가 학교교육을 통해 기르고자 하는 인간상에 대한 기준을 마련하여 교육과학기술부장관이 고시하는 것이다. 이에 따라 국가수준 교육과정은 의도적이고 계획적인 학교교육을 위한 기본 설계도인 동시에 국민으로서의 권리와 의무를 이행하는 데 필요한 공통적이고 일반적인 기준이라고 볼 수 있다(최평임, 2009). 국가수준 특수교육 교육과정에는 일반교육의 보편적 원리와 특수교육적 활동 및 내용의 특수성이 살아 있어야 하고 또 그 의미가 반영되어야 하며, 특수교육대상자의 학교교육을 위한 목표, 내용, 방법, 평가, 운영에 관한 사항 등이 포함된 일련의 계획을 통해 효율적이고 체계적으로 운영되어야 한다(국립특수교육원, 2008).

1) 특수교육 기본교육과정

특수교육 기본교육과정은 특수교육 공통교육과정 및 선택교육과정에 참여하기 어려운 특수교육대상자를 지원하기 위하여 내용을 대체한 대안교육과정이다. 2011 개정 특수교육 기본교육과정은 개정 초·중등학교 교과교육과정의 모든 하위 영역을 포함하는 방식으로 교과교육과정을 개발하였으며 전반적인 체제상 동일한 방향성을 추구하고 있다. 이에 따라 특수교육 기본교육과정의 교과교육과정은 내용표준을 제시하고 그에 적합한 평가표준과 학습기회표준 등의 성취 기준을 제시하는 방식으로 교육내용의 제시 방식을 개정하였다(국립특수교육원, 2011).

교육과학기술부 고시(제2011-501호) 특수교육 교육과정의 편성과 운영에 있어서 중도·중복장애학생에게 적용 가능한 사항을 정리하면 다음과 같다.

> 교육과정 편성과 운영의 공통사항
>
> 19) 기본교육과정을 운영하는 학교는 학생의 요구 및 개별화교육계획을 수립하여 교과의 내용을 교과별 또는 통합교과로 운영할 수 있다.

20) 학년, 학급, 교과목별 교육과정으로 학습이 어려운 학생은 교육과정을 개별화하여 지도할 수 있다.
21) 특정 분야에 탁월한 재능을 보이는 학생과 중도 · 중복장애학생들을 위한 별도의 지도계획을 수립하여 운영한다.

기본교육과정 중 · 고등학교 교육과정 편성 · 운영의 중점

11) 학교는 교육적 필요 및 학생 개개인의 특성에 따른 교육적 요구를 반영하여 재활, 여가활용, 정보통신활용, 생활영어 등 선택 과목을 활용하여 편성 · 운영할 수 있다. 단, 선택과목의 선정이나 범위 등은 학교장이 결정하고, 교과(군)별 수업시수의 20% 이내에서 감축하여 편성 · 운영할 수 있다.

2011 개정 특수교육 기본교육과정의 가장 큰 특징 중 하나는 공통교육과정 및 선택교육과정에 참여하기 어려운 특수교육대상자들 중에서도 더욱 특별한 요구를 지닌 중도 · 중복장애학생을 위하여 교과교육과정을 국어, 수학, 사회, 과학 등의 교과로 구성된 일반 과정과 이와는 구별되는 과정으로서 정보통신활용교육, 여가활용교육, 재활교육 등의 선택교과로 이루어진 선택 과정을 규정하여 이원화하였다는 것이다. 즉, 고등학교 선택교과로 생활경제, 보건, 재활과 복지의 교육과정을 개발하고, 중 · 고등학교에서 자율적으로 선택하여 운영할 수 있는 과목으로 재활, 여가활용, 정보통신활용, 생활영어 등의 선택교과를 확대하였다(국립특수교육원, 2011).

한편 2012년 12월 특수교육 교육과정 부분 개정(교육과학기술부 고시 제2012-32호)을 통하여 중도 · 중복장애학생 교육과정 편성 · 운영에 대한 지침을 신설하고, '선택' 과목을 교과로 위치부여하여 수업시간을 배당하였다. 이에 대한 세부사항을 제시하면 다음과 같다.

교육과정 편성과 운영의 공통사항

1. 편성 · 운영
(6) 일반학급 및 특수학급에 배치된 특수교육대상자의 교육과정은 다음과 같이 편성 · 운영한다.

(다) 중도 · 중복장애학생이 있는 학교의 학급은 해당 학생의 수행 수준을 고려하여 교과의 내용을 대신하여 관련 생활기능 영역을 편성 · 운영할 수 있으며, 그 영역과 내용은 학생의 장애 특성 및 정도를 반영하여 학교가 정한다.

(8) 중도 · 중복장애학생이 포함된 학급을 운영하는 특수학교는 해당 학급 학생의 교육과정을 다음과 같이 편성 · 운영할 수 있다. 단, 기본교육을 운영하는 경우에만 해당된다.

(가) 교과(군)별 50% 범위 내에서 시수를 감축하여 창의적 체험활동으로 편성할 수 있다. 감축을 할 경우 해당 교과는 학생의 수행 수준에 따라 교육과정을 재구성하여 운영한다.

(나) 교과의 내용은 학생의 장애 특성 및 정도를 반영하여 학교가 정한다.

학교교육과정 지원

나. 교육청 수준 지원 사항

(12) 중도 · 중복장애학생이 포함된 학급을 운영하는 학교에 대한 행 · 재정적 지원을 한다.

기본교육과정 선택교과

※ 중학교 1~3학년 선택교과 수업시간 수: 204(수업시간은 중학교 3년간의 최소 수업시수를 나타낸 것임)

※ 고등학교 1~3학년 선택교과 이수단위 수: 12(이수단위는 고등학교 3년간 이수해야 할 최소 이수단위를 나타낸 것임.

이상에서 언급한 추가 신설된 선택교과 중에서도, 특히 중도 · 중복장애학생을 적용 대상으로 하여 현장에서의 높은 활용도가 기대되는 교과는 바로 '재활'이다. 재활교육과정은 중도 · 중복장애학생의 특성을 고려하여 그들의 잠재력을 향상시키고, 일상생활에 대한 적응력을 도모하며 궁극적으로는 바람직한 민주시민을 육성하는 것을 목적으로 한다. 재활 교육과정의 내용은 '일상생활기술' '신체운동기술' '의사소통' '심리 · 행동 적응' '사회활동'의 5개 영역으로 구성되는데(교육과학기술부, 2011), 이는 삭제된 치료교육활동 교육과정과 유사한 내용 체계를 가지는 것으로 볼 수 있다.

그럼에도 기본교육과정은 중도 · 중복장애학생을 위한 대안적 교육과정으로서 그 적합성에 대한 논의가 끊임없이 제기되고 있다. 이러한 논쟁의 원인은 기본교육과정이 통합교육의 취지에 따라 전반적인 체제 자체를 일반교육과정에 따르고 있는 것이 근본에 있는 것으로 보인다. 일반교육과정과 동일한 목표를 설정하고, 물론 편제 및 시간배당에 탄력성이 있긴 하나 교과(군)와 창의적 체험활동이라는 일반교육과정과 동일한 편제를 취하고 있으며, 교과 역시 일반교육과정 교과와 동일하게 국어, 수학, 사회, 과학 등과 같이 분과 형태의 추상적 교과(한현민, 2009)로 편성되어 있다. 국가수준의 교육과정은 교육목표를 달성하는 데 필요한 적합한 교육내용과 학습 경험으로 조직되어야 하는데(한현민, 2009), 일반교육과정과 동일한 교육목표 하에서 중도 · 중복장애학생을 위한 교육내용과 학습 경험이 과연 적합하고 타당하게 조직될 수 있을지 의문이 든다.

교육과학기술부(2010a)는 공통교육과정과 선택교육과정의 적용이 어려운 모든 특수교육대상자에게 기본교육과정을 적용하도록 명시하고 있지만, 학교교육을 받는 지적장애를 가진 학생 중에는 일반교육과정의 수정 또는 조정을 통한 수업이 가능한 경도의 지적장애학생도 있고, 그것이 불가능하여 기본교육과정을 적용받아야 하는 중도의 지적장애학생도 있다. 그러나 기본교육과정을 적용받아야 하는 중도의 지적장애학생이라 할지라도 기본교육과정의 교과(군)와 창의적 체험활동으로 이루어진 수업에 참여하기 위해서는 일정 수준의 인지능력, 예를 들어 수용언어능력(지시 따르기 등), 문해능력(삽화 및 문자이해 등), 반복훈련능력, 조작능력, 신변처리능력, 모방능력 등을 최소한으로나마 갖추고 있어야 한다. 다시 말해, 교육과정 기준에 따라 일정의 학습 목표를 설정하여 학습 내용을 조직하고, 이 학습 내용을 효과적으로 전달하기 위해 교과서를 비롯하여 다양한 교수 · 학습 자료 및 교수 · 학습 방법과 전략을 사용한 수업을 진행하며, 이를 통해 학생의 기능 습득과 능력 향상을 도모하는 기본교육과정의 궁극적 목표를 달성하기 위해서는 어느 정도의 인지능력이 학습자에게 요구되는 것이다. 이러한 사실은 기본교육과정의 정체성과 성격을 규명하는 데 있어 가장 중요한 요소다. 즉, 기본교육과정은 일정 수준의 인지능력을 가진 중도의 지적장애학생을 위한 교육과정으로는 적합하지만, 가장 낮은 발달 단계에 있는 이성과 인지라는 단어가 전혀 어울리지 않는 감각운동기 단계에 속해 있는 중도 · 중복장애학생을 위한 교육과정은 될 수 없기에, 공통교육과정과 선택교육과정의 적용이 어려운 모든 특수교육대상자에게 적용하고자 하는 기본교육과정의 의도에는 실제적 모순이 생길 수밖에 없는 것이다.

물론 중도 · 중복장애의 범위를 어떻게 규정하느냐에 따라 달라지겠지만 "지능지수 50 이하이면서 대부분의 적응기술 영역에 제한을 가진다."라는 일반적인 정의(Borgioli & Kennedy, 2003; 岡澤, 川住, 2004)에 부합하는 이들에게는 기본교육과정의 교과조차 적용하기 어렵고 무의미한 것이 사실이다. 학생들의 수준과 기본교육과정 교과의 수준이 맞지 않는데 특히 중도 · 중복장애학생에게 적합한 단계를 찾기가 힘들고(박재국, 김혜리, 김영미, 고혜정, 2009; 정인숙, 송영준, 2009), 기본교육과정의 교과는 일정 수준의 지적 능력을 가진 학생들에 대한 교육목표와 교육내용을 제시하는 데 그치고 있으며(김경진, 2000), 다양한 학생들의 장애 특성, 특히 중도 · 중복장애학생들의 장애 특성이나 정도를 반영한 적절한 내용으로 구성되어 있지 않다(박재국 외, 2009; 황계자, 전병운, 2005)는 지적들은 이상의 내용을 뒷받침해 주고 있다. 이처럼 현재로서는 중도 · 중복장애학생의 교과교육을 위한 국가수준의 표준적 교육과정 기준이나 지침이 제대로 제시되지 못하고 있는 실정이기 때문에 각 지역 및 학교별로 교과교육의 운영 실태는 다양하며 현장 교사들의 부담은 날로 가중되고 있다(김하경, 2005).

중도 · 중복장애학생은 규준적 발달 단계를 따르지 않을 뿐만 아니라 경험-학습-행동양식에서도 두드러지는 개별성과 독자성을 가진다. 신체를 도구로 하여 외부세계 및 대상을 인식하고 신체적 지식을 구성하며, 신체접촉에 의한 관계맺음을 통해서 비로소 타인을 이해하고 수용하여 자신의 생활세계를 점차적으로 확장시켜 나간다. 또한 자신의 경험세계에서 동떨어지는 학습 내용에는 의미를 부여하지 못하기 때문에 그들의 실존 및 생활세계의 경험에 근거한 주관적이고 상대적인 지식을 교육현장에서 직접적으로 구성하여 가르쳐야 한다(김혜리, 2009; 2010). 그러므로 이러한 시점을 바탕으로 비장애학생은 물론, 경도의 발달장애 및 지적장애학생과도 구별되는 교육목표를 설정하여, 그에 따른 교육내용과 경험을 조직하지 않으면 질적으로 내실 있는 중도 · 중복장애학생을 위한 학교교육은 기대하기 어려울 것이다.

2) 특수교육 기본교육과정의 개선 과제

첫째, 기본교육과정이 추구하는 보편성과 특수성의 개념 정의가 중도 · 중복장애학생에게 있어서 적절한가에 대한 고민이 필요하다. 교육과학기술부(2009)는 기본교육과정에서 추구하는 인간상과 학교급별 교육목표는 국민공통 기본교육과정의 그것과 동일하게 설정하되, 교육목표 달성의 수단이 되는 교육내용은 학습자의 특성에 따라 다른 편제를 적용하도록 함으로써 교육의 보편성을 우선하나 필요시에는 특수성을 고려할 수 있도록 한다고 명시하면서 보편성과 특수성이라는 단어를 언급하고 있다. 즉, 일반교육과정에 준한 교육, 일반교육과정의 연계성 고려, 통합의 실현이라는 보편성을 추구하면서 대상자의 특수한 교육적 요구에 따라 실생활에 필요한 지식과 기능을 습득시키고 사회적응을 도모하는 교육을 실시하는 특수성을 동시에 표방하고 있는 것이다.

그러나 기본교육과정이 추구하고 있는 보편성과 특수성은 표면적인 문제 내지는 방법적인 부분만을 다루고 있다고 생각된다. 여기에서의 특수성은 교과 내용의 난이도와 교육방법적 차이에 관한 것일 뿐, 본질적인 교과의 내용 구조와 원리는 일반교과의 그것과 별다른 차이가 없기 때문에 진정한 의미에서의 특수성이라 보기에는 무리가 있다. 또한 교과는 문화이고 교과에 포함된 내용은 문화의 내용이며 문화 내용을 지식 혹은 경험을 통해 습득하도록 조직한 것을 교과(윤광보, 2010; 정희섭, 강경숙, 2009)라고 정의한다면 중도 · 중복장애학생, 나아가 장애학생은 교육의 보편성이라는 명분 아래 불평등한 교육체제 속에 놓여 있는 것이 된다. 다시 말해, 장애를 가지지 않은 다수에 의해 형성된 지배집단의 문화 속에서 편파적으로 구성된 교과 내용을 일방적으로 학습하도록 요구되는 불이익을 당하고 있는 것이다. 교육내용으로서의 지식은 모든 문화집단의 학생에게 적합한 것으로 구성되어야 하며(최정실, 1990), 이는 중도 · 중복장애를 가진 학생에게 있어서도 예외가 될 수 없다. 우리와 중도 · 중복장애학생 양자가 공통으로 속한 문화 내용을 교과 내용으로 선정할 때, 교육의 보편성은 비로소 실현될 수 있다.

둘째, 기본교육과정의 교과에 내재되어 있는 교수 · 학습에 관한 이성주의적 전통적 사고방식에 대한 문제의식이 요구된다. 특수교육의 특수성을 담보하고 있는 기본교육과정은 일반교육과정과 다르지 않게 지식, 지성, 학습에 있어서 이성적 · 논리적 · 인지적 차원을 중시하고 있다. 즉, 교과의 내용이 학습자의 인지 구조에 따라 작용하여 학습이라는 결과물로 발생한다(Munby, Cunningham, & Lock, 2000; Spector, 2008)고 전제하기 때문에 일반교육의 교과에서 다루는 원리와 내용들 중, 난이도가 가장 낮은 수준의 것으로 교과를 조직하거나 지식을 효과적으로 전달하고 습득시키기 위한 교육방법 및 교수전략만을 강조하는 경향이 강하다. 또한 중도 · 중복장애학생의 교육을 위해 교사가 기본교육과정의 교과를 광범위하고 자의적으로 해석하여 실시함으로써 그것이 과연 교육인지 아니면 단순한 자극을 제공하는지에 대한 구별이 모호해지는 문제가 발생하고 있다(전병운, 유재연, 2003).

이는 이성적 · 인지적 사고에 의한 학습의 차원을 맹신하여 중도 · 중복장애학생을 가장 낮은 인지발달 단계에 속해 있는 존재로 간주함으로써 야기되는 결과로 볼 수 있다. 그러나 기본교육과정의 기반에 내재되어 있는 교수 · 학습에 관한 이러한 전통적 사고관은 중도 · 중복장애학생의 학습 · 행동 양식에 부합하지 않기 때문에 그들의 세계 인식과 학습양식에 근거한 독자적이고 고유한 교과 내용 및 방법을 탐색하고, 그에 따른 교과교육을 행해야 할 것이다.

셋째, 기본교육과정의 교과가 추구하고 있는 객관적 · 보편적 지식습득이라는 교육목적에 대한 재고가 필요하다. 일반교육의 그것과 다르지 않게 기본교육과정의 교과도 객관적이고 보편적인 지식으로 교과의 내용이 구성되어 있다. 이는 실증주의적 관점에 비롯되었는데, 지식 구성에 있어서 학습 주체의 역할이 배제되는 것이다. 물론 기본교육과정이 구성주의 교육관, 학생중심교육, 개별화교육을 표방하며 교과의 내용보다는 학생의 경험을 강조하는 실생활 중심의 기능적 교육을 추구하고 있지만(교육과학기술부, 2009), 객관적 · 보편적 지식은 이와는 다른 차원의 논의다. 다시 말해, 생활 중심의 기능적 교육과정 역시, 지식의 분류 및 교과의 구분에 따라 교과서나 지도안에 제시된 교육목표와 교육내용을 교사가 학생들에게 전달하여 지식과 기능을 습득시키는 형태로 이루어진다고 볼 수 있을 것이다. 이는 생활 중심의 기능적 교육과정을 표방하고 있는 기본교육과정의 교과에서도 여지없이 드러나고 있다.

그러나 이러한 교육 속에서는 가치중립적이고 객관적인 고정불변의 지식이 존재할 수밖에 없고 각 아동의 다채롭고 직접적인 생활세계(물리적, 객관적으로 존재하는 세계가 아니라 개별 주체에 의해 지각되고 경험되는 주관적 세계)에 의해 역동적으로 변화하는 지식 구성의 문제가 고려되지 못한다. 이에 따라 기본교육과정은 일상적 과제 수행의 기초가 되는 일반화되고 표준화된 지식을 학생에게 전달하여 특정 상황에서 응용시키고자 한다. 예를 들어, 중도 · 중복장애학생에게 일반화된 지식, 즉 국어교과 시간에 '사과'라는 언어를 습득시키고 언제 어디서나 상황에 맞게 적절하게 사용할 수 있는 일반화를 교육목표 및 교육내용으로 선정한다. 하지만 이때의 지식은 탈맥락화된 것으로 볼 수 있다. 우리는 '사과는 과일의 일종이며 먹는 것'이라는 보편적인 지식을 중도 · 중복장애학생에게 학습시키기 이전에 그 사과가 중도 · 중복장애학생 개별 주체에게 어떻게 보이고 만져지고 느껴지고 있는지, 왜 그의 몸은 사과를 그렇게 지각하며, 지각의 결과로서 그는 사과라는 대상과 어떠한 관계양식을 취하고 있는지를 고려하여 직접적인 장면에서 구성된 주관적이고 상대적인 지식을 교육내용으로 삼아야 한다.

교육은 객관화된 지식이나 정보의 획득을 목표로 하는 것이 아니라 학습자의 개인적인 의미를 추구하도록 도와야 되는데, 여기에서의 개인적 의미 추구는 개인의 내적 의식과 생활세계에 관련되는 지식을 전개함으로써 이루어진다. 획일적인 교재의 사용이나 일방적 교수를 통해 전개되는 교과교육 및 학습자에게 아무 관련이 없는 자극이나 그들의 생활세계에서 동떨어진 학습 내용은 무의미한 것에 지나지 않는다(최정실, 1990). 특히 중도 · 중복장애학생에게 있어서 객관적 · 합리적 · 보편적 지식은 아무런 의미를 가질 수 없다. 따라서 중도 · 중복장애학생의 실존 및 생활세계의 경험에 근거하여 주관적이고 상대적인 지식을 교육현장에서 직접적으로 구성할 수 있도록 교육과정의 내용 및 방법을 재고할 필요성이 있을 것이다.

4. 학교수준 교육과정 편성과 운영의 실제

중도 · 중복장애학생을 위한 학교수준 교육과정의 편성과 운영은 주로 특수학교를 주축으로 이루어지고 있다. 구체적으로는 특수학교의 원적학급, 특수학교에 설치된 중복장애학급, 순회학급 등에서 중도 · 중복장애학생을 위하여 차별화되고 특성화된 교육과정을 편성 운영하고 있다. 다음에서는 성은학교에서 실제적으로 편성 운영되고 있는 중도 · 중복장애학생을 위한 학교교육과정 사례를 소개하고자 한다.

성은학교는 학생 개개인의 교육적 요구에 부응하기 위하여 중 · 고등학교 국어와 수학 교과를 개별 학생의 장애 특성 및 인지능력에 따라 동학년별 동질 수준의 학생으로 상, 중, 하, 중중반으로 재편성하여 이동수업을 실시하고 있다. 다음에서 제시하고 있는 것은 맞춤형 수준별 교과이동수업 연간교육계획안 중 중중반의 계획안이다. 장애 정도가 심하여 원적학급에서 소외되기 쉬운 중도 · 중복장애학생들에게 일상생활 적응훈련 교육과정, 놀이중심 교육과정, 운동기능중심 교육과정 등과 같이 장애학생의 특성에 맞게 교육내용을 재구성하여 운영하고 있다.

1) 국어과 교육계획안

성은학교 2011학년도 맞춤형 국어과 교육계획안

고등부 A반 (중도 · 중복장애학생 3명)

월	주(기간)	행사	제제	교육내용
3	1(3/1−3/5)	삼일절(1/화) 시업식 및 입학식(2/수)	소리 듣고 반응하기	• 소리 나는 물건 찾기 • 소리 나는 방향으로 고개 움직이기 • 노래에 맞추어 자유롭게 몸 움직이기
	2(7−12)	주5일 수업 휴업일(12/토)	바른 자세로 듣기	• 자기의 이름을 듣고 반응하기 • 자기의 이름에 듣고 대답하기 • 소리에 맞는 물건 찾기
	3(14−19)		큰 소리와 작은 소리 구별하기	• 큰 소리와 작은 소리 듣기 • 큰 소리와 작은 소리를 몸으로 표현하기 • 큰 소리와 작은 소리 내기
	4(21−26)	주5일 수업 휴업일(26/토)	마음대로 그리기	• 쓰기 도구 이름을 듣고 가리키기 • 점선 따라 그리기 • 크레파스로 자유롭게 그리기
4	5(3/28−4/2)		소리 듣고 반응하기	• 소리 나는 물건에 반응보이기와 찾기 • 동요 듣기와 자유롭게 움직이기 • 동물소리 듣고 구별하기
	6(4−9)	주5일 수업 휴업일(9/토)	같은 것 찾기	• 같은 동물 찾기 • 같은 물건 찾기 • 소리에 맞는 그림 찾기

4	7(11–16)		입 모양 보고 소리내기	• 탁구공 불기와 놀이하기 • 거울 속의 자기 입을 보며 말하기 • 입모양을 보고 소리내기와 입술 모양 찾기
	8(18–23)	주5일 수업 휴업일(23/토)	선 안에 색칠하기	• 쓰기 도구 이름을 듣고 가리키기 • 크레파스 자유롭게 그리기 • 그림위에 스티커로 꾸미고 빈 곳은 색연필로 색칠하기
5	9(25–30)		호흡훈련하기	• 런닝머신 위에서 걷기 • 바람개비 촛불 불기
	10(2–7)	어린이날(5/목) 개교기념일(6/금) 7일 재량 휴업일	입술훈련	• 입술을 부드럽게 움직이기 • 발성을 통한 입술훈련하기
	11(9–14)	재량휴업일(9/월) 석가탄신일(10/화) 주5일 수업 휴업일(14/토)	신체동작 모방하기	• 교사가 보인 큰 동작 모방하기 • 교사가 보인 중간 동작 모방하기
	12(16–21)		동작으로 의사표현하기	• 지시에 따라 의사를 동작으로 표현하기 • 요구에 따라 손짓 몸짓으로 의사표현하기 • 긍정과 부정을 몸짓으로 나타내기
	13(23–28)	주5일 수업 휴업일(28/토)	선 안에 색칠하기	• 크레파스 바르게 잡기 • 밑 그림 안 색칠하기
6	14(5/30–6/4)		호흡훈련하기	• 색종이 조각 불어 날리기 • 피리 불기
	15(6–11)	현충일(6/월) 주5일 수업 휴업일(11/토)	혀 운동하기	• 유연성을 위한 혀 자체 운동하기 • 발성을 통한 훈련하기
	16(13–18)		구체물 경험하기	• 일상생활에서 사용하는 물체 사용하기 • 동작 모방하기 • 낱말 발음하기
	17(19–25)	주5일 수업 휴업일(25/토)	행동으로 모방하기	• 동작 모방하기 • 행동 모방 놀이하기
7	18(6/27–7/2)		호흡훈련하기	• 운동을 통하여 호흡량 증대시키기 • 바람개비 불기

7	19(4–9)	주5일 수업 휴업일(9/토)	턱훈련하기	• 하악근(아래턱)의 상하 좌우 운동하기 • 발성을 통한 턱 훈련하기
	20(11–16)	여름방학식(15/금)	지시 따르기	• 한 가지 지시에 따르기 • 2가지 지시에 따르기
8, 9	21(8/25–28)	개학식(24/수) 주5일 수업 휴업일(27/토)	호흡훈련하기	• 운동을 통하여 호흡량 증대시키기 • 바람개비 불기
	22(8/29–9/3)		신체부위 익히기	• 신체 부위의 이름과 기능 설명 듣기 • 신체부위 기능 동영상으로 보기
	23(5–10)	주5일 수업 휴업일(10/토)	가족 구성원 알기	• 가족 구성원 동영상으로 보기 • 가족 구성원 설명 듣고 연결하기
	24(12–17)	추석연휴(11~13) 재량 휴업일(14/수)	퍼즐 맞추기	• 한 조각의 퍼즐을 맞추기 • 여러 조각의 퍼즐을 맞추기
	25(19–24)	주5일 수업 휴업일(24/토)	추석연휴	추석연휴
10	26(9/26–10/1)		호흡훈련하기	• 운동을 통하여 호흡량 증대시키기 • 탁구공 불기
	27(3–8)	개천절(3/월) 특수학교교직원체육대회(7/금) 주5일 수업 휴업일(8/토)	주위 사물 명칭 익히기	• 이야기를 듣고 알맞은 그림 찾아보기 • 제시한 그림을 보고 같은 그림을 찾기
10	28(10–15)		주위 사물 명칭 익히기	• 같은 것끼리 선으로 잇기 • 좋아하는 사물에 색칠하기
	29(17–22)	주5일 수업 휴업일(22/토)	같은 모양 찾기	• 퍼즐로 된 모양을 맞추기 • 여러 가지 모양을 섞은 다음 같은 모양 찾기
	30(24–29)		선 안에 색칠하기	• 여러 가지 도형에 색칠하기 • 꽃 그림에 여러 가지 색으로 색칠하기
11	31(10/31–11/5)		호흡훈련하기	• 촛불 끄기 • 탁구공 불기
	32(7–12)	주5일 수업 휴업일(12/토)	주위 사물 명칭 익히기	• 모음, 자음 따라 발음하기 • 학용품 이름을 따라 발음하기 • 학용품 이름 부르면 찾기

11	33(14－19)		구슬 꿰기	• 구멍이 큰 구슬 꿰기 • 여러 가지 모양의 구슬 꿰기
	34(21－26)	주5일 수업 휴업일(26/토)	밑그림에 색칠하기	• 색연필 바르게 잡기 • 밑그림에 여러 가지 색을 이용하여 색칠하기
12	35(11/28－12/3)		호흡훈련하기	• 바람개비 불기 • 피리 불기
	36(5－10)	주5일 수업 휴업일(10/토)	주위 사물 명칭 익히기	• 모음, 자음 따라 발음하기 • 과일 이름을 따라 발음하기 • 과일 이름 부르면 과일 그림 찾기
	37(12－17)		여러 가지 감각 익히기	• 여러 가지 촉각판을 만져 보기 • 여러 가지 소리를 듣기
	38(19－24)	겨울방학식(23/금)	점과 점 연결하기	• 쓰기도구 이름을 듣고 가리키기 • 점과 점을 연결하기
2	39(3－4)	개학식(3/금)	주위 사물 명칭 익히기	• 모음, 자음 따라 발음하기 • 동물 이름을 따라 발음하기와 동물 이름 부르면 동물 그림 찾기
	40(6－11)	주5일 수업 휴업일(11/토)	선 긋기	• 색연필 바르게 잡고 곡선 그리기 • 붓을 바르게 잡고 곡선 그리기
	41(13－17)	졸업식(16/목) 종업식(17/금)	롤링페이퍼 만들기	

2) 수학과 교육계획안

2011학년도 맞춤형 수학과 교육계획안

중학부 A반 (중도 · 중복장애학생 3명)

월	주(기간)	행사	제제	교육내용
3	1(3/1-3/5)	삼일절(1/화) 시업식 및 입학식(2/수)	교실 이동하기 반 친구들과 자리 익히기	• 교실 이동시 조용히 하기 • 친구들과 자기 자리 익히기
	2(7-12)	주5일 수업 휴업일(12/토)	자리 바르게 찾기 수업 시 바른 자세 익히기 도형 알기	• 이름표(사진)에서 자신의 얼굴 찾기 • 여러 가지 물건 중 자기 물건 도움받아 잡기
	3(14-19)			
	4(21-26)	주5일 수업 휴업일(26/토)		
4	5(3/28-4/2)			• 같은 도형 찾기 • 도형별 색칠하기 • 같은 도형 오려서 붙이기
	6(4-9)	주5일 수업 휴업일(9/토)		
	7(11-16)		도형퍼즐 맞추기 크기별 도형 맞추기	• 도형별 퍼즐 만져 보기 • 도형퍼즐 맞추기 • 크기별 도형 맞추기
	8(18-23)	주5일 수업 휴업일(23/토)		
	9(25-30)			
5	10(2-7)	어린이날(5/목) 개교기념일(6/금) 7일 재량 휴업일	같은 모양 알기 같은 색깔 알기 같은 크기 알기 같은 그림 찾기	• 블록 쌓기 • 같은 모양을 찾아 블록 쌓기 • 같은 색깔을 찾아 블록 쌓기 • 같은 크기를 찾아 블록 쌓기 • 같은 모양(색깔) 끼우기 • 같은 모양(색깔)을 찾아 자유롭게 끼우기 • 같은 모양(색깔)을 찾아 교사가 가리키는 곳에 알맞게 끼우기
	11(9-14)	재량휴업일(9/월) 석가탄신일(10/화) 주5일 수업 휴업일(14/토)		
	12(16-21)			
	13(23-28)	주5일 수업 휴업일(28/토)		
6	14(5/30-6/4)		여러 종류의 옷 이름 알기	• 같은 그림 찾기 • 광고지(마트 전단지) 살펴보기 • 자유롭게 그림 붙이기 • 같은 그림 찾아보기 • 같은 그림 오려 붙이기
	15(6-11)	현충일(6/월) 주5일 수업 휴업일(11/토)		
	16(13-18)			

6	17(19−25)	주5일 수업 휴업일(25/토)	화장실에 있는 물건 알기 화장실 바르게 이용하는 방법 알기 과자놀이하기 정리정돈 하기	• 단순 조립하기 (원목 끼우기, 코르크 마개 끼우기) • 교사가 가리키는 조립할 물건 가지고 오기 • 원목(코르크 마개) 끼우기 • 교사가 제시하는 그림과 같은 수만큼 조립 하기 • 과자놀이하기 • 화면에 나오는 과자와 같은 과자 찾기 • 주사위를 던저 나온 수만큼 과자 먹기 • 정리정돈하기
7	18(6/27−7/2)			
	19(4−9)	주5일 수업 휴업일(9/토)		
	20(11−16)	여름방학식(15/금)		
8, 9	21(8/25−28)	개학식(24/수) 주5일 수업 휴업일(27/토)	산책하기 질서 지키며 이동하기	• 질서 지키며 이동하기 • 각 교실, 특별실 위치 알기
	22(8/29−9/3)		시계놀이하기 (같은 숫자 찾기)	• 시계놀이하기 • 교실에 있는 시계 살펴보기 • 시계그림에 같은 숫자 붙여 시계 완성하기 • 긴 바늘과 짧은 바늘 알기 • 주사위를 던져 나오는 숫자에 긴 바늘과 짧은 바늘 가리키기(역할놀이) • 제시하는 카드와 같은 모양의 시계 만들어 보기
	23(5−10)	주5일 수업 휴업일(10/토)		
	24(12−17)	추석연휴(11~13) 재량 휴업일(14/수)		
	25(19−24)	주5일 수업 휴업일(24/토)	집 전화번호 익히기	• 자신의 사진과 집 전화번호 연결하기 • 휴대폰 완성하기(예시 그림을 보고 숫자스티커를 이용하여 휴대폰 완성하기) • 자신의 사진을 찾아 만든 휴대폰에 붙이기 • 집 전화번호와 같은 숫자 찾아서 바르게 붙이기
10	26(9/26−10/1)			
	27(3−8)	개천절(3/월) 특수학교교직원 체육대회(7/금) 주5일 수업 휴업일(8/토)	긴 것과 짧은 것 알기	• 직관으로 길이 비교하기 • 여러 종류의 자 길이 비교하기 • 손과 발 비교하기

10	28(10−15)		큰 것과 작은 것 알기	• 여러 가지 공 중에서 큰 것과 작은 것 구별하기 • 그림카드 보고 크기 비교하기
	29(17−22)	주5일 수업 휴업일(22/토)	많은 것과 적은 것 알기	• 우유의 양 비교해 보기 • 그림카드 보고 양 비교하기
	30(24−29)		안과 밖에 있는 것 알기	• 훌라후프 안에 들어가 보기/나와 보기 • 바구니에 물건을 넣어 보고 꺼내 보기
11	31(10/31−11/5)		크기 순서대로 놓기	• 크기가 다른 그릇을 순서대로 놓기 • 크기가 다른 블록 순서대로 놓기
	32(7−12)	주5일 수업 휴업일(12/토)	길이 순서대로 놓기	• 연필을 길이 순서대로 놓기 • 신문지를 찢어 길이 순서대로 놓기
	33(14−19)		높이 순서대로 놓기	• 젠가를 이용해 높이 순서대로 놓기 • 레고를 이용해 여러 가지 높이의 탑을 만들고, 높이 순서대로 놓기
	34(21−26)	주5일 수업 휴업일(26/토)	벽돌 블록 쌓기	• 블록을 쌓아 높이 비교하기 및 순서대로 놓기 • 블록을 바구니에 색깔별로 나누어 담기
12	35(11/28−12/3)		색의 규칙대로 놓기	• 종이컵에 물감을 풀어 제시하는 색 순서로 정렬하기 • 색동저고리의 색의 규칙을 찾아 색종이 놓기
	36(5−10)	주5일 수업 휴업일(10/토)	모양의 규칙대로 놓기	• 네모, 동그라미 모양의 종이를 순서대로 놓기 • 모양 규칙에 따라 병풍 만들기 • 모양 스탬프를 만들어 규칙에 따라 찍기
	37(12−17)		길이의 규칙대로 놓기	• 색종이로 고리를 연결하여 길이 비교하기 • 블록을 이용해 길이 순서대로 놓아 보기

12	38(19-24)	겨울방학식(23/금)	규칙에 따라 타일 꾸미기	• 색종이 규칙대로 놓아 보기 • 타일을 규칙대로 놓아 보기
2	39(3-4)	개학식(3/금)	같은 장난감 모으기	• 〈그냥 두고 나갔더니〉 율동 및 노래하기 • 로봇, 인형, 게임기를 가지고 기준에 따라 장난감 모으기
	40(6-11)	주5일 수업 휴업일(11/토)	같은 악기 모으기	• 악기 연주하기 • 트라이앵글, 탬버린, 마라카스 등 종류가 같은 악기끼리 모으기
	41(13-17)	졸업식(16/목) 종업식(17/금)	크기 순서대로 놓기	• 악기 연주하기 • 트라이앵글, 탬버린, 마라카스 등 종류가 같은 악기끼리 모으기

학습문제

1. 중도 · 중복장애학생을 위한 기능적 교육과정의 개발 절차에 대하여 기술하시오.

2. 중도 · 중복장애학생을 위한 우리나라 국가수준 교육과정과 개선 과제에 대하여 논의하시오.

3. 중도 · 중복장애학생을 위한 학교교육과정의 특성에 대하여 설명하시오.

4. 중도 · 중복장애학생에게 필요한 교육내용을 선정하여 교육과정을 작성해 보시오.

제 4 장

교수 · 학습 방법

최근 특수학교(급)에서 교육을 받고 있는 학생들 중에서 중도 · 중복장애학생의 비율은 날로 증가하여, 전체 특수교육대상자 79,438명 중 중복장애학생 비율은 19,224명(24.2%)에 이르고 있다(국립특수교육원, 2011). 특수학교를 대상으로 조사한 결과, 전국 156개 특수학교 재학생 24,661명 중 25%에 달하는 6,160명의 학생이 중도 · 중복장애학생으로 분류되고 있다(국립특수교육원, 2012).

중도 · 중복장애학생은 지적 능력은 물론 사회 · 정서적 측면과 신체적 측면에서도 그들만의 독특한 특성을 많아 지니고 있어 여러 가지 활동 참여에 제한을 지니고 있다. 그러한 이유로 이들이 독립적인 생활을 할 수 있도록 준비시킨다는 것은 지나친 욕심이나 불가능한 일로 평가되곤 한다.

이처럼 중도 · 중복장애학생의 수가 늘어나고 특수교육환경에 배치된 구성원들의 교육적 요구가 달라지고 있음에도 불구하고 여전히 중도 · 중복장애학생에 대한 정의나 범주가 명확하지 않고, 이들을 위한 교육과정이나 교수 · 학습에 대한 지침도 마련하지 못하고 있는 실정(김은주, 2012)이며, 설령 중도 · 중복장애학생의 교수 · 학습에 대한 전문적인 지원 체계 방안 모색을 한다고 해도 국가수준에서 하기보다는 단위학교에 부담하고 있는 실정이다. 이들의 특성에 적합한 교육과정, 교수방법, 교수전략에 대한 현장 요구(인천시교육청, 2009) 논의와 관련 연구들(예, 김삼섭, 2005; 김혜리, 2011; 박경옥, 2011; 박경옥, 박은송, 박희찬, 2010; 박은혜, 2005; 이숙정, 2010)도 활발하게 진행되고 있다. 이 장에서는 중도 · 중복장애학생 교육과 관련된 이념, 이에 대한 다양한 교수 · 학습 방법에 대해 살펴보고자 한다.

1. 적절한 교육에의 접근

중도 · 중복장애학생의 교육은 개별적 특성에 알맞은 교육지원이 총체적으로 이루어져야 한다. 비록 장애가 중하다고 해도 대부분의 경우 자신이 원하는 교육기관에서 교육을 받을 기회를 제공하고 있으며, 이들을 위한 특별한 교육지원 내용 및 관련 서비스 지원전략을 개별화교육계획(IEP)에 담아 실행하고 있다. 이들의 적절한 교육에 관한 기본적인 정보와 접근 방법에 대해 많은 논의가 이루어지고 있다. 이에 대해 Snell과 Brown(2006)은 최소제한환경에의 접근, 적절한 교육과정에의 접근, 효과적인 교수방법에의 접근, 그리고 개별적으로 결정된 지원에의 접근을 들고 있다. 이에 대해 좀 더 상세히 알아본다.

1) 최소제한환경에의 접근

미국 장애인교육법(IDEA)의 최소제한환경 조항은 “적절한 최대한의 범위까지, 장애아동은 …… 비장애아동과 함께 교육을 받도록 한다.”라고 명시하고 있다. 이 조항은 “특수학급, 특수학교, 또는 다른 형태의 일반교육환경으로부터의 장애학생의 격리는 보조도구 및 서비스를 받아도 장애의 성격이나 정도로 인해 일반학급에서의 교육이 어려운 경우에만 시행한다.”라고 기술하고 있다. 그러나 중도 · 중복장애학생의 분리교육을 적법화하는 것은 보조도구나 서비스를 받을 수 있는 곳이 특수학교나 학급이라는 점을 들고 있다. 장애인 등에 대한 특수교육법에도 모든 장애학생을 위한 배치의 시작점을 통합교육, 즉 일반학급에 두고 있지만, 학생의 보호자나 진단평가 담당자들 대다수는 중도 · 중복장애학생의 배치 환경을 특수학교와 같은 분리교육으로 보고 있다. 일반적으로 중도 · 중복장애학생을 분리

환경에 배치하는 것이 합당하다고 하는 논리에서 벗어나 가급적 덜 제한된 환경에의 배치를 고려해야 한다. IDEA는 다음과 같은 이유로 중도 · 중복장애학생들이 통합 환경에서 배제되지 않도록 해야 한다고 제안하고 있다.

- 특정한 판별(예, 자폐성장애, 지적장애)을 받았거나, 특정한 수준(예, 중도장애)이기 때문에
- 학급의 또래들과 다른 수준으로 기능하기 때문에
- 학급의 또래들과 다른 학습 목표를 추구하고 있기 때문에
- 예전에 통합된 적이 없기 때문에
- 행정적으로 불편하거나 필요한 서비스가 현재 학교에 없기 때문에
- 지원이나 조정을 필요로 하기 때문에
- 학교 내의 성인들(행정가 또는 교육자)들이 특수교육대상자가 보이는 특성에 익숙하지 않기 때문에

2) 적절한 교육과정에의 접근

장애학생의 삶의 질을 향상시키기 위해 특수교육과 IEP를 제시하고 있다. 특수교육은 장애학생의 독특한 필요를 충족시키기 위하여 부모의 지출 없이 특별히 고안된 교수다. 특별히 고안된 교수는 학생의 장애로 인한 독특한 요구를 충족하기 위해, 일반교육과정에 접근할 수 있도록 가르치는 내용, 방법, 교수 전달체계를 수정하는 것을 의미한다.

특수교육에서 가장 중요한 것은 학생의 장애로 인한 학습 특성에 반응하려는 노력으로, 학생들에게 교육을 제공하는 개별화교육방법을 들 수 있다. 하지만 개별화는 학생의 현행 수준이나 특별한 학습 요구에 맞게 교육과정을 바꿀 수 있어야 하고, 학생이 학습기회를 가질 수 있도록 교수 전달 방법을 수정하는 것이 필요하다. 또한 일반교육과정을 넘어서 개별적으로 결정된 학습 목표를 성취할 수 있도록 차별화된 교수 방법을 모색해야 한다.

중도 · 중복장애학생의 독특한 교육적 욕구를 반영하는 교육과정은 일반교육과정, 수정된 일반교육과정, 생활기술 교육과정, 의사소통과 과제 수행 방법을 수정

한 교육과정의 4가지로 구분할 수 있다(Best, Heller, & Bigge, 2004).

(1) 일반교육과정

국가수준의 공통교육과정을 의미하며, 중도 · 중복장애학생의 개별적 요구에 부합하는 교육과정이다. 공통교육과정을 학생에게 적용할 때는 이들이 지니고 있는 개별적 요구에 맞게 교육과정에 접근할 수 있도록 적절한 지원이 따라야 한다(예, 과제를 완성하는 데 더 많은 시간 할당하기, 주별로 실시되는 시험에서 음절 수가 적은 단어만 대상으로 삼기, 학생에게 맞는 특별한 자리를 제공하기, 수화통역사 제공하기 등). 그리고 교육과정의 고유의 내용, 결과, 또는 복잡성의 수준은 바꾸지 않고, 중도 · 중복장애학생에게 일반학생들과 똑같은 기준을 적용하여 같은 결과를 얻을 수 있을 것으로 기대하는 것은 매우 중요하다. 중도 · 중복장애학생에게 자동적으로 생활중심기술이나 일과 관련된 제한된 교육과정을 선택하도록 하기보다는 일반교육과정 내에서 성취할 기회를 제공하는 것이 우선해야 한다.

- 학문기초 교육과정(Discipline-based curriculum)
- 병렬적 교육(Parallel disciplines)
- 다학문적 접근(Multidisciplinary approach)
- 간학문적 접근(Interdisciplinary approach)
- 학년 통합(Integrated day)
- 지역사회 기반 접근(Filed-based approach)
- 중다 수준 교육과정/교수(Multi-level curriculum/instruction)
- 교육과정 중복(Curriculum overlapping)

(2) 수정된 일반교육과정

일반교육과정을 지체장애학생의 개인적 요구에 맞게 조정을 하거나 내용을 수정한 교육과정으로, 조정(적합화)과 교육과정 수정(내용, 결과, 그리고 복합성 수준에 대한 의미 있는 변화)을 포함한다.

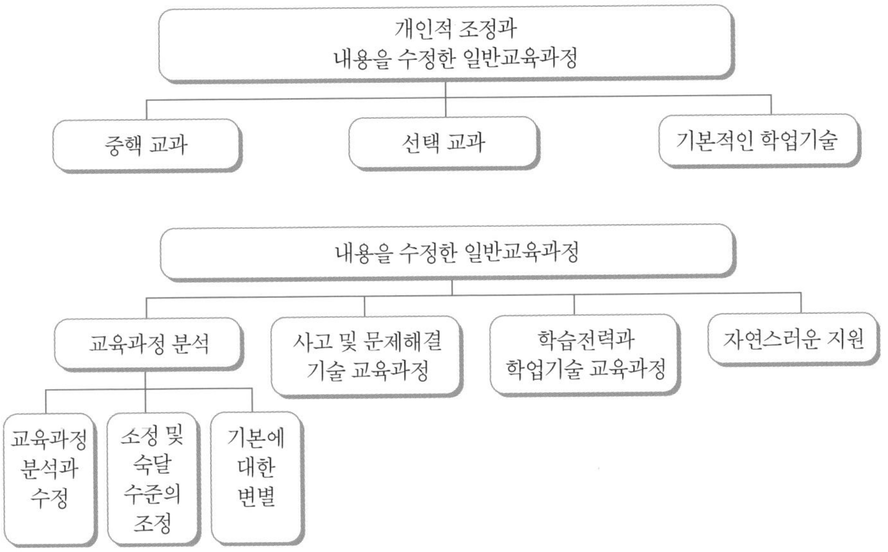

그림 4-1 수정된 일반교육과정의 구조도

(3) 생활기술 교육과정

생활기술 교육과정은 지역사회와 생활 경험 속에서 성공적이고 의미 있는 실제를 위해 개별적으로 요구하는 지식과 기술을 포함한다. 이들 지식과 기술은 장애학생들이 활용할 수 있도록 일반교육과정을 개발하고 교육과정 옵션을 확장해 나갈 수 있게 하며, 생활기술 영역은 가정, 지역사회, 여가, 직업 영역으로 분류된다.

기능적 학업기술 영역은 일상적인 활동과 직접적으로 관련된 기능적인 학업기술들을 의미한다. 예를 들면, 구입 품목, 수표 사용, 요리법 읽기, 약의 상표 읽기, 쇼핑리스트 작성하기, 사인하기, 그리고 컴퓨터 사용하기 등이다. 기능적 학문 교육과정의 목적은 학생이 가능한 한 어른이 되었을 때 독립적으로 생활하는 데 필요한 기술들을 익히게 하기 위함이다. 기능적 학업기술 영역은 읽기, 쓰기, 듣기, 말하기, 그리고 수학 적용의 세분된 또는 구체적으로 구분할 수 있으며, 이러한 기능적 학업기술이 학교 수업 중에 활용된다면 중도·중복장애학생들의 지역사회 적응에 큰 이득을 얻을 수 있게 된다(Cronin & Patton, 1993). 〈표 4-1〉은 생활기술 교육과정에 삽입된 기능적 학업기술의 예를 보여 주고 있다.

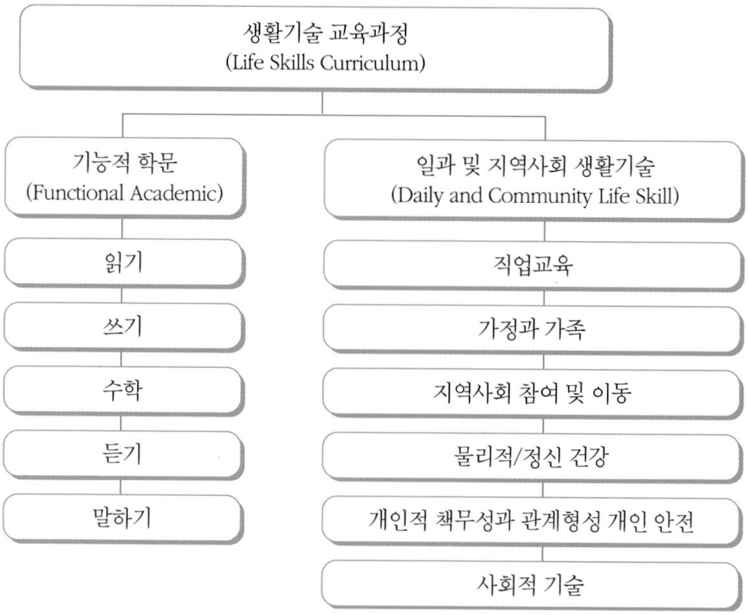

그림 4-2 생활기술에 중점을 둔 교육과정의 구조도

〈표 4-1〉 기능적 학업기술의 예

	직업/교육	가정 및 가족	여가/오락	지역사회 참여	정서/신체 건강	개인적 책무성/대인관계
읽기	다양한 직업에 대한 책을 도서관에서 읽기	컵케이크 만드는 방법에 대한 지시문 읽기	신문에 난 장난감 광고 찾기	길거리의 사인을 보고 의미 알기	전화번호부에서 위급 상황에 관련된 전화번호의 위치 찾기	어린 동생에게 책 읽어 주기
쓰기	학교 가는 길에 있는 표지판을 학교에 와서 칠판에 쓰기	식료품점에서 필요한 것들의 목록 만들기	잡지 주문서를 작성하기	지원서 작성하기	매 끼니마다 먹은 음식에 대한 다이어트 일기 쓰기	선물과 함께 감사의 카드를 적기
듣기	은행에서 저축 관련 강의를 듣기	아기 보기 강좌 듣기	경기 시간을 확인하고 TV나 라디오 듣기	재활용품 분류하기에 대한 강의 듣기	시력검사에 대한 보건 선생님의 강의 듣기	가족 휴가를 설명하는 친구 이야기 듣기
말하기	우리가 하는 일을 논의하기	친구 집에 있을 수 있게 부모님께 허락 구하기	게임을 하기 위해 친구 초대하기	시장과 함께 주차장과 운동장에 대한 쓰임 논의하기	모기에 물렸을 때 대처 방안에 대해 보건교사에게 묻기	정직하고 진실되게 논의하고, 약속하기. 그것을 정의하기

셈하기	시간당 1.25불인 베이비시터를 3시간 쓰면 얼마가 되는지 계산하기	쿠폰을 사용하여 시리얼 한 상자의 값을 계산하기	영화를 보러 가기 위한 비용 계산하기	비디오 게임에 대한 세금 계산하기	다른 형태의 반창고의 값을 세금을 포함하여 비교하고 계산하기	막대 사탕을 나누어 달라고 친구에게 말하기. 나눈 비용 계산하기

출처: Cronin & Patton (1993).

(4) 의사소통과 과제 수행방법을 수정한 교육과정

중도 · 중복장애학생들이 가족, 학교, 지역사회의 다양한 경험을 하는 의사소통자가 되고, 구성원이 될 수 있도록 의사소통과 과제 수행, 지식과 기술의 수단을 수정하는 것을 의미한다. 장애학생은 의사소통하고 참여하는 데 독특하고 다른 방식을 요구하므로 교사는 이러한 중요한 의사소통 영역에 대한 특별한 훈련이 필요하다. 의사소통기술은 표현기술(예, 말하기, 보완 · 대체 의사소통, 제스처, 손짓)과 수용 기술(예, 말한 단어 이해하기, 기호 읽기, 듣기 어려울 때 입술 읽기)을 모두 포함하며, 말하기에는 발음과 목소리, 유창성을 고려하고, 언어적인 면에는 음운, 형태, 구문, 의미, 화용론에 기초하여 수정한다. 보조공학의 기능과 사용을 위한 수정은 장애학생의 접근성, 조작성, 기능적 사용을 고려해야 한다.

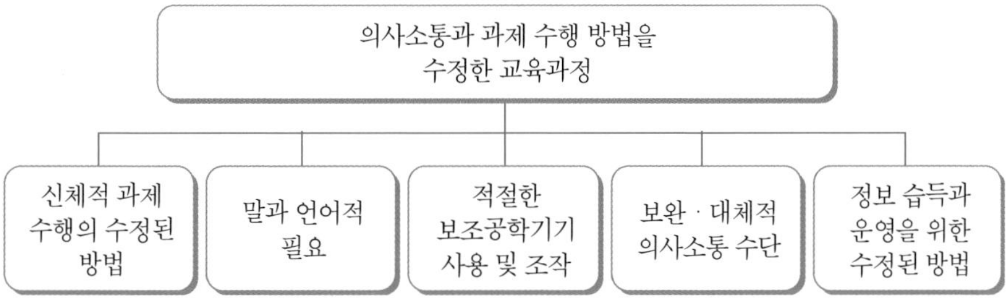

그림 4-3 의사소통과 과제 수행 방법을 수정한 교육과정의 구조도

3) 개별화된 참여 방법

생활연령에 맞는 학급에 중도 · 중복장애학생을 배치하는 것은 장애학생들이 일반학생들과 동일한 수준의 학습 내용을 배워 동일한 성과를 내야 하는 것을 의미하는 것은 아니다. 따라서 장애학생이 학년 수준에 맞는 학습 내용을 성취해 낼 수 있도록 특수교육과 보충적 지원 및 도구의 도움을 개별 학생이 요구하는 만큼 충분히 주었는지를 파악해야 한다. 중도 · 중복장애학생 교육이 배치된 교육환경에서 이들의 참여를 독려하기 위해서는 교육프로그램(예, 개별화된 교육과정, IEP의 연간 목표, 일반교육과정에서의 학급 성과)과 학생이 교육목표를 성취할 수 있도록 돕기 위해 제공되는 지원(예, 자료, 조정 방법, 학습전략, 인력지원)이 적절한 수준에서 이루어지고 있는지 확인하는 것이 중요하다. 이들의 참여 수준을 고려한 지원 수준은 다음과 같이 4단계로 구분할 수 있다. 이러한 접근을 할 때 일반교사, 특수교사, 관련 서비스 제공자 간의 의도적인 협력이 필요하다.

〈표 4-2〉 참여 수준을 고려한 프로그램과 지원

<table>
<tr><th colspan="2">지원 수준</th><th>내용</th></tr>
<tr><td rowspan="4">프로그램 및 지원</td><td>조정이 필요하지 않음</td><td>• 특별한 프로그램이나 지원이 필요하지 않은 경우
• 학생의 주의가 산만해지면 주의 환기가 필요하고, 자세 유지를 위해 균형을 잡을 수 있도록 도와주는 정도
• 일반학생과 상호작용하는 방법을 익히도록 하고, 학급 친구들에게 장애학생이 항상 별도의 도움이 필요한 것은 아니라는 점을 가르치기 위해 필요하다. 또한 교사나 또래와의 상호작용을 제한하는 불필요한 지원을 피하게 하기 위함이다.</td></tr>
<tr><td>지원의 조정이 필요함</td><td>• 장애학생이 일반교육프로그램을 이수하는 데 확장되거나 수정된, 혹은 그 외의 개별화된 지원을 필요로 하는 경우
• 맹 · 농학생의 교육지원 방법으로 촉각을 이용한 수화통역, 중도 지체장애학생의 필기를 대신할 수 있는 녹음이나 컴퓨터 지원</td></tr>
<tr><td>프로그램 조정이 필요함</td><td>• 일반교육의 확장이나 수정 또는 개별화를 필요로 하되, 특수한 지원까지는 필요하지 않는 경우
• 분량(10개 대신 4개의 새로운 어휘) 수준(덜 복잡한 질문을 제시), 내용 유형(예, 분수 대신 일대일 대응)</td></tr>
<tr><td>프로그램과 지원에서의 조정이 필요함</td><td>• 프로그램뿐만 아니라 지원 방법에서도 조정이 필요한 경우
• 수동적인 참여, 근시안적인 참여, 단편적인 참여, 또는 참여의 부재가 아님
• 부분 참여는 사회적인 가치가 있는 역할을 부여하는 것으로 개인의 이미지와 개인적 역량에 긍정적인 영향을 미치도록 해야 함</td></tr>
</table>

4) 질 좋은 교수

많은 연구를 통해 중도·중복장애학생의 교육은 이론적으로나 효과 검증면에서 안정적이고 체계적인 방법으로 접근해 오고 있는 방법들이 있다. 예를 들면, 행동연쇄, 행동 형성 촉진, 오류교정 등과 같은 방법들은 이들 교육에 상당히 긍정적인 영향을 미치고 있다. 따라서 중도·중복장애학생이 가정과 지역사회의 일원으로 생활을 할 수 있도록 하기 위해서 교육적 성과를 간과할 수 없다. 중도·중복장애학생의 특성을 고려한 교육의 성과를 내기 위해 다음과 같은 교육의 지향점을 가지고 학교교육과정이 연속성 있게 접근할 수 있어야 한다.

(1) 생활 중심의 기능적 교육내용 및 사회적 통합 강조

발달론적 접근에 따른 교육만으로는 중도·중복장애학생의 교육성과를 내기는 어려움이 있다. 같은 연령대의 또래들과 평균적 수행을 비교했을 때 그 수행의 정도가 약 50% 미만의 경우(박은혜, 2005) 생태학적 분석을 통해 생활 중심의 기능적 교육과정을 제시하여 활동 내용을 구성하는 것이 바람직하다.

이는 현재와 미래 환경에서 사회적 상호작용을 위한 연령에 적합한 환경이 무엇인지 판별하여 교수 영역에 포함해야 하고, 이 환경에는 가정과 학교를 반드시 포함하는 것은 물론 학생의 연령을 고려하여 지역사회 환경, 직업환경 등을 포함해야 한다. 또한 또래의 동료들과 사회적 상호작용의 기회의 양적인 측면뿐만 아니라 질적인 측면도 증진시켜 나가는 노력을 기울여야 한다.

(2) 교육내용의 연속성

학교교육과정을 운영할 교사들 간의 합의가 가장 우선해야 한다. 내가 가르칠 학생들에게 어떻게 가르칠 것인가에 대한 의견수렴 과정에 참여한 교사는 이를 실행하는 데 능동적인 주체로서의 역할을 해내고, 그 책무성 또한 그렇지 않은 사람에 비해 높다. 따라서 중도·중복장애학생의 특성을 반영한 프로그램화된 개별교육과정 운영이 개발되어야 하고, 학생들의 개별적인 교육적 요구를 충족시킬 수 있는 선택적으로 참여 가능한 프로그램이 개발되어야 하며, 교사 간, 또는 교육과정 영역 간 통합이 이루어져 학교만의 독특한 교과목이 생성될 수도 있어야 한다. 또한 학생의 학습 및 사회참여 기회를 확대하기 위해 독립 기능, 의사소통, 웹 접근성을 고려한 전담 교과 영역(예, 컴퓨터, 보완 · 대체 의사소통 체계 습득, 재활 운동 등)을 찾아내서 개별 학생의 강점을 강화해 주는 종단적인 개별 교육과정 운영이 필요하다(박경옥, 2011).

(3) 관련 서비스의 통합적 지원

중도 · 중복장애학생은 그들의 특성상 관련 서비스와 불가분의 관계를 맺고 있다. 이러한 관련 서비스 등 가장 많이 적용되는 물리치료 · 작업치료 · 언어치료 서비스의 가장 적절한 제공 모델은 통합적인 치료적 지원 모델로 학교교육 안으로 들어와야 한다. 즉, 가장 자연스럽고 최소 제한적인 환경에서 필요한 영역의 치료적 지원이 학교교육과정 내에 포함되어 운영되거나 별도의 공간에서 이수될 수 있도록 체계적인 지원이 필요하고, 다른 교과 영역의 목표와 통합되어야 하고, 개별화된 충분한 지원이 요구된다.

(4) 다양한 보조공학적 지원

중도 · 중복장애학생들의 지원 영역 중에는 자세, 의사소통, 학습, 이동을 위한 여러 가지 보조공학적 지원의 중요성이 강조된다. 장애인 등에 대한 특수교육법에도 이러한 관련 서비스지원에 대한 규정(제2조 2항, 제28조, 제31조)을 두고 있다. 특히 보조공학기기, 학습보조기기 등을 지원하여 학습 및 일상생활 영역을 지원할 수 있게 하고 있다. 또한 의사소통능력 향상을 위한 보완 · 대체 의사소통기기 및 체계지원을 포함한다.

(5) 체계적인 문제행동지원

중도 · 중복장애학생의 경우 이들의 의사소통 방식이 원활하지 않아 문제행동으로 의사표현을 하는 경우가 종종 있다. 이들의 문제행동을 없애기 위한 방법으로 최근에는 긍정적 행동지원(Positive Behavioral Support)의 방법으로 접근하고 있다. 이는 인간 중심의 가치에 근거하는 행동중재 방법으로, 학생이 보이는 문제행동을 감소시키고 예방할 뿐 아니라, 그 학생에게 꼭 필요한 사회적 · 학습적 성과를 달성할 수 있도록 지원하는 체계적이고 종합적이며 개별화 접근을 말한다.

새로운 긍정적인 행동의 지도를 통해 학생이 할 수 있는 기능의 범위를 확장하려는 교육적 측면과 그 학생이 속한 다양한 환경의 재구성을 도모하는 체제 개선 측면이 동시에 포함되며, 종국적으로 아동 자신과 그 가족, 그리고 주변인의 삶의 질 향상을 궁극적 목적으로 하는 지원 체계라고 할 수 있다(Carr et al., 2002; Turnbull et al., 2002).

이상과 같이 중도 · 중복장애학생 교육의 방향성은 생활 중심의 기능적 교육내용 및 사회적 통합 강조, 교육내용의 연속성, 관련 서비스의 통합적 지원, 다양한 보조공학적 지원, 체계적인 문제행동지원 등을 고려하여 학생의 교육을 담당하는 관계자 간의 협력적 접근을 통해 교육의 목표를 성취해 나가야 할 것이다.

2. 교수 · 학습 방법

교육적 통합을 증진시키기 위해서 많은 방법들이 있지만 중도 · 중복장애학생들에게 교수적 접근 방법에 대한 논의가 구체적으로 다루어지지 못하고 있어 합의된 하나의 방법(안)이 있는 것은 아니다. 즉, 학교 현장은 여전히 중도 · 중복장애학생에 대한 낮은 기대, 너무 많은 교수 · 학습의 누수 시간, 비장애학생들과의 낮은 접촉 빈도 등은 부정적인 측면으로 평가받고 있다. 교육의 수월성을 추구한다는 목적을 위해 중도 · 중복장애학생들에게 우리가 간과해서는 안 되는 기본적인 교육원칙이 있는데(Snell & Brown, 2006), 이는 장애 정도나 배치 환경에 따라 달라지지 않아야 할 지침이다.

첫째, 각 학생의 특성을 파악한다. 즉, 교수 · 학습에 영향을 미치는 학생의 인지적 · 신체적 · 감각적 · 사회정서적 특성에 대해서도 이해하는 것을 의미한다. 학생의 사회정서적인 특성에 주의를 기울이는 것은 동기, 선호도, 상호작용 패턴, 창의적 특성을 파악함으로써 학생의 강점과 선호도에 기초한 교수적 접근을 개발하고 적절한 개별화교육을 실현할 수 있게 된다.

둘째, 의미 있는 학습 목표를 선정한다. 기능성, 생활연령 적합성, 교육내용의 범위와 깊이에 대한 균형을 고려하여 효율성 있는 교수 · 학습 접근을 시도해야 한다.

셋째, 교육팀 내에서 공유된 기대 수준을 수립한다. 공유된 기대 수준을 설정한다는 것은 학생의 교육팀원들 간에 합의된 교육지향점을 갖는다는 것을 의미한다. 그러기 위해서는 학생의 학습 특성, 학습 목표의 우선순위, 학습 목표의 범위를 정하고, 이들이 정한 것들이 학교 내에서 구현되고, 개별 학생의 특성을 고려한 구체적인 교수절차와 교수적 수정 방법을 알고 접근하고 객관적으로 자료를 수집하는 일련의 과정을 아는 것이다.

넷째, 학습동기를 유발할 수 있는 환경을 조성한다. 학생에게 소속감을 갖게 하는 것은 학습동기를 높이는 효과적인 방법이다. 이러한 소속감으로 통해 친구들과 의미 있는 관계를 맺고 학업 성과를 낼 때 학습 경험을 공유할 수 있다.

다섯째, 효과적인 교수방법을 선택한다. 학생들의 선호하는 학습 경로와 학습 참여 형태를 분석하여 이들의 선호 매체를 활용하면 좀 더 수월하게 접근할 수 있다. 예를 들어, 모델링이나 시연하기, 반복 연습, 게임 활용 등은 학생들의 참여를 독려할 수 있는 방법이다.

여섯째, 충분하고 일관된 학습 기회를 제공한다. 충분하고 일관성 있는 학습 기회 제공은 학습 기회를 학급의 교육활동에 안에 삽입하려는 교육팀의 창의성과 의지가 있어야 한다. 교사가 계획한 것을 일관성 있게 지도하는 것도 중요하지만, 중도 · 중복장애학생이 보이는 독특한 학습 특성에 맞게 교수적 융통성 또한 필요하다.

일곱째, 자료에 근거하여 교수적 결정을 내린다. 중도 · 중복장애학생의 성취 결과에 대한 자료를 수집하여 학생들의 진보를 점검하고 교사들의 교육성과를 확인하는 것이 필요하다. 특히 개별화된 평가 자료는 합리적이고 교육적인 의사결정을 하는 데 필요한 요소다.

Snell과 Brown(2006)은 교수 · 학습 접근을 4가지의 전략으로 구분하여 제시하였다. 보편적 학습 설계 원칙, 자기주도적 학습, 직접적이고 체계적인 교수, 기준 중심의 개별화교육계획(IEP) 개발을 들고 있는데, 이에 대해 좀 더 구체적으로 살펴보면 다음과 같다.

1) 보편적 학습 설계 원칙

유연하지 않고 일률적으로 적용된 교육과정은 의도하지 않는 학습의 어려움을 만들어 낼 수 있다. 특히 중도 · 중복장애학생들은 학습환경에서 발생하는 난관에 취약하고, 비장애학생들도 그들의 학습 욕구를 충족시키지 못하는 일률적인 교육과정에서 학습의 어려움을 경험하게 된다. 이에 대한 문제를 해결하기 위한 노력으로 최근 보편적 학습 설계(Universal Design for Learning; UDL)에 대한 요구와 관심이 높아지고 있다. 장애학생과 비장애학생을 분리하여 특수교육을 하던 과거와 달리 점차 장애학생을 위한 개별화교육계획(IEP)이 반영된 통합교육을 지향하는 교육현장의 변화를 통해 알 수 있다. 그러나 실제 통합교육이 실행되는 현장에서는 모든 학생들이 편리하게 누릴 수 있는 교육환경, 특수교육과 일반 교육의 적절한 연계, 통합교육을 위한 교수설계 및 방법의 예가 여전히 논의되고 있다.

이러한 문제를 해결하고 통합교육이 안정적으로 이루어지기 위해서는 물리적 · 정서적 환경의 뒷받침은 물론이며, 교육을 받는 학생 모두를 위한 적절한 학습 설계를 수립하는 것은 매우 중요하다. 특수교육에서는 장애학생을 한 학습 설계에 있어 보완적인 기능에 초점을 둔 교육계획 수립을 중요하게 이루었으나 보완적 기능은 매우 좁고 제한적이라는 한계를 드러낸다. 그러한 결과 대부분의 주요 교육과정에 개인차를 적용시킬 수 없으므로 학생이 가진 장애보다는 교육과정에 대한 재인식을 통해 모두에게 적합한 학습 설계를 수립하여야 한다는 데 합의하고 있다. 이러한 측면에서 미국의 응용특수교육공학센터(CAST)는 1990년대 초부터 보편적 학습 설계에 대한 연구와 개발을 통해 다양한 시사점을 제공하고 있다(Lieberman, Lytle, & Clarcq, 2008). 이들이 제시한 보편적 학습 설계의 3가지 원칙과 이에 따르는 가이드라인을 〈표 4-3〉에서 제시하였다.

〈표 4-3〉 보편적 학습 설계의 3가지 원칙과 가이드라인

다양한 방식의 표상을 제공	다양한 방식의 표현 수단을 제공	다양한 방식의 동기부여 기회 제공
1. 인지 방법의 다양한 선택권 제공 • 정보의 제시 방식을 학습자 스스로 최적화할 수 있는 옵션 • 청각 정보의 대안을 제공하는 옵션 • 시각 정보의 대안을 제공하는 옵션	4. 신체적 표현 방식에 따른 다양한 선택권 제공 • 신체적 입력/반응 방식에 대한 옵션 • 자료와 상호작용하는 방식에 대한 옵션 • 보조공학(AT)을 적용할 수 있는 옵션	7. 흥미를 돋우는 다양한 선택권 제공 • 개인의 선택과 자율성을 증진시키는 옵션 • 학습자와의 관련성, 가치, 진정성을 증진시키는 옵션 • 위험이나 주의를 분산시킬 만한 요소들을 줄이는 옵션

2. 언어와 상징(symbols)의 다양한 선택권 제공 • 어휘나 상징에 대한 정의를 제공하는 옵션 • 문법과 구조를 명확하게 해 주는 옵션 • 범언어적인 이해를 돕는 옵션 • 비언어적인 수단으로 핵심 개념을 묘사하는 옵션	5. 표현력과 유창성에 따른 다양한 선택권 제공 • 의사전달을 위한 매체 선택 옵션 • 작문과 문제해결을 위한 다양한 도구 옵션 • 연습과 수행을 위한 다양한 비계 설정 옵션	8. 지속적인 노력과 실행을 돕는 선택권 제공 • 목표나 목적을 부각시킬 수 있는 옵션 • 난이도와 학습지원의 수준을 다양하게 할 수 있는 옵션 • 의사소통과 상호, 협력을 촉진시키는 옵션
3. 이해를 돕기 위한 다양한 선택권 제공 • 배경지식을 제공해 주거나 기존의 관련 지식을 활성화시키는 옵션 • 주요한 부분, 주제와 관계 등을 강조하는 옵션 • 정보의 처리 과정을 길잡이할 옵션 • 정보의 처리 과정을 길잡이할 옵션 • 기억과 전이를 돕는 옵션	6. 자율적 실행 기능에 따른 다양한 선택권 제공 • 효과적인 목표 달성을 돕는 옵션 • 계획과 전략 개발을 지원하는 옵션 • 정보와 자료 관리를 촉진하는 옵션 • 스스로 진도를 점검할 수 있는 능력을 증진시키는 옵션	9. 자기조절능력을 돕기 위한 선택권 제공 • 개인의 목표 설정과 기대치를 안내하는 옵션 • 극복하는 기술과 전략을 비계 설정하는 옵션 • 자기를 평가하고 발전시켜 나갈 수 있도록 하는 옵션

출처: 미국 응용특수교육공학센터(2009).

2) 자기주도학습

자기주도학습은 일반교육 수업 과제 완성을 위해 언어적 자기교수나 시각적 · 청각적 단서들을 따르는 것을 학습할 뿐만 아니라 통합교육의 맥락에서 자신의 행동을 조절하거나 문제를 해결하는 것을 배우는 과정을 의미한다(Agran, King-Sears, Wehmeyer, & Copeland, 2003). 이를 그림으로 도식화하여 제시하면 [그림 4-4]와 같다.

3) 직접적이고 체계적인 교수

보편적 학습 설계 및 자기주도 기반의 학습을 중도 · 중복장애학생들에게 적용하고자 할 때 전형적인 학습환경에서 직접적이고 체계적인 교수가 필요하다.

직접적인 교수법은 학생 중심의 수업보다는 교사 중심의 수업이 더 효과적이며, 교수 · 학습의 목표를 상세화하고 위계화하여 단계적(small-step)으로 가르치되, 목표와 직접적으로 관계없는 요소를 배제하고 학습 요소에 대하여 교사가 설

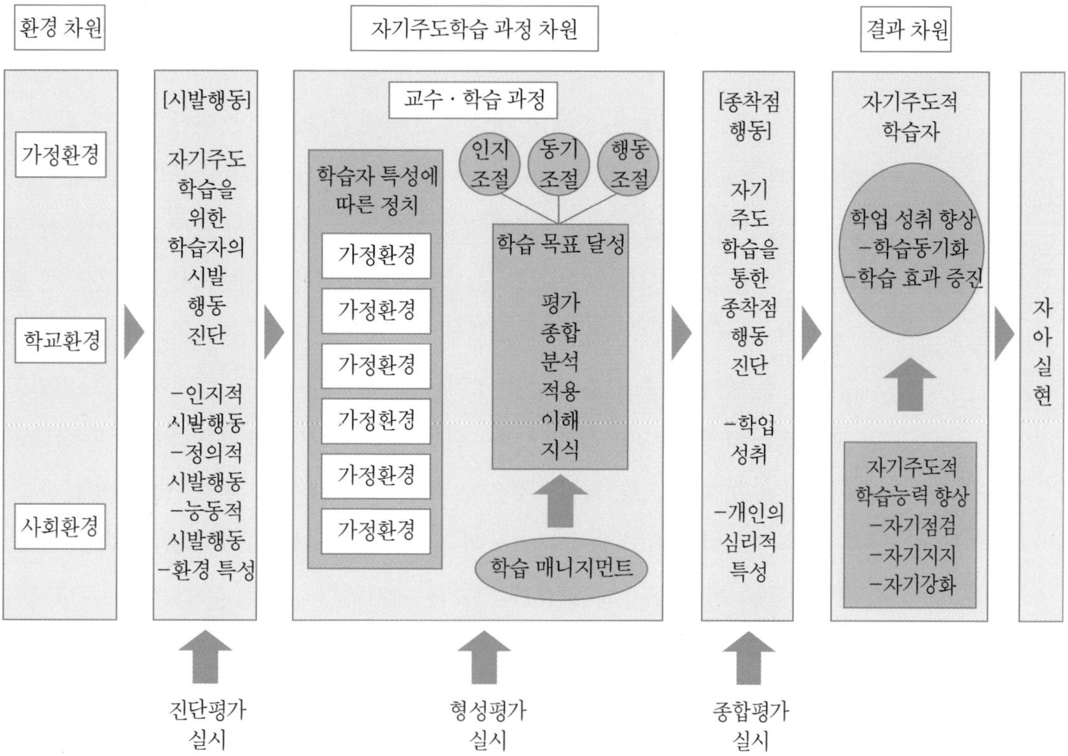

그림 4-4 **자기주도적 학습 모형**

명하고 시범 보이는 등 명시적으로 가르치는 것이다. 교사는 중도 · 중복장애학생에게 가르치고 배울 내용을 잘게 나누고, 나누어진 구체적인 지식이나 기능을 각각 따로 목표화하여 가르친다. 이때 체계적인 교수설계 과정을 통해 접근할 수 있는데, 각 구성 요소 간의 상호작용을 통해서 학습자가 의도된 목표를 최대한 성취할 수 있도록 수업의 과정을 투입→과정→산출로 이어지는 일련의 순환적 과정으로 구성하는 것이 체제 접근 방법이다(Dick & Carr, 1996).

체계적 교수설계는 학습이 발생할 수 있는 내 · 외적 조건을 밝혀서 교수목표에 따라 어떻게 구성하고 제시할 것인가에 대한 논리적 절차 및 단계다. 단순히 무엇을 가르칠 것인가에 대한 계획이 아니라 학습자가 어떻게 학습하는지에 기초를 두어 학습의 조건을 충족시킬 수 있는 방법에 대한 계획 과정으로 학습의 조건이 만족될 때 중도 · 중복장애학생들에게 의도한 학습의 결과가 일어날 수 있다(Gagne, Briggs, & Wagner, 1992).

4) 기준중심 개별화교육

기준중심 개별화교육은 학생의 개별적 요구에 부응하는 것뿐만 아니라 학생이 일반교육과정을 배우는 동안 학교 기준을 어떻게 수행하지를 규정하는 것이다. 중도 · 중복장애학생들은 일반교육과정을 이수하는 과정에서 교사들은 이들의 성취해내지 못할 것을 기대하고 기능 중심의 교육과정에 접근하려는 시도를 해 왔다. 물론 이들에게도 기능 중심의 교육과정도 중요하지만, 필요한 경우 일반교육과정에 준한 중다 수준 교육과정 설정이나 대안적 교육과정 설정 등으로 차별화된 교육 접근이 필요하다. 하지만 아무런 학업 성취 기준을 마련하지 않은 상태에서 이들의 수행능력을 평가하는 것은 쉽지 않다. 따라서 학생 요구를 개별화한 기준을 학교 수준의 교육과정에 근거하여 설정하고, 각각의 교육목표에 중도 · 중복장애학생들이 접근하는 데 필요한 기술을 제시하면 교사들은 각 학생 개별적인 교육 지향점을 찾는 데 도움이 된다.

3. 학습 특성

1) 움직임 및 운동능력의 제한

신경운동장애, 정형외과적인 장애 등의 질환으로 인해 많은 학생들은 운동체계의 비정상성으로 인해 비전형적인 움직임이나 운동능력을 보인다. 비전형적인 움직임은 균형을 잡지 못하고 불필요한 움직임이 있는 경우, 통제되지 않은 움직임이 있는 경우, 그리고 제한된 범위에서만 동작을 하는 경우, 힘과 속도 조절이 어려운 경우와 같이 정상적으로 수행되는 움직임의 제한을 의미한다(Heller et al., 2009). 이러한 비전형적인 움직임이나 운동능력은 운동기술지체나 결여로 나타나고, 어떤 과제를 수행하는 데 특이한 형태의 운동기술로 나타날 수 있으므로 학습은 물론, 다른 일상적인 과업을 수행하는 데 영향을 미친다. 교사는 이러한 운동 특성을 지닌 학생들이 과제 학습을 잘 할 수 있도록 충분한 시간을 제공하는 한편 과제의 양, 위치 등의 환경을 수정해 줄 수 있어야 한다.

2) 감각의 손상

중도 · 중복장애학생은 감각의 손상(예, 시각, 농, 난청, 농 · 맹, 촉감각 결핍, 고유수용감각 등)을 보일 수 있다. 이와 같은 감각 손상은 학습과 수행에 영향을 미칠 수 있다. 활동을 볼 수 없거나 말하는 것을 들을 수 없는 것은 학생의 수행에 영향을 미칠 것이며, 촉감각 손상(예, 온도나 부드러움 등)은 사물의 개념이나 특성을 이해하는데 영향을 미칠 수 있다. 이러한 학생들 역시 비전형적인 움직임을 보이는 학생과 마찬가지로 적절한 환경 수정이나 보조공학의 접근을 시도해야 한다.

3) 건강 문제

학생들이 겪고 있는 건강 문제는 학생의 학업 성취나 또래와의 사회적 상호작용에 영향을 미치게 된다. 지체장애학생이 겪고 있는 질병과 치료 과정으로 인해 신체적인 고통을 수반하기도 하고, 불편함을 경험하기도 한다. 고통으로 인한 잦은 결석, 과제에 대한 집중력이 부족해질 수 있다. 따라서 교사는 고통의 원인이 되는 활동을 수정하거나 고통을 줄일 수 있는 약물을 섭취할 수 있도록 약 복용 시간을 챙기거나 짧은 휴식시간을 자주 갖게 하는 방법을 제안할 수 있다.

건강 문제는 학생들에게 피로와 인내력 부족을 유발하기도 한다. 특히 뇌성마비학생들의 경우는 과도한 불수의적인 움직임으로 신체적 피로감을 더 많이 보일 수 있으므로, 피로감으로 인해 과제 집중력과 수행 결과에 미치는 영향을 최소화하기 위한 노력을 기울여야 한다. 피로감을 보이는 학생들을 위한 지원 전략을 소개하자면, 먼저 반복적인 활동으로 발생한 피로감은 활동을 바꾸어 주거나 다른 활동과 번갈아 가며 하도록 하고, 학생이 가장 주의를 잘 집중할 수 있는 시간(또는 컨디션이 좋은 시간)에 좀 더 어려운 교과 학습을 계획하는 것도 하나의 방법이 될 수 있다.

4) 의사소통 문제

많은 중도 · 중복장애학생들은 의사소통 문제를 가진다. 뇌성마비학생들은 조음기관의 문제나 적절한 호흡 조절과 자세 유지가 어려워서 말을 어눌하게 하거나 전혀 말을 할 수 없는 경우도 있다. 최중도 지적장애학생은 상징 매체에 대한 이해 능력의 부족과 사용 경험이 부족하여 직접적인 행동(예, 장난감을 손으로 잡기, 음식 그릇 던지기 등)과 같은 비상징적인 의사소통 행동(예, 얼굴표정, 움직임, 몸짓과 무의미 발성 등)를 사용할 수 있다. 이는 지적 기능 수준과 상징적 · 비상징적 의사소통 형태 간의 직접적인 상관관계로 설명할 수 있다(Mar & Sall, 1999). 따라서 이들의 의사소통 특징을 파악하여 다양한 형태의 의사소통을 파악하는 것이 필요하고, 다른 사람들과 의사소통할 때 몸짓, 발성, 손짓 등을 함께 사용할 수 있도록 하는 배려가 필요하다. 또한 학생들의 의사소통을 촉진시킬 수 있는 보완 · 대체 의사소통 체계를 도입하는 등의 적극적인 노력이 필요하다. 〈표 4-4〉는 중도 · 중복장애학생을 대상으로 조사한 비상징적 의사소통행동에 대한 내용이다. 이들의 비상징적 의사소통행동에 대한 관심을 가지고 이들의 소통 방식을 이해함으로써 상호작용의 빈도 증가를 통해 원만한 사회적 관계를 형성할 수 있도록 지원하는 역량을 교사와 양육자들이 갖춰 나가야 할 것이다.

〈표 4-4〉 비상징적 의사소통행동 평가 문항

<table>
<tr><th colspan="2">구분</th><th>비상징적 의사소통행동</th></tr>
<tr><td rowspan="11">의사
소통
형태
(25문항)</td><td rowspan="5">주시형
(5문항)</td><td>원하는 것(사람, 사물 등)이 있는 곳으로 눈길을 돌린다.</td></tr>
<tr><td>관심 있는 사물(또는 사람, 행위)을 계속 응시한다.</td></tr>
<tr><td>원하는 것이 있을 때 그것을 요구하기 위해 어른과 눈을 맞춘다.</td></tr>
<tr><td>눈을 깜박이거나 눈동자를 돌려서(예, 정면 응시는 긍정의 표현, 측면 응시는 부정의 표현 등) 일관성 있는 반응을 보인다.</td></tr>
<tr><td>머리움직임(예, 고개 끄덕이기, 고개 숙이기, 고개 옆으로 돌리기)으로 표현한다.</td></tr>
<tr><td rowspan="6">표정형
(6문항)</td><td>부정적인 반응이나 불만스러운 상황에 대해 일관성 있는 표정(예, 얼굴을 찡그림)을 짓는다.</td></tr>
<tr><td>긍정의 의미나 반가움에 대해 일관성 있는 표정(예, 미소)을 짓는다.</td></tr>
<tr><td>자신의 의사가 적절하게 전달되지 않았을 때 화나 짜증내는 표정을 짓는다.</td></tr>
<tr><td>목표가 성취되지 못했을 때 찡그리거나 만족스럽지 못한 표정을 짓는다.</td></tr>
<tr><td>목표가 성취되었을 때 밝은 표정을 지으며 만족감을 표현한다.</td></tr>
<tr><td>특정 물건이나 행동 또는 상황에 대한 일관성 있는 공포의 반응을 표정으로 짓는다.</td></tr>
</table>

<table>
<tr><td rowspan="14">의사 소통 형태 (25문항)</td><td rowspan="5">사물조작 및 동작 지시형 (5문항)</td><td>사물을 요구하기 위해 직접 사물을 조작하는 흉내를 낸다(예, 더울 때 손으로 부채질하는 몸짓을 하거나 손으로 가위질하는 몸짓을 한다).</td></tr>
<tr><td>실제 연관된 사물을 보여 준다(예, 물을 마시고 싶을 때 컵을 들어 보임).</td></tr>
<tr><td>하고자 하는 것을 행동(예, 농구를 하고 싶을 때 드리블하는 흉내 내기)으로 보인다.</td></tr>
<tr><td>물건/사람을 손으로 직접 잡는다(예, 옷자락을 잡거나 사물을 잡는다).</td></tr>
<tr><td>물건/사람을 손가락으로 가리킨다.</td></tr>
<tr><td rowspan="4">신체 움직임 및 음성형 (4문항)</td><td>근육의 긴장 상태가 변화한다(예, 경직이 심해지거나 불수의적 행동을 보인다).</td></tr>
<tr><td>몸의 자세나 경계의 정도에 변화가 나타난다.</td></tr>
<tr><td>신체 행동이 증가된다(예, 발을 버둥거리는 빈도가 잦아지거나 격해진다).</td></tr>
<tr><td>있던 곳에서 멀리 떨어지거나 움직여서 다른 곳으로 간다.</td></tr>
<tr><td rowspan="5">성인 의존형 (5문항)</td><td>어른에게 안달을 부린다(칭얼댄다).</td></tr>
<tr><td>어른에게 다가간다.</td></tr>
<tr><td>어른을 밀어내거나 기댄다.</td></tr>
<tr><td>어른을 토닥거리거나 포옹하며 자신의 감정을 표현한다.</td></tr>
<tr><td>원하는 것이 있을 때 어른의 신체 일부(팔이나 손, 옷자락)를 건드리거나 잡는다.</td></tr>
<tr><td rowspan="10">의사 소통 기능 (14문항)</td><td rowspan="10">요구 및 거부하기 (10문항)</td><td>행동으로 사물을 거부한다(예, 점심시간에 밥을 거부한다).</td></tr>
<tr><td>행동으로 어떤 행위를 해 주는 것을 거부한다(예, 옷을 입혀 주는 것을 거부한다).</td></tr>
<tr><td>누군가의 관심을 끌거나 요구를 하기 위해 소리를 낸다(의미를 담고 있는 단어 수준은 아니지만 발성한다).</td></tr>
<tr><td>사물이나 행위를 요구하기 위해 소리 내어 부른다(어~, 우~ 등).</td></tr>
<tr><td>상대방을 향해 인사를 하거나 아는 체를 한다.</td></tr>
<tr><td>행동으로 사물을 요구한다(예, 모자를 달라는 신호를 보낸다).</td></tr>
<tr><td>행동으로 어떤 행위를 해 줄 것을 요구한다(예, 모자를 자신에게 씌워 달라는 신호를 보낸다).</td></tr>
<tr><td>자신이 정한 목표가 성취될 때까지 신호의 질(예, 소리를 점점 크게 한다거나, 몸 움직임을 더 자주 한다거나, 좀 더 강하게 하는 등)을 바꾼다.</td></tr>
<tr><td>대화에 필요한 자기만의 제스처(예, 손짓이나 몸짓)를 만들어 보여 준다.</td></tr>
<tr><td>대화상대자의 주의를 끌려는 의도로 어떤 행동을 한다.</td></tr>
</table>

의사소통 기능 (14문항)	정보 요구 및 대화 수정 (4문항)	하고자 하는 일과 관련된 사물, 행위, 사람에 대한 더 많은 정보를 요구한다.
		어른이 자신의 뜻을 잘못 아는 것 같다는 생각에 대화의 내용을 수정하고자 한다.
		무엇인가를 자신의 뜻대로 하기 위해 상대방에게 허락을 구한다.
		상황이나 요구를 좀 더 명확하게 표현하고자 다양한 표정 또는 몸짓을 한다.
의사소통 담화 기능 (11문항)		메시지의 내용은 그대로 바꾸지 않고 반복해 말하거나 행동으로 표현한다.
		형태를 단순하게(적게, 덜 복잡한 단어 사용, 제스처 첨가) 해서 메시지를 전달한다.
		주로 말하는 사람의 주장이나 이야기에 대답하는 것으로 반응을 보이며 대화를 유지한다(반응행동).
		더 이상 대화하기를 포기하고 다른 주제로 화제를 돌리거나 새로운 활동을 한다.
		자발적으로 어떤 주제에 관한 이야기(또는 몸짓과 같은 행동)를 먼저 꺼내 대화를 시작한다(시작행동).
		소리를 크게 하거나 의도성을 더 분명하게 하거나 또는 강조하는 것과 같이 행동의 강도를 강하게 한다.
		자신이 원하는 어떤 목표가 성취될 때(또는 원하는 목표가 실패했음이 명백해질 때)까지 상대방에게 계속 같은 신호를 보낸다.
		무엇인가를 원한다는 신호(또는 행동)를 보내고 상대방의 반응을 기다린다.
		자신이 원하는 사물과 상대방(어른)을 번갈아가며 쳐다본다.
		좀 더 보편적인 방식(누구나 알 수 있는 신호)의 신호를 만들어 보낸다.
		원하는 목표를 성취하였을 때 하던 신호를 멈춘다.

출처: 박경옥, 육주혜(2011).

5) 인지 및 정보 처리 문제

중도 · 중복장애학생들은 지적 능력이 탁월한 학생부터 중도의 지적장애학생까지 다양한 능력을 보이고 있다. 질병의 특성에 따라 분명하게 구분되는 것은 아니지만, 뇌수종/이분척추 학생은 지각 문제, 운동계획, 주의집중력, 기억력, 순서화능력 등에 어려움을 겪기도 하고, 외상성 뇌손상 학생은 주의집중력, 명명하기, 단어 인출, 이해력 등에 복합적인 문제를 지니기도 한다. 이러한 인지적 특성은 학생의 과제 수행에 영향을 미치게 되고, 강화, 교정, 혹은 전문적인 학습 전략을 사용해서 보완할 수 있도록 하는 적극적인 조치가 필요하다.

정보처리는 개인이 주의 집중하여 관련 정보를 선정하기, 정보 기억 방법, 저장된 정보 시연 및 처리 방법, 정보 저장 및 조직 방법, 정보 인출 방법의 영역을 모두 포함한다. 따라서 이들에게 정보를 보다 효율적으로 처리하고 활용할 수 있도록 체계적인 지도 전략이 필요하다.

6) 행동 및 정서적 기능

최중도장애학생들의 경우는 자기자극행동 또는 자상행동을 보일 수 있다. 이들이 보이는 문제행동의 기능을 분석하여 이를 대체할 수 있는 의사소통 방법을 제안하여 보다 효율적이고 사회적으로 용인될 수 있는 방식의 의사소통을 할 수 있도록 적극적인 문제행동 관리가 필요하다. 긍정적 행동지원은 사전 예방적이고, 학생 중심적이며 지속적인 지원을 할 수 있다는 점에서 각광을 받고 있는 접근 방법이다.

7) 물리 및 공학적 환경지원

중도 · 중복장애학생들의 교육지원을 위해 물리적 공간의 재구조화 및 수정은 학생들에게 접근 편이성과 기회를 확대한다는 측면에서 각광을 받고 있다. 건축학적 접근인 보편적 설계 개념부터 보편적 학습 설계에 이르기까지 교실과 학교를 물리적으로 접근 가능성의 재고(再考)는 물론이고, 학생 특성을 고려한 수용 · 표현 방법 및 매체 선정 등 적절한 보조공학기기지원을 통한 학습 및 활동의 효율성을 신장시켜 나기기 위한 노력을 기울여야 한다.

이상에서 언급한 것뿐만 아니라, 교사는 중도 · 중복장애학생의 특성에 적절한 수정과 특별한 교수전략을 사용하여 긍정적인 학습환경을 만들어 나가야 한다. 학습환경에서 보았을 때 학생이 가진 능력을 다 발휘하지 못하고 태도적 한계로 인해 학업 성취에 부정적인 영향을 미치는 경우도 있다. 또래들로부터 받은 조롱이나 신체적 학대, 소외감 등의 좌절 경험은 사회적 관계를 맺는 데 커다란 장벽이 될 수 있다. 따라서 교사는 이러한 사회적인 태도를 좀 더 적극적인 자세를 취하여 긍정적인 변화를 이끌어 낼 수 있는 기회를 마련하여야 한다.

4. 교과 및 영역에 적합한 교수 · 학습 방법

중도 · 중복장애학생의 교수 · 학습 방법은 학생의 신체적 특성, 성취도, 장애 정도에 적응하는 정도를 면밀히 평가하여 적합 수준의 교육과정을 설정하고 이에 맞는 교수 · 학습 방법 및 교수전략을 선택하여 접근하여야 한다. 다양하고 효과적인 교수 · 학습 방법을 통해 학생들은 다음에 제시하는 진보를 보일 수 있도록 지원해 주는 것이 필요하다(Byers & Rose, 2004).

- 기술의 발달: 새로운 기술을 습득하고 현재의 기술을 유지하고, 정교하게 만들고, 결합하고, 강화하고, 전이하고, 일반화하는 것이다.
- 지식에 대한 원리: 학생이 성장해 감에 따라 새로운 분야에 대한 지식과 이에 대한 접근을 확장한다.
- 학습 환경: 활동, 자원, 환경, 교수 방법, 접근과 태도가 학생의 연령 및 선호도와 흥미에 적절하도록 한다.
- 지원의 감소: 학생의 독립성을 증가시키면 학교와 지역사회에서 학습하고 기능하게 한다.
- 협의학습: 학생의 학습 과정, 계획, 성취 측정에서 더 큰 역할을 맡도록 한다.
- 기능적 적용: 성인에 대한 의존과 학급중심 활동에서 벗어난 독립성과 실제적이고 지역사회 중심적인 활동을 향해 나간다.

1) 학업기술

(1) 읽기 지도

학생의 읽기능력을 신장시키기 위한 교수 · 학습 방법에 가장 중요한 것은 새로운 낱말을 배울 때 낱말과 함께 낱말을 표현하는 그림이나 상징물을 동시에 복합적인 자극으로 제시하는 것이다. 학생이 새로 배울 낱말과 읽기 내용을 상징하는 그림은 일반적이고 기능적인 것을 제시하는 것이 바람직하며, 사회생활이나 일상생활에서 직접 볼 수 있는 것이나 친숙한 것을 사용하여 일반화를 도와야 한다. 읽기는 낱말과 그것을 상징하는 그림과 짝짓기, 여러 개의 낱말 카드로 문장 만들기, 이야기의 전개 과정에 따라 그림카드 나열하기, 비슷한 말과 반대말 짝짓기 등의 다양한 활동을 통하여 지도할 수 있다. 특히 중도 · 중복장애학생의 경우는 알고 있는 낱말이나 글의 내용을 음성으로 출력하는 데 어려움이 있으므로 음성 출력이 가능한 컴퓨터 보조도구나 보조공학기기를 활용하여 표현능력을 극대화할 수 있도록 지도한다.

(2) 쓰기 지도

중도 · 중복장애학생은 신체 움직임에 어려움을 겪고 있고, 학생은 몸통의 안정성이나 수지 기능이 열악하여 학생이 의도한 만큼의 능력을 발휘하지 못한다. 그리고 불수의적 움직임이나 눈과 손의 불협응 동작으로 대부분 글쓰기(예, 철자 쓰기, 에세이 쓰기 등)가 어렵다. 또 경직이 심한 학생은 필기를 할 때 연필이 자주 부러지거나 종이가 찢어져 글씨 쓰기를 계속 할 수 없는 경우도 있으므로, 필기구 수정이나 컴퓨터 대체 입력기기를 활용할 수 있도록 학생의 특성에 맞는 대안적인 쓰기 지도 방법을 모색해야 한다.

기능적 쓰기능력을 증진시키기 위해서는 학생 개개인에 맞는 의사소통 방법을 선정하고, 쓰기를 하는 동안은 최대한 학생이 스스로 하도록 지도하며, 그에 필요한 운동 기능을 증진시킨다. 또한 숙제, 편지 쓰기, 일기 쓰기, 메모하기, 그 외의 재미있고 개인적인 내용을 기록하는 기회를 이용하여 학생에게 쓰고자 하는 생각이 들도록 동기를 유발시켜야 한다.

(3) 계산하기

추상적인 개념을 다루는 인지능력 제한으로 인해 중도 · 중복장애학생은 제한된 계산능력을 보인다. 계산하기의 내용과 절차에서 중요한 것은 기능적 교육과정의 구체적인 적용을 들 수 있다. 즉, 학생의 기능적 학습 요구를 충족시키기 위해 덧셈과 뺄셈을 암기하기보다는 기능적 활동 내 삽입하여 지도하고, 일상생활 맥락에서 학습할 수 있도록 한다. 쇼핑을 위한 돈 관리, 보드게임에서 주사위의 수를 세고 공간 이동하기, 전화번호 숫자 인식하기, 작업 시작과 끝나는 시간 익히기 등과 같은 방법으로 접근할 수 있다.

2) 자세유지와 이동성

적절한 자세와 동작은 근육과 뼈의 바른 정렬과 발달을 촉진시키며 올바른 자세와 앉는 방법, 그리고 규칙적인 움직임은 신체장애가 있는 학생에게는 매우 중요하다(Best et al., 2004). 학교생활에 필요한 활동을 수행하기 위해 머리와 몸통을 통제해야 하며(예, 듣기, 쓰기, 컴퓨터나 의사소통 보조도구 사용하기), 팔 동작과 작은 근육 운동 기능 도구(예, 연필 쥐기, 책장 넘기기, 컴퓨터나 의사소통 보조도구에 접근하기 위해 키보드나 스위치 사용하기) 사용능력을 신장시켜야 한다. 또한 목발이나 워커를 사용하여 서기와 걷기를 훈련을 하며, 교실이나 학교생활을 위해 휠체어 이동에 필요한 기능(예, 팔 사용하기, 전동 휠체어의 사용법을 익히기, 출입구로 들어가기, 경사로 이동하기 등)을 익혀야 한다. 또한 교사는 학생이 바르고 기능적인 자세를 취할 수 있도록 보장구를 적절하게 이용할 수 있도록 지원해야 한다.

3) 신변처리 기능

신변처리 기능에는 식사하기, 화장실 이용하기, 옷 입고 벗기, 목욕하기, 몸단장하기 등이 포함된다. 식사하기를 돕기 위해 고안된 식사 보조도구, 미끄럼 방지 매트의 사용은 식사하기의 독립성을 증가시킨다. 교사와 부모들은 일상생활에 필요한 기술을 익히기 위해 특별한 방법이 필요할 때는 물리치료사, 작업치료사와 협력해야 하며 단추 채우기 보조기구와 같은 착탈의 도구나 의복의 수정이 필요할 수도 있다(한경임, 2004).

4) 사회 · 정서적 적응

교사들은 중도 · 중복장애학생에게 이들이 겪고 있는 사회적 불편함에 대해 가르칠 때는 장애가 개인차에 불과하다는 점을 이해하도록 도와주어야 한다. 첫째,

장애에 관한 질문에 정직하게 답해 주는 것이다. 둘째, 부적응행동을 너그럽게 보아 넘기지 말아야 한다. 셋째, 간질발작과 같은 학교에서 발생할 수 있는 사고가 발생했을 때 어떻게 도와줄 수 있는지 혹은 어떻게 행동해야 하는지를 가르쳐 줘야 한다. 장애는 그들이 가진 한 가지 측면에 불과하다는 시각을 갖게 함으로서 학생들이 중도 · 중복장애라는 장애 정도 및 특성에 적응하도록 도와줄 수 있다. 자신들의 삶에서 보다 긍정적인 면에 초점을 두고 배우게 해야 한다.

5) 의사소통 지도

다른 사람이 알아들을 수 없는 말을 하거나 글을 쓰지 못하는 중도 · 중복장애 학생에게는 대안적인 의사소통 체계가 제공되어야 한다. 의사소통능력을 촉진할 수 있는 교육은 자연스러운 상황 맥락에서 생활 전반에 걸쳐 접근해야 한다. 이들을 위한 교육과정 프로그램을 계획할 때 가장 중요한 것은 의사소통의 요구가 많이 나올 수 있도록 프로그램을 구성하고, 의사표현을 이끌어 낼 수 있는 다양한 학습 활동을 계획하는 일은 무엇보다 중요하다. 학생의 의사소통을 촉진하기 위해 학생이 자기의 의사를 적극적으로 표현하도록 하기 위해서는 학습 활동 속에서 표현하고자 하는 의욕이 생길 수 있도록 환경과 분위기를 조성해야 한다. 즉, 중도 · 중복장애학생의 의사소통 지도를 통해 최종적으로 성취하고자 하는 교육의 목표(Byers & Rose, 2004)는 첫째, 교실 밖의 친숙한 어른이나 또래들에게 간단한 의사를 전달하고, 둘째, 선호하는 사물이나 활동을 언어적 또는 비언어적으로 요구할 수 있고, 셋째, 시각적 강화를 받으며 2분 경과 후 활동의 변화를 조용히 준비할 수 있게 하는 데 있다.

따라서 교사는 학생의 의사소통 촉진을 위해 다음과 같은 점에 유의해야 한다. 첫째, 의사소통 지도는 교수전략이다. 따라서 인지와 언어능력 면에서 다양한 교육적 욕구를 지닌 학생들에게 그들에게 적합한 방법을 찾아 일상에서 반복되는 생활 장면(학습장면)에 의사소통 전략을 지도해야 한다. 둘째, 선택의 기회를 제공해야 한다. 교육활동을 계획할 때 학생이 하고자 하는 바를 선택할 수 있도록 다양한 활동 기회를 제공해야 한다. 이때 학생의 흥미를 끌거나 동기 유발을 촉진시킬 수 있는 활동을 선택하는 것이 필요하고, 학생의 행동을 강화하기 위해 학생이 좋아하는 활동이나 물건에 대한 선호도를 파악하는 것이 좋다. 그런 다음, 의사소통 지도를 실시한다. 일반적으로 중도 · 중복장애학생에게 의사소통기술을 지도할 때는 다음의 유의점을 고려해야 한다.

- 왜 기술을 배워야 하는지 목적에 대해 설명한다.
- 의사소통 체계를 사용할 때와 사용하지 않을 때의 상황에 대해 비교하게 한다.
- 자연적인 환경에서 실제의 상호작용이나 놀이 중 배우고 있는 의사소통기술을 사용해 보도록 기회를 제공한다.
- 의사소통기술을 연습할 수 있게 도와준다. 의사소통기술은 자연적인 상황에서 사용할 기회를 다음의 순서대로 제공한다.
  - 1수준: 자연적 단서
  - 2수준: 기대지연
  - 3수준: 지적하기
  - 4수준: 모델링 제공하기, 잘하지 못하면 언어 촉진 제공

5. 교사의 역할

다양한 교육적 욕구를 가진 개인차가 큰 중도 · 중복장애학생의 경우, 통합된 환경에서 살아가기 위한 생활기술을 익히는 데 학교 공간에서의 교육만으로는 매우 어렵다. 따라서 장애학생들이 최대한 많은 것을 직접 경험할 수 있는 기회와 지역사회의 환경을 다양하게 활용하는 현장 위주의 체험 학습이 필요하다. 특히 장애를 개인의 문제로 보지 않고 환경과 상호작용의 문제로 보는 오늘날의 관점에서는 장애학생이 지닌 능력의 결함이라기보다는 그들의 현재 요구와 선호에 기초하여 교육내용을 제공해야 한다는 점이 강조되고 있다. 따라서 교사들은 교육계획을 수립하는 과정에서 다음의 유의점에 대해 숙고를 해야 하고 이를 실천할 준비를 해야 한다(Byers & Rose, 2004).

- 정보를 공유하고 학생의 흥미, 적성, 과거 성취도가 수업 내용과 진보에 영향

을 미쳐야 한다는 것에 대해 교사와 학습자 간의 의견을 나눌 수 있는 개방적인 태도를 지녀야 한다.

- 경험적인 학습, 연구형의 학습과 학생이 새로운 지식을 가지 것으로 받아들이고 공고히 하고 적용할 수 있게 하는 기술과 활동의 일상적 습득과 유지 사이에 균형을 만드는 방법을 찾아야 한다.
- 개별 학습과 학급 활동의 균형을 맞추고 학생 협력과 협동 학습을 계획하는 방법을 모색해야 한다.
- 적절한 자원을 선택하고 단원과 관련하여 최상의 혜택을 얻을 수 있도록 자원을 사용하는 법을 찾아야 한다.
- 학생의 개별적 요구를 고려하여 학습 활동을 계획해야 한다.
- 학생과 학습에 도움이 되도록 시간, 교육지원, 자원봉사자, 장비와 공간을 효율적으로 다룰 수 있어야 한다.

장애가 중하다고 해서 무조건 어떤 활동에서 빼 준다거나 잘못을 해도 눈감아 주는 것은 바람직하지 않다. 특별히 의학적으로 문제가 되는 경우에만 제한을 두어야 하는데, 이때에도 학생의 건강 문제에 대한 정확한 정보에 기초하여 결정하도록 한다. 또한 교사나 친구가 대신해 주면 빠르고 쉽지만, 가능한 한 스스로 하도록 하고 오래 걸리더라도 기다려 주는 것이 장애학생의 독립성 증진에 바람직하다. 이들의 교육성과는 잘 드러나지 않을 수 있다. 중도·중복장애학생들의 진보와 성취를 인식하는 체계는 그간 양적인 척도로 해 왔던 방식에서 사고의 틀을 바꿔야 할 수도 있다. 특히 교육은 단절적인 결과 나열일 수 없으며, 연속선상에서 지속성을 가지고 접근하는 것이 필요하다. 예를 들면 중도·중복장애학생들의 교육 성과로 보일 수 있는 잠재적인 반응들은 다음과 같다(Byers & Rose, 2004).

- 직면(encounter): 학생들은 어떤 명백한 학습 결과를 보이는 것도 없이 경험 또는 활동 내에 존재하는 경우가 있다. 학생들이 기꺼이 활동을 공유하려고 하는 것 자체만으로도 중요한 의미를 지닌다.
- 인식(awareness): 아동들이 무엇인가 일어났다는 것을 인식하거나 사물, 사건 또는 사람에 대해 잠깐의 관심을 보인다.

- 관심과 반응(attention and response): 학생들이 항상 일정하게는 아니지만 무엇이 일어나고 있다는 것에 관심을 갖고 반응한다. 다른 사람, 사물, 사건, 장소 등을 구별하는 능력의 초기 단계에 있다.
- 집중(engagement): 학생들은 그들 주변 환경의 구체적인 사건에 대해 더욱 일관된 관심을 보이고 사건들 간의 차이를 구별할 수 있다.
- 참여(participation): 학생들은 나누기, 차례 지키기, 사건에 대한 친숙한 결과 예측(비록 이러한 반응들이 교사나 다른 학생에 의해서 지원을 받았다 하더라도)에 참여한다.
- 포함(involvement): 학생들은 활동 그 자체 또는 다른 학생들의 행동이나 반응에 대해 능동적으로 도달하고 참여하여 의견을 말한다.
- 기술 습득과 이해(gaining skill & understanding): 학생들은 교육과정 경험과 관련된 기술, 지식, 개념 또는 이해를 습득하고 강화하고, 일반적으로 사용한다.

중도 · 중복장애학생들의 교육적 필요는 개별 학생의 장애 정도와 유형에 따라 매우 다양하다. 어떤 학생은 이동 문제나 의사소통 등에서 특별한 훈련과 보조가 필요한 반면 다른 학생은 아주 작은 배려만으로도 잘 적응하기도 한다. 따라서 교사는 학생의 잠재능력을 과소평가하지 말고 학생의 동기 유발에 힘써야 한다. 또한 학생들이 결석이나 입원 등으로 뒤떨어진 학업을 보완할 수 있도록 도와주고 자신의 장애로 인해 학생이 느낄 수 있는 정서적 문제들을 잘 지도하는 일도 매우 중요한 과제 중 하나다. 학생들을 지도하는 특수교사나 일반교사는 다음의 역할에 대해 점검하고 자신의 입장을 정리해 볼 필요가 있다.

- 개별 학생의 특성 이해 및 원인의 정확한 파악
  - 개별 학생의 문제행동과 학습의 어려움의 원인 분석
  - 학생의 개별적 특성을 고려한 수준에 맞는 교육내용과 교육방법 설정
- 장애로 인한 발달의 미흡 및 결핍에 대한 보상교육 강화
  - 사회 · 심리발달 촉진: 경험 및 체험 · 사회성 · 자아정체감 · 신체상 · 적극성

–신체 활동 촉진: 보행, 자세, 신변처리, 감각발달, 대근육 · 소근육 운동 등 재활에 중점
–의사소통능력 촉진: 체계적인 언어교육(말하기/듣기), 대체의사소통
- 지도 영역별 · 사례별 학습 이론 및 교수 · 학습 방법(전략)에 전문성 강화
–교수 · 학습 영역별 · 사례별 지도 사례에 대한 기록 및 분석(임상자료 축적)
–학급이나 학생의 문제를 해결하고자 하는 연구자로서의 자세

언급한 바와 같이 학생 중심의 교육계획, 실행, 평가의 과정은 순환적이고 체계적인 접근이 필요하다는 점에 동의할 것이다. 다른 무엇보다 학습 가능성에 대한 인정과 개인 중심의 기준 마련에서 교육은 시작되어야 하고, 기능의 향상과 하고자 하는 동기의 향상을 평가의 중점에 두어야 한다. 이를 완성해 나가기 위해서는 특수교육 교육과정 운영 과정에 참여하는 모든 관계자의 협력이 필요할 것이다.

학습문제

1. 중도 · 중복장애학생에게 가장 적합한 교육내용을 선정하기 위해 생태학적 접근 방법이 사용되고 있다. 한 학생을 사례로 가장 중요한 교육내용으로 선정할 수 있는 영역과 하위 내용을 작성해 보자.

2. 개인 간 차가 큰 학급 구성원에게 적절한 교수 · 학습 방법이 따로 존재할 것으로 여겨 교수방법에 대한 교사들의 요구가 많다. 권할 수 있는 교수 · 학습 방법을 작성해 보자.

3. 교수 · 학습 방법은 다양하다. 최근 교실에서 교과 지도 시 수업 모형 적용에 대한 논의가 활발한데, 중도 · 중복장애학생들의 참여도 증진을 위해 안내되고 있는 부분적 참여에 대한 교육적 정의를 내리고, 그 사례를 들어 보자.

4. 중도 · 중복장애학생들은 단위 수업 후 수업 내용에 대한 평가에 많은 어려움이 따르기 때문에 개별적 기준을 마련하여 평가가 이루어져야 함을 논의하고 있다. 중도 · 중복장애학생들의 평가 방법으로 제안될 수 있는 것들을 나열해 보자.

제 5 장

개별화교육계획

특수교육대상자의 독특한 교육적 요구를 위해서는 개별화교육이 필요하다. 장애인 등에 대한 특수교육법에 명시되어 있는 개별화교육을 위해서는 개별화교육지원팀이 구성되어야 하며, 이 지원팀을 통해서 교육내용, 교육목표 등이 수립 · 운영된다. 개별화교육계획의 운영도 특수아동의 다양한 욕구에 초점이 맞추어져야 하며, 학습자의 만족스러움은 질적인 교육이 기본이 되어야 한다.

1. 개별화교육계획의 개념

1) 개별화교육계획의 의미

개별화교육프로그램(Individualized Education Program; IEP)은 미국의 전장애아교육법(Education for all handicapped children act)인 P.L. 94-142(1975)에서 법적인 근거를 마련한 것이다. 모든 장애학생에게 무상의 적절한 공교육을 제공해야 한다는 맥락에서 개별화교육프로그램, 즉 개별화교육계획(Individualized Education Plan; IEP)이라는 용어가 채택되었다.

IEP는 나라마다 조금씩 다르게 사용하고 있는데, 미국은 'Individualized Education Program', 영국은 'Individualized Education Plan', 일본은 '개별지도계획', 우리나라는 '개별화교육계획' '개별화교육프로그램' '개별화지도프로그램' '개별화지도계획' 등 다양하게 사용되고 있다(국립특수교육원, 1999).

개별화교육프로그램(Individualized Education Program)이 담고 있는 총체적인 의미를 파악하기 위하여 우선 이 용어를 구성하고 있는 3가지 단어의 의미를 살펴보면 다음과 같다(교육과학기술부, 2009; Abeson & Weintraub, 1977; 국립특수교육원, 1999 재인용). 첫째, '개별화(individualized)'라는 것은 특수교육대상자의 개별성을 의미하는 것으로 특수교육대상자의 개별적인 특성을 고려하여야 함을 강조하고 있다. 둘째, '교육(education)'이라는 것은 크게 교육과정과 특수교육 관련 서비스를 의미한다. 여기에서의 교육과정은 특수교육대상자의 교육적 요구에 적합한 교육과정이며, 교육목표, 교육내용, 교육방법, 그리고 평가 계획 등을 포함한다. 특수교육 관련 서비스는 특수교육대상자의 교육을 효율적으로 실시하기 위하여 필요한 다양한 인적·물적 지원을 말하며, 상담지원, 가족지원, 치료지원, 보조인력지원, 보조공학기기지원, 학습보조기기지원, 통학지원, 정보 접근지원 등을 포함한다. 셋째, '프로그램(program)'이라는 것은 개별화교육지원팀이 협력하여 앞으로 수행하여야 하는 특수교육대상자의 교육적 요구에 적합한 교육과정 및 특수교육 관련 서비스에 대하여 설계한다는 의미를 함축하고 있다. 따라서 개별화교육계획이란 개별화교육지원팀이 협력하여 설계한 특수교육대상자의 교육적 요구에 적합한 교육과정 및 특수교육 관련 서비스라고 할 수 있다.

장애인 등에 대한 특수교육법(2007)에는 IEP의 정의를 다음과 같이 제시하고 있다. 개별화교육은 특수교육대상자 개개인의 능력을 계발하기 위하여 실시하는 교육을 의미하며, 장애의 유형과 특성에 적합한 교육목표, 교육방법, 교육내용, 특수교육 관련 서비스 등이 포함된 계획을 수립하고, 실시하는 교육을 의미한다. 또한 특수교육대상자의 교육적 요구에 적합한 교육과정 및 특수교육 관련 서비스가 포함된 IEP를 통하여 이루어지는 교육을 의미한다.

IEP의 정의를 실현하기 위해서는 학교 및 가정과의 협력이 필요하며, 개별 학생의 능력과 적성에 적합한 교육이 되어야 한다. 학교 및 가정과의 협력은 학생의 교육은 학교만 책임져서는 안 되며, 가정에서 부모도 학생의 교육에 대해 어떤 역할을 할 것인가에 대한 고민이 있어야 한다는 것이다. 개별화교육지원팀의 회의는 부모와 학교 간의 의사소통 매개수단으로서의 도움이 될 수 있으며, 부모의 참여가 학생에게 필요한 것과 학생에게 맞는 서비스가 어떤 것인지를 결정하는 데 도움을 줄 수 있다. 이러한 과정에서 학생에게 기대 가능한 결과도 예측할 수 있다. 특히 장애 유형과 장애 정도에 따라 학교교육의 주요 기능이 가정에서 습득해야 하는 일상생활 기능이 되는 경우가 많다. 이러한 경우 학교에서 노력해야 할 부분과 가정에서 노력해야 할 부분, 서로 협력해야 할 부분 등 역할 분담을 한다면 효율적인 교육이 이루어질 것이다. 그다음으로 개별 학생의 능력과 적성에 적합한 교육이 되기 위해서는 교육과정 적용에 있어서 탄력적인 운영이 요구된다. 개별 학생의 교육적 요구를 보장하기 위해서는 교육목표, 교육내용 등이 IEP에 의한 질적인 교육이어야 한다. IEP를 수립하기 위해서는 학생에 대한 정확한 이해 및 교육과정에 대한 평가, 목표 달성에 대한 평가 등 다양한 평가 활동이 적절하게 이루어져야 한다. 따라서 IEP의 목적은 학교와 가정의 의사소통이나 협력을 지원하는 것과 개별 학생의 능력과 특성에 따른 적절한 교육을 보장하는 데 있다.

2) 개별화교육계획의 법적 근거

미국의 전장애아교육법(1975)에서는 장애학생에게 적절한 교육을 위해서 6가지 원리를 제시하고 있다. 완전취학(zero reject), 차별 없는 판별 및 평가(nondiscriminatory testing), 개별화된 적절한 공교육, 즉 개별화교육프로그램(individualized education program), 최소제한환경(least restrictive environment), 적법한 절차(due process), 의사결정에의 부모 참여(parent participation) 등이다.

개별화교육계획(IEP)의 법적 근거는 헌법, 교육기본법, 장애인 등에 대한 특수교육법에서 찾을 수 있다. 헌법 제31조에는 "모든 국민은 능력에 따라 균등하게 교육을 받을 권리가 있다."라고 명시되어 있다.

교육기본법 제3조(학습권)에는 "모든 국민은 평생에 걸쳐 학습하고, 능력과 적성에 따라 교육받을 권리를 가진다." 동법 제12조(학습자) 제2항에는 "교육내용, 교육방법, 교재 및 교육시설은 학습자의 인격을 존중하고 개성을 중시하여 학습자의 능력이 최대한으로 발휘될 수 있도록 마련되어야 한다."라고 명시되어 있다.

〈표 5-1〉 장애인 등에 대한 특수교육법

제2조(정의)
7. "개별화교육"이란 각급 학교의 장이 특수교육대상자 개인의 능력을 계발하기 위하여 장애 유형 및 장애 특성에 적합한 교육목표 · 교육방법 · 교육내용 · 특수교육 관련 서비스 등이 포함된 계획을 수립하여 실시하는 교육을 말한다.
제22조(개별화교육)
① 각급 학교의 장은 특수교육대상자의 교육적 요구에 적합한 교육을 제공하기 위하여 보호자, 특수교육교원, 일반교육교원, 진로 및 직업교육 담당 교원, 특수교육 관련 서비스 담당 인력 등으로 개별화교육지원팀을 구성한다. ② 개별화교육지원팀은 매 학기마다 특수교육대상자에 대한 개별화교육계획을 작성하여야 한다. ③ 특수교육대상자가 다른 학교로 전학할 경우 또는 상급학교로 진학할 경우에는 전출학교는 전입학교에 개별화교육계획을 14일 이내에 송부하여야 한다. ④ 특수교육교원은 제1항부터 제3항까지의 규정에 따른 업무를 수행하기 위하여 각 업무를 지원하고 조정한다. ⑤ 개별화교육지원팀의 구성, 개별화교육계획의 수립 · 실시 등에 관하여 필요한 사항은 교육과학기술부령으로 정한다.

〈표 5-2〉 장애인 등에 대한 특수교육법 시행규칙

제4조(개별화교육지원팀의 구성 등)
① 각급 학교의 장은 법 제22조제1항에 따라 매 학년의 시작일로부터 2주 이내에 각각의 특수교육대상자에 대한 개별화교육지원팀을 구성하여야 한다. ② 개별화교육지원팀은 매 학기의 시작일로부터 30일 이내에 개별화교육계획을 작성하여야 한다. ③ 개별화교육계획에는 특수교육대상자의 인적사항과 특별한 교육지원이 필요한 영역의 현재 학습 수행 수준, 교육목표, 교육내용, 교육방법, 평가계획 및 제공할 특수교육 관련 서비스의 내용과 방법 등이 포함되어야 한다. ④ 각급 학교의 장은 매 학기마다 개별화교육계획에 따른 각각의 특수교육대상자의 학업성취도 평가를 실시하고, 그 결과를 특수교육대상자 또는 그 보호자에게 통보하여야 한다.

장애인 등에 대한 특수교육법(2007)에는 IEP와 관련된 구체적인 사항들이 규정되어 있다. 장애인 등에 대한 특수교육법 제2조(정의) 제7호에는 개별화교육의 정의, 제22조(개별화교육)와 동법 시행규칙 제4조(개별화교육지원팀의 구성 등)에는 개별화교육의 시행에 관련된 내용을 규정하고 있다.

장애인 등에 대한 특수교육법에 제시된 내용을 정리하면 다음과 같다(교육과학기술부, 2009). 개별화교육지원팀의 구성을 보면 각급 학교의 장은 특수교육대상자의 교육적 요구에 적합한 교육을 제공하기 위하여 매 학년의 시작일로부터 2주 이내에 각각의 특수교육대상자에 대한 개별화교육지원팀을 구성하여야 한다. 개별화교육지원팀은 학교장, 보호자, 특수교육교원, 일반교육교원, 진로 및 직업교육 담당 교원, 특수교육 관련 서비스 담당 인력 등을 포함한다.

IEP는 개별화교육지원팀이 매 학기 시작일로부터 30일 이내에 작성하여야 한다.

IEP의 구성 요소는 첫째, 특수교육대상자의 인적사항을 포함해야 한다. 둘째, 특수교육대상자의 특별한 교육지원이 필요한 영역의 현재 학습 수행 수준, 교육목표, 교육내용, 교육방법 및 평가 계획을 포함해야 한다. 셋째, 특수교육대상자의 특수교육 관련 서비스의 내용과 방법 등을 포함해야 한다. 넷째, 특수교육대상자의 효율적인 교육을 위한 '기타' 필요한 사항을 포함한다.

IEP에 따른 평가 및 결과 통보에 대해서는 각급 학교의 장은 매 학기마다 IEP에 따른 특수교육대상자의 학업성취도 평가를 실시하여야 한다. 또한 각급 학교의 장은 매 학기마다 학업성취도 평가 결과를 특수교육대상자 또는 그 보호자에게 통보하여야 한다.

특수교육대상자의 전출 및 전입은 특수교육대상자가 타 학교로 전학을 가거나, 상급학교로 진학하는 경우에 전출학교는 전입학교로 IEP를 14일 이내에 송부하여야 한다.

특수교육교원의 역할은 IEP 수립 · 운영에 대한 전반적인 업무를 수행하기 위하여 지원하고 조정하는 것이다.

지금까지 언급한 IEP의 법적 근거와 배경에 대한 시사점을 제시하면 다음과 같다(정대영, 1995). 첫째, 법 정신은 특수교육대상자가 일반학교에 접근할 수 있는 교육권을 보장하고 있다. 모든 학생은 일반학교에 입학, 출석, 참여할 권리를 가지며, 이와 더불어 학교장은 특수교육대상자의 입학, 출석에 대한 거부권이 없어야 한다.

둘째, 특수교육대상자는 부모, 교사의 동의하에 특수교육이나 관련 서비스에 접근하고, 특수교육 서비스에 대한 재조정의 요구를 할 수 있다. 즉, 특수교육대상자인 당사자의 의견과 부모의 요구가 법적으로 가능하도록 되어 있다.

셋째, 모든 학생은 교육을 위하여 입학하여야 한다. 장애인 등에 대한 특수교육법에 유치원부터 고등학교까지 연한을 의무교육으로 명시한 바에 따라 모든 특수아동은 반드시 교육을 받아야 한다.

3) 개별화교육계획의 기능

개별화교육계획(IEP)은 정의와 목적에 기능적인 측면이 언급되고 있다. 하지만 여러 연구자에 의해 제시되고 있는 IEP의 기능에 대해서 알아보면 다음과 같다(국립특수교육원, 1999 재인용).

첫째, IEP는 부모, 교사 및 행정가가 특정 학생에게 어떤 교육적 서비스와 관련 서비스가 시행되고 있는지를 파악할 수 있게 하는 '관리도구(management tool)'로서의 기능을 한다(Hayes & Higgins, 1978; Morgan, 1981).

둘째, 서비스 제공의 효율성 및 자원의 효과적인 사용을 평가하는 데 도움을 줄 수 있는 '점검도구(monitoring tool)'로서의 기능을 한다(Butt & Scott, 1994).

셋째, IEP는 계획된 목표와 학생의 진보가 어느 정도 일치하고 있는가를 확인하기 위한 '평가 도구'로서의 기능을 한다(Morgan, 1981).

넷째, IEP 지원팀을 부모와 학교 구성원들 간에 '의사소통 수단'으로서의 기능을 하며, 의사결정을 할 때 이들에게 동등한 참여기회를 부여한다(Morgan, 1981).

앞에서 알아본 IEP의 기능을 크게는 행정적 기능과 교수적 기능으로 분류할 수 있다. 행정적 기능은 관리도구로서의 기능과 점검도구로서의 기능을 가지며, IEP를 보다 책임 있게 시행하도록 하는 기능을 가진다. 교수적 기능은 평가 도구로서의 기능과 의사소통 수단으로서의 기능을 가지며, 교수의 개별성, 개별 학생에 대한 진보 정도의 점검, 프로그램의 효과를 강조하고 있다(Morgan, 1981).

따라서 IEP에는 3가지 목적이 있다(Polloway & Patton, 1993; 국립특수교육원, 1999 재인용). 첫째, IEP는 교수의 방향을 제시해 준다. 둘째, IEP는 평가의 기초로서의 기능을 한다. 이때 연간 목적은 학생의 진보와 교사의 유효성과 효율성을 판단하는 척도가 된다. 셋째, IEP는 팀 구성원 간의 의사소통을 증진시킬 수 있다. IEP는 학교구성원, 교사, 부모, 그리고 교사와 학생 간에 프로그램을 계획하고 수행하는 것을 조장해 준다. IEP의 기능은 행정가에게 있어서는 관리의 준거를, 교사들에게는 공식화된 계획을, 부모에게는 발언권을, 학생에게는 적절한 교육을 제공하려는 의도에서 만들어졌다고 할 수 있다(이유훈, 김형일, 2002). 그러므로 IEP 작성은 개별 학생의 적절한 교육을 위한 중요한 작업이라고 할 수 있다. 교사는 IEP를 귀찮은 서류 작업으로 생각해서는 안 되며, 평가 또한 서술형의 평가로 이루어져서 특수교육대상자들에게 실질적인 교육적 욕구 충족이 가능하도록 프로그램이 설계될 필요성을 느껴야 한다.

4) 개별화교육계획의 교사 변인

개별화교육계획(IEP) 작성에서 중요시되는 변인 중 하나는 교사다. 교실 교육에서 실제 수업을 지도하는 교사는 IEP 작성과 시행에서 중요한 주체가 된다. 왜냐하면 아무리 훌륭한 IEP라 해도 교사가 그대로 운영하지 않는다면 학생에게 제대로 전달되지 못 할 뿐만 아니라 효율적인 운영이 되지 않아 학생의 진전도에 영향을 미치기 때문이다. 그러므로 교사의 IEP 실행에 대한 강한 의지가 필요하다.

IEP 개발과 운영에는 특수교사의 역할이 중요하다. 특수교사가 지녀야 할 전문성으로서는 진단과 사정능력, 관찰능력, 교재 · 교구의 제작 및 활용 기술, 부모 및 관련 인사에 대한 상담능력이 있으며, 이것들은 IEP 개발과 시행에 직간접적으로 관련된 능력이라 할 수 있다(최영하, 1997).

IEP를 개발하는 특수교사의 역할로서 첫째, 개별 학생에 대해 교육적 진단을 시행하고 그에 따르는 IEP를 구성하는 주도적 역할, 둘째, 각 학교의 '개별화교육위원회'가 원칙적으로 잘 운영되도록 촉구하고 감독하는 모니터 역할, 셋째, 각각의 장애학생을 위한 적합한 교육프로그램이 고안되고 시행 및 평가되기 위해 구성원 각자의 전문성과 관련된 정보와 기술을 '협력적 자문'을 통해 서로 공유할 수 있도록 하는 촉진자 역할, 넷째, 통합반 교사와 함께 개별 학생의 일반학급에서의 학업 수행 참여 정도와 수행 기준, 사회적 행동 수준, 특별한 친구관계, 문제행동의 종류와 심각성, 그리고 각 영역에서의 진보사항에 대해 지속적으로 평가하고, 다음 교수계획에 참조할 정보를 공유하고 필요한 자문을 서로 주고받을 수 있는 역할을 들고 있다(박승희, 1996).

즉, 특수교사는 IEP 개발과 운영의 역할뿐만 아니라 관리 감독의 역할과 통합반과의 원활한 정보 교류, 특수교육대상자의 일상생활적인 측면, 학업적인 측면,

교육의 적절성에 대한 엄격한 관리와 평가능력 등이 필요하다.

IEP 개발과 운영을 위한 교사 수행능력이 특수교사에게 요구되는 필수적 수행능력들로 평가되고 있으나 IEP에 대한 특수교사들의 인식은 여전히 소극적이거나 회의적인 면이 있다. 어떤 교사들은 수업 계획에서 IEP가 특수아동의 이해를 위해 중요한 기여를 하고 충분한 가치가 있음을 인지하고 있지만 적절히 활용하지는 않고 있다(Smith, 1990).

2. 개별화교육계획의 수립 및 운영절차

장애인 등에 대한 특수교육법에 명시된 개별화교육계획(IEP)의 수립 및 운영에 대한 절차를 살펴보면 [그림 5-1]과 같다(교육과학기술부, 2009).

1) 의뢰 단계

의뢰 단계는 아동이 특수교육을 받을 필요가 있음을 확인하기 위한 첫 단계다. 장애를 가지고 있거나 장애를 가지고 있다고 의심이 되는 영유아 및 학생을 발견한 경우, 보호자 또는 각급 학교의 장이 교육장 또는 교육감에게 진단 · 평가 의뢰서를 작성하여 진단 및 평가를 의뢰하여야 한다. 또한 각급 학교의 장이 진단 및 평가를 의뢰한 경우, 보호자의 사전 동의를 받아야 한다.

일반학급에 있는 특수교육대상자를 판별하기 위해서는 일반교사에 의한 의뢰가 중요한 역할을 하기 때문에 교사가 그 중요성과 방법을 알고 있어야 한다(이소현, 박은혜, 2011). 교사는 아동이 장애와 관련된 특성을 보이면 다양한 근거의 자료(시험 점수, 과제물, 표준화된 검사 결과, 부모 면담 등)를 통하여 문제의 유형과 정도를 가능한 한 정확히 파악하도록 해야 한다. 이러한 과정을 거쳐 특수교육 서비스를 필요로 하는 것으로 판단되면 의뢰양식을 작성한다. 의뢰양식에는 대상자에 대한 인적사항과 일반적인 건강 및 발달 사항과 함께 의뢰사유를 기입한다(Smith, 2007).

의뢰 장애를 가지고 있거나 장애로 의심이 되는 영유아 및 학생	• 보호자 또는 각급 학교의 장이 교육장 또는 교육감에게 진단 · 평가 의뢰서를 작성하여 진단 · 평가 의뢰 • 각급 학교의 장이 진단 · 평가를 의뢰한 경우 보호자의 사전 동의 필수
진단 · 평가 진단평가 실시 및 자료 수집	• 교육장 또는 교육감이 즉시 진단 · 평가 의뢰서를 특수교육지원센터에 회부 • 특수교육지원센터는 30일 이내에 진단 · 평가 실시 및 특수교육대상자로의 선정 여부와 필요한 교육지원에 대한 최종 의견을 작성하여 교육장 또는 교육감에게 보고
선정 특수교육대상자 선정	• 교육장 또는 교육감은 특수교육지원센터로부터 최종 의견을 통지받은 때부터 2주 이내에 특수교육대상자로의 선정 여부 및 교육지원 내용을 결정하여 부모 등 보호자에게 서면 통지
배치 일반학급, 특수학급, 특수학교에 배치	• 교육감 또는 교육장은 해당 특수교육운영위원회의 심사를 거쳐 특수교육대상자 배치 • 특수교육대상자의 장애 정도 · 능력 · 보호자의 의견을 종합적으로 판단하여 거주지에서 가장 가까운 곳에 배치 • 해당 특수교육운영회는 배치 결정을 30일 이내에 교육감 또는 교육장이나 학교의 장에게 통보 • 배치 결정에 이의가 있는 보호자는 90일 이내에 행정심판 제기
개별화교육계획 작성 장애 유형 및 특성에 적합한 특수교육 및 특수교육 관련 서비스 등	• 각급 학교의 장은 매 학년의 시작일로부터 2주 이내에 각각의 특수교육대상자에 대한 개별화교육지원팀(보호자, 일반교육교원, 특수교육 교원, 진로 및 직업교육 담당 교원, 특수교육 관련 서비스 담당 인력 등) 구성 • 특수교육대상자에 대한 정보 수집 • 개별화교육지원팀은 매 학기 시작일로부터 30일 이내에 개별화교육계획 작성 • 개별화교육계획 작성 시 특수교육대상자의 인적사항, 특별한 교육지원이 필요한 영역의 현재 학습 수행 수준, 교육목표, 교육내용, 교육방법, 교육계획 및 특수교육 관련 서비스의 내용과 방법이 포함
개별화교육계획 실행 개별화교육계획을 실제 수업에 적용	• 개별화교육지원팀에게 개별화교육계획 복사본 제공
개별화교육계획 평가 및 검토	• 각급 학교의 장은 매 학기마다 개별화교육계획에 따른 특수교육대상자의 학업성취도 평가 실시 • 평가 결과를 특수교육대상자 또는 그 보호자에게 통보 • 개별화교육계획의 진행 여부 검토 및 수정

그림 5-1 개별화교육계획의 수립 및 운영에 대한 절차

2) 진단 및 평가 단계

진단 및 평가를 의뢰받은 교육장 또는 교육감은 즉시 진단 및 평가 의뢰서를 특수교육지원센터에 회부하여야 한다. 특수교육지원센터는 30일 이내에 진단 및 평가를 실시하고, 그 결과(특수교육대상자로의 선정 여부 및 필요한 교육지원에 대한 최종 의견)를 교육장 또는 교육감에게 보고하여야 한다.

진단 및 평가는 2가지 목적으로 시행된다(IDEA, 2004). 첫 번째는 해당 아동이 장애를 가졌는가를 판별하기 위한 것이며(평가, evaluation), 둘째는 교육계획을 수립하기 위하여 대상자의 강점과 약점을 파악하기 위한 것이다(진단, assessment). 이러한 진단평가는 특수아동의 교육적 요구에 대한 정확하고 상세한 정보를 제공해 줄 수 있고 교육지원을 위한 타당성을 확보하는 과정이다. 진단평가에서 얻을 수 있는 정보는 준거참조검사 이외에 특수아동에 대한 관찰, 면접, 의료진단, 기존의 정보 등 비형식적인 방법을 통하여 얻을 수 있다.

미국 장애인교육법(IDEA, 2004)은 진단을 하는 과정에서 다양한 평가 방법을 사용할 것과 특히 학부모 상담의 중요성, 그리고 최대한 특수아동의 모국어 혹은 모국어와 상응하는 평가지와 평가 방법을 사용하는 것의 중요성에 대해 강조하고 있다. 문화와 언어의 차이에서 오는 불이익을 당하지 않도록 법적으로 명시하고 있다.

3) 선정 단계

교육장 또는 교육감은 특수교육지원센터로부터 최종 의견을 통지받은 때부터 2주일 이내에 특수교육대상자로서의 선정 여부 및 제공할 교육지원 내용(특수교육, 진로 및 직업교육, 특수교육 관련 서비스 등)을 결정하여 부모 등 보호자에게 서면으로 통지하여야 한다. 또한 법에서 명시한 10개 장애 영역과 기타 대통령령으로 정하는 장애 중 하나에 해당하는 자를 선정한다. 장애인 등에 대한 특수교육법에서 명시한 10개 장애 영역은 시각장애, 청각장애, 지적장애, 지체장애, 정서・행동장애, 자폐성장애, 의사소통장애, 학습장애, 건강장애, 발달지체다.

4) 배치 단계

교육장 또는 교육감은 특수교육대상자로 선정된 자를 해당 특수교육운영위원회의 심사를 거쳐 일반학교의 일반학급, 일반학교의 특수학급, 또는 특수학교에 배치하여야 한다. 특수교육대상자를 배치할 때는 특수교육대상자의 장애 정도, 능력, 보호자의 의견을 종합적으로 판단하여 거주지에서 가장 가까운 곳에 배치하여야 한다. 해당 특수교육운영위원회는 30일 이내에 교육감 또는 교육장이나 학교의 장에게 배치 결정을 통보하여야 한다. 보호자는 배치 결정에 이의가 있으면 90일 이내에 행정심판을 제기할 수 있다.

특수교육대상자를 다른 시·도에 소재하는 각급 학교 등에 배치하고자 할 경우에는 해당 시·도 교육감 또는 교육장(국립학교의 경우 해당 학교장)과 협의하여야 한다. 또한 배치를 요구받은 교육감 또는 국립학교의 장은 대통령령으로 정하는 특별한 사유(해당 특수학교가 교육하는 특수교육대상자의 장애 종류와 배치가 요구받은 특수교육대상자의 장애 종류가 달라 효율적인 교육을 할 수 없는 경우)를 제외하고는 이에 응하여야 한다.

미국의 경우 특수아동 배치에 최소제한환경(least restrictive environment)의 원리를 적용하여 단계별 연계 서비스에 따라 1~7단계로 구분하여 배치를 한다. 장애 유형과 장애 정도에 따라 다양한 배치 서비스는 일반교육에의 참여를 높여 통합교육을 위한 초석을 마련할 수 있는 장점이 있다. 따라서 개별화교육계획(IEP)은 장애를 지닌 학생이 일반교육활동에서 제외되거나 제한되는 것을 최소화하는 것이다. 우리나라의 경우 일반학급, 특수학급, 특수학교로 배치되며, 중도·중복장애학생일 경우 순회교육 서비스를 받을 수 있다. 따라서 개별화교육지원팀은 특수아동의 일반교육에의 참여 정도, 방과후 활동 참여 여부, 점심시간이나 쉬는 시간 등의 학교 활동 등에서 일반학생들과의 통합 여부도 고려해야 한다.

5) 개별화교육계획 작성 단계

각급 학교의 장은 매 학년의 시작일로부터 2주 이내에 각각의 특수교육대상자에 대한 개별화교육지원팀을 구성하여야 한다. 개별화교육지원팀은 매 학기마다

학기 시작일로부터 30일 이내에 특수교육대상자에 대한 개별화교육계획(IEP)을 작성하여야 한다.

IEP에는 특수교육대상자의 인적사항과 특별한 교육지원이 필요한 영역의 현재 학습 수행 수준, 교육목표, 교육내용, 교육방법, 평가 계획 및 제공할 특수교육 관련 서비스의 내용과 방법을 포함시켜야 한다.

IEP 작성에는 특수아동의 요구를 채워 줄 수 있는 적합한 교육과정 및 서비스를 결정하여 기술한다. 장애학생의 장애 특성과 수준, 요구 등을 종합적으로 고려하여 장애학생의 교육목표를 수정(modification) 및 조절(accommodation)한 다음, 수정된 교육과정을 전달할 수 있는 적합화된 교육과정을 기술한다(교육과학기술부, 2009). 수정은 모든 학생이 표준적인 학년 목표에 도달하지는 못한다는 전제에 기반을 두고 과제의 수준이나 난이도를 변화시켜 제공하는 것을 말한다. 따라서 학생의 장애 정도, 교육적 요구, 장애 특성, 교육적 여건 등을 종합적으로 고려하여 수업 목표를 수정하고, 수업 내용과 평가 준거를 재설정한다. 조절은 교사의 수업 내용 전달이나 학생의 반응 양식을 변화시키는 것을 말한다. 주로 학생이 목표에 도달하거나 교사의 요구에 반응할 수 있도록 수업 자료 및 수업 매체, 수업 환경, 수업 운영 방식 등을 재구조화하는 것을 말한다.

6) 개별화교육계획 실행 단계

개별화교육지원팀이 작성한 개별화교육계획(IEP)은 학교장의 결재 후, IEP에 기록된 교육지원 내용을 시작일로부터 종료일까지 실행한다. IEP 수립 때 작성한 교육목표에 도달할 수 있도록 다양한 교육방법을 사용하여 지도한다.

특수교사와 일반교사, 그리고 각 영역의 전문가들은 IEP에 기록된 계획에 따라 필요한 교육 및 그에 관련된 서비스를 제공해야 한다. IEP가 실행으로 이어지기 위해서는 IEP팀 구성원들의 서명이 있어야만 가능하다. 부모 혹은 보호자도 IEP팀 구성원이므로 문서에 서명을 해야만 실행이 가능하다. 만일 IEP팀에서 결정된 특수교육이나 서비스가 부모의 의견에 부합되지 않는 경우 언제든 조정(mediation)을 요구할 수 있다.

7) 개별화교육계획 평가 단계

각급 학교의 장은 매 학기마다 개별화교육계획(IEP)에 따른 각각의 특수교육대상자의 학업성취도 평가를 실시하고, 그 결과를 특수교육대상자 또는 보호자에게 통보하여야 한다.

평가 단계는 특수교육대상자가 IEP에 제시된 연간 목표, 학기별 목표, 월간 목표로 나누어서 성취 여부를 평가한다. 평가는 형성평가, 총괄평가, 중간고사, 기말고사, 수행평가, 관찰 등에 의해서 평가를 한다. 비형식적인 평가 방법들이 특수교육대상자의 개별적인 교육적 요구를 더 잘 반영할 수도 있다.

엄격한 평가는 IEP의 효과성을 향상시키고, 팀 구성원들에게 유용한 피드백을 제공한다(Eillott & Sheridan, 1992). 팀 구성원들은 평가를 단지 목표만 달성하는 것뿐만 아니라 결과에 대한 학생의 성취도 함께 평가해야 한다(Fleming & Monda-Amaya, 2001). 또한 효율적인 평가가 되기 위해서는 개별화교육계획이 학생의 목적과 목표 등이 실제적이고 관리할 수 있게 작성되어야 한다.

3. 개별화교육지원팀 구성

개별화교육계획(IEP)의 작성 절차는 우선 개별화교육지원팀을 구성하고, 특수교육대상자의 교육적 요구에 대한 정보를 수집한다. 이를 바탕으로 IEP를 작성하고 작성된 IEP에 근거하여 교육적 요구에 적합한 교육이 이루어진다. 그다음은 IEP 수립 시 설정된 교육목표 달성에 대한 평가가 이루어지며, 평가 결과에 따라 IEP의 내용에 대한 검토와 수정이 이루어진다(교육과학기술부, 2009). 특수교육대상자가 일반학급에 완전통합되었더라도, 특수교육대상자의 교육적 요구에 적합한 IEP를 수립하여야 한다. 특수학급의 설치 유무에 따라 개별화교육지원팀을 구성하는 절차에 차이가 있을 수 있다. 특수학급이 설치되어 있지 않은 경우에는 학교장이 특수교육지원센터의 지원을 받아 IEP를 수립하여야 한다.

각급 학교의 장은 특수교육대상자가 학교에 배치되면 개별화교육지원팀을 구성하고 회의를 계획한다. 학교장은 각 특수교육대상자에 대한 개별화교육지원팀을 매 학년의 시작일로부터 2주 이내에 구성하여야 한다. 개별화교육지원팀을 이루는 구성원은 법에서 규정한 구성원을 포함하며, 특수교육대상자의 교육적 요구에 따라 그 구성원이 달라질 수 있다.

법에 명시되어 있는 개별화교육지원팀의 구성원은 보호자, 특수교육 교원, 일반교육 교원, 진로 및 직업교육 담당 교원, 특수교육 관련 서비스 담당 인력 등이다. 여기에 학교장이 포함이 되며, 필요시에 특수교육대상자 본인, 특수교육 보조인력 등 기타 지원 인력이 참여할 수 있다. 또한 제2외국어를 모국어로 사용하는 특수교육대상자나 그 보호자를 위해 통역관도 포함될 수 있다. 최근에는 초·중·고등학교에 상담교사들을 배치하고 있다. 더불어서 IEP팀에 학교 상담교사도 팀 구성원으로 참여하면 특수교육대상자들의 학교생활과 통합교육 측면에 기여도가 높을 것이다(Milson, Goodnough, & Akos, 2007).

개별화교육지원팀의 역할은 일반적으로 IEP 수립을 위한 회의 참석, 협의 및 의사결정, IEP 작성, 실행 및 평가, IEP 검토 및 수정 등이다(교육과학기술부, 2009). 개별화교육지원팀 구성원과 세부적인 역할은 〈표 5-3〉과 같다.

〈표 5-3〉 개별화교육지원팀의 구성원과 역할

개별화교육지원팀 구성원	개별화교육지원팀 역할
학교장	• 학기 시작 2주 이내에 개별화교육지원팀 구성 • 각 특수교육대상자에 대한 개별화교육계획이 매 학기 시작일로부터 30일 이내에 작성되고, 개별화교육지원팀 구성원이 서명한 내용에 대한 전반적인 책임 • 개별화교육계획 수립을 위한 행·재정적 지원(장소 제공, 회의 시간 확보, 회의에 소요되는 경비 등) • 개별화교육계획의 실행 및 평가에 대한 관리 • 개별화교육지원팀 구성원들 간의 협력 촉진
특수학교 담임교사	• 학급 운영계획에 대한 정보 제공 • 교과목에 대한 전반적인 정보 제공 • 특수교육대상자의 강점, 요구, 흥미 등에 대한 정보 제공 • 개별화교육지원팀 구성 및 개별화교육계획 수립을 위한 업무지원 • '특별한 교육지원이 필요한 영역의 현재 학습 수행 수준'을 파악하기 위한 평가 실시 • 교육지원이 요구되는 담당 교과의 교육목표, 교육내용, 교육방법, 평가 계획 작성 및 실행

특수학교 담임교사	• 특수교육대상자의 보호자, 다른 교사 및 전문가와 지속적인 의사소통 유지 및 협력
특수학교 교과 담당교사	• 교과목에 대한 전반적인 정보 제공 • 특수교육대상자의 강점, 요구, 흥미 등에 대한 정보 제공 • '특별한 교육지원이 필요한 영역의 현재 학습 수행 수준'을 파악하기 위한 평가 실시 • 교육지원이 요구되는 담당 교과의 교육목표, 교육내용, 교육방법, 평가 계획 작성 및 실행 • 다른 교사 및 전문가와 지속적인 의사소통 유지 및 협력 • 개별화교육지원팀에 필요하다고 판단되는 구성원 확보 지원 • 특수학급 운영계획에 대한 정보 제공 • 교과목에 대한 전반적인 정보 제공 • 특수교육대상자의 강점, 요구, 흥미 등에 대한 정보 제공 • 개별화교육계획 수립을 위한 업무 지원 • '특별한 교육지원이 필요한 영역의 현재 학습 수행 수준'을 파악하기 위한 평가 실시 • 일반교육 교원에게 적합한 교수적 지원에 대한 정보 제공 • 교육지원이 요구되는 담당 교과의 교육목표, 교육방법, 교육내용, 평가 계획 작성 및 실행 • 특수교육대상자의 보호자, 다른 교사 및 전문가와 지속적인 의사소통 유지 및 협력
일반학교 담임교사	• 학급 운영계획에 대한 정보 제공 • 교과목에 대한 전반적인 정보 제공 • 특수교육대상자의 강점, 요구, 흥미 등에 대한 정보 제공 • 특수학급 담당 교사 또는 해당지역의 특수교육지원센터 전문 인력의 지원을 받아 '특별한 교육지원이 필요한 영역의 현재 학습 수행 수준'을 파악하기 위한 평가 실시 • 특수학급 담당 교사 또는 해당 지역의 특수교육지원센터 전문 인력의 지원을 받아 교육지원이 요구되는 담당 교과의 교육목표, 교육내용, 교육방법, 평가 계획 작성 및 실행 • 특수교육대상자의 보호자, 다른 교사 및 전문가와 지속적인 의사소통 유지 및 협력
일반학교 교과 담당 교사 (진로 및 직업담당교원 포함)	• 학급 운영계획에 대한 정보 제공 • 교과목에 대한 전반적인 정보 제공 • 특수교육대상자의 강점, 요구, 흥미 등에 대한 정보 제공 • 특수학급 담당 교사 또는 해당지역의 특수교육지원센터 전문 인력의 지원을 받아 '특별한 교육지원이 필요한 영역의 현재 학습 수행 수준'을 파악하기 위한 평가 실시 • 특수학급 담당 교사 또는 해당지역의 특수교육지원센터 전문 인력

일반학교 교과 담당 교사 (진로 및 직업담당교원 포함)	의 지원을 받아 교육지원이 요구되는 담당 교과의 교육목표, 교육내용, 교육방법, 평가 계획 작성 및 실행 • 특수교육대상자의 보호자, 다른 교사 및 전문가와 지속적인 의사소통 유지 및 협력
특수교육 관련 서비스 담당 인력	• 특수교육대상자의 교육을 위해 필요한 각종 특수교육 관련 서비스 내용 결정 • 특수교육 관련 서비스의 제공 일정 및 횟수 결정 • 교과 수업과 관련 서비스의 연계성을 갖추기 위한 자문 제공 • 개별화교육지원팀과의 지속적인 의사소통 유지 및 협력
보호자	• 개별화교육계획을 위한 회의 참석 • 특수교육대상자의 개별화교육계획 수립을 위한 다양한 정보 제공 • 자신 또는 자녀에게 제공될 특별한 교육적 지원에 대한 전반적인 의사 표현 • 학교와 가정의 지속적인 의사소통 유지 및 협력
특수교육대상자 본인	• 교육목표 설정에 대한 본인의 의사 표현 • 본인이 선호하는 학습 양식에 대한 정보 제공
특수교육 보조인력 기타 지원 인력	• 자신에게 제공되는 교수적 지원에 대한 이해 • 개별화교육지원팀의 요청 시 회의에 참석하여 필요한 정보 제공 • 특수교육대상자의 담당 교사와 지속적인 의사소통 유지 및 협력 • 개별화교육계획을 위한 회의에 참여하여 도움 제공 • 특수교육대상자의 학습 강점과 요구 결정에 도움 제공 • 자료와 자원에 대한 조언 제공 • 개별화교육지원팀과의 지속적인 의사소통 유지 • 필요한 경우 보호자의 동의하에 평가 수행

출처: 교육과학기술부(2009).

4. 개별화교육계획 구성 요소

1) 특수교육대상자 인적사항 및 정보 수집

특수교육대상자의 진단 및 평가 검사 결과 이외에 필요한 정보는 면담과 관찰을 통하여 수집한다. 진단 및 평가 검사 결과와 면담 및 관찰을 통한 정보를 가지고 개별화교육계획(IEP)을 수립하기에 충분하지 않을 때에는 형식적/비형식적 평가 등을 추가로 실시할 수 있다(교육과학기술부, 2009). 정보 수집 내용으로는 학습 수준, 사회성 기술, 인지능력, 이동능력, 대근육 운동기술, 소근육 운동기술, 의사소통능력, 주의집중, 교육과정에의 접근 정도, 행동문제, 의료적 요구사항, 사회 · 정서 요구, 필요한 특수교육 관련 서비스 등이 있다.

인적사항은 성명, 성별, 생년월일, 학교, 학년/반, 주소, 가족사항, 연락처, 장애 유형 및 정도, 장애 특성, 특수교육대상자의 흥미, 강점, 약점, 보호자의 희망사항, 전년도 담임교사의 의견 등으로 하고 별도의 양식에 기록한다. 이때 특수교육지원센터의 진단평가 결과와 교육지원 내용을 별도로 첨부할 수 있다.

정보 수집 시 주의해야 할 사항으로는 IEP 수립에 참고가 될 수 있는 정보를 수집하되, 객관적이고 과학적인 방법에 의해 작성된 정보를 우선적으로 수집하고, 기타 교육에 참고가 될 수 있는 중요한 정보도 함께 수집해야 한다는 것이다. 또한 특수교육대상자에 대한 정보를 수집하기 위해 평가를 할 때에는 IEP 수립에 참고가 되지 않는 불필요한 평가를 하지 않도록 유의하며, 보호자에게 목적을 설명하고 동의를 구한다. 개인 정보 보호 차원에서 모든 정보와 인적사항 등은 반드시 사전에 특수교육대상자 본인 혹은 보호자의 동의를 얻고 수집해야 정보 활용이 가능하다는 것을 인지하여야 한다.

〈표 5-4〉 특수교육대상자 인적사항

<table>
<tr><td>성명(성별)</td><td>김○○(남)</td><td>보호자 명</td><td>김○○</td></tr>
<tr><td>생년 월일</td><td>2005년 ○월 ○○일</td><td>전화번호</td><td>02-○○○-○○○○</td></tr>
<tr><td>학교명 학년/반</td><td>○○초등학교 2학년 2반</td><td>주양육자(관계)</td><td>김○○(부)</td></tr>
<tr><td>주소</td><td></td><td>기타 연락번호</td><td></td></tr>
<tr><td colspan="2">1학기 개별화교육계획 시작일: 2013. 3. 14.</td><td colspan="2">종료일: 2013. 7. 29.</td></tr>
<tr><td colspan="2">2학기 개별화교육계획 시작일: 2013. 9. 10.</td><td colspan="2">종료일: 2014. 2. 14.</td></tr>
<tr><td>장애 유형 및 정도, 특성</td><td colspan="3">1. 장애 유형 및 정도 (등급 포함): 지적장애 2급
2. 특이사항: 화장실에 가지 않으려고 하고 바지에 소변을 보는 경우가 많음</td></tr>
<tr><td>학생 흥미 및 강점</td><td colspan="3">그림책, 또래아동을 좋아함.</td></tr>
<tr><td>약점</td><td colspan="3">스스로 할 수 있는 일도 지시를 기다림.</td></tr>
<tr><td>보호자 희망사항</td><td colspan="3">일상생활에서의 자조능력 향상을 원함.</td></tr>
<tr><td>기타 사항 (전년도 담임 의견)</td><td colspan="3">또래들과의 관계는 원만함.</td></tr>
</table>

2) 현재 학습 수행 수준 진단

현재 학습 수행 수준은 학생의 현재 교육적 요구에 대한 수준을 명확하게 보여주어야 한다. 현재 학습 수행 수준의 정확한 기록은 개별화교육계획(IEP)의 목표를 수립하는 데 필수적이며, 학생의 발전 정도를 파악할 수 있는 근거가 된다. 현재 학습 수행 수준은 구체적인 교육지원이 필요한 영역에 대하여 개별화교육지원팀의 모든 구성원이 이해될 수 있도록 진술한다(권요한 외, 2010). 장애학생의 현재 학습 수행 수준을 파악하기 위한 내용으로는 교육목표 설정에 필요한 평가 관련 정보, 교육목표와 관련된 출발점 행동 수준, 사회성 기술, 부적절한 행동, 신체 활동과 같은 적응행동 특성은 교과 내에 포함시켜 진술한다(교육과학기술부, 2009).

〈표 5-5〉 현재 학습 수행 수준

국어 (기본교육과정): 읽기, 쓰기
• 16개의 사진을 보고 2어절의 문장으로 3번 이상 틀리지 않고 쓸 수 있다. • 각 글자가 가지는 음가를 알지 못하지만, 문장을 외워서 쓸 수 있다.
수학(국민공통 기본교육과정): 도형
• 교실에서 네모, 세모, 동그라미 모양의 물건을 각각 3개씩 찾고, 색종이를 오려서 네모, 세모, 동그라미 모양을 각각 3개씩 만들며, 점판 위에 네모, 세모 모양을 각각 3개씩 그릴 수 있다.

출처: 교육과학기술부(2009).

3) 장 · 단기 교육목표 설정

교육목표는 학생이 궁극적으로 도달해야 할 방향을 제시함으로써 매일의 학습이 더 의미 있게 구성되도록 도와주어야 하고 학생의 발전 정도를 체계적으로 파악할 수 있도록 도와줄 수 있으며, 교육프로그램의 적절성을 평가할 수 있도록 진술되어야 한다.

교육목표는 연간 목표(장기 목표)와 학기별 교육목표(단기 목표)를 제시해야 한다. 연간 목표는 현재 학습 수행 수준을 고려하여 개별화교육계획(IEP)(1년)이 종료되는 시점에서 특수교육대상자가 수행할 것으로 기대되는 수준이며, 학기별 목표는 연간 목표를 구성하는 하위 목표로서 해당 학기가 끝나는 시점에서 특수교육대상자가 수행할 것으로 기대되는 수준이다(교육과학기술부, 2009). 그러나 IEP의 장 · 단기 교육목표가 연간, 학기별 또는 월별 목표의 형태로 단순히 아동의 교과 진도를 나타내는 형태가 될 수 있으므로, 장애학생의 교과교육내용뿐만 아니라 진단 과정에서 파악된 다양한 발달 영역별 특성에 대한 교육목표가 통합적으로 서술될 수 있도록 기술한다(이소현, 박은혜, 2011).

장기 목표는 학생의 신체, 교과, 사회, 정서 등 학생의 능력 전반에 걸쳐 평가된 현재 성취 수준을 고려하여 진술되어야 한다. 장기 목표의 내용은 현재의 성취 수준을 개별화교육지원팀이 충분히 검토한 후에 제안된 특수교육 관련 서비스의 종류와 일관성을 가지면서 작성한다. 장기 목표는 대체로 교과목이나 교과 영역을 중심으로 작성하되, 검목표를 사용하여 개별 학생이 1년이나 한 학기 후에 어느 단계에 도달하게 될지를 기록한다. 이때 개별 학생의 생활연령과 정신연령을 비교하고 학생의 발달 성취 수준을 고려하고, 장기 목표의 달성을 위해 교육활동에 소요되는 시간, 장기 목표 달성에 관계할 인적 인원 등도 고려한다(박희찬, 1995).

단기 목표는 장기 목표를 성취시킬 수 있도록 교수의 순서를 구체화해야 하므로 계열적이고 구체적으로 바라는 행동과 기준을 진술하고 학생과 교사가 모두 다루기 쉬운 것으로 결정한다(박희찬, 1995).

교육목표를 설정할 때는 특수교육대상자에게 적용하고 있는 교육과정을 고려해야 한다. 현재 학습 수행 수준을 기초로 하여 교육목표에 도달할 수 있는 교육내용을 세부적으로 기술하며 교과 영역 교육내용은 특수교육대상자의 수준과 참여하는 수업 특성에 따라 기본교육과정 중심과 국민공통 기본교육과정 중심으로 구성될 수 있다(국립특수교육원, 2009).

교육목표의 진술 방법은 하나의 의미만을 전달할 수 있도록 명료하게 객관적인 용어로 측정 가능하게 기술한다. 교육목표는 수업을 받은 결과의 측면에서 '학생 중심'으로 기술해야 하며, '무엇을 가르칠 것인가?'가 아니라 '무엇을 학습할 것인가?'에 초점을 맞추고 기술한다.

즉, 관찰 가능하고 측정 가능한 교육목표를 진술하기 위해서는 첫째, 행동이 수행될 조건, 둘째, 수업의 결과로서 학생들이 성취해야 하는 행동, 셋째, 학습 활동의 성취 여부를 결정할 기준 또는 수준이 포함되어야 한다. 특정 행동이 어떤 조건에서 나타나야 하는지를 담고 있어야 한다. 예를 들어, 학생이 원을 그려야 한다면, 컴퍼스를 사용할 수 있는지, 손으로 그려야 하는지를 명시해야 한다. 수학 문제를 풀 때 계산기를 사용해야 하는지, 암산이나 풀이용 연습장을 이용하여 계산해야 하는지를 명시한다. 수업의 결과로 학생들이 성취해야 할 행동을 기술하기 위해서는 행위 동사, 즉 학습자의 관찰 가능한 행동을 설명하는 동사로 기술한다. 예를 들면, '설명하다' '열거하다' '오르다' '기술하다' 등은 적절한 행위 동사이고, '알다' '이해하다' '감상하다' 등은 부적절한 동사이므로 학생의 수행을 정확하게 표현하는 데 어려움이 있다. '학교생활과 관련된 이야기를 듣고 이해할 수 있다.'로 기술하기보다는 '학교생활과 관련된 이야기를 듣고, 이야기의 내용 중 3가지를 기억하여 각각 문장으로 말하고 쓸 수 있다.'로 기술하는 것이 적절하다고 할 수 있다. 학습 활동의 성취 여부를 결정할 기준 또는 수준이 포함되기 위해서는 준거 또는 표준을 포함해야 한다. 즉, 행동의 특성에 따라 비율, 빈도, 지속시간, 강도, 지연시간 등 다양한 준거를 달리 적용한다. 예를 들어, 학생의 읽기 유창성에 관한 목표로서 '주어진 교재를 1분 안에 90%의 정확도로 소리 내어 읽을 수 있다.'의 경우 제시된 어휘의 수가 제한되어 있기 때문에 '90%의 정확도'는 타당한 준거가 될 수 있다(교육과학기술부, 2009).

교육목표는 학습 내용의 특성에 따라 계열적 교육목표, 비계열적 교육목표, 혼합형으로 나눌 수 있다(교육과학기술부, 2009). 계열적 교육목표는 사다리를 오르내리는 방식으로 현재 수행 수준과 각각의 단계별 교육목표를 위계적으로 진술한다. 이 목표는 상향식이든 하향식이든 어느 쪽을 선택하여도 상관이 없지만 위계적인 순서대로 수행되어야 한다. 현재 수행 수준에서 장기 목표에 도달하기까지는 여러 단계의 하위 목표나 성취 수준점이 있다. 수학과 같이 계열성이 존재하는 과목에 주로 사용할 수 있으며, 학생의 수준이 계열성을 고려하기 힘든 경우에는 대안적 방법을 찾아야 한다.

비계열적 교육목표는 학습 내용의 각 부분이나 하위 기능을 완료하는 순서가 중요하지 않다는 점에서 계열적 교육목표와 차이가 있다. 이 목표는 각 목표의 완결 순서가 다를 수 있으며, 동시에 목표 관련 활동이 진행될 수도 있고, 정해진 순서 없이 수업 여건이나 상황 등에 따라 우선순위가 정해질 수도 있다.

혼합형 교육목표는 계열적 교육목표와 비계열적 교육목표를 동시에 적용하는 것으로 학습 위계상 동시에 적용될 수 있는 수평적 학습 내용이 존재하거나, 혼합

분석을 통한 학습 내용 분석이 이루어진 과제에 적용한다.

〈표 5-6〉 계열적 교육목표 진술-국어(기본교육과정): 읽기, 쓰기

현재 학습 수행 수준	
• 16개의 사진을 보고 2어절의 문장으로 쓸 수 있다. • 각 글자가 가지는 음가를 알지는 못하지만 문장을 외워서 쓸 수 있다.	
구분	교육목표
연간 목표	• 받침이 있는 단음절 글자를 각각 읽고, 들려주었을 때, 제시된 5개의 단음절 글자 중 4개를 받아쓸 수 있다. • 교육과정 관련 내용: 국어 II -읽기: 낱말을 소리내어 읽는다. (다) 여러 가지 낱말을 소리내어 읽기 -쓰기: 일상생활과 관련된 낱말을 쓴다. (다) 일상적인 생활용어 쓰기
1학기 목표	• 받침이 없는 단음절 글자를 각각 읽고, 들려주었을 때 제시된 5개의 단음절 글자 중 4개를 받아쓸 수 있다.
2학기 목표	• 받침이 있는 단음절 글자를 각각 읽고, 들려주었을 때 제시된 5개의 단음절 글자 중 4개를 받아쓸 수 있다.

출처: 교육과학기술부(2009).

〈표 5-7〉 비계열적 교육목표 진술-수학(국민공통 기본교육과정): 도형

현재 학습 수행 수준	
• 교실에서 네모, 세모, 동그라미 모양의 물건을 각각 3개씩 찾고, 색종이를 오려서 네모, 세모, 동그라미 모양을 각각 3개씩 만들며, 점판 위에 네모, 세모, 동그라미 모양을 각각 3개씩 그릴 수 있다.	
구분	교육목표
연간 목표	• 사각형과 삼각형에서 연속하여 3회 이상 꼭짓점과 변을 모두 찾고, 모형 그림카드 중 사각형, 삼각형, 원 모양을 각각 찾으며, 도구를 사용하여 사각형, 삼각형, 원을 그리고 만들 수 있다. • 교육과정 관련 내용: 수학 2-가 (나)도형 1. 기본적인 평면도형 -선분, 직선, 삼각형, 원을 이해하고, 그 모양을 그리거나 만들 수 있다. -기본적인 평면도형의 구성 요소를 알고, 서로 비교할 수 있다.

연간 목표	* 꼭짓점이나 변을 찾는 선행학습이 되지 않아도 사각형, 삼각형을 찾는 학습 활동이 가능하다.
1학기 목표	• 사각형과 삼각형에서 꼭짓점과 변을 연속하여 3회 이상 찾을 수 있다. • 모형 그림카드 중 사각형, 삼각형, 원 모양을 연속하여 3회 이상 찾을 수 있다.
2학기 목표	• 사각형, 삼각형, 원을 연속하여 3회 이상 도구를 사용하여 그리고 만들 수 있다.

출처: 교육과학기술부(2009).

〈표 5-8〉 혼합형 교육목표 진술-수학(국민공통 기본교육과정): 수와 연산

현재 학습 수행 수준	
• 받아올림이 있는 한자리수+한자리수의 계산과 받아내림이 있는 두자리수-한자리수 계산을 각각 10문제 중 8문제를 풀 수 있다.	
구분	교육목표
연간 목표	• 문장에 문제를 읽고, 5문제 중 4문제 이상 세자리수 범위에서 받아올림과 받아내림이 있는 덧셈과 뺄셈의 혼합 계산식을 세워 답을 구할 수 있다. • 교육과정 관련 내용: 수학 2-나 (가) 수와 연산 4. 세자리수의 덧셈과 뺄셈 -세자리수의 덧셈과 뺄셈을 능숙하게 할 수 있다. -덧셈과 뺄셈을 실생활 문제에 활용할 수 있다. * 위의 두 목표는 서로 계열성이 없기 때문에 순서에 상관없이 교수 가능한 목표다.
1학기 목표	• 두자리수의 범위에서 받아올림과 받아내림이 있는 세 수의 덧·뺄셈 혼합계산 문제를 5문제 중 4문제 이상 풀 수 있다. • 그림이 함께 제시된 문장제 문제를 교사가 읽어 주면 5문제 중 4문제 이상 식을 세워 답을 구할 수 있다.
2학기 목표	• 세자리수 범위에서 받아올림과 받아내림이 있는 덧셈과 뺄셈 문제를 5문제 중 4문제 이상 각각 풀 수 있다. • 교사가 문제를 읽어 주면 따라 읽으면서 5문제 중 4문제 이상 식을 세워 답을 구할 수 있다.

출처: 교육과학기술부(2009).

4) 교육내용

교육목표를 바탕으로 한 교과 교육내용은 특수교육대상자의 수준과 참여하는 수업 특성에 따라 기본교육과정과 국민공통 기본교육과정으로 구성될 수 있다. 특수교육대상자가 속한 학년 교육과정을 고려해야 하지만, 반드시 같은 학년의 교육과정을 따를 필요는 없다. 교육내용은 실제 가르치는 내용을 의미하며, 목표와 매우 유사하게 진술될 수도 있다. 교육내용을 선정할 때는 교과목 간의 연관성, 교수방법, 생활연령 등을 고려하여야 한다.

〈표 5-9〉 학기별 교육내용 진술–국어(읽기, 쓰기)

연간 목표	기간	학기별 목표	교육내용
• 받침이 있는 단음절 글자를 각각 읽고, 들려주었을 때 제시된 5개의 단음절 글자 중 4개를 받아쓸 수 있다.	1학기	• 받침이 없는 단음절 글자를 각각 읽고, 들려주었을 때 제시된 5개의 단음절 글자 중 4개를 받아쓸 수 있다	• 자음, 모음이 결합된 낱자 읽기 • 그림을 보고 단어의 빈칸에 들어갈 낱자 찾기 • 자음과 모음이 결합된 낱자가 들어간 단어 읽기 • 그림을 보고 단어의 빈칸에 들어갈 낱자쓰기
	2학기	• 받침이 있는 단음절 글자를 각각 읽고, 들려주었을 때 제시된 5개의 단음절 글자 중 4개를 받아쓸 수 있다	• 초성, 중성, 종성이 결합된 낱자 읽기 • 초성, 중성, 종성이 결합된 낱자 쓰기

출처: 교육과학기술부(2009).

〈표 5-10〉 월간 교육내용 진술–국어(읽기, 쓰기)

관련 목표	월	교육내용
• 받침이 없는 단음절 글자를 각각 읽고, 들려주었을 때 제시된 5개의 단음절 글자 중 4개를 받아쓸 수 있다.	3 · 4	• 자음(ㅇ,ㄱ)과 모음(ㅏ,ㅑ,ㅓ,ㅕ,ㅗ,ㅛ,ㅜ,ㅠ,ㅡ,ㅣ)이 결합된 단음절 글자를 각각 읽고, 들려주었을 때 받아쓰기
	5	• 자음(ㄴ,ㄷ,ㄹ,ㅁ,ㅂ)과 모음(ㅏ,ㅑ,ㅓ,ㅕ,ㅗ,ㅛ,ㅜ,ㅠ,ㅡ,ㅣ)이 결합된 단음절 글자를 각각 읽고, 들려주었을 때 받아쓰기
	6	• 자음(ㅅ,ㅈ,ㅊ,ㅋ)과 모음(ㅏ,ㅑ,ㅓ,ㅕ,ㅗ,ㅛ,ㅜ,ㅠ,ㅡ,ㅣ)이 결합된 단음절 글자를 각각 읽고, 들려주었을 때 받아쓰기
	7	• 자음(ㅌ,ㅍ,ㅎ)과 모음(ㅏ,ㅑ,ㅓ,ㅕ,ㅗ,ㅛ,ㅜ,ㅠ,ㅡ,ㅣ)이 결합된 단음절 글자를 각각 읽고, 들려주었을 때 받아쓰기

• 받침이 있는 단음절 글자를 각각 읽고, 들려주었을 때 제시된 5개의 단음절 글자 중 4개를 받아쓸 수 있다.	9	• 초성(ㄱ~ㅎ), 중성(ㅏ,ㅑ,ㅓ,ㅕ,ㅗ,ㅛ,ㅜ,ㅠ,ㅡ,ㅣ), 종성(ㅇ,ㅁ,ㄴ)이 각각 결합된 단음절 글자를 각각 읽고, 들려주었을 때 받아쓰기
	10	• 초성(ㄱ~ㅎ), 중성(ㅏ,ㅑ,ㅓ,ㅕ,ㅗ,ㅛ,ㅜ,ㅠ,ㅡ,ㅣ), 종성(ㄱ,ㄹ,ㅂ)이 각각 결합된 단음절 글자를 읽고, 들려주었을 때 받아쓰기
	11	• 초성(ㄲ,ㄸ,ㅃ), 중성(ㅏ,ㅑ,ㅓ,ㅕ,ㅗ,ㅛ,ㅜ,ㅠ,ㅡ,ㅣ), 종성(ㅇ,ㅁ,ㄴ,ㄱ,ㄹ,ㅂ)이 결합된 단음절 글자를 각각 읽고, 들려주었을 때 받아쓰기
	12 · 2	• 초성(ㅆ,ㅉ), 중성(ㅏ,ㅑ,ㅓ,ㅕ,ㅗ,ㅛ,ㅜ,ㅠ,ㅡ,ㅣ), 종성(ㅇ,ㅁ,ㄴ,ㄱ,ㄹ,ㅂ)이 결합된 단음절 글자를 각각 읽고, 들려주었을 때 받아쓰기

출처: 교육과학기술부(2009).

5) 교육방법

교육방법은 특수교육대상자의 개별 특성에 맞게 기술해야 하며, 보편적 설계 개념에 충실한 방법을 우선적으로 고려해야 한다(교육과학기술부, 2009). 교육방법 진술에는 교수 · 학습 방법이나 교수매체, 교수자료, 교수집단 등이 있다. 교수 · 학습 방법에는 토론식 수업, 직접교수법, 또래교수, 협력교수, 촉진, 자기점검, 행동형성, 기억전략 등이 있다, 교수매체 및 교수자료에는 시청각 자료, 구체물, 점선노트, 자 · 모음 촉각자료, 개별학습지, 그림책 등이 있으며, 교수집단에는 전체 학급 교수, 또래교수, 1:1 수업, 교사 주도적 소집단 교수, 협동학습 집단, 학생 주도적 소집단 등이 있으며, 교육내용에 맞게 다양한 교수기법을 활용할 수 있다.

6) 개별화교육계획 평가 계획

개별화교육계획(IEP)는 교육목표 달성여부에 대한 평가 계획을 포함해야 한다. 평가 계획은 평가 담당자, 평가 시기와 같은 일반사항과 교육목표 달성 여부를 어떻게 판단할 것인가에 관한 평가 준거를 포함해야 한다. 또한 평가 결과를 보고하고, 평가 결과에 대한 최종 진술이 필요하다. 평가는 객관적인 결론을 내릴 수 있

〈표 5-11〉 개별화교육계획 평가 계획 진술-국어(읽기, 쓰기)

1 학기 교육목표	교육내용	교육방법	평가 계획		평가 결과
			평가 준거	평가 방법/ 평가 시기 담당자	
• 받침이 없는 단음절 글자를 각각 읽고, 들려주었을 때 제시된 5개의 단음절 글자 중 4개를 받아쓸 수 있다.	• 자음, 모음이 결합된 낱자 읽기 • 그림을 보고 단어의 빈칸에 들어갈 낱자 찾기 • 자음과 모음이 결합된 낱자가 들어간 단어 읽기 • 그림을 보고 단어의 빈칸에 들어갈 낱자 쓰기	교수 · 학습 방법 -전체 집단 교수 -또래교수 -최소촉진법 교수자료 -자 · 모음 카드 -자 · 모음 요철 카드 -자 · 모음 덧쓰기 학습지	• 받침이 없는 단음절 글자를 각각 읽고, 들려주었을 때 제시된 5개의 단음절 글자 중 4개를 받아쓸 수 있는가?	관찰법 및 지필법 학기말 수업 담당 교사	

출처: 교육과학기술부(2009).

도록 다양하고 타당한 방법을 사용해야 하며, 평가 준거를 제시할 때는 측정 가능한 방법을 제시해야 한다. 평가 결과에 대한 기술 방법은 가급적이면 서술형으로 하되 세부적인 내용들을 함께 기술하도록 한다.

7) 특수교육 관련 서비스

특수교육 관련 서비스에는 특수교육대상자에게 필요한 경우 가족지원(가족상담, 양육상담, 보호자교육, 가족지원 프로그램 운영 등), 치료지원(물리치료, 작업치료 등), 보조 인력, 각종 교구 및 학습보조기지원(각종 교구, 학습보조기, 보조공학기기 등), 통학지원(통학차량, 통학비), 기숙사의 설치 및 운영 등이 있다. 특수교육 관련 서비스 진술에는 참여 시간, 요일, 제공자, 서비스의 목표 및 평가 계획도 기술하여야 한다. 또한 개별화교육계획(IEP)을 수립할 때에는 특수교육대상자의 특성에 따라 요구되는 특수교육 관련 서비스의 내용과 방법 등이 포함되어야 한다.

〈표 5-12〉 특수교육 관련 서비스 진술

제공 서비스	시작일/ 종료일	장소	참여요일 및 시간	담당자	목표	평가 계획		평가 결과
						평가 준거	평가 방법	
통학지원 (통학 보조원)			매일 (등교, 하교시)					
기기지원 (AAC)	'13.03.30 ~ '13.07.31	특수 학급	월~토	관리자: ○○○ (인) 사용자: ○○○부, 모 (인)				
치료지원 (언어치료)	'13.03.30 ~ '13.07.31	특수 학급	월, 수 14:00~ 14:30		학교생활과 관련된 단어카드를 제시하였을 때, 단어를 발음하기 위해 정확한 입 모양을 할 수 있다.	10개 단어에서 8개 단어를 정확하게 입 모양을 할 수 있다.	수행평가 및 관찰	

출처: 교육과학기술부(2009).

8) 기타 지원 정보

기타 지원 정보 중 개별화교육지원팀이 공유해야 하는 특수학급 수업시수, 통합학급 수업시수, 종일반 참여, 방과 후 학교, 특수학급 체험활동, 일반학급 체험활동, 창의적 재량활동 등은 개별화교육계획(IEP)에 명시하여야 한다. 특히 특수교육대상자의 특수학급 수업에 대한 시간표와 통합반의 시간표 등은 개별화교육계획에 제시하는 것도 바람직하다. 그러나 특수교육대상자에 대한 모든 정보를 IEP에 기록할 필요는 없다.

5. 개별화교육계획 개선 방향

개별화교육계획(IEP)의 작성과 운영은 법적인 효력을 지닌 의무사항이 되었다. 그러나 효율적인 실천에 대한 의지는 아직 미비하다. 그러한 이유는 문서상의 기록으로만 생각하는 부분과 특수교육대상자에게 적합한 IEP 구현이 현실적으로 어려움을 겪기 때문이다.

학교현장의 IEP 적용에 대한 문제점을 나열하면 다음과 같다(박희찬, 1995; 정대영, 1995). 첫째, 특수학교(급)의 학급당 학생 수 과다, 둘째, 개별화교육내용과 방법의 구체성 미비, 셋째, 행정가, 학교경영자, 교사들의 개별화교육에 대한 이해 부족, 넷째, IEP의 모형과 접근 방법 등 구성 요소에 대한 연구 부족, 다섯째, 우리나라 실정에 알맞은 개별화교육의 이론적인 틀과 접근 방법의 미비, 여섯째, 교사의 업무량 과다로 교수 · 학습 자료 준비에 시간 부족, 일곱째, IEP가 실제 수업시간에 적용되지 않고 형식적인 문서로만 인식, 여덟째, 법에 명시된 매 학년도 시작 30일 이내에 작성해야 하는 무리한 요구 등이 있다.

IEP가 특수아동을 위한 질적 교육이어야 함에도 불구하고, 형식적인 서류에 머물러 있는 한 특수교육대상자의 교육적 요구를 해갈하기는 어렵다. 따라서 IEP가 효율적인 프로그램이 되기 위해서는 교사의 전문적인 수행능력과 책무성이 무엇보다도 중요하다. 그러기 위해서는 IEP 작성에 쉽게 접근할 수 있는 프로그램 개발, 연수 기회 확대, 평가 및 측정도구의 개발이 필요하다고 할 수 있다.

특수교육대상자의 IEP에 대한 전반적인 개선사항을 제시하면 다음과 같다(김원경, 최평임, 2011).

첫째, 특수교육 교육과정을 전담하여 운영하는 기관 혹은 부서의 설립이 필요하다. 특수교육 교육과정은 기본교육과정, 국민공통 기본교육과정 외에도 선택교육과정인 각 장애 영역별 교육과정이 있지만 별도의 담당부서나 기관이 없다는 것은 IEP에 대한 전문성 있는 부서가 필요함을 의미한다.

둘째, 특수교육 교육과정에 의거한 지도요소와 자료를 탑재한 학습 자료실이 필요하다. 실질적인 교과 영역과 영역별 교육과정의 재구성, 현실적인 IEP의 수립 방식과 다양한 교재 · 교구가 개발되어 있는 학습 자료실이 운영되어야 한다.

이와 같은 시스템은 IEP의 작성과 지도의 강화라는 측면에서도 바람직하며 특수교육대상자 각 개인의 능력과 학습 속도, 학습 방법에 집중할 수 있도록 자료를 제공한다는 점에서 본래 특수교육의 취지라고 할 수 있다.

셋째, 작성된 IEP 내용이 모든 특수교육대상자에게 지도될 수 있도록 IEP의 작성과 적용에 대한 운영 방안이 마련되어야 한다. 형식적인 IEP가 아닌 실제 수업에 적용하여 교수하는 IEP가 되어야 한다.

넷째, 교육행정 정보시스템(NEIS)은 특수교육대상자의 특성에 맞게 운영되어야 하고, 특수교육대상자의 건강과 장애 특성, 학습 특성을 고려한 교과목에 대한 재정비가 추진되어야 한다. 특히 지적장애 혹은 발달장애 학생에게는 국어, 수학 등의 교과군보다는 통합교과체제 혹은 일상생활훈련과 관련된 교과목으로의 도입이 오히려 더 필요하다.

다섯째, IEP의 작성이나 실행, 평가 과정에서의 학부모의 참여를 위한 연수나 부모교육프로그램이 필요하다. 또한 특수교육대상자들의 교육적 요구를 충족시키려면 학교뿐 아니라 가정에서의 역할이 중요하므로 학교와 가정, 치료지원을 연계할 수 있는 프로그램이 필요하다. 특히 특수교육대상자들의 교육은 자녀의 장애에 대해 가장 잘 알고 있는 학부모들의 참여가 매우 중요하고, IEP의 공동실행자로서 가정과의 연계 지도가 되어야 효율적임을 모두가 알고 있으므로, 특수교사들과 학부모들이 긴밀하게 수시로 상담하고 의사소통을 할 수 있는 시간을 확보해야 한다.

여섯째, 개별화교육지원팀 구성원에 평가 담당자가 포함되어야 한다. 전문지식과 기술을 갖춘 진단과 평가를 위한 전문가의 양성과 배치로 IEP의 질은 높아질 수 있다.

학습문제

1. 개별화교육계획이 내포하고 있는 의미를 설명하시오.

2. 개별화교육계획 수립 절차상의 법적 근거를 설명하시오.

3. 개별화교육계획 작성 시 특수교사의 역할이 무엇인지 서술하시오.

4. 개별화교육계획 적용이 현실적으로 어려운 이유에 대해 기술하시오.

제 6 장

보편적 학습 설계*

학교 교실에는 다양한 개인차를 지닌 학생들이 존재한다. 학생의 개인차는 개인의 인지적 · 사회 심리적 · 도덕적 발달 속도와 정도, 지능, 적성, 정보 처리의 선호도, 인지양식, 학업에 대한 준비도, 학습 속도, 관심사, 학습 필요, 동기 등에 따라 다르게 나타날 수 있다(황윤한, 조영임, 2005). 이러한 개인차는 일반학생들 사이에서 뿐만 아니라 특수교육대상자로 구성된 특수학교나 특수학급의 교실에서도 다양하게 나타난다. 즉, 특수교육대상자의 이질성은 일반학급의 학생들 간에 보이는 그것보다 더 클 수 있다. 더구나 그 수가 많지는 않지만 중도 · 중복장애학생들 간에 보이는 개인차는 물론 개인 내 차는 다른 유형의 단순장애학생보다 더 클 수 있다. 따라서 특히 특수교육장면에서의 수업은 학생들의 개인차를 인정하고 이들의 다양한 요구와 필요를 만족시켜 줄 수 있어야 한다. 만약 교사들이 이러한 개인차를 인정하지 않고 획일적인 수업을 실시한다면 일부 학생에게는 의미 없는 수업이 될 수 있으며, 개별 학생의 교육적 요구에 부응할 수 없게 되기 때문이다.

---

* 이 장의 내용은 「특수교육 장면에서의 UDL 적용: 교수 방법적 실제」(한경근, 한국특수교육학회 2012 춘계 학술대회 자료집, pp. 27-48)'의 내용을 바탕으로 작성한 것이다.

그렇다면 어떻게 다양한 개인차를 지닌 학생들이 존재하는 교실 수업에서 모든 학생들의 교육적 요구를 최대한 만족시키고 이들의 교육적 성취를 향상시킬 수 있는 수업을 진행할 수 있을까? 학생들의 다양한 요구를 최대한 만족시키는 수업을 실시하기 위한 방법 중 하나로 대두되고 있는 것이 보편적 학습 설계(Universal Design for Learning; UDL)다.

보편적 학습 설계(UDL)는 모든 학생들은 저마다의 독특한 강점과 약점을 가지고 있다는 굳건한 신념을 바탕으로 한 교육과정(학습 목표, 자료, 교수 · 학습 방법, 평가) 접근이다(Rose & Meyer, 2002). 이는 전문가 중심인 전통적인 관점에서의 교육과정 설계를 재개념화한 것으로 학생들의 다양성을 우선하여 학생들이 가지는 교육적 요구의 다양성에 맞추어 교육과정 설계를 융통성 있게 고안한 것이라고 할 수 있다. 이 장에서는 UDL의 개념 및 원리, 교수적 실제에 대해 살펴보고자 한다.

1. 보편적 학습 설계의 개념 및 원리

보편적 학습 설계(UDL)은 교수를 강조하는 개념으로 다양한 능력을 지닌 학생을 위해 사용될 수 있는 서비스, 혹은 교육환경 설계 지침이다. 원래 보편적 설계(Universal Design)란 건축학에서 유래한 용어로, 장애인 등에게 접근성을 제공하는 방법으로 건물을 짓는 데 필요한 개념이다. 보편적 설계를 사용한 수정은 장애인뿐만 아니라 일반인에게도 큰 도움이 되는데, 예를 들어 경사로나 엘리베이터 등은 장애인들이 편리하게 접근할 수 있도록 만들어진 대안적인 시설이었지만, 결과적으로 유모차를 미는 사람이나 짐을 운반하는 사람 등 모든 사람들에게도 유용한 것이다. UDL은 이러한 보편적 설계의 개념을 교육 분야에 적용한 것이다.

UDL의 개념은 1989년에 The National Center for Accessing the General Education Curriculum(NCAC)이 학습에 보편적 설계 개념을 도입하여 하나의 용어로 불리게 되었다. 학습에 있어서 보편적 설계란 보고, 듣고, 말하고, 움직이고, 읽고, 쓰고, 모국어를 이해하고, 주의집중하고, 조직화하고, 참여하고, 기억하는 범위에서 차이가 큰 개별 학습자에게 학습 목표를 성취할 수 있도록 하는 교수계획과 활동을 의미한다(Orkwis & McLane, 1998). 즉, UDL은 모든 학생들이 학습에 대한 지식과 기술을 습득하고 적극적으로 참여할 수 있도록 교육과정(교육목표, 교육방법, 교육자료, 교육평가)을 설계하기 위한 연구에 기반을 둔 프레임워크를 말한다. 이것은 모든 학생이 높은 수준의 교육적 성취를 유지할 수 있도록 함으로써, 학습에 대한 지원을 높여 줌과 동시에 교육과정에 대한 접근 장벽을 낮추는 것이다.

UDL의 개념은 문화적으로, 언어적으로, 사회·경제적 배경으로, 그리고 장애의 여부 등 매우 다양한 이질적 학생 집단으로 구성되어 있는 미국의 학교에 적절한 시사를 제공해 왔다. 전통적인 교육과정 구성 방식은 일반적인 발달 패턴을 보이는 학생을 위한 전형성을 추구하여(즉, one-size-fits-all) 전형적 발달 과정에 포함되지 않는 많은 학생들에게는 부적합하다는 인식이 있었다. 즉, 전통적 교육과정 구성 방식의 편협성이 전형적 발달에 포함되지 않는 학생들에게는 일반교육과정에의 접근, 참여, 적절한 진보를 방해하는 요소로 작용했던 것이다(Hitchcock, Meyer, Rose, & Jackson, 2002). 따라서 학생들의 이질성을 배척하는 대신에 적극적으로 수용하고 모든 학생들에게 적절한 학습 목표의 설정, 학습 자료의 사용, 다양한 교수·학습 방법의 적용 및 평가 방법을 아우르는 교육과정을 적용한다는 UDL은 특히 미국에서 장애학생의 일반교육과정을 중심으로 한 통합교육의 구체적인 실행 방안으로 여겨져 왔다.

장애를 가진 학생과 일반학생이 함께 공부하는 이질적 집단으로 구성되어 있는 학급에서 UDL은 학생마다 독특한 학습 양식이 있다는 점을 인정한다. UDL의 이론적 바탕이 되는 다중지능 이론은 학습자마다 강점이 있다는 것을 주목하고 이를 교육장면에 활용할 것을 주문한다.

UDL의 또 다른 배경이 되는 것은 신경과학 분야의 연구다. 신경과학 연구들에 의하면 뇌에는 학습의 근본적인 측면을 감독하는 3가지의 광범위한 신경 네트워크가 존재한다. 이는 학습에 있어서 3가지 전제 기술이 있다고 밝힌 발달심리학자 Vygotsky의 견해와 일치한다고 할 수 있다. Vygotsky는 3가지 전제 기술로서 학습할 정보의 인식, 그 정보를 처리하기 위한 전략의 적용, 그리고 학습 과제에의 참여를 들었다. 신경과학 연구 분야의 3가지 신경 네트워크와 Vygotsky의 3가지 전제 기술에 대하여 UDL은 그러한 3가지 능력이 학습자마다 서로 다르다는 관점을 견지한다.

Rose와 Meyer(2002)는 다양한 인지 네트워크, 전략적 네트워크, 그리고 정의적 네트워크를 지원하는 방법을 제안하였다. 먼저 다양한 인지적 네트워크를 지원하기 위해서 다양한 예의 제공, 중요한 특성들을 강조, 다양한 매체와 구성 방식 제공, 그리고 내용의 배경지식 지원을 제안하였다. 다양한 전략적 네트워크를 지원하기 위해서는 수행의 모델 제공, 도움과 함께 실행하기 위한 기회를 제공, 수업 도중 관련 있는 적절한 피드백을 제공, 그리고 표현하는 방식을 위한 융통성 있는 기회를 제공하는 것이 필요하다고 하였다. 다양한 정의적 네트워크를 지원하기 위해서는 내용과 도구의 선택권을 제공, 도전에 있어 조절 가능한 수준을 제공, 그리고 보상과 학습 내용의 선택권을 제공하는 것 등을 제안하였다. 이러한 네트워크 지원 방안은 잘 알려진 응용특수교육공학센터(CAST)에 의해 제안된 UDL의 원리인 다양한 정보 제시 수단, 다양한 표현 수단, 그리고 다양한 참여 수단의 제공으로 재정리되었다. 이에 대한 내용은 〈표 6-1〉과 같다.

다양한 설명 방법의 제공은 학생들마다 그들에게 표현된 정보를 이해하는 방법이 서로 다르다는 것을 전제로 한다. 예를 들어, 감각장애(시각장애나 청각장애), 학습장애, 언어나 문화의 차이를 가진 학생들은 모두 다른 내용의 접근 방법을 요구할 것이다. 지식과 정보를 얻는 데 다양한 학습 유형을 가진 학생들에게 다양하고 유연한 설계 방법을 제공한다.

두 번째로 다양하고 유연한 표현 수단의 제공이다. 이는 학생의 성취도 평가에 있어서 쓰기라는 표현 방법 이외에도 작문, 삽화, 발표, 비디오테이프 제작 등의 다양한 수단을 사용할 수 있게 해야 한다는 것이다. 학생들마다 학습 내용의 표현 수단이 다양하기 때문에 이를 존중하여 학생이 자신의 성취에 대하여 다양하고 유연하게 표현할 수 있는 기회를 보장해 주어야 한다.

마지막으로 다양하고 유연한 참여 수단의 제공이다. 여러 가지 다양한 방법을 통해 학생들이 호기심을 가지고 적극적으로 참여할 수 있는 수업을 제공하는 데 중점을 두고 있다. 학생 개개인의 특성을 고려하여 다양한 매체를 사용하여 유연성 있게 수업을 진행하는 것이 중요하다.

〈표 6-1〉 CAST의 보편적 학습 설계 원리

I. 다양한 방식의 표상을 제공	II. 다양한 방식의 행동과 표현 수단을 제공	III. 다양한 방식의 학습 참여 제공
1. 인지 방법의 다양한 선택 제공 1.1 정보의 제시 방식을 학습자에 맞게 설정하는 방법 제공하기 1.2 청각 정보의 대안을 제공하기 1.3 시각 정보의 대안을 제공하기	4. 신체적 표현 방식에 따른 다양한 선택 제공 4.1 응답과 자료 탐색 방식을 다양화하기 4.2 다양한 도구들과 보조공학(AT)기기 이용을 최적화하기	7. 흥미를 돋우는 다양한 선택 제공 7.1 개인의 선택과 자율성을 최적화하기 7.2 학습자와의 관련성, 가치, 현실성 최적화하기 7.3 위협이나 주의를 분산시킬 만한 요소들을 최소화하기
2. 언어, 수식, 기호와 다양한 선택 제공 2.1 어휘와 기호의 뜻을 명료하게 하기 2.2 글의 짜임새와 구조를 명료하게 하기 2.3 문자, 수식, 기호의 해독을 지원하기 2.4 범언어적인 이해를 증진시키기 2.5 다양한 매체를 통해 의미를 보여 주기	5. 표현과 의사소통을 위한 다양한 선택 제공 5.1 의사소통을 위한 여러 가지 매체 사용하기 5.2 작품의 구성과 제작을 위한 여러 가지 도구를 사용하기 5.3 연습과 수행을 위한 지원을 점차 줄이면서 유창성 키우기	8. 지속적인 노력과 끈기를 돕는 선택 제공 8.1 목표나 목적을 뚜렷하게 부각시키기 8.2 난이도를 최적화하기 위한 요구와 자료들을 다양화하기 8.3 협력과 동료 집단을 육성하기 8.4 성취지향적(mastery-oriented) 피드백을 증진시키기
3. 이해를 돕기 위한 다양한 선택 제공 3.1 배경지식을 제공하거나 활성화시키기 3.2 패턴, 핵심 부분, 주요 아이디어 및 관계 강조하기 3.3 정보 처리, 시각화, 이용의 과정을 안내하기 3.4 정보 이전과 일반화를 극대화하기	6. 자율적 관리 기능에 따른 다양한 선택 제공 6.1 적절한 목표 설정에 대한 안내하기 6.2 계획과 전략 개발을 지원하기 6.3 정보와 자료 관리를 용이하게 돕기 6.4 학습 진행 상황을 모니터하는 능력을 증진시키기	9. 자기조절능력을 키우기 위한 선택 제공 9.1 학습 동기를 최적화하는 기대와 믿음을 증진시키기 9.2 극복하는 기술과 전략들을 촉진시키기 9.3 자기 평가와 성찰을 발전시키기
학습자원이 풍부하고 지식을 활용할 수 있는 학습자	전략적이고 목표 지향적인 학습자	목적의식과 학습동기가 뚜렷한 학습자

2. 보편적 학습 설계의 교수적 실제

1) 통합학급에서의 보편적 학습 설계 적용

Conn-Powers(2009)는 CAST의 3가지 원리에 더하여 공평한 교육과정(교육과정 적용이 불필요하게 장애학생을 분리시키지 않음), 성공지향의 교육과정(교육활동 참여에 방해가 되는 불필요 요소들을 제거하여 참여 독려), 그리고 학습을 위한 적절한 환경의 원리를 포함한 6가지의 원리를 제시하고 각각의 원리에 대하여 교사(특히 유아특수교사)가 생각해야 하는 질문들과 실제 교실에서의 적용의 예를 〈표 6-2〉과 같이 제시하였다.

〈표 6-2〉 보편적 학습 설계 6가지 원리의 적용

원리	교사를 위한 질문	보편적 학습 설계 적용의 예
1. 공평한 교육과정	a. 당신은 모든 학생들이 참여하고 이익을 얻을 수 있는 하나의 공통된 교육과정/프로그램을 사용하고 있는가? b. 다양한 능력 수준을 가진 학생들이 당신의 교육과정이나 프로그램에 접근할 수 있는가? c. 당신의 프로그램이 학생의 능력, 언어 또는 문화적 배경 차이에 의해 차별하거나 낙인찍지는 않는가?	• 교실에서 모든 학생들이 학습할 것이라고 확신할 수 있는 방법을 찾아 모든 학생들을 위한 창의적 교육과정을 적용할 수 있다. • 모든 학생을 포함하여 예술, 과학 등의 활동을 조직하며 학생들을 분리하거나 낙인찍지 않는다. • 교사는 동일한 사회적 규범이나 구조에 노출되지 못한 학생들을 돕기 위하여 분명한 가이드를 제공하고 새로운 규범과 기대를 학습할 수 있도록 지지하는 것은 도와야 한다. • 장애학생 모두 특별활동 시간에 다른 학생들이나 성인들과 동등한 관계를 발전시킬 수 있는 기회가 주어진다.
2. 적합한 환경	a. 교실의 물리적 환경이 모든 학생이 공간이나 장소에 쉽게 접근할 수 있도록 계획되어 있는가? b. 모든 학생이 교실 안의 모든 사회적 활동에 완전히 참여하고 접근할 수 있는가?	• 가구나 방의 구조가 학생들이 모두 쉽게 접근할 수 있도록 허용되어야 하며, 휠체어나 걷기보조도구를 사용하거나 또는 기어 다니는 학생들도 모두 고려되어야 한다. • 미술 활동 공간에서 학습 자료들은 서 있거나 앉아 있는 학생들이 그리고 동작에 어려움을 가진 학생들이 편안하게 접근할 수 있어야 한다.

2. 적합한 환경	c. 학생들이 인지적으로 교수와 자료에 접근할 수 있도록 학습 활동이 계획되어 있는가? d. 모든 가르침과 교수가 단순하고 직관적이며, 학생의 다양한 언어/학습 수준에 맞게 가르쳐지는 복합성을 가지고 있는가?	• 교사가 책을 읽는 이야기 시간 동안에는 모든 학생들이 이해할 수 있는 쉽고 간단한 언어나 단어를 첨가하여 반복한다.
3. 다양한 방식의 표상	a. 다양한 방법과 여러 양식(언어적, 시각적, 촉각적)을 적용하여 학생들에게 정보가 제공되는가? b. 학생들은 정보나 지식을 습득할 수 있는 다양한 방법을 가지고 있는가? c. 정보나 교육과정은 학생의 발달 수준 정도나 선호에 맞게 수정 적용되어 제공되는가?	• 교사가 책을 읽는 이야기 시간 동안에는 이야기되고 있는 삽화의 그림에 강조를 하거나, 학습이 이루어지는 데 촉각적인 자료가 필요한 학생들에게는 실제 사물을 사용한다. • 전환 시간 동안에는 교사의 여러 단계의 언어적 지시에 각 단계를 학생들이 완수할 수 있도록 단어와 그림 상징을 함께 제시한다. • 학생들이 스스로 책이나 자료를 읽거나, 다양한 방법으로 또래와 함께 정보에 접근하도록 한다.
4. 다양한 방식의 참여	a. 학생들은 여러 학습 자료와 상호작용하며 즐기기 위한 다양한 방법을 가지고 있는가? b. 활동들은 개인의 흥미를 폭넓게 활용하여 계획되었는가? c. 활동들은 모든 학생에게 적절한 도전을 제공할 수 있는 수준으로 계획되었는가?	• 초기 수학기술을 학습하는 경우에 다양한 크기나 색, 모양의 블록을 사용하여 수 개념을 익힐 수 있도록 조작 활동을 부여한다. • 미술시간에 색에 대해 학습하는 경우에 색칠하기, 오리기, 붙이기 등의 다양한 활동을 통해 색을 익힌다.
5. 다양한 방식의 표현	a. 학생들은 활동/과제를 완수할 수 있는 다양한 방법을 가지고 있는가? b. 학생들은 자신이 알거나 학습한 것을 표현하거나 분명히 할 수 있는 대안적인 방법을 제공받는가?	• 시제 개념을 학습할 때 학생에 따라 완전한 문장을 사용하거나 구를 사용하거나 신호를 사용하도록 할 수 있고, 일부의 경우는 그림을 선택하도록 할 필요가 있다. • 미술시간에 어떤 학생은 여러 가지 색을 혼합하여 복잡한 작품을 장시간에 걸쳐 완성하도록 할 수 있고, 어떤 학생은 몇 가지의 색을 사용하여 단순한 모양을 오리거나 붙이도록 할 수 있고, 운동기술에 어려움이 있는 학생의 경우는 그림에 미리 오려놓은 모양을 고르도록 한다.

6. 성공지향 교육과정	a. 각각의 활동에서 교사가 활동을 정리할 때 학생들의 활동을 방해하는 불필요한 요소들이 사전에 제거되는가? b. 교육과정은 증거기반교수의 실재를 포함하는가? c. 교사는 모든 학생의 참여를 촉진하기 위해 필요할 때 적합한 개인적인 지원과 비계(scaffolding)를 제공하는가? d. 교사는 학생 학습의 평가 과정에서나 또는 교육과정이나 교수의 즉각적인 수정이 필요할 때 실행할 수 있는가?	• 시제 개념을 익히는 대그룹 활동 시간에 교사가 학생들이 좀 더 활동적으로 참여할 수 있도록 주의를 끄는 데 많은 노력을 기울여야 한다. • 미술시간에 작품을 완성할 때 교사는 학생이 1가지 이상의 색과 모양을 사용하도록 격려한다. • 물건의 개수를 세는 수학시간에 교사는 학생들에게 바르게 수를 세는 모델을 제공하여 학생들이 수 개념을 익히도록 지도한다. • 이야기 나누기 시간 이전에 교사는 최소한의 언어사용기술을 갖추고 있는 학생들이 실제로 보고 만질 수 있는 실물을 함께 제공한다.

〈표 6-2〉는 보편적 학습 설계(UDL)가 실제 수업 장면에서 적용되는 예를 보여 주고 있는데, 각각의 예는 UDL의 원리를 반영한 것임은 물론 각 교과적 속성에 따른 학생 중심의 교수 · 학습 방법임을 알 수 있다. 즉, UDL은 수업의 준비 단계에서부터 교사가 계획하는 것은 물론 다양한 학습 양식과 요구를 지닌 학생들이 실제 학습하는 과정에서 학생 중심의 지원을 포괄하며, 사전 준비 내용과 과정 중의 지원은 모두 교과 수업 활동의 특징에 부합하는 것이다. 이와 같은 점에서 알 수 있는 것은 UDL이 사전에 세심하게 계획된다는 점에서 차별성을 갖는 것만이 아니라 실제 수업 장면에서 즉각적인 지원(구체적인 지원 행위는 즉각적인 지원이 요구되는 상황에서 교사의 전문적인 판단에 의존하게 되는 행동이지만)까지도 포함된다고 할 수 있다.

Rose, Gravel과 Domings(2010)에 의하면 UDL의 핵심이자 반드시 지켜져야 하는 것으로 처음부터 잘 고안된 수업이라고 하였다. 잘 고안된 수업은 모든 학습자들이 성공할 수 있도록 적절한 도전감과 지원을 제공하는 데 있어서 충분한 옵션을 제공할 수 있도록 구조화되어 있는 수업이다. 〈표 6-3〉에서 Rose 등(2010)이 제안한 UDL 원리를 적용한 과학과 수업의 예가 이를 잘 보여 주고 있다. 이 수업은 식물의 생애주기를 학습하는 것으로, 씨앗의 한살이를 주제로 하였다.

〈표 6-3〉 과학과 수업의 예

◆ 수업의 예: 씨앗의 한살이

◆ 수업 목표: 학생들은 식물의 한살이를 이해하고 말로 표현할 수 있다.

◆ 수업 활동

◆ 원리 1: 다양한 방식의 표상 제공

◈ 지침 1: 인지 방법의 다양한 선택권 제공

• 씨앗의 한살이 수업은 정보 인지의 선택권 제공에 '자연스러운' 이점을 가지는데, 이 수업 주제의 정보는 다양한 감각 양식을 통해 접근할 수 있기 때문이다. 학생들은 씨앗과 식물의 성장을 관찰하고 만져 보고 맛보고 냄새는 물론 심지어 듣기를 통해서 배울 수 있다.

• 촉각(예, 모양, 크기, 질감, 경도, 온도 등)은 물론 후각, 미각, 또는 청각(예, 씨앗과 식물을 흔들어 보고 조작해 보는)과 같은 다양한 감각은 학생들이 여러 가지 방법으로 정보를 지각하고 획득하는 옵션을 제공한다.

◈ 지침 2: 언어와 상징의 다양한 선택권 제공

• '어휘와 상징'을 정의하는 옵션을 제공하기 위하여 씨앗의 한살이와 관계 있는 어휘는 의미 있는 활동과 풍부하며 사실적이고 적절한 맥락을 통해 소개되고 그러한 활동과 맥락에 삽입된다. 언어발달을 실제적인 과제에 삽입시키는 것은 별도로 어휘를 지도하거나 사전을 찾아보는 활동보다 훨씬 더 효과적이다.

• 어휘를 교실 벽에 게시하거나 학생이 스스로 만든 어휘 사전 포스터를 이용하는 것도 어휘와 상징을 정의하는 옵션 제공의 효과적인 예다.

• 씨앗의 한살이는 또한 '핵심 개념을 비언어적으로 설명하는 옵션'을 본래적으로 제공하는 주제다. 씨앗, 식물, 그리고 사용되는 도구 자체가 모두 수업의 내용을 '비언어적'으로 표상하는 것이다.

◈ 지침 3: 이해를 돕기 위한 다양한 선택권 제공

• '정보 처리 안내'를 위해, 교사는 학생들의 정보 처리를 스케폴딩할 수 있는 체크리스트를 만든다. 이 체크리스트는 학생들이 주의를 기울여야 하는 식물의 특징을 알게 하는 데 도움을 준다.

• 씨앗의 한살이 주제는 또한 교사에게 모델링과 '소리내어 생각하기'를 통해 전략을 시범 보이고 학생들의 생각을 시각화하는 기회를 제공함으로써 '정보 처리 안내'를 돕는다.

• '씨앗 박물관'은 '핵심 특징 강조를 위한 옵션 제공'의 한 예다. 씨앗을 확인하고 비교하며 이름 붙이고 분류하는 활동에 참여시킴으로써 학생들은 범주, 관계, 그리고 생물 분류에 관해 많은 것을 배우기 시작한다.

◆ 원리 2: 다양한 방식의 표현 수단 제공

◈ 지침 4: 신체적 행동의 선택권 제공

- '도구와 보조공학 접근을 위한 옵션'은 씨앗의 한살이 수업의 여러 가지 도구(예: 확대경, 삽, 호스, 물조리개 등)를 사용함으로써 설명된다. 그러한 도구들은 사람의 능력을 확장시키고, UDL은 운동장애를 가진 학생들도 같은 도구가 필요하다는 것을 상기시킨다. 쉽게 쥐거나 놓을 수 있는 손잡이를 부착하는 등 특별히 제작된 손 도구들은 다양한 수준의 지체장애학생들의 기능적 능력을 보완해 주기 위해 세심하게 고안되어 왔다.
- 씨앗의 한살이 수업은 또한 도구를 선택하고 사용하는 것을 배우는 기회를 제공하는데, 분리된 환경에서의 치료 상황에서가 아니라 학생들이 조직적이고 교육적인 방법으로 자신들의 능력을 보완하는 것을 배울 수 있는 실제적인 과제를 경험하는 것이다.

◈지침 5: 표현기술과 유창성의 선택권 제공

씨앗의 한살이 수업은 학생들이 관찰한 것을 단어, 그림, 사진, 또는 간단한 그래프나 도표로 표현하고 의사소통하도록 독려함으로써 '표현을 위한 매체의 옵션'을 제공한다.

- '단어 벽(word wall)'은 글쓰기가 능숙하지 않은 학생에게 단어의 의미와 철자 쓰기를 도와준다.
- 관찰하는 동안 무엇을 보아야 하는지를 알게 도와주는 체크리스트 역시 글의 구조를 도와주거나 핵심 내용을 상기시켜 주는 기능을 한다.
- 교사는 또한 학생이 관찰 일지를 작성하는 데 직접적인 도움을 주거나 보충 유인물 등을 제공하는 구조화된 지원을 통해 학생이 글쓰기를 시작하고 자신들의 생각을 조직할 수 있도록 돕는다.

◈ 지침 6: 실행 기능 선택권의 제공

- '정보와 자원의 관리를 촉진'하기 위한 외적 스케폴딩은 교실 안에 포함시킬 수 있다. 예를 들어, 교실을 기능적인 구역으로 정리하고, 수업 주제와 관련된 차트, 다이어그램, 모형 등을 벽에 게시하고, 칠판이나 게시판에 일정 등을 부착한다.
- 벽에 게시하는 차트와 다이어그램은 '정보와 자원의 관리를 촉진하는 옵션'의 또 다른 예다. 이러한 방식의 지원은 작동기억의 인지 부하를 줄여 주어 학생들이 학습하는 동안 필요한 정보에 집중할 수 있도록 도와준다.
- '정보와 자원의 관리를 촉진하는 옵션'의 예에는 또한 정보의 기록을 위한 그래픽 조직자와 템플레이트, 노트 필기 안내, 효과적인 조직 방법을 위한 전략 등도 해당한다.

◆ 원리 3: 다양한 방식의 동기 부여 기회 제공

◈ 지침 7: 흥미를 돋우는 다양한 선택권 제공

- '흥미 유도'를 위해서 수업은 주의를 끌 수 있는 것을 보여 주며 시작한다(예, 잘 익고 색깔이 진하며 맛있는 과일).
- 하지만 일부 학생은 손이 지저분해지거나 과일에 알러지가 있는 등의 이유로 과일 탐색

활동에 참여하기를 주저할 수도 있다. UDL은 학생들에게 다음과 같은 예를 선택할 수 있도록 허용한다. 가까운 거리에서 다른 학생(또는 교사)의 활동을 관찰하게 하기, 가정에서 덜 자극적인 조건하에 탐색 활동을 먼저 해 보게 하기, 탐색 활동이 보다 예측 가능하도록 하기 위하여 활동 단계를 나타내는 사진이나 설명을 담은 템플레이트 제공하기, 보다 안전한 장소에서 탐색할 수 있는 기회 제공하기 등.

◈ 지침 8: 지속적인 노력과 실행을 돕는 선택권 제공

- 식물 기르기는 매우 시각적이고 주요 학습 목표를 지속적으로 생각나게 하는 것이다.
- 학생들이 만일 잊어버리거나 다른 활동에 관심을 돌린다면, 식물들은 시들기 시작할 것이며 물, 햇빛, 양분이 필요하다는 것을 확연히 드러내 줄 것이다.
- 식물들의 모습은 도움이 필요하다는 것을 나타내는 것만이 아니라 도움을 주어야 하는 것 자체가 학생들의 학습 목표인 것을 보여 주는 것이다.

◈ 지침 9: 자기조절능력을 돕기 위한 선택권 제공

- 교사는 학생들에게 협동 활동에 참여한 자신을 평가할 수 있도록 루브릭을 나누어 주어 '자기 평가와 반성 개발을 위한 옵션'을 제공한다.
- 평가 루브릭의 수준을 학생의 수행 수준에 맞추어 차별화함으로써 교사는 모든 학생이 충분하고 적절하게 도전감을 가질 수 있도록 보장할 수 있다.

〈표 6-3〉에서 등장하는 수업안은 UDL의 원리와 9가지 지침을 반영하면서도 특별한 테크놀로지의 적용을 하지 않고 있다는 것을 보여 준다. 수업의 전개 전 과정을 통해서 다양한 수업 방법이 나타나는데, 그러한 다양한 수업 방법은 주제 자체를 전개하는 논리는 물론 학생들이 수업에 능동적으로 참여하게 하고 개별적인 수준에서 학습 목표 달성을 가능하게 한다. 수업 전반에 걸쳐 나타나는 교수 · 학습지원은 수업 활동 자체가 본래적으로 지니는 특성상, 다양한 방식의 정보 인식과 활동에의 참여가 보장된다는 것만이 아니라 교사의 지원이 특수교육 분야에서 널리 강조되는 수업 전략임을 알 수 있다. 따라서 UDL의 성패가 곧 잘 짜여진 수업과 효과적으로 입증된 수업 전략의 적용에 있다는 것을 잘 보여 준다. 우리나라 국가수준의 교육과정에서 강조하는 보편적 교수 · 학습 방법은 물론 교과마다의 독특한 교수 · 학습 방법을 제시하고 있다는 점과 2012 개정 특수교육 교육과정이 성취 기준을 제시한 기준지향 교육과정임을 감안한다면 UDL 적용이 특수교육장면에서 충분히 실효성이 있을 것이다.

2) 특수학교에서의 보편적 학습 설계 적용

보편적 학습 설계(UDL)를 통합교육 상황에서의 구체적 실현 방안이라고만 가정하는 것은 UDL의 적용 범위를 제한하는 것이라고 볼 수 있다. Male(2003)은 UDL이 교실에서의 교수 · 학습 방법에 가져다준 생각의 전환 4가지를 제안한 바 있다. 첫째, 일반학생들과 마찬가지로 장애를 가진 학생들도 학습자 다양성의 스펙트럼을 가지고 있다. 둘째, 교사는 단지 장애를 가진 학생들만을 위한 조정이 아니라 모든 학생들을 위한 조정을 해야 한다. 셋째, 교육과정 자료들은 교과서 중심에서 벗어나 교실의 학생들이 보이는 여러 가지 학습 스타일과 요구(needs)에 맞게 다양해야 한다. 넷째, 교육과정을 배울 수 있도록 학생을 조정하려고 노력하는 대신에, 교육과정 자체가 학습자 다양성의 범위를 아우를 수 있도록 융통성을 가져야 한다.

이와 같은 Male(2003)의 제안은 근본적으로 교실 안의 학습자를 동질적인 집단으로 보는 시각에서 벗어나 이질적인 집단으로 인식하는 것이다. 결국 UDL의 본질을 생각해 보면 이질적인 집단을 구성하는 학습자들은 학업 성취 수준에서만 차이가 있는 것이 아니다. 학습 양식(스타일)에서 다르고 교수 · 학습 활동에의 참여 방법도 다르다는 것을 인식하는 것이며, 교과서 중심 또는 교사 중심의 수업에서 학습자 중심으로 관점이 이동하는 구체화된 방법이라고 할 수 있다. 때문에 일반학생이 다수인 통합교육 상황에서의 UDL 적용은 매우 현실적인 방법임엔 틀림없다. 장애학생을 염두에 두기 이전에도 이미 일반학교에 존재하는 수없이 많은 다양성의 특징을 무시하고 획일적 교육을 지향하는 우리나라 교육 현실에 제공하는 시사가 매우 큰 것이다.

이런 차원에서 '통합교육'을 기존에 물리적 통합에서 사회 · 심리적 통합으로 그리고 이젠 교육과정적 통합으로 보는 시각은 당연한 순리다. 하지만 아직도 통합교육을 일반학생과 특수교육대상자의 '통합', 대체로 특수교육대상자를 일반교육 시스템에 '포함'하는 차원으로만 통합교육을 해석하고 이를 위한 UDL의 적용을 생각해 보는 것은 이젠 편협한 것이라 여겨야 한다. '통합'을 '하나로 합하는 통일'하는 것으로 생각하는 것은 '분리'가 지닌 비도덕적이고 비교육적인 차원만을 주시하는 것이고, '포함'의 개념으로 보는 통합교육 역시 특수교육대상자를 일반학생과 같은 교육적 경험을 갖게 하기 위해 '끌어안는' 차원으로 보는 것이므로 역시 충분하지 않다고 본다. 그보다는 더 근본적으로 학습자의 다양성을 인정하고 또 그 다양성을 독려하여 모든 학생이 학교에서 '받아들여지는' 차원에서 통합교육을 바라볼 필요가 있다. 즉, 모든 학생이 보이는 다양성이 충족되는 상황이어야 한다. 그러한 상황이 되었을 때, 장애학생, 특히 중도·중복장애학생이 포함되는 것은 지극히 자연스러운 일이 된다. UDL도 역시 단지 장애학생만을 위한 것이 아니라는 것과도 그 궤를 같이 하는 것이다.

그렇다면 특수학교나 전일제 수업을 하는 특수학급, 또는 특수교육대상자만을 집단으로 구성하여 수업하는 특수학급이 존재하는 현실적인 상황에서도 UDL의 적용이 가능하다. 즉, 특수교육대상자만으로 교실 집단을 구성하는 상황이라면 여기에도 학습자 간의 다양성이 충분히 존재하고, 때론 그 다양성의 차이는 일반학급(통합학급 포함)에서의 그것보다 더 클 수 있다. 더구나 단일 특질을 보인다고 규정하기 어려운 중도·중복장애학생이 함께 있는 상황이라면 그러한 다양성은 더욱 커진다. 우리나라에서는 통합교육 장면이 아닌 교육적 장면에서 '대안'으로서 기본교육과정을 적용한다. 기본교육과정 역시 국가수준의 교육과정으로서 일반교육과정에 '참여하기 어려운' 경우에 적용하는 것이기 때문에 근본적으로 교육과정의 '선택권'을 부여한다고도 해석할 수 있다. 더구나 2012 개정 특수교육 기본교육과정은 모든 학생들이 학습할 공통적인 내용 요소를 담아내고 있다는

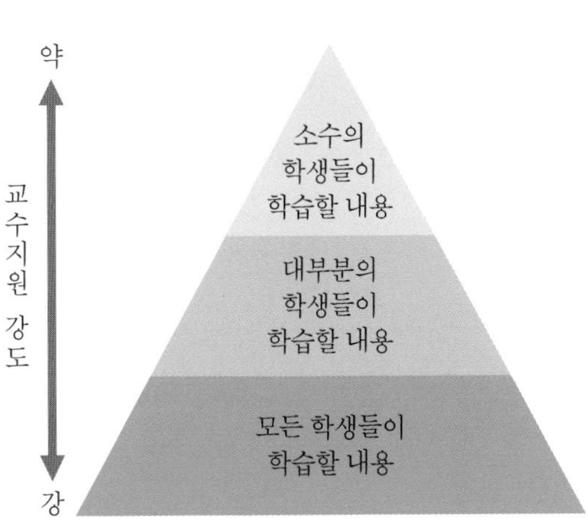

그림 6-1 2012 개정 특수교육 기본교육과정의 성격

점에서 단일한 교육과정 운영의 이점도 동시에 추구한다고도 할 수 있다.

따라서 소위 '분리된 환경'에서 기본교육과정을 이수하는 특수교육대상자가 있는 상황에서 UDL의 적용 가능성을 확장하여 본다는 것은 의미 있는 일이다. 앞서 서술한 대로 UDL이 추구하는 학습자의 다양성을 '수용'하는 차원은 기본교육과정도 당연히 해당되는 것이기 때문이다.

〈표 6-4〉는 2012 개정 특수교육 기본교육과정 사회과를 바탕으로 Conn-Powers(2009)가 사용한 UDL의 원리를 적용하여 수업 지도안을 작성한 예다. 학교 현장에서 흔히 통용되고 있는 수업 지도안의 형식에 각각의 UDL 원리들을 표시하였다. 이 수업에서는 학생 집단을 수준별로 가~라의 집단으로, 그리고 학습 양식에 따라 의도적으로 청각적·시각적·촉각적 학습자로 수업 전개 과정에 따라 나누어 제시하였다.

〈표 6-4〉 기본교육과정 사회과 '지리' 영역 수업의 예

<table>
<tr><td>단원</td><td colspan="2">기후에 따른 주민 생활</td><td>대상</td><td>중학교 3학년 ○반
(○명)</td><td>지도교사</td><td>○ ○ ○</td></tr>
<tr><td>중단원</td><td colspan="2">(3) 우리나라의 자연재해</td><td>일시</td><td>2013.○.○○.
○교시</td><td>장소</td><td>3학년 ○반 교실</td></tr>
<tr><td>학습 주제</td><td colspan="2">여러 가지 자연재해에 대해 알아보기
※[원리 4] 공평한 교육과정</td><td>차시</td><td>10/12</td><td>쪽수</td><td>사회(다)교과서
○○~○○쪽</td></tr>
<tr><td rowspan="4">학습 목표
※[원리 5]
성공지향
교육과정</td><td>가</td><td colspan="5">우리나라에서 자주 발생하는 자연재해의 종류와 그로 인한 피해를 설명할 수 있다.</td></tr>
<tr><td>나</td><td colspan="5">우리나라에서 자주 발생하는 자연재해의 종류와 그로 인한 피해 모습의 사진을 AAC 기기에서 찾을 수 있다.</td></tr>
<tr><td>다</td><td colspan="5">우리나라에서 자주 발생하는 자연재해의 종류와 그로 인한 피해 모습의 사진을 연결할 수 있다.</td></tr>
<tr><td>라</td><td colspan="5">우리나라에서 자주 발생하는 자연재해의 모습의 사진을 선택할 수 있다.</td></tr>
<tr><td>교수·학습
방법
※[원리 3]
다양한 방식
의 참여</td><td colspan="6">*학습조직: 전체→소집단→개별→전체
*학습 활동: 협동 학습
*학습매체: 시청각 학습, 시사 자료 활용 학습</td></tr>
<tr><td>교수·학습
자료
※[원리 6]
적합한 환경</td><td colspan="6">전시학습 사진, 칩톡, 영화 편집 영상, 자연재해 사진 자료, 자연재해 PPT, 자연재해 방 이름표, 자연재해 뉴스 영상, 자연재해 피해 문장카드, 자연재해 피해 모형</td></tr>
</table>

단계	학습 내용	교수 · 학습 활동					시간	자료 및 유의점
		교사 활동	학생 활동					
			가	나	다	라		
도입	전시 학습 상기	■ 전시 학습 상기하기 • 지난 시간에는 지역에 따른 강수량의 차이를 살펴보았어요. 지역에 따라 어떤 차이가 있었나요?	◆ 지난 시간에 배운 것 발표하기 ※[원리 2] 다양한 방식의 표현				5′	자) 전시 학습 사진, 칩톡
			-우리나라 강수량은 북쪽보다 남쪽이 많고, 해안 지역이 내륙 지역보다 강수량이 많아요.	• 칩톡을 이용해서 관련 사진을 누른다.	• 관련 사진을 손으로 가리킨다. -비 -눈	• 강수량에 따른 지역 생활의 모습 사진을 선택한다.		
	동기 유발	■ 동기 유발하기 • 영화 〈하드레인〉의 한 장면이에요. 어떤 장면인가요?	◆ 영화의 한 장면 감상하기 -비가 많이 왔어요. -집이 물에 잠겼어요.				3′	자) 영화 편집영상
	학습 문제 확인	■ 학습문제 제시하기 • 우리나라에서도 여러 가지 자연재해가 발생하곤 해요. 우리나라에서 자주 발생하는 자연재해에는 어떤 것이 있으며, 그로 인한 피해는 어떠한지 알아보도록 해요.	◆ 학습문제 파악하기 우리나라에서 자주 발생하는 자연재해의 종류와 그로 인한 피해 알아보기				2′	

<table>
<tr><th rowspan="3">단계</th><th rowspan="3">학습 내용</th><th colspan="4">교수 · 학습 활동</th><th rowspan="3">시간</th><th rowspan="3">자료 및 유의점</th></tr>
<tr><th rowspan="2">교사 활동</th><th colspan="3">학생 활동</th></tr>
<tr><th>시각형 학습자</th><th>청각형 학습자</th><th>촉각형 학습자</th></tr>
<tr><td rowspan="4">전개</td><td rowspan="4">활동 1</td><td rowspan="2">■ 자연재해의 뜻 알아보기
• 자연재해란 우리의 생활에 큰 피해를 줄 수 있는 호우, 가뭄, 태풍, 폭설 등을 말해요.</td><td colspan="3">◈ 자연재해의 뜻 알아보기
※[원리 1] 다양한 방식의 표상</td><td rowspan="4">10′</td><td rowspan="4">자)자연재해 PPT, 호우방 이름표, 호우 뉴스 영상, 호우 피해 문장 카드

유)모둠별 코너학습을 하기 전 교사의 시연을 통해 가뭄, 태풍, 폭설 코너학습의 과정 단계를 자연스럽게 보여준다.</td></tr>
<tr><td>• 중요한 부분에 그래픽이나 색상이 강조되어 있는 자연재해 파워포인트 프레젠테이션을 살펴본다.</td><td>• 자연재해 파워포인트 프레젠테이션의 내용에 대한 교사의 구어적 설명(혹은 녹음된 오디오 파일)을 듣는다.</td><td>• 자연재해 파워포인트 프레젠테이션을 조작해본다.</td></tr>
<tr><td rowspan="2">■ 호우와 피해 모습 알아보기
• 여러분이 자연재해에 대해 살펴볼 수 있도록 4개의 코너 방을 설치했어요. 첫 번째 코너 방은 '호우방'이네요. 선생님과 함께 '호우방'에 들어가 볼까요?
• 호우란 무엇인가요? 호우가 나면 어떤 피해가 생기게 되는지 여러 가지 자료를 통해서 찾아보아요.</td><td colspan="3">◈ '호우방'에서 호우의 피해 모습 알아보기(전체 학습+시연)</td></tr>
<tr><td>• '호우방'에 들어간다.
• 뉴스 영상을 시청한다.
• 피해 모습을 설명하는 문장 카드를 읽는다.
• 호우의 피해 모습을 보여 주는 모형을 작동해 본다.</td><td>• '호우방'에 들어간다.
• 피해 모습을 설명하는 문장 카드를 읽는다.
• 호우의 피해 모습을 보여 주는 모형을 작동해 본다.
• 뉴스 영상을 시청한다.</td><td>• '호우방'에 들어간다.
• 호우의 피해 모습을 보여 주는 모형을 작동해 본다.
• 뉴스 영상을 시청한다.
• 피해 모습을 설명하는 문장 카드를 읽는다.</td></tr>
</table>

전개	활동 2	▣ 가뭄, 태풍, 폭설과 피해 모습 알아보기 • 이번에는 모둠 친구들과 다른 코너들을('가뭄방' '태풍방' '폭설방') 찾아가 볼까요? 각 코너에서 각자가 살펴보고 싶은 자료를 선택해서 자연재해의 종류별 피해에 대해 알아보도록 해요.	◈ 각 코너에서 가뭄, 태풍, 폭설의 피해 모습 알아보기(소집단 학습) ※[원리 3] 다양한 방식의 참여 • 가뭄 관련 뉴스 영상을 시청한다. • 태풍 관련 뉴스 영상을 시청한다. • 폭설 관련 뉴스 영상을 시청한다.	• 가뭄 피해 모습을 설명하는 문장 카드를 완성한다. • 태풍 피해 모습을 설명하는 문장 카드를 완성한다. • 폭설 피해 모습을 설명하는 문장 카드를 완성한다.	• 가뭄의 피해 모습을 보여 주는 모형을 작동해 본다. • 태풍의 피해 모습을 보여 주는 모형을 작동해 본다. • 폭설의 피해 모습을 보여 주는 모형을 작동해 본다.	15′	자)각 코너방 이름표, 자연재해별 뉴스 영상, 자연재해별 피해 문장 카드 유)학생들이 각자 선호하는 학습 양식에 따라 자유롭게 자료를 선택할 수 있도록 허용한다.

단계	학습 내용	교수 · 학습 활동					시간	자료 및 유의점
		교사 활동	학생 활동					
			가	나	다	라		
정리	정리 활동	▣ 학습 내용 정리 및 활동 반성하기 ※[원리 2] 다양한 방식의 표현 • 우리나라에서 자주 발생하는 자연재해의 종류별 피해를 정리해 보아요.	• 자연재해의 종류와 피해 모습을 친구들에게 설명한다.	• 자연재해의 종류와 피해 모습의 사진을 칩톡을 통해 찾는다. (선택한 사진의 내용이 음성 출력되도록 한다.)	• 자연재해의 종류와 피해 모습의 사진을 연결한다.	• 친구들에게 보여 주고 싶은 자연재해의 종류와 피해 모습이 담긴 사진을 선택한다.	8′	자)자연재해 피해 사진 유)배운 것을 각 학생 나름의 방법으로 표현할 수 있는 다양한 기회를 제공한다.

정리	차시 예고	■ 차시 예고 • 다음 시간에는 이러한 자연재해를 극복하기 위한 노력에 대해 알아보자.	• 차시 예고에 대한 설명을 듣는다.	3′	유)시각적 학습자를 위해 그림을 함께 제시하면 좋다.

이와 같이 통합학급 수업 장면과 기본교육과정만을 적용할 가능성이 큰 특수학교에서의 수업 장면을 사례로 제시하였다. 이 사례들은 UDL의 근간이 되는 3가지 원리들이 구체적인 수업 주제와 실제 수업 장면에 어떻게 적용되는 지를 보여주고 있다. 수업 내용을 학생에게 전달하는 방법, 학생이 학습하는 전반적인 과정에서 표현하는 방법, 그리고 교사와 학생 간의 적극적인 상호작용(즉, 학생의 다양한 수업 참여 방법)이 UDL의 핵심으로서 보편적 설계 원리에서 출발하여 보편적 교수 설계를 포괄하는 것임을 나타내는 것이다. Thoma, Bartholomew와 Scott (2009)은 이와 같은 UDL의 특성을 매우 다양한 교육장면에 적용하는 방법을 [그림 6-2]과 같이 정리하여 제시하였다. 이 그림은 UDL이 관념적이고 이상적인 것이 아니라 수업 과정을 성공적으로 이끄는 수업의 실제로서 표현되는 것이어야 함을 정리한 것으로 이해할 수 있을 것이다.

UDL이 가지는 교육적 효용성은 비단 통합교육을 실천하는 구체적인 방법의 차원을 넘어서 어떤 교실에서나 존재하는 학습자의 다양성에 적극적으로 부응하고 또는 학습자의 다양성을 독려해야 한다는 점에서 특수교육에 제공하는 시사가 크다. 특히 개인 간의 차는 물론 개인 내 차 역시 단순장애학생보다 크다고 여겨지는 중도·중복장애학생들에게 교육과정에의 접근을 위한 UDL 원리의 적용은 무척 필요하다. UDL의 과제가 보다 실천성을 확보하여 실제적인 효과를 보일 수 있도록 하여야 한다는 점에서라도 교과 수업 장면에서 증거에 기반한 교수·학습 방법을 얼마나 잘 융합시키느냐가 UDL 성공의 관건이 될 수 있다. 특히 중도·중복장애학생들이 이수하게 될 가능성이 큰 기본교육과정의 내용 수준 확장과 학습 요소 자체의 수준 심화는 특수교사에게 높은 수준의 교과 지식(content knowledge)을 요구할 뿐만 아니라 매우 다양한 개별적 학습 요구를 지닌 중도·중복장애학생들을 가르칠 수 있는 효과적이고 효율적인 교수능력이 요구된다. UDL의 성공적인 적용이 그 한 방편이 될 수 있을 것이다.

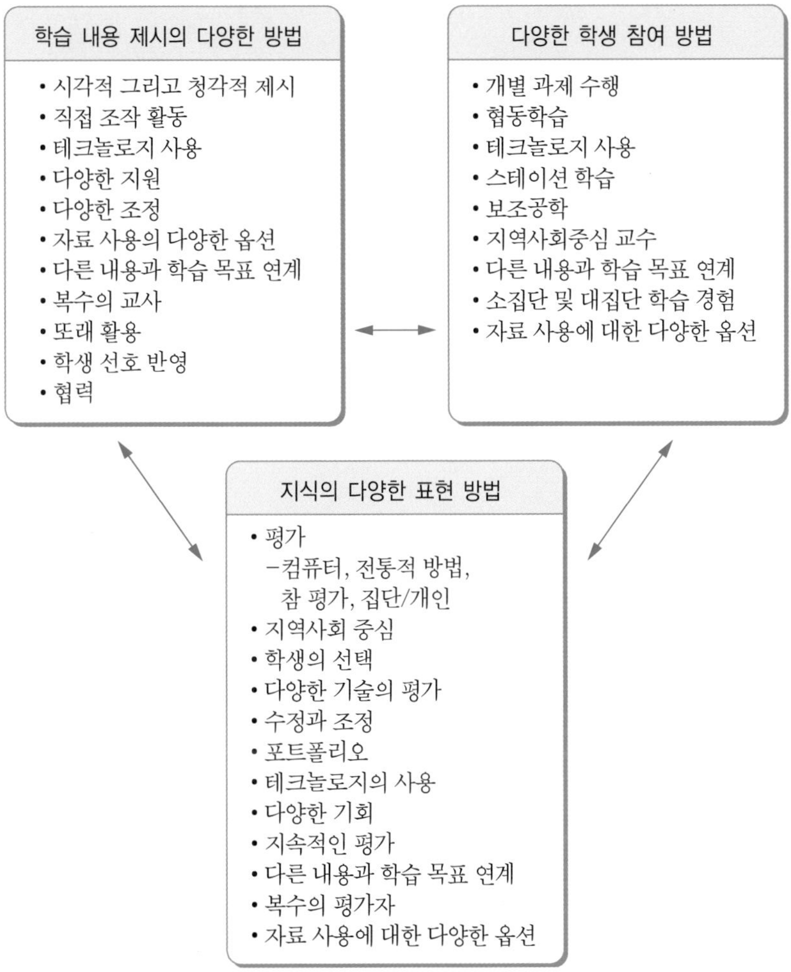

그림 6-2 보편적 학습 설계의 수업 장면 적용

학습문제

1. 보편적 학습 설계의 개념을 보편적 설계에 비추어 논하시오.

2. 보편적 학습 설계의 구체적인 원리와 이것의 적용 사례를 제시하시오.

3. 보편적 학습 설계가 중도 · 중복장애학생 교육에 필요한 이유를 논하시오.

제 2 부

중도 · 중복장애학생을 위한 실제적 접근

제 7 장

의사소통 지도

중도 · 중복장애학생과의 의사소통은 특히 어렵다고들 말한다. 그 이유 중 하나는 상대와의 상호작용이나 주변 상황의 변화에 대한 그들의 반응이 일반적인 방법과는 다르기 때문이다. 중도 · 중복장애학생의 반응은 미약하고 근긴장을 수반한 경우도 많으며 시간도 매우 오래 걸린다. 이러한 때에 상대방은 무엇을 단서로 그들의 행동과 의도를 이해하면 좋을지 몰라 불안하고 당황하게 되며, 그에 따라 상호작용의 빈도는 점점 줄어들기 쉽다. 그것은 중도 · 중복장애학생측도 마찬가지다. 그러므로 중도 · 중복장애학생을 위한 의사소통지원을 행하기 위해서는 그들의 사소한 행동 하나하나까지도 이해하려는 시점이 필요하고 그들이 이해할 수 있는 상호작용을 시도하고 지원해야 한다. 이 장에서는 중도 · 중복장애학생의 의사소통 특성 및 평가 방법에 대하여 간략하게 살펴보고, 현장에서 유용하게 활용될 수 있는 중도 · 중복장애학생을 위한 다양한 의사소통 지도 방법에 대하여 다루어 보기로 한다.

1. 의사소통 특성

의사소통은 우리가 정의하려는 단어 중에서 가장 범주가 넓은 단어다. 의사소통은 의사소통 참여자들이 정보와 사상, 필요와 욕구들을 교환하는 과정이라고 정의할 수 있다(Owens, 2005). 의사소통이 성립하기 위해서는 다음의 4가지 요소가 필요하다. 첫째, 메시지를 보내는 사람, 둘째, 메시지를 받는 사람, 셋째, 의사소통을 하기 위한 공통 의도, 넷째, 의사소통을 위한 공유 수단이다. 이 요소들이 모두 충족될 때 의사소통이 이루어진다. 하지만 하나 또는 그 이상의 요소들이 빠질 경우에는 의사소통에 실패를 초래하게 된다. 또한 말과 언어는 의사소통에 사용될 수 있지만 의사소통에 필수적이라고 하기는 어렵다. 의사소통은 말이나 언어가 사용되지 않고도 행해질 수 있다. 그리고 언어 역시 말로 표현될 수 있고 말로 표현되지 않을 수도 있다. 즉, 말은 언어 및 의사소통을 위해서 사용되기도 하지만 비언어적 발화도 충분히 가능하다(Kuder, 2008).

1970년대 후반 이래 영유아 언어발달 연구를 통하여 전언어기의 의사소통행동이 음성언어 획득의 전제가 된다는 사실이 밝혀졌다. 언어 습득에 대하여 Chomsky는 인간에게는 생득적인 언어습득장치(LAD)가 장착되어 있다고 주장하였다. 그러나 이 언어습득장치는 주위로부터의 적절한 언어 입력을 수용하여 작동되는 것이라고 하였다. 또한 Bruner는 이와 같은 언어습득장치를 작동시키는 언어 획득 원조 시스템(LASS)에 대하여 제안하였고, Snow와 Ferguson은 성인의 언어 입력은 대부분 짧고 단순하며 문법적이고 반복이 많은 점 그리고 발음이 명확하고 운율변화가 풍부한 점 등을 발견하고 이러한 특징들이 아동의 언어습득을 촉진하는 요소라고 주장하였다.

중도 · 중복장애학생의 언어 및 의사소통 발달의 일반적 특성을 살펴보면 주로 발달의 비연속성을 나타내고, 타인과의 상호작용에서 요구되는 제스처, 음성 모방, 상징 이해, 언어 이해 등의 영역보다 사물 또는 반구체물에 대한 흥미나 반응을 더 보이는 것이 특징이라고 할 수 있다(최현화, 2001). 또한 중도 · 중복장애학생은 상대방의 의사소통 의도를 파악하지 못하기 때문에 적절하게 반응하기 어렵고, 일반적으로 통용될 수 있는 표현 수단을 가지고 있지 않기 때문에 타인과의 의사소통에 상당한 어려움을 나타낸다. 대다수의 사람들은 중도·중복장애학생이 보이는 비합리적이고 미약한 표정이나 몸짓 등에 의미가 있을 것이라 생각하지도 기대하지도 않기 때문에 무의미한 행동으로 간주하거나 근긴장 또는 호흡 이상으로 초래된 움직임 혹은 문제행동 정도로 인식하는 경우가 많다(이숙정, 2007). 이처럼 중도·중복장애학생이 표출하는 다양한 의사소통 의도가 무시되는 연속적인 경험 속에서 그들은 타인과 의미 있는 관계형성에 손상을 입게 되고, 그로 인한 외부세계 및 사람과의 상호작용 부재는 언어적·비언어적 의사소통을 더욱 힘들게 하는 등의 악순환이 반복된다.

한편 중도·중복장애학생의 비상징적 의사소통에는 몸짓, 얼굴표정, 신체 움직임, 눈짓, 소리내기, 독특한 행동, 비형식적 행동, 문제행동 등이 있다(Allen et al., 2007). 다시 말해, 중도·중복장애학생은 자신만의 고유한 신호와 몸짓 등을 이용하여 의사소통하고 있으며, 대화상대자들이 그들의 몸짓이나 신호를 의미 있게 해석하고 이해하는 방식으로 효과적인 의사소통이 가능하다. 따라서 중도·중복장애학생과의 의사소통을 위해서는 의사소통의 기능적인 측면도 중요하지만 그 이전에 타인과의 상호작용을 위한 관계형성이 선행되어야 하며 이러한 관계형성이 이루어질 때 비로소 다양한 의사소통 기능이 확장될 수 있다(주해영, 2008).

박미정(2012)은 중도·중복장애학생의 의사소통 특성을 다음의 4가지로 정리하였다. 첫째, 구강을 포함한 전반적인 신체 움직임이 제한되어 있어 자연스러운 의사소통 상황에서 자발적인 의사표현이 어렵고 주변의 소리자극에 반응하는 능력이 부족하다. 둘째, 자발적인 의사표현이 어려워 상호작용에서 매우 수동적이고 상대에게 어떤 것을 요구하는 능력이 부족하다. 셋째, 자기자극 행동이나 부적절한 행동으로 의사소통 기능을 대체하는 경향이 있으며 상대방의 지시에 따라 행동으로 옮기는 능력이 부족하다. 넷째, 말하는 사람에게 주의집중하는 능력이 부족하다.

이와 같이 중도·중복장애학생은 전반적인 의사소통에 있어서 곤란을 나타내지만 몸짓신호나 타이핑, 그림카드 지적하기 등과 같은 원시적인 의사소통기술을 몸에 익히면 의사전달이 가능한 경우도 있다. 그리고 사물이나 사건 자체에 주의를 기울이거나 단순히 자신의 목적에 필요한 행위를 요구하거나 생활 속에서 필요한 단순한 언어를 사용하는 등, 극히 초보적인 범위 내에서 의사소통할 수 있는 언어를 사용하기도 한다(여문환, 임성혜, 2002).

2. 의사소통 평가

중도 · 중복장애학생 역시 그들의 요구에 부합하는 적절한 의사소통 지도를 유용하게 제공해 주기 위해서는 폭넓고 광범위한 평가를 실시하여 그들이 지니고 있는 능력과 지도 성과를 확인하고 이를 교육적으로 활용하는 작업이 필수적이다. 그러나 중도 · 중복장애학생의 경우 하나의 단일 평가체계로는 정확한 평가를 내리기가 불가능하고 표준화된 특정 검사를 실시하더라도 주로 검사 불가라는 결과가 나오는데, 이는 검사 규준의 범위가 중도 · 중복장애학생이 가진 기능이나 기술을 포함할 정도로 충분하지 않기 때문이다(한경근, 이미경, 박윤정, 2009). 그런 까닭에 현재로서는 중도 · 중복장애학생의 언어 및 의사소통 능력을 평가하기 위하여 표준화된 검사 항목의 일부만을 적용하거나 관찰이나 부모 및 교사 의견을 중심으로 한 비형식적 평가에 의존하는 경향이 강하다.

중도 · 중복장애학생의 의사소통 평가는 구문론이나 형태론과 같은 언어의 형식적인 측면보다는 화용론적 기능의 발달에 중점을 두는 것이 중요하다. 이를 위하여 학생에 대한 구체적이고 실질적인 정보를 제공해 줄 수 있는 친밀한 양육자 및 형제자매, 교사 등에 대한 면담을 실시하거나 자연스러운 상황에서 학생의 상호작용행동이나 의사소통 수단 등을 관찰할 수도 있다. 또한 의사소통 샘플을 수집하기도 하는데, 이때 유의할 점은 학생이 먼저 의사소통을 시도하거나 상호작용에 참여할 수 있도록 만드는 상황이나 맥락은 무엇인지도 평가 내용 속에 포함시켜야 한다는 것이다. 그리고 의사소통 평가를 위하여 하루 일과 활동 중의 자유놀이장면이 이용될 수 있으나 이러한 경우에도 중도 · 중복장애학생은 다양한 의사소통 행동을 시작하는 풍부한 기회를 가질 수 있도록 환경을 구성하는 것이 바람직하다. 예를 들어, 만약 학생이 의사소통을 전혀 시도하지 않는다면 학생이 좋아하는 장난감을 학생의 손이 닿지 않는 높은 선반 위에 올려 두거나 학생이 평소 흥미를 가지고 있는 강화물은 교사의 옆에 두고 다른 물건을 건네 주는 등의 의도적인 상황을 설정할 필요가 있다.

그리고 중도·중복장애학생의 의사소통 평가에서 주의를 기울여야 할 것은 역동적인 평가가 이루어지도록 해야 한다는 사실이다. 역동적 평가에서는 평가와 지도가 단계적으로 구분되지 않고 반복적으로 병행되며, 이를 통하여 학생이 자신의 잠재능력을 최대한 발휘할 수 있도록 지원한다. 이때 평가자가 제공하는 단서와 지원은 중도·중복장애학생의 의사소통능력과 교사에게 요구되는 비계 정도를 판단하는 발판이 된다.

중도·중복장애학생의 의사소통 평가를 위한 기본적인 원칙은 다음의 4가지로 정리될 수 있다. 첫째, 놀이중심 평가로서 구조화 또는 비구조화된 장면과 활동 속에서 학생이 표현하고 반응하는 모든 의사소통 관련 행동과 수단 등을 목록화한다. 둘째, 연속적인 평가로서 의사소통 지도와 평가가 주기적으로 반복되어 평가 내용이 지도 활동에 즉각적으로 반영되도록 한다. 셋째, 일상적 장면에서의 평가로서 중도·중복장애학생이 생활하고 있고 자연스럽고 일상적인 장면과 활동 속에서 자발적이고 실제적인 의사소통 기능 및 기능의 우선순위 등을 파악한다. 넷째, 친밀한 사람들과의 상호작용을 통하여 중도·중복장애학생의 의사소통능력을 평가한다. 평가자와 학생의 일대일 상황에서 이루어지는 평가는 학생의 현행 수준이나 잠재능력을 파악하는 데 다소 제한적이다. 중도·중복장애학생이 자신이 가진 능력을 최대한 발휘할 수 있도록 평가 환경을 구성해야 한다. 다섯째, 팀 접근을 통한 평가가 이루어져야 한다. 중도·중복장애학생의 부모, 특수교사, 언어치료사, 물리치료사, 작업치료사 등 각 분야 전문가들이 협력하여 모든 평가 단계와 절차를 공유하고 단일 의사결정 체제를 수립할 수 있는 초학문적 팀 접근을 통한 평가가 요구된다.

한편 매우 제한적이지만 최소한의 언어능력을 가진 중도·중복장애학생에 대해서는 표현언어 샘플을 수집하여 언어 산출능력을 평가할 수 있다. 만일 학생이 한 단어로 말을 한다면 평가자는 학생의 표현 어휘에서 단어의 수와 유형을 알고자 할 것이다. 그러나 언어 샘플만으로 학생이 알고 있는 모든 단어들을 파악할 수 있다고 기대하는 것은 무리다. 따라서 이러한 정보를 수집하는 가장 좋은 방법은 중도·중복장애학생과 대부분의 시간을 함께 보내는 부모와 교사를 활용하는 것이다. 대다수의 경우 평가자는 정보 제공자에게 학생이 일관되게 말하는 단어를 묻거나 단단어 시기에 흔히 보이는 여러 단어의 목록이 담겨 있는 어휘 체크리스트를 작성하도록 요구할 것이다. 이를 통하여 중도 · 중복장애학생이 주로 생활하는 각 상황에서 일반적으로 산출하는 표현언어에 대한 평가가 가능하다. 또한 수용언어에 대해서도 동일한 방법으로 자료가 수집될 수 있다. 단단어 시기에 있는 중도 · 중복장애학생의 언어 및 의사소통 능력을 평가하기 위하여 정보 제공자를 활용하는 방법은 상당히 신뢰성 있고 타당성이 있다고 보고되고 있다(유경, 정은희, 허명진, 2010).

3. 의사소통 지도의 기본 원칙

중도 · 중복장애학생의 교육을 시행하는 데 있어서 교사가 느끼는 가장 곤란한 점은 학생과의 의사소통이다. 중도 · 중복장애학생과 의사소통의 어려움은 첫째, 교사의 상호작용에 대한 학생의 반응이 미세하거나 표출빈도가 현저하게 적다는 점 둘째, 학생의 반응이나 표출이 약하기 때문에 교사에게 전달되지 못하거나 간과하기 쉬운 점 셋째, 학생의 표현이 수의적인가 불수의적인가의 판단이 어려운 점 등으로 정리될 수 있다. 이처럼 중도 · 중복장애학생과의 의사소통의 어려움은 단순히 교사와의 의사소통을 곤란하게 할 뿐만 아니라 외견상의 판단만으로 마치 그들에게 의사소통능력 자체가 결여되어 있다고 오인하게 만들어 버릴 위험성을 내포하고 있다. 동시에 중도 · 중복장애학생들은 자신이 일으킨 행동이 주변 사람들에게 영향을 미치는 경험을 하기 어렵다. 그리고 심해지면 환경에 대한 상호작용 자체도 적어지고 이러한 상황은 주변 사람에게 있어서도 그들과의 관계 기회를 감소시키는 요인이 된다. 따라서 이와 같은 상황의 발생을 사전에 예방하기 위하여 고민하는 것은 중도 · 중복장애학생의 의사소통 지도에 있어서 중요한 목적이 될 수 있다.

중도 · 중복장애학생의 의사소통을 지도함에 있어서 고려하여야 할 과제는 다음과 같다. 첫째, 몸짓이나 발성, 신체접촉 등에 의한 표현 활동을 촉진한다. 몸짓이나 발성, 신체접촉 등의 표현 활동은 타인에 대한 보다 적극적인 관계를 자기 내에서 동기부여하는 매개가 된다. 그러나 이때 주의해야 할 점은 교사는 같은 동작을 수행하더라도 학생 본인의 움직임 방향이나 표출하고자 하는 의사를 확인하면서 반복적으로 안내하고, 하나하나의 동작을 학생 자신이 체험하며 축적해 나갈 수 있도록 지도해야 한다는 것이다. 둘째, 쓰기 및 그리기 등에 의한 표현활동을 도모한다. 물론 쓰기 및 그리기 등을 통한 자기표현 활동은 초기 학습 단계에서는 매우 곤란하지만 쓰거나 그리는 행위는 자기의 존재를 명확하게 하고 타인과의 관계를 더욱 확장시키는 학습의 장이 될 수 있다.

한편 고은(2012)은 중도 · 중복장애학생의 의사소통 지도를 위한 기본 원칙을 다음과 같이 제시하였다. 첫째, 구체적이고 명확하고 시각적이어야 한다. 둘째, 문장보다는 단어로 요약하여 전달한다. 셋째, 일상생활에서 자주 사용되는 어휘로 하되 가급적 행동과 함께 보여 준다. 넷째, 언어자극이나 그 밖의 청각적인 자극들은 최소화한다. 특히 TV나 라디오, 심지어 명상음악까지도 언어적 정보 수용을 방해하고 집중력을 떨어뜨릴 수 있으므로 무관자극을 제거한다. 다섯째, 시각적 · 촉각적 자극을 함께 제공하는 등 다양한 감각자극을 활용한다. 여섯째, 반복학습을 수행한다. 일곱째, 자연스러운 환경 속에서 중재를 제공하고 상황적 맥락에 의존한 의사소통을 활용한다.

중도 · 중복장애학생의 발달 초기 단계에서 기본적인 지도 목표의 가장 첫 번째는 자발적 움직임을 촉진하는 것 둘째, 사람과의 관계를 형성시키는 것으로서 이른바 초보적 의사소통에 관한 것이다. 중도 · 중복장애학생은 외부세계의 사물이나 사람에 대하여 자발적인 행동을 표출하는 것이 곤란하기 때문에 초기 단계에서는 외부세계의 사물이나 사람과의 상호작용을 촉진하기 위하여 학생의 요구에 따른 지도 목표와 내용을 설정하는 것이 중요하다. 예를 들어, 시각이나 청각 등의 감각장애를 수반한 중도 · 중복장애학생의 경우에는 신체 각 부위를 통하여 외부세계와의 접촉을 꾀하고 대상의 구분이나 형태 및 크기의 분별 등과 같은 세심한 교육적 지원이 요구된다(大沼, 2009).

특히 극도의 근긴장과 함께 운동장애를 수반한 중도 · 중복장애학생의 경우에는 직접적으로 외부세계의 사물과·사람에 접촉하기 이전에 심신의 긴장을 점차적으로 완화시켜 가면서 지도 목표를 조직하는 것이 중요하다. 아울러 난치성 간질을 수반한 경우에도 주위의 사물에 대한 대응이 극히 곤란한 사례가 많기 때문에 외부세계의 대상에 반복적으로 접근시켜 언어자극을 제공하면서 교육적 지원을 도모할 필요가 있다. 또한 보호자를 중심으로 한 가족관계를 기본적인 관계로서 우선시하지 않으면 안 되는데 왜냐하면 어머니와 학생과의 의사소통 성립은 인간 관계를 발달시키는 토대가 되기 때문이다.

따라서 중도 · 중복장애학생의 의사소통 지도에 있어서는 주변 사람에 대한 관심 가지기에서 시작하여 직접적으로 자신에게 상호작용해 오는 사람들에 대한 적절한 반응이라는 자발적인 행동 표출에 초점을 맞추어 점진적으로 관계를 확장시켜나가는 것이 중요하다. 중도 · 중복장애학생의 의사소통 지도를 위한 주요 목표 및 내용은 다음과 같다. 첫째, 상대방의 얼굴을 응시한다. 둘째, 상대방의 부름에 뒤돌아본다. 셋째, 상대방의 상호작용에 웃음을 보인다. 넷째, 사람에게 안겨 미소를 짓는다.

4. 의사소통 지도 방법

삶의 질을 중요시하는 차원에서 스스로의 요구와 의사를 다양한 수단을 통하여 상대에게 전달하는 것은 중도 · 중복장애학생의 교육에서 우선적인 과제다. 이를 위해 외부세계로부터 적당한 감각자극 특히, 청각, 촉각, 고유 감각, 전정감각을 자극함으로써 중도 · 중복장애학생의 운동 분화 및 감각 활용뿐만 아니라 의사소통과 표현행위 등의 가능성을 촉진할 수 있다. 주변 사람과의 의사소통을 활성화하기 위한 목표는 중도 · 중복장애학생의 자기행동 조절 기능을 향상시키는 것과 밀접한 관련성이 있다. 예를 들어, 자기 주변에 있는 사람의 존재를 인식하고 그 사람에게 자신의 감정대로 원하는 행동을 어떠한 수단을 사용하여 의사 표현할 수 있게 되는 것은 자기 자신의 행동 조절이 보다 고차화되어 감을 의미한다. 또한 자신과 타인과의 상호작용 및 의사소통이 점차로 확장되는 과정 속에서 울기, 웃기, 화내기 등의 기본적인 감정의 분화가 발생하며, 다음으로 사람에 대한 애착 행동이 나타난다(大沼, 2009).

유경, 정은희, 허명진(2010)은 제한된 언어를 가진 중도 · 중복장애학생의 의사소통능력을 증진시키기 위하여 다음의 3가지 영역을 강조하고 있다. 첫째, 치료 유형은 구조화된 것에서부터 학생 중심적인 것까지 연속선상에서 다양하게 적용한다. 이러한 연속선의 한쪽 끝은 인위적인 유형이고 다른 쪽 극단은 자연스러운 것이다. 즉, 작은 치료실에서 학생을 훈련하는 것은 인위적인 것이고, 학급에서 교과 활동 중 개별 치료 과제를 수행하는 것은 보다 자연스러운 것이라 할 수 있다. 둘째, 지도 시 교사에 의해 수행되는 목표다. 교사는 언어 자체에만 집중하는 것이 아니라 언어 습득의 바탕이 되는 요소들에도 관심을 두어야만 한다. 다시 말해, 언어적 목표와는 별도로 혹은 언어적 목표와 함께 생물학적 · 인지적 · 의사소통적 의도 및 사회적 상호작용 등에 목표를 둔다. 셋째, 특정 학생의 의사소통 방법은 말을 사용할 수도 있고, 그렇지 않을 수도 있다. 그러므로 교사는 운동적 · 인지적 · 정형외과적 또는 다른 장애물로 인하여 어떤 학생에게는 말 메커니즘을 통한 의사표현이 현실적이지 않다는 것을 팀의 다른 구성원들과 함께 협력해서 결정해야 한다. 이러한 경우에 학생은 몸짓체계, 의사소통판, 그림 교환시스템 또는 의사소통 및 상호작용을 위한 목적의 전자 보조장치 등을 사용할 수 있다.

한편 중도 · 중복장애학생의 의사소통능력 향상을 위한 주요 전략의 기본은 표현양식이 무엇이든 학생의 기능에 적합하게 의사소통을 지도하는 것이다. 구체적으로는 첫째, 자연스러운 가정, 학교, 지역사회 등의 환경 속에서 학생 중심의 상호작용에 초점을 둔다. 둘째, 반응적이고 비지시적인 체계적 교수를 사용한다. 셋째, 초기 의사소통능력의 향상을 위하여 시간지연, 요구 모델, 우발교수 등과 같은 자연적 교수절차 및 중재전략을 사용한다. 넷째, 이해하기 어려운 특이한 몸짓에 대하여 일관성 있는 반응을 하기 위하여 의사소통 사전을 사용한다. 다섯째, 스크립트 일과를 사용한다(Snell & Brown, 2006).

중도 · 중복장애를 가진 대표적 인물인 헬렌 켈러의 사례를 살펴보면, 설리번 선생님은 농 · 맹 중복장애를 가진 헬렌 켈러의 손에 직접 물을 부어 촉각적으로 '물'을 지각하게 한 다음, 곧바로 그녀의 손바닥에 '물'이라 써 줌으로써 실제의 '물'과 언어 '물'을 대응시키는 지도를 행하였다. 이처럼 중도 · 중복장애학생의 경우 장애 유형에 따른 특성과 정도가 각양각색이기 때문에 개별 학생 한 사람 한 사람의 요구에 적절하게 대응할 수 있는 다양한 접근을 통한 지도 방법이 필요하다. 다음에서는 중도 · 중복장애학생에게 적용될 수 있는 여러 가지 의사소통 지도 방법에 대하여 소개해 보기로 한다.

1) 자연적 교수

자연적 교수는 사회적 의사소통에 기초를 두고 있다. 다시 말해, 사람과 사람이 사회적 상호작용을 하면서 의사소통을 하려는 목표를 공유할 때 교수가 발생한다고 가정한다. 예를 들어, 교사가 중도 · 중복장애학생과의 상호작용을 돕거나 모델링, 촉진, 의사소통 단서 등을 제공함으로써 학생과 의사소통의 의미를 나눈다. 일반적으로 사회적 의사소통은 구어를 사용하는 언어적 형태이지만 제스처 및 표정 등과 같은 비구어적 형태를 통하여서도 이루어질 수 있다. 자연적 교수에서는 중도 · 중복장애학생이 현재 사용하는 의사소통 형태와 방법에 반응하여 이를 점차 확장해 나감으로써 효과적인 사회적 의사소통을 지원한다. 한편 의사소통 지도에서 자연적 접근은 중도 · 중복장애학생에게 구체적인 기술을 가르치는 데 사용되어 온 행동주의적 교수 원리에 기초를 두고 있다. 중도 · 중복장애학생에게 기능적 의사소통기술을 가르치기 위해서는 실용적인 의사소통을 강조하는 것은 물론, 새롭게 습득한 기술의 일반화와 유지를 증진시킬 수 있는 접근이 필요하다 (Kaiser et al., 2001).

2) 의사소통 기회의 제공

중도 · 중복장애학생은 습득한 기술을 연습할 기회를 필요로 한다. 학생이 의사소통적 상호작용에 참여할 수 있도록 날짜를 정하여 많은 기회를 제공하는 것이 바람직한데, 이를 위해서 Orelove, Sobsey, Silberman(2004)은 다음과 같은 전략들이 사용되어야 한다고 언급하였다. 첫째, 선택 활동을 제공한다. 이는 중도 · 중복장애학생에게 특별한 물건을 미리 정해서 주는 것이 아니라 학생으로 하여금 의사소통 기회를 만들어 낼 수 있도록 선택의 기회를 허용하는 것을 말한다. 선택의 기회는 구어, 실물, 상징그림, 신호 등을 사용하여 제공될 수 있다. 설령 초보 의사소통자라 할지라도 여러 가지 중 하나를 선택하는 방법이 제시될 수 있고, 처음에는 선택의 기회가 제한되는 것이 적절할지도 모른다. 둘째, 의사소통 욕구를 가지도록 한다. 예를 들어, 중도 · 중복장애학생에게 자신이 싫어하는 사물이나 활동을 제공하고 거절하도록 하는 것인데, 이는 학생이 좋아하는 것을 양적으로 충분히 제공하지 않음으로써 학생으로 하여금 더 많이 요구하도록 촉진하기 위한 전략이다.

3) 반응적 의사소통

의사소통 기회를 증진시키는 효과적인 방법 중 하나는 반응을 잘해 주는 의사소통 상대자와 함께 상호작용하는 것이다. 아무리 잘 훈련된 교사라 할지라도 중도 · 중복장애학생이 표현하는 의사소통 시도는 놓쳐버리기 일쑤다. 그러나 반응적인 의사소통 상대자는 그것이 비록 하찮고 사소한 행동처럼 여겨지더라도 중도 · 중복장애학생이 발현하는 처절한 의사소통적 노력으로 인식하고 긍정적인 방식으로 반응해 준다. 이처럼 중도 · 중복장애학생과 관계하는 사람들이 그들에게 민감하게 반응한다면 중도 · 중복장애학생의 의사소통능력 발달은 촉진될 수 있다. 반응적 의사소통의 구체적 전략은 첫째, 중도 · 중복장애학생이 리드하는 것에 따라 교사가 상호작용한다. 둘째, 중도 · 중복장애학생의 의사소통행동을 확대하기 위하여 공동관심의 구축을 기반으로 일반적이고 관련된 활동에 학생이 참여할 수 있는 환경을 조성한다.

4) 환경의 수정

교사가 지도를 행하는 동안 중도 · 중복장애학생의 잠재적인 사회적 상호작용이 방해받지 않도록 학생의 위치에 따라 교사는 자신의 위치를 지속적으로 점검하며 변경해야 한다. 예를 들어, 중도 · 중복장애학생과 그 옆에 있는 또래 사이에 앉기보다는 두 학생의 뒤에 앉거나 책상이나 테이블을 가로질러 도움을 제공하는 것이 좋다. 그리고 중도 · 중복장애학생의 효과적인 의사소통 지도를 위해서는 그들의 신체 자세 위치도 고려할 필요가 있는데, 이를 위해서는 물리치료사 및 작업치료사 등 다양한 전문가의 도움을 받는 것이 좋다. 아울러 마사지 등의 구강근육훈련을 위한 놀이 활동을 실시하거나 바람개비 불기, 비눗방울 불기, 빨대로 물불어 소리내기 등의 호흡훈련도 병행하여 실시한다(Bernstein & Ellenmorris, 2009).

한편 물리적 환경의 수정은 의사소통 기회의 빈도를 증가시킬 수 있다. 예를 들어, 안이 들여다보이는 투명한 병 속에 중도·중복장애학생이 원하는 사물을 넣고 뚜껑을 닫아버림으로써 요구하기행동을 유발할 수 있다. 다양하고 흥미로운 학습 환경은 다른 사람의 주의를 끌고 이를 표현할 수 있는 기회를 중도·중복장애학생에게 제공한다. 또한 중도·중복장애학생이 또래와 함께 혹은 집단 활동에 참여하는 시간을 늘리는 것은 상호작용의 잠재성을 높이는 것이므로 가능한 한 중도·중복장애학생의 개별 활동보다는 또래들과 함께 활동할 기회를 확대해야 한다.

5) 환경중심 의사소통

기능적 의사소통을 자연스럽게 유도할 수 있도록 중도·중복장애학생의 실제 환경 속에서 학생의 관심과 흥미에 따라서 의사소통 지도를 한다는 다소 포괄적인 접근법이다. 이것의 공통된 요소는 첫째, 학생의 흥미나 주도에 따라 지도한다. 둘째, 일상생활에서 흔히 접할 수 있는 언어 및 의사소통 사례를 사용한다. 셋째, 학생의 반응을 확실하게 촉진한다. 넷째, 학생의 반응에 대한 강화는 특정 언어 형태와 연결된 것으로 하고 훈련 문맥 속에서 자연스럽게 제공한다. 다섯째, 지도는 교사와 학생 간의 상호작용 속에서 다양하게 실시한다(김영태, 2002).

이 지도 방법은 일반적으로 중도·중복장애학생의 언어적/비언어적 요청에 의하여 시작되고 촉진의 특정 순서와 전략에 따르며 필요한 경우 적절한 촉진과 더불어 긍정적 피드백이나 강화, 확장 등이 제공된다. 환경중심 의사소통 지도에서 주로 사용되는 기법들에는 아동 중심의 시범, 시간지연, 선반응 요구-후시범, 우발학습 등이 있다(Hancock & Kaiser, 2002). 예를 들어, 장난감을 향해 손을 뻗치는 중도·중복장애학생의 행동을 주의 깊게 포착하여 교사는 학생보다 먼저 장난감을 잡아들면서 "이건 네가 좋아하는 자동차 장난감이야. 그렇지?"라고 말을 걸면서 중도·중복장애학생에게 말할 수 있는 기회를 제공한다. 학생과 교사 간의 공통 관심사와 학생이 흥미를 가지는 것에 대하여 반응적 태도를 보이는 것이 이 지도 전략의 핵심이다.

6) 기능적 의사소통

문제행동이 의사소통적 기능을 가진다는 점을 전제로 하여 기능성에 초점을 둔 의사소통 지도법이 대두되었다. 즉, 문제행동에 대한 기능평가를 실시하여 문제행동의 기능을 파악한 후 그 기능과 동일한 사회적으로 수용 가능한 대체 의사소통행동을 지도하고 강화하여 문제행동을 감소시키고자 하는 방법이 바로 기능적 의사소통 지도다. 지도의 기반이 되는 기능평가는 부적절한 행동이 가지는 기능에 대한 가설을 세우기 위한 정보 수집 단계로서, 행동의 이유를 파악하기 위하여 선행사건, 행동, 후속 결과에 관한 정보를 수집하는 절차와 방법을 포함한다(Duda et al., 2004). 그리고 기능 분석이란 환경 변인과 선행 자극 및 후속 결과를 체계적으로 조작하여 표적행동의 발생에 미치는 영향에 대한 인과관계를 입증하여 행동의 기능을 결정하는 과정이다.

이소현(2008)에 의하면 이와 같은 절차를 통한 기능적 의사소통 지도는 다음의 3단계로 이루어진다. 첫째, 문제행동을 명확하게 정의하고 기능평가를 실시한다. 둘째, 기능 분석을 통해 확인된 문제행동의 기능에 따라 문제행동과 동일한 대체행동을 결정하는데, 대체행동은 학생이 쉽게 배울 수 있고 문제행동과 동일한 질과 강도의 결과를 가져오는 효과를 지녀야 한다. 또한 학생이 대체행동을 사용할 때 주변 사람들의 즉각적이고 일관된 반응과 격려로 이어져야 하고 유사한 자극조절 상황에서 쉽게 발생할 수 있도록 조직한다. 셋째, 대체행동을 지도하는 데 있어서 새롭게 습득한 행동이 문제행동보다 효과적이어야 하고, 문제행동을 일으키는 다양한 상황적 맥락에서 적용 가능하도록 계획해야 한다.

7) 신체접촉에 의한 의사소통

신체접촉은 의사소통을 위한 가장 근원적인 수단이다. 인간은 태어나서 처음으로 타인을 인식하고 상호작용하기 위하여 신체라는 도구를 사용한다. 중도 · 중복장애학생은 자신의 신체를 도구로 하여 외부세계 및 타인을 지각하고 신체접촉에 의한 의사소통을 통하여 비로소 타인을 이해하고 수용하여 자신의 생활세계를 점차적으로 확장시켜 나간다. 따라서 중도 · 중복장애학생과 타인 간의 동등한 관계

속에서의 쌍방대화가 이루어지기 위해서는 공통의 언어인 '신체접촉'이라는 수단을 사용해야 한다.

신체접촉에 의한 의사소통은 가르치는 자와 가르침을 받는 자를 명확하게 구분하고, 가르치는 자가 특별한 교수적 기법이나 전략을 사용하여 미리 규정된 교재나 지도안에 따라 정해진 시간 내에 일방적인 지도를 실시하는 기존의 중재, 교수, 지도라는 용어를 거부한다. 왜냐하면 그것은 동등한 관계 속에서의 대화라는 시각에서 벗어나는 행위이기 때문이다. 신체접촉에 의한 의사소통이란 중도·중복장애학생과 의사소통하는 교사가 자신의 주장을 굽히고 중도·중복장애학생이 자신에게 하는 말과 행동에 적극적인 관심을 가지며 그들에게 자기결정권의 기회를 보장하여 서로간의 동등한 위치에서 대화하는 직접적인 관계를 의미한다.

그러므로 중도·중복장애학생과 신체접촉에 의한 의사소통을 수행하는 교사는 다채롭고 역동적인 생활세계 속의 직접적인 장면에서 발생하는 모든 행위와 사건에 대해 예민해야 함은 물론 반응적, 직관적, 인격적, 감성적, 기능적이어야 한다. 그리고 교육장면에서 의도하지 않는 우연적 상황과 사태에까지 대응하고 그것을 의사소통교육으로 승화시켜야 한다. 동시에 교육실천 현장에서 교사 자신의 사고와 실존에 대한 끊임없는 반성과 이해작업을 행함으로써, 교사의 경험양식의 특수성 및 주관성으로 인해 발생하는 편견과 맹신 등의 의식 문제에서 해방되기 위하여 노력해야 한다. 즉, 중도·중복장애학생과의 의사소통 과정을 중시하고 그것이 가지는 개인적·주관적·상대적 의미를 강조해야 하는 것이다. 중도·중복장애학생과 교사 간의 '신체접촉'은 바로 개별 주체인 2개의 실존이 각자의 몸으로 동등한 대화와 이해를 추구함으로써 상대에 대한 의미 구성을 이루어 나가는 의사소통의 통로다(김혜리, 2010).

8) 촉진적 의사소통

촉진적 의사소통(Facilitated Communication; FC)은 1970년대 후반, 호주의 Crossley가 뇌성마비 및 자폐성장애, 그 외 언어장애자와의 커뮤니케이션을 도모하기 위해 개발한 방법이다. 1990년, 미국 시라큐스 대학교의 Biklen에 의해 〈Harvard Education Review〉지에 소개된 것을 계기로 이 훈련 기법이 세간에 알려지게 되었다. FC는 커뮤니케이션 장애자에 대한 훈련으로 시작되어 가장 최초에는 보완 · 대체 의사소통(Augmentative and Alternative Communication; AAC)의 한 방법으로 자리 잡았었다. 그러나 그 후 FC는 AAC와는 달리, 커뮤니케이션을 위한 도구와 그것을 이용하는 대상 사이에 원조자가 개입하여 대상자의 손에 접촉하여 원조를 행하는 형태라는 인식하에 하나의 독립된 훈련 기법으로 정착되기 시작하였다. 원조의 방법은 원조자가 대상자의 손을 가볍게 접촉한 상태에서 도구를 사용한 즉, 타이핑 또는 포인팅에 의한 커뮤니케이션을 행한다.

9) 기초적 의사소통

기초적 의사소통이란 행동과 표정으로 나타나는 모든 단서를 의사소통 의도로 해석함으로써 이루어지는 의사소통 방법을 말한다. 중도 · 중복장애학생도 자신의 생각이나 감정 혹은 요구 등을 표현하고자 하는 의도를 가지고 있다는 점은 일반학생과 다르지 않다는(박은혜, 2003) 사실에 착안한 기초적 의사소통은 의사소통을 위한 그 어떤 전제조건도 두지 않는다. 다시 말해, 의사소통을 하기 위하여 교사, 부모, 내가 먼저 중도 · 중복장애학생에게 다가가는 것이다. 이것은 마치 낯선 사람을 처음 만나서 그에게 다가가고 그를 관찰하면서 그 사람이 원하는 것이 무엇인지, 무엇을 말하려고 하는지, 나의 어떤 행동이 그 사람의 마음에 들지를 고민하는, 하나의 모험과도 같다. 그들이 보여 주는 의사소통행동은 너무도 미세하여 그 의도를 파악하기가 쉽지 않다. 얼굴표정에서 나타나는 만족감이나 슬픔도 읽기 어렵다. 그러나 기초적 의사소통에서는 매우 작은 그들의 의사소통 신호까지도 하나의 '관계맺음'의 통로가 된다(고은, 2012). 즉, 기초적 의사소통의 형태는 호흡 리듬, 소리내기, 촉각적 접촉 등이다. 중도 · 중복장애학생이 사용하는 표정이나 몸짓은 우리가 의사소통을 위해 사용하는 방식과는 다르다. 때로는 그 안에서 의사소통 의도를 발견하기 어려울 만큼 미세하고, 소통 자체를 괴로워하고 거부한다고 느낄 만큼 그들의 표현 방법은 낯설다(이숙정, 2011).

기초적 의사소통은 보완 · 대체 의사소통(AAC)의 활용조차도 불가능한 아동에게 최소한의 의사소통을 가능하게 하기 위한 방법으로서 독일의 Winfried Mall이 자신의 오랜 임상 경험을 바탕으로 고안한 의사소통 지도법이다. 고은(2012)은 이 지도의 기법적 측면을 다음과 같이 설명하고 있다.

(1) 호흡 리듬

파트너와 함께 걸어가는 길을 의미한다. 파트너와 함께 숨을 내쉬는 그 순간이 바로 관계맺음의 순간이다. 호흡 리듬을 통해 접촉하기 위해서는 그를 조정하고 압도하기보다 오히려 공감적으로 친근하게 다가서야 하며, 이를 위해서는 스스로 상대방에게 몰두하고 자신과 자신의 신체성에 대해 심도 있게 의식할 수 있는 능력이 그 전제조건이다.

(2) 소리내기

중도 · 중복장애학생과 함께 숨을 내쉴 때에도 청각적으로 학생 자신이 확인할 수 있도록 특정 음을 소리 내어 준다. 중도 · 중복장애학생에게 말을 건네는 것은 엄마가 영아에게 초기 상호작용 단계에서 말을 건네는 것과 같다. 쉬운 단어와 짧은 문장, 명확하고 반복된 발화 방식으로 교사는 학생에게 말을 건넨다.

(3) 촉각적 접촉

기초적 의사소통에서는 신체적 접촉이 의사소통의 도구다. 교사는 아동의 신체 부위를 길게 쓰다듬어 주면서 함께 호흡 과정을 경험하도록 한다. 쓰다듬을 때에는 위에서 아래로, 안쪽에서 바깥쪽으로 하는 것이 좋다. 이때 이러한 마사지는 훈련이나 치료대상물로서의 신체가 아니라 의사소통의 수단으로 받아들여지고 있음을 느끼도록 해 준다.

5. 보완 · 대체 의사소통 지도

1) 비상징 시기의 중도 · 중복장애학생을 위한 보완 · 대체 의사소통 지도

보완 · 대체 의사소통(AAC)을 처음 적용하고자 할 때 학생의 의사소통 발달을 고려하지 않고 획일적으로 특정한 상징체계를 이용한 의사소통판을 제공하는 것은 바람직하지 않다. 대상자에 따라 의사소통의 기초를 우선적으로 확립해 주어야 하는 경우가 있기 때문이다. 이러한 경우에는 정상적인 발달에서 보여 주는 다양한 비상징적 의사소통 방법들을 자연스러운 환경에서 중재함으로써 의사소통 의도의 개발, 함께 주목하기(joint attending) 등과 같은 구어 혹은 AAC 발달의 기초를 확립하는 작업이 우선시되어야 한다. 즉, 중도 · 중복장애로 인하여 비상징 시기에 있는 것으로 판단되어 지도를 실시할 때에는 AAC를 사용할 것이라고 단정하기보다는 기초적인 지도를 실시한 후에 구어 혹은 AAC 체계 사용을 통한 중재 여부를 결정하도록 한다.

이 시기 지도의 초점은 중도 · 중복장애학생이 즐기는 활동을 시작하거나 지속하기를 요구하는 의사소통적 신호를 사용할 수 있도록 하는 것이다. 초기 의사소통에서 학생 나름대로의 신호를 사용할 수 있도록 지도하기 위한 방법으로 Goosens와 Crain(1986)이 제시한 내용을 김은주 등(1999)은 다음과 같이 정리하였다.

(1) 지도 맥락으로 이용할 활동의 선정

우선 중도 · 중복장애학생이 즐기는 활동을 몇 가지 선정한다. 이때 학생이 이 활동을 즐기는지를 알기 위하여 활동을 할 때 학생의 발성이 많아진다거나, 움직임(팔이나 발 움직이기 등), 웃음이 증가하는 등과 같은 학생의 평상시 반응을 관찰하여 결정할 수 있다. 활동은 학생이 즐기는 특정한 놀이 활동이 될 수도 있고(예, 빙글빙글 돌려 주기, 그네 태워 주기), 일상적으로 자연스럽게 일어나는 활동이 될 수도 있다(예, 식사시간). 생활연령이 높은 중도 · 중복장애학생의 경우에는 이러한 초기 의사소통 지도를 행할 때, 즐거우면서도 생활연령에 맞는 활동을 선정하도록 각별히 유의해야 한다.

(2) 의사소통 의도의 형성

중도 · 중복장애학생이 즐기는 활동을 하게 하고 잠깐씩 의도적으로 활동을 멈춘 후, 활동이 멈추었을 때의 학생의 행동을 관찰한다. 활동이 멈춘 것을 알고 다시 하기를 기대하는 듯 한 반응을 보이는지를 유심히 살펴본다. 만일 활동을 중단하는 것과 다시 시작하는 것에 대한 예측을 할 수 없다면 활동의 재개를 요구하는 신호를 사용할 준비가 아직 안 되었다고 판단하기 때문이다. 아직 활동 지속에 대한 기대를 보이지 않는다면 학생이 즐기는 활동을 중간에 잠깐씩 멈추는 시간을 두면서 반복적으로 시행하도록 한다.

(3) 의사소통 신호의 지도

활동의 재개를 기대할 수 있게 되면 "더 해 주세요."를 의미하는 의사소통 신호가 될 수 있는 행동을 형성하는 데 지도의 초점을 맞추도록 한다. 신호행동은 성인과 눈 맞추기, 발성, 성인의 손을 만지거나 식사시간에 수저를 잡는 등의 간단한 움직임 등 중도·중복장애학생의 수준에 맞는 행동을 개발한다. 일단 신호행동이 형성되면 멈추는 시간을 더 길게 하여 복합적인 행동을 유도하는 것도 좋다(예, 발성+손 흔들기). 의사소통 신호를 형성하고자 할 때에는 바람직한 행동을 향하여 점진적인 접근(approximation)에 강화(활동 재개)를 하는 방법과 직접 성인이 신체적으로 촉진하여 바람직한 행동을 하도록 한 후, 그에 해당되는 결과를 강화로 제공하는(즉, 활동을 재개하는) 2가지 방법을 사용할 수 있다.

(4) 일관성 있는 구어적 반응

중도·중복장애학생의 신호에 따라 활동을 재개할 때 반드시 말로 해석해 준다(예, "더 하고 싶어요." "음악을 더 듣고 싶어요."). 적절한 단어를 의사소통 신호와 계속 함께 제공함으로써 학생은 자신의 비구어적 요구에 해당하는 구어를 듣게 된다. 대개 이 시기에 구어를 이해할 수는 없지만 일관성 있게 제시되는 구어적 자극은 언어 습득에 도움을 줄 수 있다.

2) 상징 시기의 중도·중복장애학생을 위한 보완·대체 의사소통 지도

모든 보완·대체 의사소통(AAC) 지도 프로그램에 포함되는 AAC 체계의 4가지 주요 요소는 상징, 보조도구, 전략, 기법이다. 상징이란 몸짓, 사진, 손짓기호, 얼굴표정, 그림, 낱말, 실물, 선화, 블리스 상징 등과 같은 것이다. 또한 보조도구란 의사소통판, 의사소통책, 컴퓨터 장착기계 등 메시지를 주고받는 데 사용되는 물리적 도구이며, 전략이란 의사소통기술을 향상시키기 위하여 상징, 보조도구, 기법을 보다 효과적으로 사용하는 특정한 계획을 말한다. 마지막으로 기법이란 직접 선택하기(direct selection), 훑기(scanning), 부호화(encoding) 등 메시지를 전하는 방법을 말한다(박현숙, 1994).

AAC를 적용하여 중도 · 중복장애학생의 의사소통능력을 향상시키기 위해서는 그 체계를 알맞게 선택하고 사용하는 것이 매우 중요하다. 김영태(1997)는 AAC를 선택하여 사용하기 위한 고려사항에 대하여 다음과 같이 제시하였다. 첫째, AAC 체계에 포함시킬 어휘나 문장은 학생의 생활연령을 고려하여 선택한다. 예를 들어, 청소년에게 '맘마'라는 어휘보다는 '밥'이라는 어휘가 더 적절하다. 둘째, 중도 · 중복장애학생의 AAC 체계에 포함되는 모든 어휘나 문장은 학생이 의사소통할 기회가 많은 기능적인 것이어야 한다. 셋째, 학생이 다른 사람과 의사소통을 통해 상호작용하기 위해서는 자신의 의사를 표현하는 것뿐만 아니라 상대방의 표현에 대해 반응할 수도 있어야 한다. 넷째, 의사소통능력을 향상시키기 위하여 함께 주목하기, 공통적인 활동하기, 사회성 게임하기, 모방하기, 의사소통 차례 지키기, 지칭하기 등도 AAC 체계의 적용과 함께 훈련해야 한다. 다섯째, 가능하면 1개 이상의 AAC 체계를 사용하도록 지도한다. 여섯째, 학생의 흥미나 선호도를 고려하고 교사, 가족, 지역사회 구성원들과의 협력관계하에 학생이 AAC 체계를 기능적으로 사용할 수 있도록 돕는다. 마지막으로 AAC 체계는 의사소통 상대자가 쉽게 이해될 수 있는 것이어야 하며 관리와 유지가 쉬워야 한다.

또한 AAC 체계를 적절하게 활용할 수 있도록 하기 위해서는 체계를 개발하는 것뿐만 아니라 필요한 지도와 훈련을 제공하는 것이 중요하다. 지도 시 유의할 점은 첫째, 의사소통 행동이 일상생활에서 유용하게 일어날 수 있게 하고 둘째, 지역사회 내에서 부모 및 가까운 주위 사람들을 포함시켜 실시함으로써 학생의 잠재적인 능력을 향상시킬 수 있으며 셋째, 자연스러운 상황에서 필요한 시간에 실시되어 기능 습득에 효율적이고 넷째, 습득된 기술이 유지되고 일반화되는 데 특별히 다른 노력이 요구되지 않는 기능적 훈련이 바람직하다(Jackson, 1993).

한편 AAC 체계를 사용하는 중도 · 중복장애학생에 대한 의사소통 기능 훈련도 중요하지만 결국 의사소통은 상대방과의 상호작용이므로 기능적 의사소통 촉진에는 상대방의 역할도 고려되어야 한다. 특히 어떠한 개인의 반응을 적절하게 분석하는 능력, 의사소통이 느리게 이루어지는 것에 대한 참을성, 상대방을 대신하여 말하지 않는 것, 상호작용이 촉진될 수 있는 적절한 자세, 적시적소의 도움, 질문에 대한 답변 예측, 상대방이 이해할 때까지 지속적으로 실시되는 훈련 등이 중요하다(이근민, 2000). AAC 체계의 적용을 위한 일반적 절차를 제시하면 다음과 같다.

(1) 보완 · 대체 의사소통 체계의 적용을 위한 일반적 절차

① 보완 · 대체 의사소통 평가 및 지도 시 고려사항

AAC 평가 및 지도 시 고려해야 할 사항에 대하여 Hegde(2010)은 다음과 같이 설명하였다. 첫째, 전문가 팀에 의한 협력적 접근 필요하다. 둘째, AAC 사용자와 상호작용하면서 새로운 기술을 배워야 하는 가족 구성원이 포함되어야 한다. 셋째, 평가목적은 중도 · 중복장애학생 개인과 가족 구성원이 효율적으로 사용할 수 있는 보완 · 대체 의사소통 체계를 선택한다. 넷째, 중도 · 중복장애학생 개인과 가족 구성원에게 필요한 의사소통 관련 요구사항을 확인하고 충족시켜야 한다. 다분야 평가를 위한 중재 팀에는 언어치료사, 심리학자, 물리치료사, 작업치료사, 재활의학전문의, 특수교사 등이 포함되어야 한다.

또한 중도 · 중복장애학생 개별 특성에 적합한 AAC 체계를 선택하기 위한 몇 가지 유의사항을 정리하여 다음과 같이 제시한다.

- 학생의 지능, 행동, 정서적 장애와 한계는 무엇인지 심리전문가가 평가한다.
- 학생이 현재 표현하고 이해하는 의사소통기술은 무엇인지 언어치료사가 평가한다.
- 학생의 신체적 운동능력 및 제한점에 대하여 물리치료사가 평가한다.
- 학생의 일상생활기술 및 작업기술 등에 대하여 작업치료사가 평가한다.
- 학생의 현행의 교육적 성취, 장벽, 수행과 참여를 증진시키는 방안에 대하여 특수교사가 평가한다.

중도 · 중복장애학생의 현행 수준과 능력을 평가한 다음, 전문가 팀은 하나의 AAC 체계를 추천하고 가족과 이에 대하여 논의한다. 전문가팀, 학생, 가족 구성원이 동의하여 선택된 체계를 통해서 지도 프로그램을 시작한다. 지도 및 훈련의 초기 단계에서는 선택된 체계가 학생과 가족에게 최선인지 확인하고 실험적인 지도를 통하여 다른 체계로 변경할 수 있다. 이때 주요 지도 과제는 선택한 체계를 사용하기 위하여 학생과 가족 구성원을 훈련시키는 것이다. 아무리 하이테크 장치를 선택하더라도 지도는 기능적 의사소통을 비롯하여 사회 및 학업에의 참여, 편안하고 쉬운 보조도구의 사용과 관련되어야 한다는 사실에 유념할 필요가 있다.

② 어휘 선정하기

한정된 의사소통판에 어떤 어휘를 선정할 것인가에 대한 문제는 매우 중요하다. 동일 연령대 학생의 고빈도 어휘와 중도 · 중복장애학생의 일상생활에 대한 분석을 통하여 어휘를 선정하는 것이 필요하다. 특히 기능적인 것을 선택하면 훈련의 효과가 증대될 수 있을 것이다. 어휘를 선정할 시 고려할 점은 첫째, 처음 습득하는 어휘는 개별화되고 기능적이어야 한다. 둘째, 점차적으로 기본적인 필요 충족 이외의 사회적인 것으로 어휘를 늘려 간다. 셋째, 한 단어가 아닌 여러 단어나 구절로 된 표현도 포함시킬 수 있다(박은혜, 2004a).

③ 훈련하기

의사소통할 수 있는 기회를 만드는 방법은 다양하나 대표적인 것으로서 첫째, 의례적인 활동, 둘째, 놀이 상황을 예로 들 수 있다. 매일의 일상생활 속에서 발생하는 의례적이고 익숙한 활동은 중도 · 중복장애학생과 성인이 자연스러운 상황 속에서 의사소통할 수 있는 기회를 제공한다(김수진, 2005). 하이테크놀로지의 발달에 따라 선택할 수 있는 AAC 도구들이 매우 다양해졌지만, 이들 도구를 사용한 AAC 지도에 있어서 우선순위 영역은 다음과 같다(장혜성, 2004). 첫째, 선택에 관한 것, 둘째, 하루 일과 시간표, 셋째, 사람에 대한 정보, 넷째, 장단기 목표에 따른 과제 분석이다.

④ 지도효과 평가하기

AAC 지도의 효과를 평가하기 위하여 〈표 7-1〉에서 제시한 4가지 지표를 사용할 수 있다. 조작적 지표는 AAC 사용자가 AAC 기술을 얼마나 잘 사용하는가에 대하여, 표상적 지표는 AAC 사용자의 상징 사용 및 문법적 능력에 대하여, 상호작용 지표는 대화상대자와의 상호작용할 수 있는 능력에 대하여, 심리사회적 지표는 AAC 사용자 및 사용자의 의사소통 환경에 있는 사람들의 태도와 정서적 상태에 대하여 측정하는 것이다.

〈표 7-1〉 보완 · 대체 의사소통 지도 효과의 평가를 위한 지표의 예

유형	내용
조작적 지표	• 속도: 사용자가 얼마나 빨리 의사소통할 수 있는가? (예, 분당 단어 수) • 정확도: 의도한 내용을 얼마나 정확하게 진단할 수 있는가? (예, 총 발화 중 상대방에게 이해된 발화의 수) • 융통성: 얼마나 다양하게 의사소통할 수 있는가? (예, 하루 중 사용한 새로운 어휘나 주제의 수)
표상적 지표	• 상징 인식: 인식하고 지적할 수 있는 상징의 수 • 수용언어능력 • 문법적 표현 능력 • 읽기/철자 능력
상호작용 지표	• 의사소통 양식의 수 (예, 하루 중 사용한 의사소통 양식의 수)와 유형별 사용 빈도 (예, 하루 중 사용한 의사소통판, 수화의 수) • 의사소통 기능의 수와 유형별 사용 빈도 • 상대방의 대화 내용에 반응한 빈도 • 대화 주제를 개시한 빈도 • 의사소통에 문제가 생겼을 때 이를 개선한 방법
심리사회적 지표	• AAC 사용자의 의사소통에 대한 만족도 • 대화상대자의 AAC에 대한 만족도 • 사용자 및 대화상대자의 심리적 상태: AAC에 대한 적응도

출처: 박은혜(2004b).

(2) 상징 시기의 중도 · 중복장애학생을 위한 효과적인 보완 · 대체 의사소통 지도 기법

의사소통 참여를 위한 관심 끌기, 수용하기, 거부하기 등의 기본적인 기술을 습득하고 상징적 의사소통을 하기 시작한 중도 · 중복장애학생에게 적절한 AAC 지도 기법들을 소개하면 다음과 같다.

① **보완 · 대체 의사소통 대화상대자 훈련**

AAC 지도에 있어서는 AAC 체계를 사용하는 중도 · 중복장애학생을 훈련시키는 것과 함께, 학생의 일상생활 장면에서 접할 기회가 높은 다양한 대화상대자에게도 AAC에 참여하는 방법을 가르치는 것이 중요하다. 대화상대자에는 가족, 양육자, 또래 친구, 교사, 치료사 등을 포함한 아동의 생활권 내에 있는 모든 사람이 포함된다.

AAC 대화상대자 훈련의 목표는 첫째, 중도 · 중복장애학생 현재의 의사소통 수준 및 의사소통을 위해 사용하는 특정 전략, 특정 문제에 대하여 인식시킨다. 둘째, 언어 및 의사소통 발달 순서와 과정에 대한 정보를 제공한다. 셋째, 중도 · 중복장애학생을 위한 반응적이고 성공적인 상호작용을 보조할 수 있는 의사소통 양식을 개발하도록 지원한다. 넷째, 매일의 활동과 규칙적인 일과를 수정하여 의사소통능력의 발달을 촉진하는 새로운 활동을 개발하고, 중도 · 중복장애학생과 긍정적인 관계를 형성할 수 있도록 돕는다. 즉, AAC 대화상대자 훈련 프로그램은 대화상대자가 중도 · 중복장애학생의 의사소통 발달 원리를 이해하고 발달을 촉진하기 위한 촉매자로서의 역할을 충분하게 실행할 수 있도록 지원하는 데 초점을 둔다(김정연, 2001).

이를 위한 주요 전략은 상호작용 상황에서 대화상대자가 중도 · 중복장애학생에게 반응을 강요하기보다 그들이 시도한 화제를 반복하고, 그 시도에 즉각적으로 반응해 주며, 가급적이면 학생보다 말을 적게 함으로써 학생에게 대화를 시작할 기회를 많이 제공하는 것이다. 또한 중도 · 중복장애학생의 의사소통 시도와 적극적인 상호작용을 촉진하기 위하여 의사소통의 과정 속에서 시간 지연, 도구 사용 모델링, 메시지 확인 등의 전략을 습득시키는 훈련이 요구된다(김정연, 2001).

② **의사소통판**

의사소통상징의 배열은 중도 · 중복장애학생의 운동 및 이해 능력에 맞게 개별적으로 이루어져야 하므로, 상징판의 제작 전에 학생의 능력에 대한 명확한 진단이 필요하다. 또한 상징판의 구성에 있어서도 아무리 기능적인 어휘목록이라 할지라도 상징판의 배열이 엉성하게 조직되었다면 비효과적이고 비능률적인 것이

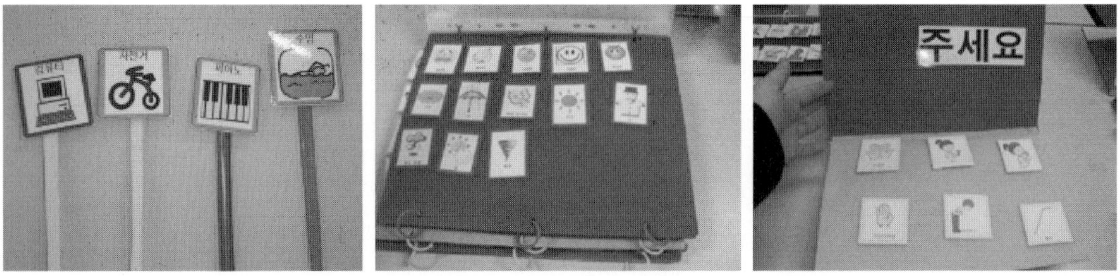

그림 7-1 다양한 형태로 제작된 의사소통판의 예시

된다. 만약 주의력 및 집중력, 기능수준이 매우 낮은 경우에는 의사소통판 방식을 사용하는 것이 유리하다. 이는 직접 자신이 원하는 것을 지적하여 의사소통이 가능하도록 한 것이다. 한편 수첩식은 여러 페이지에 그림 의사소통상징을 담아서 영역별로 분류할 수 있고 많은 단어 수를 확장할 수 있으며 휴대가 간편하다는 장점을 가지지만, 어느 정도 관리능력이나 분류 기능을 갖추고 있을 때 학습이 가능하다는 단점도 있다. 따라서 이를 보완하기 위하여 중간 형태인 링카드도 고안되었다(김은정, 1998).

③ 시각 스케줄

시각 스케줄은 학생이 하루 동안 참여하는 모든 활동을 상징으로 나타내는 것이다. Beukelman과 Mirenda(2005)에 따르면 시각 스케줄 체계를 구성하는 단계는 첫째, 가정, 학교, 지역사회 환경에서 이루어지는 개인의 일상적인 스케줄을 파악하는 것으로서, 이 스케줄은 매일 또는 일정 시간에 이루어지는 활동을 모두 포함해야 하며 활동이 이루어지는 순서에 따라 목록을 만든다. 둘째, 이들 활동을 나타내기 위해 사용될 수 있는 상징을 판별해야 한다. 초기 의사소통자인 중도·중복장애학생을 위한 상징은 주로 사진, 선화, 그 밖의 형태이며 실물이나 부분사물 상징이 주로 사용된다. 적절한 상징 유형을 판별하고 나면 스케줄에 포함된 각 활동을 나타내는 상징을 수집해야 한다. 예컨대, 실물을 사용하는 경우 칫솔은 아침 위생 활동, 우유팩은 아침식사, 양말은 옷 입기를 나타낼 수 있다. 그리고 쉽게 이용할 수 있도록 한 장소에 상징을 모아 둔다. 한 활동을 나타내기 위해서는 매번 동일한 사물이 사용되어야 한다. 셋째, 스케줄 체계를 담아 놓을 용기를 만

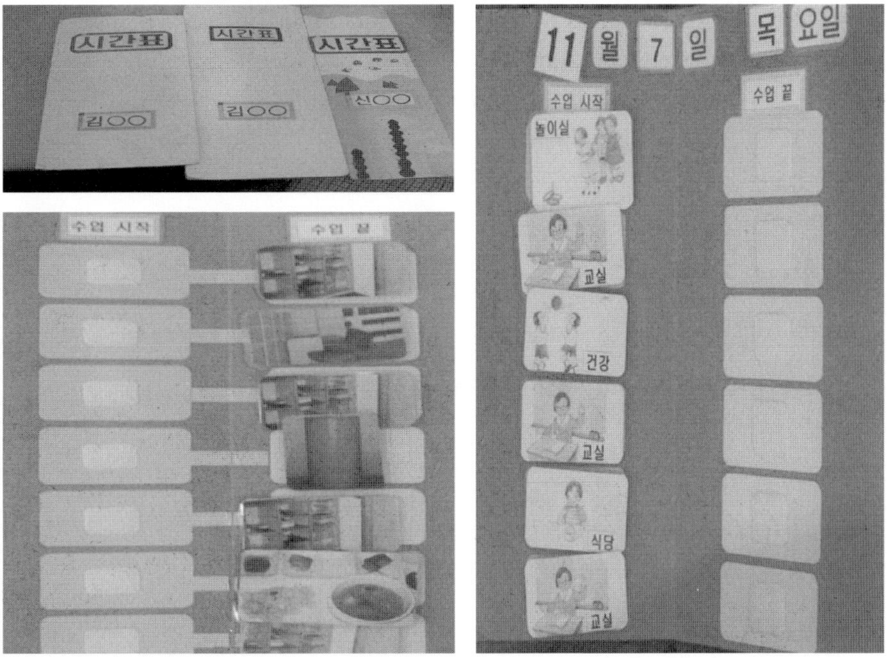

그림 7-2 시각 스케줄의 예시

출처: 임윤경(2003).

들어야 한다. 좌에서 우로 배열된 일련의 얕은 용기 속에 실물을 넣어 둘 수 있다. 빈 구두 상자, 마분지로 만든 잡지걸이, 벽 고리에 건 투명한 비닐봉지 등이 사용될 수 있으며, 일정 간격으로 나누어진 긴 마분지 상자일 수도 있다. 또한 사진이나 그 밖의 그림상징을 선택한 경우, 슬라이드 프로젝터 페이지의 홈 속에 삽입하거나 사진 앨범 또는 그 밖의 용기에 넣어 다닐 수 있다. 넷째, 종료된 활동을 확인할 수 있는 체계를 고안한다. 실물을 사용할 경우에 활동을 마친 후 사물을 넣어 두는 폐기 상자는 이러한 체계의 한 예다. 혹은 사진이나 그 밖의 그림상징을 선택할 경우, 각 활동이 끝나면 사용한 상징을 촉진자에게 건네줄 수 있다.

한편 시각 스케줄은 연령에 맞게 학교 알림장, 벽장식 또는 그 밖의 다른 형태로 실물이나 유형상징 또는 사진이나 선화상징을 사용하여 만들 수도 있다. 그리고 다양한 컴퓨터 소프트웨어를 사용할 수도 있다. 시각 스케줄을 활용한 지도는 촉진이 점차적으로 소거되는 위계적인 그러나 덜 구조화된 자연스러운 형태로 이루어지는 것이 바람직하다.

④ **그림 교환 의사소통 체계**(Picture Exchange Communication System: PECS)

시각 및 그림 상징을 이용하여 원하는 사물을 요구하도록 지도하는 것으로서 중도 · 중복장애학생이 원하는 사물의 상징을 가져오면 그 상징을 원하는 사물과 교환하는 형식으로 의사소통이 이루어진다. 중도 · 중복장애학생이 상징을 교환하는 방법을 통하여 여러 조건에서 다양한 사람들에게 사물 요구하기를 수행할 수 있게 되면, 교사는 점진적으로 사물 명명이나 정보 수집과 같은 보다 발전된 의사소통 기능을 지도한다(Bondy & Frost, 1994). 다음은 장혜성(2004)이 언급한 그림 교환 의사소통 체계의 지도 단계 예시다.

- 훈련 전 준비 단계: 자연적 강화의 효과가 있기 때문에 중도 · 중복장애학생이 선호하는 사물을 파악한다.
- 1단계: 교환 개념을 지도한다. 이를 통해 중도 · 중복장애학생은 선호하는 사물을 갖기 위하여 그림카드를 손으로 집어서 교사의 손에 놓을 수 있다.
- 2단계: 자발적 교환하기를 지도한다. 이를 통해 중도 · 중복장애학생은 자신

그림 7-3 그림 교환 의사소통 체계의 예시

출처: http://www.cheapdisabilityaids.co.uk/pecs-resource-disc-132-p.asp

의 의사소통판으로 가서 그림카드를 뗄 수 있다. 그리고 교사에게 그림카드를 가지고 가서 교사의 손에 그림카드를 놓을 수 있다.

- 3단계: 그림 식별하기를 지도한다. 이를 통해 중도 · 중복장애학생은 원하는 사물을 얻기 위하여 적절한 그림카드를 교사에게 줄 수 있다.
- 4단계: 문장으로 표현하기를 지도한다. 이를 통해 중도 · 중복장애학생은 의사소통판에서 동사 '주세요' 카드를 꺼내서 문장판에 붙이고, 원하는 사물의 그림카드를 '주세요' 카드 옆에 붙여서 그 문장판을 교사에게 줄 수 있다. 이 단계의 마지막 부분에서는 20~50개 정도의 그림카드를 사용하여 여러 사람과 의사소통할 수 있도록 지도한다.

⑤ 음성출력 의사소통기기(토킹 스위치)

음성출력 의사소통은 미리 녹음된 음성이 입력된 기기 및 장치를 통하여 효율적으로 의사소통하는 방식이다. 이는 기능과 특성에 따라 음성산출, 기자재 조작 방법, 내용 구성 및 제시 방법 등이 다양하게 개발되어 있다. 이처럼 음성출력 의사소통 기기가 다양하게 개발되어 있는 이유는 어느 한 가지 기기나 장치만으로 모든 중도 · 중복장애학생에게 동일한 효과를 거둘 수 없고, 개별 학생에 따라 적합한 모델이 다르기 때문이다. 따라서 정확한 진단평가를 통하여 중도 · 중복장애 학생의 인지적 · 신체적 능력에 적합한 기기를 찾아 주는 것이 중요하며, 이를 위해 교사는 기자재에 대한 기능, 특성, 업그레이드된 정보 등을 숙지하고 있어야 한다(박은혜, 김정연, 2010).

그림 7-4 칩톡

출처: http://cp4you.net

그림 7-5 스마트 스캔 32프로

출처: http://seoulats.or.kr

그림 7-6 스피닝 커뮤니케이터

출처: http://seoulats.or.kr

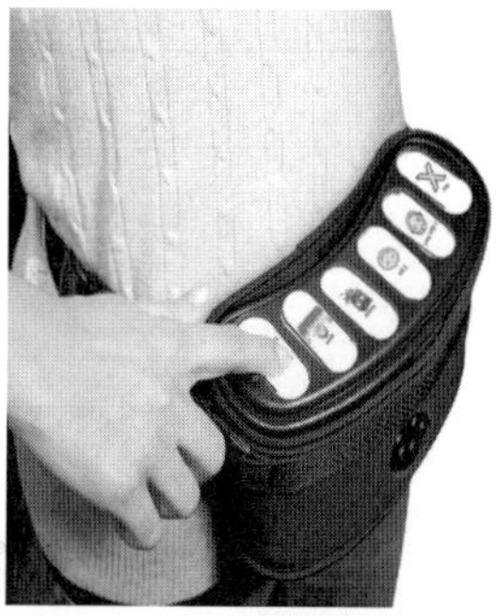

그림 7-7 힙톡 플러스

출처: http://www.goodedu.com

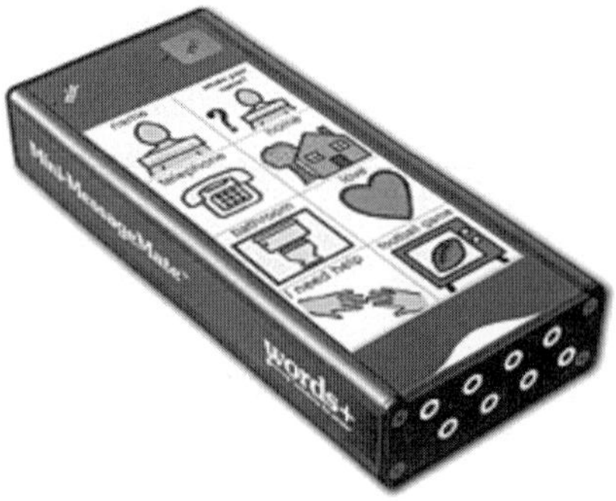

그림 7-8 미니 메시지매트

출처: http://seoulats.or.kr

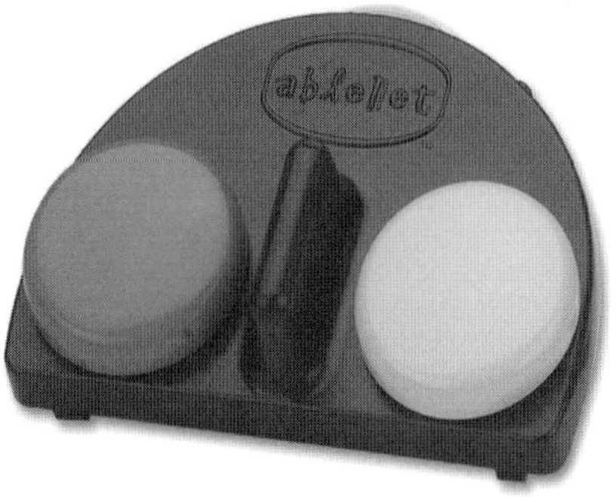

그림 7-9 듀얼 커뮤니케이터

출처: http://www.goodedu.com

그림 7-10 키즈보이스 II

출처: http://www.aackorea.com

학습문제

1. 중도 · 중복장애학생의 의사소통을 위한 기본 원칙에 대하여 설명하시오.

2. 중도 · 중복장애학생의 의사소통 평가 방법에 대하여 설명하시오.

3. 중도 · 중복장애학생의 다양한 의사소통 지도 방법에 대하여 설명하시오.

4. 중도 · 중복장애학생의 보완 · 대체 의사소통 지도 방법에 대하여 설명하시오.

제 8 장

섭식기술 지도

빨고, 씹고, 삼키고 하는 과정의 섭식은 아동의 언어발달과 밀접한 관련이 있다. 이러한 섭식 기능은 태어나면서 누구나 자연스럽게 형성되는 것은 아니며, 발달에 따른 다양한 음식물 제공과 훈련으로 가능하다. 섭식 기능의 기초는 언어 준비의 기초가 되기 때문에 섭식 이상은 언어발달의 이상으로 이어진다.

1. 섭식의 개념

1) 섭식의 정의

섭식은 인간이 살아가는 데 필요한 기본적인 욕구 중의 하나다. 이러한 섭식은 생명 유지뿐만 아니라 성장과 발달을 위해 필수적이고 기본적인 욕구다. 섭식이란 액체, 고체, 반유동 상태의 다양한 재질의 음식을 컵, 숟가락, 빨대와 같은 도구를 사용하여 구강 내에 유입시키고, 유입된 음식을 각 구강기관에 배치하여 적절한 움직임을 통해서 삼키기 쉽게 음식덩이(bolus)로 만드는 과정을 말한다 (Rademaker, Vonesh, Longmann, Pauloski, Liu, Lazarus, Newman, May, MacCracken, &

Gaziano, 2003; Yoshihiro, 1995).

특히 섭식은 영양소 공급이 가장 중요한 시기인 유아기 및 아동기 초기에 성인 건강의 밑거름이 되고, 신체적 성장과 발달뿐만 아니라 정서적 · 지적 발달을 촉진하며, 아동의 성격 형성 및 두뇌 발달에도 중요한 요인이 된다(모수미, 1996). 이렇게 인간은 섭식 활동을 통해서 생존과 성장을 위한 영양소를 공급받고 문화를 공유하며 사회성을 형성한다(Morris & Klein, 2000). 또한 구강과 관련된 여러 가지 원시반사는 아동이 신체 구조와 외부 환경을 탐색하면서 손과 발의 생김새나 구조와 같은 자기 몸의 형태를 파악하는 과정이고, 처음 접하는 새로운 환경에 적응해 나가는 인지 및 지각의 첫 번째 발달 단계다(고관우, 김동주, 2010).

섭식과 관련한 원시반사로는 입술이 자극이 있는 쪽을 따라가는 탐색반사(rooting reflex), 입술에서 소리가 날 정도의 강하게 빠는 움직임을 보이는 흡철반사(sucking reflex), 어금니 부분에 힘을 주어 입을 다물고 깨무는 교반사(biting reflex), 입술에 주는 자극에 따라 입술을 오므리면서 동그랗게 만들어 앞으로 내미는 입술반사(lip reflex) 등이 있으며, 일정한 시기가 되면 자연스럽게 소실되어야 한다.

섭식은 음식을 섭취하기 위해 빨고, 씹고, 삼키는 기능으로 인간이 태어나면서 누구나 저절로 갖추게 되는 기능은 아니며 출생 후 식생활을 통하여 발달하는 기

〈표 8-1〉 포유 관련 원시반사

원시반사 유형	내용	소실 시기
탐색반사	입이나 그 주위의 얼굴, 머리, 목 부위를 포함한 부분에 주어지는 자극에 대하여 입술이 자극 쪽으로 따라가는 반사. 입의 좌우나 볼을 자극하면 머리를 돌리고 입을 벌린다. 윗입술을 자극하면 입술을 둥글게 오므리면서 앞으로 살짝 내밀고 머리를 뒤로 젖혀 입을 벌린다.	생후 4~6개월
흡철반사	입안에 들어온 유두에 대하여 위턱 중앙부에 움푹 패인 지점(흡철와)에 밀어 붙인 후 강하게 빠는 움직임이다.	생후 6~7개월
입술반사	입술에 주어지는 자극에 대하여 입술을 오므린 후 혀와 같이 앞으로 내밀고 입술로 음식물을 잡으려고 하는 행동이다.	생후 6~7개월
교반사	아래턱의 어금니가 나올 부분을 자극하면 입을 다물고 상하 잇몸도 다물며 강하게 깨무는 행동이다.	생후 4~5개월

출처: 전헌선, 한경임, 노선옥(2004).

능이다. 음식을 먹을 때 필요한 기능들은 구강 내 여러 기관이 협조하는 복잡한 움직임을 통하여 이루어지는 것으로 많은 연습과 반복으로 가능한 기능이다(우지연, 2005). 구강 내의 조화로운 섭식 기능은 소리를 내고 발어하는 데 필요한 기초가 형성되었다는 의미를 지닌다. 그러므로 섭식 기능은 음성언어 이전의 준비 단계로서 언어발달에 중요한 기능이 된다고 할 수 있다.

그러나 중도·중복장애학생은 비효율적인 빨기, 씹기, 삼키기, 음식물 섭취 시간 지연, 섭취 양의 감소 등의 이유로 성장 및 발달 지연과 영양 결핍 등을 나타낸다. 특히 뇌성마비아동과 같은 중도·중복장애학생들은 여러 가지 원인으로 인한 호흡 문제, 식사 및 배설의 문제, 병·허약 등의 문제, 목의 부적절한 조절로 구강 움직임을 어렵게 하여 구강 기능의 문제와 침 흘림 등을 유발시킨다.

구강 기능의 부조화로 인해 음식물을 섭취하기가 어려운 중도·중복장애학생들에게 다양한 방법을 사용하여 섭식이 가능하도록 노력하여야 한다. 음식물의 유형, 크기, 영양소를 고려한 음식이어야 하고, 무엇보다도 식사를 지도하는 사람과의 신뢰로운 관계형성이 중요하다고 할 수 있다.

2) 섭식 기능

구강 내에 섭취된 음식물은 입에서 인두, 식도를 거쳐서 위와 장에서 소화와 흡수가 이루어진다. 이를 위해 음식물은 입에서 잘게 저작이 되어야 하고, 이는 연하 기능이 온전하게 작용해야 가능하다. 연하 기능은 음식물이 구강으로 들어오면 잘게 부수고 깨물어 씹어서 적당한 크기로 만든 다음 삼키기 쉽도록 해서 인두, 식도를 통과하여 위로 보내는 운동을 말한다. 이러한 과정은 구강기관의 관련 근육들의 협조가 있어야 가능하며 수의적 또는 반사적으로 일어난다.

음식물이 통과하는 과정을 보면 기도와 교차하는 곳이 인두강이며, 인두부에서는 음식물을 자연스럽게 식도에 보내기 위해서 구강, 비강, 후두강, 중이강 등의 개구부가 일시적으로 차단된다. 음식물 덩어리가 인두강으로 들어오기까지는 수의적인 운동이지만, 음식물 덩어리의 이동에 의하여 인두후벽이나 설근, 구개부 등의 점막이 자극되면 반사가 일어난다. 혀의 뒷부분이 올라와 연구개에 붙으면 인두강과 구강은 차단되어 연구개와 구개수가 후상방으로 올라가고, 인두후벽이

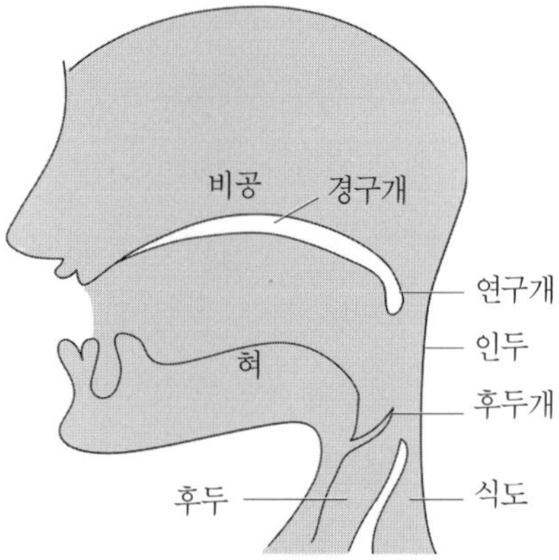

그림 8-1 음식물 통과 과정

앞으로 나와 상접하면 비강과의 사이가 차단되면서, 후두가 전상방으로 끌어올려져 후두개가 아래로 회전하여 후두입수를 덮음으로 후두와의 사이가 차단된다. 동시에 인두하부가 넓어져 식도의 입구가 열리고 음식물 덩어리는 인두하부에서 식도로 보내어서 위로 넘어간다.

섭식 기능은 크게 씹기, 빨기, 삼키기 기능으로 나눌 수 있다. 씹기(chewing)는 음식물을 깨물어 씹어서 부수고 타액과 혼합하여 음식물 덩어리로 만드는 과정을 말하며, 빨기(sucking)는 음식물을 컵이나 숟가락 등을 이용하여 구강으로 보내는 과정을 말한다. 삼키기(swallowing)는 저작된 음식물을 식도를 통해 위장으로 보내는 과정을 말한다.

섭식 기능은 다음과 같은 요인에 의해 영향을 받는다(김선희, 2011 재인용). 첫째, 섭식 기능은 사람들이 생활하는 음식 문화의 영향을 받는다(Fox & Pac, 2004). 둘째, 부드럽거나 질기거나 단단한 것과 같은 음식 재질에 의해서 영향을 받는다(MacNeilage, 1998). 셋째, 컵으로 먹기, 저작하기, 숟가락으로 먹기와 같은 섭식 방법에 의해서 영향을 받는다(Steeve, Moore, Green, Reilly, & McMurtery, 2008). 넷째, 연령에 의해서도 영향을 받는다(Morris & Klein, 2000). 다섯째, 맛에 대한 기호나 섭식 경험에 의해서도 영향을 받는다(Gisel, 1998).

섭식 기능을 측정하는 연구 도구들을 보면 국내 연구자들(강현옥, 2005; 김선희, 안종복, 권도하, 2008; 김선희, 안종복, 남현욱, 권도하, 2010; 우지연, 2004; 이영미,

〈표 8-2〉 섭식 기능 평가 도구

연구자	검사 대상	음식 재질	섭식 방법	평가 방법
김선희,안종복, 남현욱, 권도하(2010)	2~4세 일반영유아	사과소스, 진 죽, 밥, 구운 식빵, 음료수, 새우맛 스낵, Graham 비스킷, 김치, 캔 과일	씹기	• 국내외의 동일한 재질이지만 각각 다른 음식을 저작하는 데 필요한 아래턱의 움직임 횟수 • 저작 시작 후 삼키기 직전까지의 시간 평가
김선희, 안종복, 권도하(2008)	뇌성마비	떠먹는 요거트, 새우맛 스낵, 음료수	숟가락으로 먹기, 씹기, 컵으로 먹기	• 구강 기능과 비구강 기능을 정상과 비정상으로 나누어 평가
강현옥(2005)	뇌성마비	밥, 젤리, 과자	씹기, 마시기	• 상하 씹기, 회전하여 씹기 • 음료수 나누어 마시기 • 사래 유무
우지연(2004)	뇌성마비	캔 음료, 막대사탕, 음료수, 젤리, 식빵, 비스킷, 껌	마시기, 빨기, 씹기, 옮기기	• 컵을 사용하여 캔 음료 마시기 • 막대사탕 빨기와 빨대로 먹기 • 젤리, 식빵, 비스킷 및 껌을 씹고 옮기기
이영미(1996)	뇌성마비	식빵 조각, 찬 음료수, 비스킷, 당근	깨물기, 빨기, 씹기	• 턱을 움직여 깨물기 • 컵의 음료수를 빨대로 마시기 • 턱을 움직인 후 15초 이내에 비스킷 자르기 • 당근을 5-6회 씹은 후 조각 확인하기
Reilly, Skuse, Mathisen, & Wolke(1995)	8~24개월 영유아	액체 유동식 및 고체 음식	음식 먹는 모습 관찰	• 음식 먹는 동안 혀, 볼, 입술 등 조음기관 기능 평가
Kenny, Koheil, Greenberg, Reid, Milner, Moran, & Judd(1989)	6~18세 섭식장애가 있는 중도·중복장애학생	푸딩, 떠먹는 요거트, 애로우 쿠키, 치즈	숟가락으로 먹기, 깨물기, 씹기, 컵으로 먹기	• 신체 전반의 상태, 신경학적인 양상, 구강과 얼굴 구조에서의 감각과 기능 평가
Morris(1982)	출생~2세	건포도, 사과소스와 비스킷	먹기, 빨기, 삼키기, 씹기	• 아동의 행동을 평가하여 평가지 문항에 점수 표시
Palmer(1975)	신생아	우유	젖병	• 혀와 턱의 움직임을 정상, 비구조화, 비기능의 3가지 기준에 따른 질적 평가

출처: 김선희(2011).

1996)은 대부분 뇌성마비아동에 대한 평가를 하였고, 외국 연구자들(Kenny, Koheil, Greenberg, Reid, Milner, Moran, & Judd, 1989; Morris, 1982; Palmer, 1975; Reilly, Skuse, Mathisen, & Wolke, 1995)은 영유아, 중도 · 중복장애학생 등 다양한 대상들로 평가하였다. 섭식 기능 평가 도구 및 평가 방법은 〈표 8-2〉와 같다.

3) 섭식과 언어발달

섭식과 구어 산출의 공통점은 구강에서 이루어진다는 것이다. 즉, 섭식 기능과 언어 기능은 모두 입을 중심으로 이루어지고, 섭식 기능이 언어 기능보다 먼저 획득되고 '음'을 만드는 데 필요한 언어 기능은 섭식 기능이 선행되어야 하기 때문에 중요한 기능이다. 따라서 섭식 기능의 발달은 언어발달의 측면에서 보면 입의 다양한 기관이 협조하여 복잡하게 움직임으로써 일상 시에 사용하는 언어를 만들어 내는 기초가 된다(Yoshihiro, 1995).

섭식 기능에 문제가 있어 보이는 아동들은 자발적인 언어 활동이 결핍되어 있고, 근 긴장도의 협응 부족으로 호흡 조절 및 발성 문제, 조음기관의 운동능력 저하로 조음장애와 섭식 문제로 이어져 언어능력 발달 과정에 어려움을 야기한다. 영유아기 때의 깨물기, 빨기, 씹기, 삼키기 등의 올바른 식사 패턴이 잘 형성되면 조음기관의 발달로 이어져 언어발달에도 영향을 미친다(곽점태, 2004).

입술은 음식을 받아들이고 입을 다물어서 음식을 보관하는 상태를 유지하는 기능을 하기 때문에 섭식의 초기 단계이므로 중요한 기능을 한다. 포유기의 입술 상태는 유두를 입에 물고 있을 수는 있지만 수의적으로 상하 입술이 협조하는 기능은 보이지 않는다. 또한 입술이 완전히 닫혀 있는 경우도 드물다. 이유식을 먹으면 아래턱의 불수의 운동이 적어지고 상하 입술이 협조하여 입술 사이에 음식물을 물어 삼킬 수 있게 된다. 이 시기에 호기 조절도 가능하게 되며, 섭식으로 입술 움직임이 자유자재로 되면서 입술과 호기가 협조하여 양순음 발음이 가능해진다. 즉, 이유식 중기가 끝날 쯤에는 /아-/라고 들리는 옹알이를 발성 시에 상하 입술을 폐쇄시켜 음이 입에서 나오는 것을 차단시키고 코로 통과하면서 /마-/라는 음을 만들 수가 있다. 이후 /바-/ /부-/ /마-/와 같은 음을 순차적으로 낼 수 있다(곽점태, 2004; 전헌선 외, 2004).

혀의 역할은 섭식의 중심을 이루는 저작과 연하의 기능을 담당한다. 언어 기능에 있어서는 자음과 모음을 만드는 중요한 역할을 하며, 모음의 경우 음을 만드는 위치에 따라 전설, 중설, 후설로 구분하고, 자음의 경우 혀의 위치에 따라 치조음, 연구개음, 경구개음 등으로 구분한다. 포유기의 흡철 운동 시에는 입이 열려진 채로 유두를 물고 있을 때 혀는 유두를 둘러싸도록 하고 전후를 중심으로 상하로도 움직인다. 후설부는 연구개와 만나서 입 안의 유즙으로 연하반사를 유발시켜 인두부로 보낸다. 이때 호흡은 코로 하지만 입을 벌린 채로 후설과 연구개에 의하여 구강과 인두를 스스로 차단할 수 있고 호기도 입으로 낼 수 있어서 /코-/ /고-/의 음을 낼 수 있다. 이유식 초기에는 '쩝쩝' 소리를 내면서 음식물과 혀가 입 밖으로 나오지만 삼키는 것이 능숙해지면서 /타/ /다/의 파열음과 /나/의 비음을 낼 수 있다(곽점태, 2004; 전헌선 외, 2004). 조음기관 중 특히 아래턱과 혀 사이의 연결은 섭식과 구어 산출 모두에서 중요한 기능을 담당한다(김선희, 2011).

섭식 기능은 영유아의 구강기관의 감각 및 운동 기능을 증진시키고 조음 발달의 기초를 제공한다. 생후 2년 동안의 구강기관, 섭식 및 조음 기능의 변화를 〈표 8-3〉에 요약하였다(김선희, 2011).

〈표 8-3〉 일반유아의 구강, 섭식 및 조음 기능 발달

발달 연령	구강	섭식	조음
신생아~1개월	• 뺨에 지방패드(buccal pads)가 많고 하악이 작고 구강 뒤쪽에 위치 • 구강의 공간이 좁고, 혀는 앞뒤로 움직임	• 초기 빨기 양상인 서클링 패턴(suckling pattern)을 보임 • 혀뿌리와 후두덮개가 밀착되어 안전하게 우유를 삼킴 • 찾기 반사, 빨고 삼키기 반사 및 개구 반사가 나타남	• 비음을 포함한 제한된 모음, /ㄱ/ /ㅋ/와 같은 목구멍 쪽에서 나는 소리 발성
3개월	• 뺨의 지방패드가 점차 없어지고, 아래턱이 점차 성장 • 구강 안의 공간이 넓어지고, 혀의 움직임이 증가	• 구강반사가 점차 소거됨 • 이유식을 시작	• 양순음 산출
4개월	• 혀가 구강 위로 움직임	• 빨기 패턴(sucking pattern)을 보임 • 윗입술과 함께 숟가락 위	• 양순음과 /ㄱ/ /ㄴ/ /ㄷ/ /ㅋ/ 음을 산출

4개월		의 이유식을 구강 안으로 끌어들임	• 다양한 옹알이 산출
7개월	• 혀의 상하 움직임 증가	• 컵을 사용 • 혀를 사용해서 빠는 듯한 유아식 패턴을 사용해 먹음 • 종종 사래가 걸리고 흘림 • 초기 씹기 패턴을 보임	• '바바바' '다다다'와 같은 연속적인 옹알이를 산출
9개월	• 혀의 외측 움직임과 윗입술의 정교한 움직임 보임 • 삼키는 동안 상하 입술의 폐쇄가 더욱 정확해짐 • 턱이 위아래와 사선 방향으로 움직임 • 컵으로 먹기 동안 혀는 구강 안에 위치, 아랫입술은 컵의 아래 모서리에 위치, 윗입술로 구강 안으로 유입되는 음식을 조절	• 숟가락 위의 음식물을 완전하게 처리 • 성인의 씹기 패턴(chewing)을 보임	• '바다다' '바나나'와 같은 다양하고 긴 옹알이를 산출
10개월	• 혀가 구강의 외측과 윗니의 잇몸 뒤로 신속하고, 정확하게 움직임 • 아래턱이 긴밀하면서도 민첩하고 규칙적으로 사선 방향으로 움직임 • 윗입술로 음식에 끼인 것을 처리할 수 있음	• 음식을 적게 흘리면서 안전하게 먹음	
12개월	• 입술, 볼, 턱, 혀 등의 협응된 움직임이 증가	• 빨대로 먹기	• 옹알이 산출의 길이가 이전보다 길어지고 다양해짐 • 초어 산출
24개월	• 조음기관의 협응이 증가		• 2어절 이상의 문장 산출

출처: 김선희(2011).

2. 섭식 특성

1) 일반유아의 섭식 특성

섭식을 위한 필요한 기능은 환경과의 관계 속에서 발달하므로 환경이 섭식 기능의 발달에 부적절한 경우는 발달이 지체되어 버리는 수가 있다. 섭식 환경이란 음식물을 주는 방법, 줄 때의 그릇, 음식물의 크기나 딱딱함 그 자체를 말한다(나은우, 정한영, 2004).

신생아의 정상적인 섭식 기능의 발달은 유아적 삼키기 패턴(infantile swallowing pattern)에서 성숙된 삼키기 패턴(mature swallowing pattern)으로 넘어가는 생후 약 5개월경을 분기점으로, 그 이전에는 흡철반사(sucking reflex), 혀 내밀기(tongue thrusting reflex) 등의 반사 운동과 섭식 시 혀, 입술, 악골 등이 동시에 움직이는 양상을 보여 주는 반면, 이후에는 혀, 입술, 악골 등이 섭식 시에 각각 독립적인 운동을 함으로서 저작, 구강 내에서의 음식물의 이동, 연하 등의 기능이 가능하고 생후 18개월경이면 정상적인 성인의 섭식 패턴을 가지게 된다(송민호, 김현정, 남순현, 김영진, 1992).

정상적인 섭식 기능의 발달에는 일정한 순서가 있다. 이유식 초기인 생후 5~6개월에는 윗입술의 모양은 변하지 않고 아랫입술이 안쪽으로 들어가면서 입술을 닫고 삼킨다. 혀의 전후운동에 따른 턱의 연동운동을 하기 때문에 과일즙이나 요구르트 등을 준다. 이유식 중기인 생후 7~8개월에는 위아래 입술을 완전히 붙여서 얇게 보인다. 좌우 입술 양끝을 동시에 늘이고 오므리며, 혀의 상하운동으로 떠먹는 요구르트, 순두부, 삶은 감자, 고구마 등을 눌러 으깰 수 있다. 이유식 후기인 생후 9~11개월 시기에는 위아래 입술이 비틀어지면서 협조한다. 위아래 입술을 앞으로 내밀며, 혀의 좌우운동과 저작 패턴이 나타나고 삶은 채소나 과일 등을 먹을 수 있다. 그러나 정상적인 섭식 기능 발달은 개인차가 크다. 생후 36개월까지는 발달이 일어나며 또한 다양한 현상이 나타나는 시기이기도 하다. 〈표 8-4〉는 일반유아의 섭식 기능 발달이다.

〈표 8-4〉 일반유아의 섭식 기능 발달

발달 연령	음식 유형	섭식 기능
0~3개월	• 우유나 젖을 빨아 먹는다.	• 젖병이나 젖꼭지를 빠는 동안 우유나 젖을 흘리기도 한다. • 숟가락으로 유동식이나 퓨레 음식을 먹일 때 음식이 입술에 닿으면 빨아 삼켜서 먹는다. • 윗입술은 음식을 입 안으로 옮기는 것을 돕지 않는다. • 턱, 입술, 혀운동: 빨아 먹을 때만 사용한다.
4~6개월	• 묽은 곡물로 만든 가루죽과 퓨레 음식을 먹는다. • 액체 음식을 먹을 때는 컵을 사용할 수 있다. • 우유병이나 숟가락이 오는 것을 눈으로 쫓아 입을 벌리며, 음식에 대한 선호도를 나타낸다. • 입 주변과 손 주변을 느끼고, 보게 되고, 흥미를 가진다.	• 침은 거의 흘리지 않는다. • 6~7개월이 되면 음식이나 숟가락을 인식하여 턱이 안정된다 • 부드러운 과자를 먹을 때 원시적인 형태의 깨물기-놓기 패턴을 사용한다. • 젖병을 빨기 시작하거나 마칠 때 우유를 약간 흘릴 수 있으나, 빠는 동안에는 흘리지 않는다. • 6~8개월경 컵을 사용하여 액체음식을 마실 때 빨기 패턴을 이용하며 흘리기도 한다. • 6~8개월경 음식을 삼키는 동안 혀가 앞으로 움직이고, 입술이 벌어질 수 있어 음식을 흘린다. • 약간 걸쭉한 퓨레 음식, 작고 부드러운 덩어리 음식을 삼킨다.
7~8개월	• 액체 음식, 퓨레 음식, 찧거나 으깬 음식을 제공한다.	• 어금니 부분에 음식이 놓이면 혀를 말거나 간단한 수평이동을 동반한 혀의 측면 운동이 활발하게 이루어지기 시작한다. • 숟가락에 있는 음식을 먹기 위해 윗입술을 앞으로 내밀면서 내린다.
9~10개월		• 잇몸 또는 이빨 사이에 부드러운 과자를 물고 있는다. • 씹기 위해서 혀가 입 중앙으로부터 양쪽으로 움직임에 따라 대각선 회전 운동을 한다. • 음식이 입의 측면에 있을 때 쉽게 측면 혀 운동을 지속한다. • 음식을 혀 중앙에서 양 측면으로 옮기기 시작한다. • 입술은 턱과 함께 활동하며, 턱이 위아래로 움직임에 따라 양면에서 또는 중앙에서 접촉한다. • 윗입술은 씹는 동안 적극적으로 앞으로, 아래로 움직인다.

9~10개월		• 위아래 입술은 음식이 입술에 닿으면 입 안으로 음식을 끌어들인다.
12개월	• 쉽게 씹을 수 있는 고기를 포함해서 굵게 다져놓은 음식을 먹는다	• 컵을 사용하여 액체를 삼킨다. • 때때로 혀끝을 올려 컵의 액체 음식이나 반고형 음식을 삼킨다. • 쉽게 입술을 닫아 삼켜 음식이나 침을 흘리지 않는다. • 입술은 씹는 동안 적극적으로 움직인다. • 아랫입술에 묻은 음식을 깨끗이 먹기 위해 아랫입술이 입의 안쪽으로 당겨졌을 때 윗앞니 또는 잇몸을 사용한다. • 씹는 동안 음식 또는 침을 흘린다.
15개월		• 윗앞니를 사용하여 입 안쪽으로 끌어들여진 아랫입술을 깨끗이 한다. • 턱운동은 대각선 회전 운동이 부드럽고 조화롭게 이루어진다. • 윗입술과 아랫입술은 씹기와 입 주변을 깨끗이 하는데 적극적으로 움직인다. • 입술의 양끝과 뺨은 음식의 배치와 움직임을 조절하는 것을 돕기 위해 안쪽으로 끌어 당겨진다.
18개월	• 고기와 날채소를 포함한 굵게 썰어진 음식을 먹을 수 있다.	• 컵의 가장자리를 물어 바깥쪽 턱을 안정시킨다. • 반고형 음식을 삼키기 위해서 간간히 또는 지속적으로 혀끝을 올려서 먹는다. • 쉽게 입술을 닫고 고형음식을 삼킬 수 있다. • 딱딱한 과자의 경우 깨물어 먹는 것을 잘 조절하고 지속할 수 있다. • 입술을 닫고 씹을 수 있다.
21~24개월		• 깨물어 먹는 것을 잘 조절하고 지속할 수 있다. • 컵을 입술 사이에 넣고 위아래 빨기 패턴을 사용하여 안쪽 턱을 안정시킨다. • 혀는 윗입술 또는 아랫입술의 음식을 깨끗이 하는데 자유롭게 사용한다. • 혀의 올림과 내림은 턱 운동과 독립적이 된다. • 쉽게 음식을 다물고 컵의 음료를 삼킨다. • 여러 가지 질감의 음식을 포함하여 음식이나 침의 흘림이 없이 고형 음식을 삼킨다.

출처: 김경숙 외(2003).

2) 뇌성마비아동의 섭식 특성

섭식장애는 중추신경계 이상이나 외부 환경적 요소에 의해 일반유아의 이유기 발달 단계 중 어떤 과정에서 발달이 정지되거나 지연된 상태로 특수아동의 39~56% 정도 발생하며, 뇌성마비아동의 75%에서 나타난다(Morris & Klein, 2000). 뇌성마비아동이나 중복장애학생들은 식사하는 능력과 행동에 있어서 많은 이상을 보인다. 장애가 심할수록 먹는 행동에 이상이 있는 경우가 많은데, 섭식장애가 심각한 경우 자신의 능력으로는 입으로 음식을 섭취하는 것이 불가능하므로 호스에 의지할 수밖에 없는 상태가 된다(나은우, 정한영, 2004).

뇌성마비아동은 빨고 삼키는 반사작용이 충분하지 않아 입 기능의 발달이 저해되며 이러한 방해로 컵을 입에 대면 혀가 컵의 가장자리 위나 아래로 내려가므로 물마시기가 어렵게 되고 침을 많이 흘리게 되어 언어장애를 동반한다. 특히 식사행동에서 문제를 가지고 있는 뇌성마비아동은 대부분 머리, 입, 몸통의 조절이 어려워 섭식 기능에 이상을 가진다. 또한 구강 내의 음식물뿐만 아니라 호흡과 관련되어 입술, 혀, 아래턱 기능 발달에도 저해요인이 된다(정진자, 1998).

뇌성마비아동의 섭식 발달이 어려운 몇 가지 이유는 다음과 같다(전헌선 외, 2004). 첫째, 정상적인 섭식 발달이 어려워 인간의 기본적인 욕구이면서 마땅히 즐거워야 할 식사가 심하게 재채기를 해야 하는 고통을 수반하는 경우가 있다는 것은 본인뿐만 아니라 부모를 포함한 도움을 주는 사람에게도 큰 부담이 된다.

둘째, 섭취할 수 있는 음식물의 형태가 제한적이기 때문에 영양학적으로 편향된 섭취를 하게 되거나 양적으로 부족한 경우가 있어 신체발달이나 건강적인 면에서 악영향을 받을 수 있다.

셋째, 구어의 발달과 관련하여 입술, 혀, 아래턱 등의 기관은 말하는 데에도 관여한다(박혜숙, 나은우, 1991). 그러므로 먹는 일에 문제가 있는 것은 구어를 표현하는 일에 어려움을 갖게 되는 원인이 된다.

넷째, 아동이 먹는 것, 삼키는 것, 숨쉬기 등을 조정하는 능력이 부족하거나 빨거나 삼킬 수 있는 자세를 유지할 수 없거나 또는 구강 기제의 통제부족으로 컵으로 마시거나 음식을 깨물고 씹을 수 없어 그들에게 필요한 영양을 충분히 섭취할 수 없다면 아동의 지적 능력까지도 영향을 받게 된다.

섭식장애의 원인으로는 개체와 환경의 상호작용에 차질이 생기는 결과, 발달지체에 의한 기능 이상, 관련 근육군의 비협조 운동, 구강 및 안면 영역의 감각 운동 체험 부족, 구강감각의 이상, 전신 발달과의 관계 등으로 해석할 수 있다. 환경적 영향으로는 부적절한 자세 및 보조, 부적당한 음식물 선택, 섭식도구의 선택 등이 있다. 뇌성마비아동의 섭식 개선 방법으로는 구강감각 이상의 개선, 턱 조절과 입술 조절, 빨기, 씹기, 삼키기 등이 있다.

뇌성마비아동의 개체 내의 약한 발달력은 중추신경계의 장애로 섭식 기능의 발달에 필요한 뇌의 활동, 즉 입력(자극)→정보 처리→출력(운동) 회로에 결함이 생긴 것이라고 생각된다(Yoshihiro, 1995).

뇌성마비아동의 이상 섭식 패턴을 보면 다음과 같다(Yoshihiro, 1995).

- 입에 음식을 가져가도 입을 벌리지 않는다.
- 입은 벌려도 먹으려고 하지 않는다.
- 입을 조금밖에 벌리지 않아 숟가락이 좀처럼 들어가지 않는다.
- 필요 이상으로 입을 크게 벌린다.
- 머리를 뒤로 젖힌다.
- 혀를 쓸데없이 자주 앞으로 내밀어 음식물이 입으로 들어가지 않는다.
- 음식물이 들어가도 혀로 밀어 낸다
- 숟가락을 꽉 깨물어 빼내려고 해도 좀처럼 빠지지 않는다.
- 입 안에 음식물을 넣어도 움직이지 않고 가만히 있다.
- 입 안에 들어 있는 음식물을 삼키지 못하며 기침으로 내뿜는다.
- 심하게 사레가 들려 아무것도 먹을 수 없다.
- 아무것이나 입에 넣어 통째로 삼킨다.
- 물고 있을 수 없다.

이러한 뇌성마비아동의 이상 섭식은 1차적으로 영양학적인 면에서 영양분 공급이 어려워 성장과 발달에 영향을 미친다. 2차적으로는 구강기관의 원활한 협조가 이루어지지 않기 때문에 언어발달에 영향을 미친다. 따라서 이상 섭식 패턴을 개선하려는 노력이 필요하다. 정상적인 섭식 기능을 회복하기 위해서는 다양한 섭식 개선 프로그램으로 재활에 참여해야 한다. 섭식 프로그램은 정상 발달 단계를 따라야 하며, 잠재능력 계발, 끊임없는 훈련과 인내, 관찰, 칭찬, 팀 접근 훈련이 필요하다.

3) 보봐스의 언어훈련

보봐스(Bobath)는 뇌성마비아동의 언어훈련에 있어서 가장 우선되어야 하는 조건이 비정상적인 근육 및 신체 이완훈련이라고 하였다. 그다음 단계가 빨기, 씹기, 삼키기 등의 섭식 기능 개선을 위한 훈련이며, 이러한 단계적인 훈련을 한 다음 언어훈련을 시작하여야 효과적이라고 하였다.

보봐스의 언어훈련 접근 방법의 핵심은 3가지로 정리할 수 있다(박혜숙, 나은우, 1991; 전헌선, 2003). 첫째, 여러 가지 방법으로 비정상적으로 높은 근육 긴장을 이완시키고 변동적인 근육을 안정시킨다. 둘째, 원시적인 반사 유형을 억제시키고 조절할 수 있게 한다. 셋째, 점진적으로 정상적인 운동발달 과정의 다음 단계로 촉진시켜 혼자서 운동을 할 수 있는 능력을 획득하게 한다. 이러한 훈련을 성공적으로 이끌기 위해서는 물리치료사, 작업치료사, 언어치료사 간의 긴밀한 협력과 팀 접근이 우선되어야 한다.

뇌성마비아동의 언어훈련은 첫째, 발달 순서에 따른 훈련을 실시하여야 한다. 보봐스는 운동 유형의 발달 순서를 무시하면 때로는 변형이나 구축의 원인이 된다고 하였다. 둘째, 정상 운동 행동에서 뇌성마비아동이 어느 정도 벗어났는지를 평가하여 정상/병적/원시적임을 발견한다. 셋째, 근육 긴장을 정상화시킨다. 중력에 대항하여 자세를 유지하는 데 충분한 정도로 근육 긴장은 높아져 있어야 하지만, 뇌성마비아동의 경우 비정상적인 근육 긴장이 과긴장과 저긴장 등으로 변동하면서 나타난다. 이 근육을 정상화시키기 위해서는 원시반사의 억제와 자기조절이 되도록 훈련해야 한다. 마지막은 반사 억제조절의 지도다. 어느 한 순간에 나타나는 반응이 하나밖에 없다고 하면 일어날 가능성이 있는 다른 모든 조건의 반응은 억제된다. 억제조절은 정상 발달에 있어서 필수조건이지만 눈에 보이지 않기 때문에 지나치기 쉽다. 이러한 억제 과정이 발달되어야 비로소 자세와 운동의 원시적인 반사로부터 해방될 수 있다(박혜숙, 나은우, 1991; 전헌선, 2003).

3. 섭식기술 지도

1) 섭식 지도

중도 · 중복장애학생의 섭식 문제는 1차적으로 신체발달이나 건강면에서의 문제와 조음 등의 의사소통 기능에도 영향을 미친다. 섭식 지도의 기본적인 원리는 첫째, 대상아동의 전신상태, 섭식 기능 등 어려움을 파악하여 문제점을 정리하고, 둘째로 자세 통제, 음식물 주는 방법, 음식물의 형태와 양을 고려하여 세운다. 마지막으로 발달 단계를 고려하여 장기간에 걸친 협력과 보호자의 요구를 파악하는 것이다.

섭식 기능을 향상시키기 위한 기술 지도로 CSS(씹기, 빨기, 삼키기) 기능을 향상시키기 위한 방법이 있다. 이 방법은 컵으로 마시기, 빨대로 마시기, 턱 조절 및 입술 조절이 있으며, 신전반사를 억제하고, 머리를 중심선에 두도록 조절하는 안정된 자세유지 등이 있다. 식사도구 사용능력의 발달은 뇌성마비아동의 성장과 식품 섭취에 매우 중요하다. 식사도구 사용능력이 우수할수록 신체적 성장이 우수하다고 할 수 있다(김잔디, 배윤경, 조미숙, 2009).

컵으로 마시기 지도 시에는 컵을 아동의 얼굴 가까이 접근시켜 스푼으로 걸쭉한 음료를 떠먹인다. 점점 음료가 든 컵을 직접 입에 대고 조금씩 마시도록 지도한다. 음료의 농도를 점차 묽게 하고, 머리를 뒤로 젖히지 않도록 컵을 대각선으로 낮게 잘라서 사용하는 것이 좋다. 빨대로 마시기를 지도할 때는 빨대를 혀 위에 얹고 혀의 전후운동으로 마시지 않도록 지도하고, 빨대 길이는 처음에는 10cm 이하가 좋으며, 치아 위에 빨대를 놓지 않도록 지도한다. 턱 조절 지도는 입 다물고 오래 있거나 아래턱의 근력 강화운동을 해 주며, 입술 조절 지도는 입술 부위 근육의 경직성을 이완시키고, 빨대를 이용해 빨기 훈련하는 것도 좋은 방법이다.

또한 섭식 지도에서 바른 식사 환경 조성과 식사 시 바른 자세도 중요하다(Yoshihiro, 1995). 바른 식사 환경을 조성하기 위해서는 아동과 보조자 간의 라포 형성과 훈련 초기에 아동이 좋아하는 음식을 제공하는 것, 식사 간격 조절을 통한 공복감 유도가 유용하다. 또한 아동의 오감(시각, 청각, 후각, 미각, 촉각)을 자극하는 것이 좋다. 그러나 TV나 라디오를 식사 시간에 틀어놓는 것은 바람직하지 않다. 식사에 필요한 도구(그릇, 수저, 책상, 보조 시트 등)를 미리 준비하면 식사 환경을 조성하는 데 도움이 된다.

바른 식사 자세도 고려해야 하는데 첫째, 바닥에서부터 체간의 각도를 고려해야 한다. 섭식 시 기본적으로 똑바로 누운 자세가 아니라, 몸을 일으킨 상태가 좋다. 몸을 바닥에서부터 45° 정도까지 일으켜 주면 능동적인 음식물 처리와 연하가 쉬워진다. 전신 상태가 좋지 않고 보통 누워서 생활하는 아동을 갑자기 식사 때만 45° 정도로 일으켜서는 안 된다. 처음에는 10~15° 정도의 각도부터 시작하여 점차 늘여간다.

둘째, 머리와 체간의 각도를 고려해야 한다. 저작과 연하에 필요한 근육군은 입 주위만이 아니고, 목과 어깨까지 퍼져 있다. 따라서 머리를 뒤로 젖히면 이러한 근육들이 긴장해 버리고, 저작과 연하가 매우 어렵게 된다. 그러므로 목의 근육이 이완되도록 머리를 조금 앞으로 구부리게 한다. 특히 정면에서 볼 때, 머리, 체간, 허리 등이 비틀리지 않도록 바르게 하는 것이 중요하다.

셋째, 반사억제 자세를 고려해야 한다. 뇌성마비아동 중에는 불수의적으로 전신 긴장이 유발되기 쉬운 아동이 있다. 식사 때가 되어 배가 고프면, 긴장이 보다 심하게 되는 수도 있다. 일반적으로 어깨, 팔꿈치, 허리, 무릎, 발목의 관절을 굽혀서, 몸 전체가 둥글게 되도록 하면 긴장이 풀리기 쉽다. 아동의 긴장 정도에 따라 굽히는 각도를 다르게 하고, 때로는 쿠션이나 모래주머니 등을 무릎이나 등에 대 주는 방법도 필요하다.

식사 지도 시에 주의해야 할 사항으로는 안고 먹일 때와 의자에서 먹일 때가 있다(Yoshihiro, 1995). 안고 먹일 때 주의사항으로는 첫째, 두부(머리 부분)를 팔로 받쳐주는 경우는 아동의 입 안의 모양을 볼 수 있는 것은 좋지만, 보조자의 팔이 아프기 때문에 두부를 뒤로 젖히기 쉽게 하는 결점이 있다. 그래서 팔꿈치를 책상에 대고 팔을 두부 뒤에 대도록 하면 좋다. 또한 팔로 받쳐 줄 때에는 보조자의 팔을 아동의 목 둘레에 넣지 않도록 주의한다.

둘째, 두부를 가슴으로 받쳐 줄 경우, 입 안을 보기는 어렵지만 장시간 보조를 계속하여도 피곤하지 않고, 두부가 뒤로 젖혀지는 빈도가 적다. 다만 입 안을 보기 어렵기 때문에 보려고 시도하다가 머리가 뒤로 젖혀지는 일이 없도록 주의한다.

셋째, 아동의 두부를 보조자의 어깨와 갈비뼈 부분으로 받쳐 주는 경우는 팔로 받쳐 주는 경우와 가슴으로 받쳐 주는 경우의 중간적인 보조를 말한다. 따라서 아동의 입 안도 어느 정도 볼 수 있고, 보조자도 피곤하지 않으며, 동시에 아동의 머리가 뒤로 젖혀지는 일이 없다는 점에서 좋은 방법이라고 본다.

의자에서 먹일 때 올바른 자세는 먼저 엉덩이를 의자 깊숙이 앉힌 다음 대퇴부가 위로 들리지 않게 한다. 무릎은 90° 로 굽히고 발은 바닥에 완전히 붙인다. 책상의 높이는 팔꿈치에 맞춘다. 의자에서 먹일 때 피해야 할 나쁜 자세로는 간신히 엉덩이를 의자 끝에 걸친 상태와 손발과 몸 전체가 뻗쳐 있는 자세는 피해야 하며, 머리는 뒤로 젖혀지고 발은 바닥에서 위로 들려 있는 자세 또한 피해야 할 자세다.

아동이 스스로 음식물을 섭취하기 위해서는 여러 가지 촉진기술을 지도할 필요가 있다(박경옥, 2005). 첫째, 목표 행동을 설정한다. 아동에게 요구되는 우선순위를 정하고, 필요한 기술을 어느 정도 성취하는지 진단과 사정을 한다. 그다음 관찰 및 평가 자료를 바탕으로 목표를 설정해야 한다. 또한 그 기술에 요구되는 작은 단계의 기술들은 무엇이 있는지 과제 분석을 통해 아동이 한 단계씩 접근하여 나가도록 해야 한다.

둘째, 아동의 특성을 고려한 적절한 식사도구를 사용한다. 컵의 경우 음료의 양을 볼 수 있는 투명한 플라스틱 컵이나 고개 가눔에 어려움이 있는 아동을 위한 U 모양 컵, 빨대를 이용한 컵, 고정시킬 수 있는 컵 등 적응 보조도구들을 활용할 수 있다. 숟가락을 선택할 때도 아동의 입의 크기, 구강기관의 민감도, 경직성 물기 반사, 쥐기 등 아동의 특성을 고려하여 깨지지 않는 플라스틱 숟가락, 코팅된 숟가락, 손잡이를 두껍게 하거나 벨크로 등을 붙여 쥐는 기능을 효율적으로 하는 숟가락을 사용한다.

셋째, 음식물 섭취 과정에 집중할 수 있도록 환경을 구성하는 것이 필요하다. 지나친 소음, 다른 시각적인 방해물, 지나치게 밝은 불빛, 낯선 사람의 방문, 낯선 사람이 식사를 보조하는 등의 외부적인 자극을 최소화하도록 하여 아동이 안정감 있게 식사하는 것을 돕는다.

넷째, 교사는 설정한 교수전략을 제대로 수행할 수 있도록 훈련을 받아야 한다.

식사를 하는 동안 교사의 위치가 중요한데, 아동에게 숟가락 사용 방법을 가르칠 때, 교사는 아동이 사용하는 팔과 어깨를 중심으로 약간 뒤쪽으로 앉는다. 이것은 정상적인 팔의 움직임을 촉진할 수 있게 해 주며 아동의 구강 운동 기능을 충분히 볼 수 있게 해 준다.

다섯째, 아동이 좋아하는 강화물 선호도 조사를 통해 적절한 강화물을 선정하고, 언어적 칭찬과 함께 제공한다.

2) 뇌성마비아동의 구강기관 훈련

뇌성마비아동의 구강기관의 훈련은 구강 주위의 근육을 이완, 수축시킴으로써 근력을 증진시키고 근운동을 활성화시키는 목적이 있다. Vangede 소아병원의 Ressell 박사에 의해 소개된 번게이드법(Vangede법)은 크게 수동적인 자극법, 능동적인 자극법, 저항 운동법으로 나눈다(송민호 외, 1992). 수동적인 자극법(passive stimulation)은 훈련자의 협조를 얻을 수 없는 경우에 치료사나 지도사가 일방적으로 행하는 훈련법이다. 능동적인 자극법(active stimulation)은 거울 앞에서 치료사나 지도사가 보여 주는 동작을 모방하는 훈련법이다. 저항 운동법(resistance exercise)은 치료사나 지도사가 수동적인 자극법의 요령으로 실시하면 훈련자는 그에 대한 저항운동을 한다. 이 자극법들을 훈련 시에 몇 가지 주의사항이 있다. 훈련은 하루에 2~3회 식전에 실시하고, 1회 훈련시간은 5~10분 정도가 적당하다. 또한 입술훈련−뺨훈련−혀훈련 순서로 시행하고 무리한 힘을 가하기보다는 가볍고 부드럽게 실시한다(송민호 외, 1992). Vangede법을 몇 가지 소개하면 〈표 8−5〉와 같다.

〈표 8-5〉 뇌성마비 아동의 구강기관 자극법

자극법	훈련법	훈련 내용	
수동적인 자극	입술훈련	• 입술과 치아 사이에 손가락을 넣고 외측에서 눌러 준다.	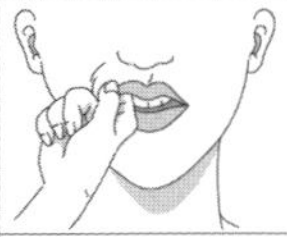
		• 손가락을 입술의 외형선에 대고 가볍게 눌러 준다.	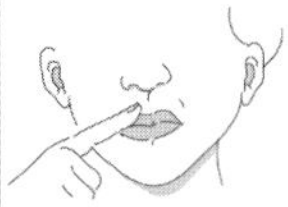
		• 하악부를 가볍게 두드린다.	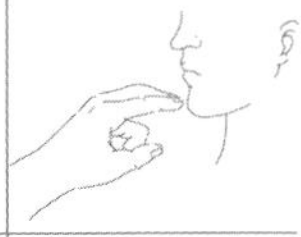
	뺨훈련	• 뺨의 중앙부를 외측으로 부풀려 준다.	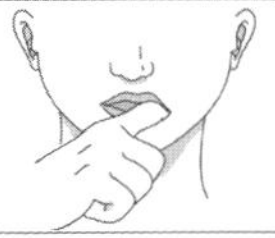
		• 경직된 부위가 있으면 손가락으로 가볍게 비벼 준다.	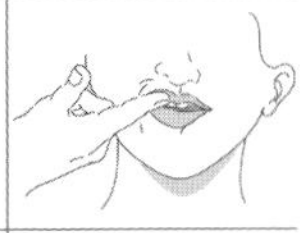
	혀훈련	• 구외법: 하악 하부의 후방에서 손가락을 똑바로 위로 눌러 준다.	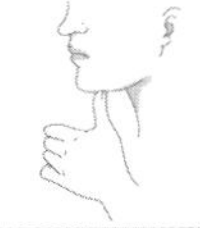
		• 구내법: 숟가락의 끝을 혀끝에 대고 밀어 준다.	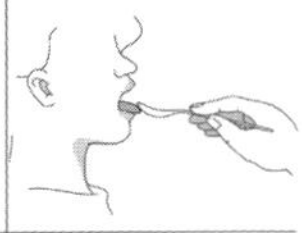
		• 숟가락의 내면을 혀 전방에 대고 반대쪽으로 밀어 준다.	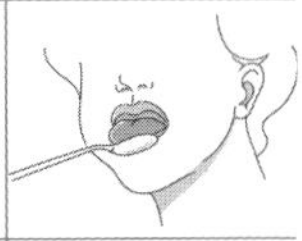
	연하 기능 개선훈련	• Rood법: 입술 주위의 근육을 붓으로 자극. 폭이 10mm인 붓으로 가벼운 접촉을 1초에 2~3회 속도로, 한곳에 10~15회 정도로 중심에서 외측으로 자극을 주는 방법과 얼음을 사용해 한곳에 3~4회 정도 실시해 주는 방법.	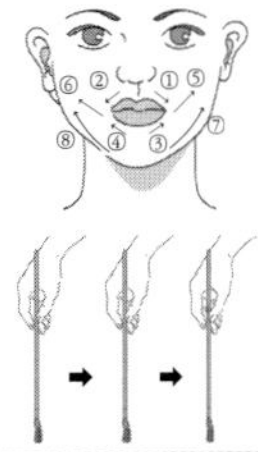
		• Gingival massage: 감각 기능을 높이고 타액분비를 촉진시키기 위한 것으로 손가락으로 입술 위아래를 중심에서 구치부 쪽으로 부드럽게 문질러 준다.	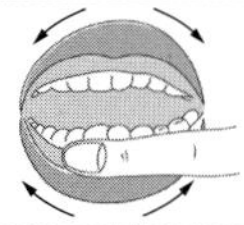
	입술훈련	• 입술에 힘을 주어 오므려서 전방으로 돌출시킨다.	

	입술훈련	• 입술을 위쪽으로 당겨 '이'라고 발음할 때의 표정을 짓게 한다.	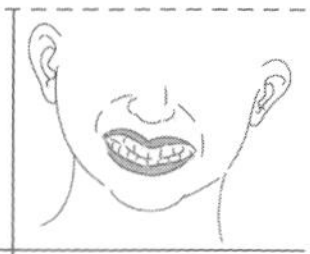
		• 입술을 닫고 구각(입술 끝)을 아래쪽으로 당겨 입을 '∧' 모양으로 만든다(슬픈 표정일 때 모습).	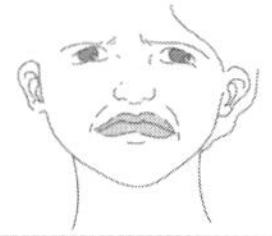
	뺨훈련	• 입술을 다물고 구각에 힘을 준다.	
		• 입술을 다물고 입 안에 공기를 넣어 뺨을 부풀게 한다.	
능동적인 자극	혀훈련	• 혀를 앞으로 내민다.	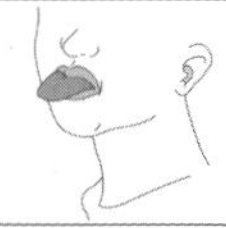
		• 혀를 구각으로 보낸다.	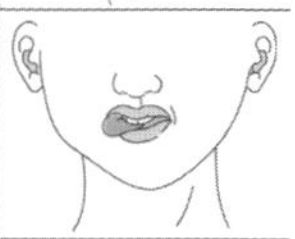
		• 혀를 아래턱으로 보낸다.	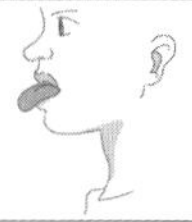
		• 혀를 코 끝으로 보낸다.	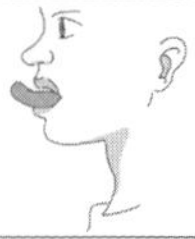
저항 운동법	입술훈련	• 치료사가 입술을 잡아 주면 훈련자는 입술에 힘을 주어 편다.	
		• 치료사가 손가락을 입술 안쪽에 대고 외측으로 당기면 훈련자는 입술에 힘을 주어 내측으로 오므린다.	
		• 손가락을 입술 외형선에 대고 누르면 훈련자는 입을 여는 방향으로 힘을 준다.	
	뺨훈련	• 치료사는 손가락으로 뺨의 중앙부를 부풀려 주고 훈련자는 힘으로 뺨을 오므린다.	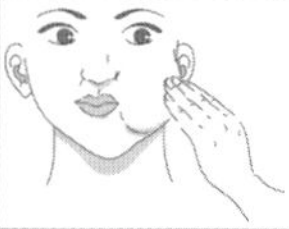
		• 훈련자가 뺨에 공기를 부풀리면 치료사는 손으로 그 부위를 누른다	
	혀훈련	• 훈련자는 혀를 밖으로 내밀려고 힘을 주고, 치료사는 숟가락의 내면으로 혀를 구강 내로 밀어 넣는다.	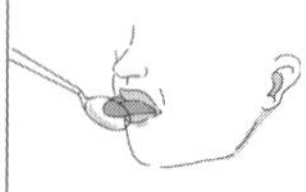
		• 훈련자가 혀를 구각 쪽으로 내밀면 치료사는 숟가락으로 반대편 구강내측을 향해 밀어 넣는다.	

출처: 송민호 외(1992).

3) 섭식 프로그램

독립적인 섭식에 성공하기 위해서는 빨기, 삼키기, 물기, 씹기와 같은 기술이 필요하다. 먹고 마시는 것이 곤란한 중도·중복장애학생에게 섭식에 대한 즐거움을 주고 더 나아가 언어 습득의 기초가 되는 구강기관과 근육의 발달을 향상시킴으로써 인간다운 삶의 기본적인 욕구를 이룰 수 있도록 하기 위해서는 일차적으로 섭식 기능을 향상시키기 위한 훈련을 필요로 한다(김정임, 2005).

섭식 향상을 위한 프로그램에는 일반적으로 삼키기, 마시기, 빨기, 씹기, 옮기기 등이 있다. 우지연(2005)은 뇌성마비아동의 섭식훈련에 여러 가지 훈련 프로그램을 적용하였는데, 그 결과 자음 오류 개선과 수용언어 명료도 개선 효과, 표현언어 정확도 개선에 효과가 있었다.

〈표 8-6〉 섭식 향상 프로그램

섭식 영역	섭식 기능	섭식훈련 내용
마시기	컵 사용하여 물 마시기	• 입술 운동하기 –입술을 다문 상태에서 '푸' 소리 내며 바람을 내뿜는다. • 컵 사용하여 물 마시기 –여러 가지 컵 중 마음에 드는 컵을 책상 위에 놓는다. –작은 bowl이나 cut-out된 컵을 사용한다(종이컵 사용 안 함). –찬물을 사용하여 윗입술이 자극이 되어 입을 다물도록 한다. –아랫입술과 윗입술을 컵에 대고 물을 조금씩 나누어 마신다. –다 마신 것을 확인한다. • 혀를 사용하지 않고 입술을 사용하여 마시도록 한다.
	캔 음료 마시기	• 혀 운동하기 –혀를 앞으로 쭉 내민다. –혀를 위, 아래, 좌, 우로 움직인다. • 원터치 캔 음료 마시기 –좋아하는 캔 음료수를 고른다. –찬 것을 사용하여 윗입술이 자극이 되도록 한다. –아랫입술과 윗입술을 캔 뚜껑 부분에 컵에 대고 음료수를 조금씩 나누어 마신다. –캔 음료수 통을 흔들어 다 마신 것을 확인 한다.
빨기	막대사탕 빨기	• 혀 운동하기 –혀를 앞으로 쭉 내민다. –혀를 위, 아래, 좌, 우로 움직인다.

빨기	막대사탕 빨기	• 막대사탕을 혀를 사용하여 핥아 먹기 –좋아하는 막대사탕을 고른다. –막대사탕의 종이 부분을 벗긴다. –입 안에서 여러 방향으로 돌려 빨도록 한다. –사탕을 입 안에 넣지 않도록 한다. –사탕과 침의 액을 바르게 삼킬 수 있도록 한다.
	빨대 사용하기	• 입술 운동하기 –입술을 다문 상태에서 '푸' 소리 내며 바람을 내뿜는다. • 빨대로 우유 먹기 –빨대를 우유에 꽂는다. –빨대의 끝이 우유에 충분히 잠기게 한다. –한 손으로 우유통을 잡고 빨대가 입에 들어갈 수 있도록 들어올린다. –다른 한 손으로 빨대를 가볍게 잡는다. –빨대를 입 안에 깊이 넣지 않도록 한다. –빨아 먹는다. –빨대 끝을 바닥까지 밀어 넣고, 우유통을 기울인 후 끝까지 다 먹도록 한다.
씹기	젤리 씹기	• 턱 운동하기 –크게 하품을 한다. –턱을 좌우로 움직인다. –턱을 위아래로 움직여서 윗니와 아랫니가 부딪히도록 한다. • 젤리 씹기 –좋아하는 맛의 젤리를 선택한다. –젤리 윗부분 포장된 부분을 벗긴다. –숟가락으로 젤리를 뜬다. –젤리를 앞니로 천천히 씹는다. –젤리를 오른쪽 어금니로 천천히 씹는다. –젤리를 왼쪽 어금니로 천천히 씹는다. –다 먹은 것을 확인한다.
	식빵 씹기	• 턱운동하기 –크게 하품을 한다. –턱을 좌우로 움직인다. –턱을 위, 아래로 움직여서 윗니와 아랫니가 부딪히도록 한다. • 목 마사지하기 –침액을 3번 꿀꺽 삼킨다. –목 마사지를 한다. • 식빵 씹기 –여러 가지 모양 식빵 중 마음에 드는 식빵을 고른다.

씹기	식빵 씹기	-식빵을 앞니로 씹는다. -식빵을 오른쪽 어금니로 씹는다. -식빵을 왼쪽 어금니로 씹는다. -다 먹은 것을 확인한다.
옮기기	과자 씹어서 옮기기	• 혀운동하기 -혀를 앞으로 쭉 내민다. -혀를 위, 아래, 좌, 우로 움직인다. • 턱운동하기 -크게 하품을 한다. -턱을 좌우로 움직인다. -턱을 위, 아래로 움직여서 윗니와 아랫니가 부딪히도록 한다. • 과자 씹기 -여러 가지 과자 봉지 중 좋아하는 과자를 선택하여 씹는다. -'콘○즈' '치○스' 순으로 부드러운 과자류부터 조금 딱딱한 과자류를 씹는다. -앞니로 먼저 씹는다. -오른쪽 어금니로 씹는다. -왼쪽 어금니로 씹는다. -과자를 오른쪽 어금니로 씹어서 왼쪽 어금니로 옮긴다. -과자를 왼쪽 어금니로 씹어서 오른쪽 어금니로 옮긴다. -큰 덩어리의 과자가 잘못 들어가 기도가 막히지 않게 한다.
	껌 씹기	• 혀운동하기 -혀를 앞으로 쭉 내민다. -혀를 위, 아래, 좌, 우로 움직인다. • 턱운동하기 -크게 하품을 한다. -턱을 좌우로 움직인다. -턱을 위, 아래로 움직여서 윗니와 아랫니가 부딪히도록 한다. • 껌 씹기 -여러 종류의 껌을 손으로 만져 본다. -부드러운 종류의 껌부터 딱딱한 풍선껌 순으로 씹는다. -껌을 앞니로 씹는다. -껌을 오른쪽 어금니로 씹는다. -껌을 왼쪽 어금니로 씹는다. -껌을 오른쪽 어금니로 씹어서 왼쪽 어금니로 옮긴다. -껌을 왼쪽 어금니로 씹어서 오른쪽 어금니로 옮긴다. -껌을 씹다가 기도와 식도로 넘어가지 않도록 한다.

출처: 우지연(2005).

또한 섭식 향상 활동 프로그램은 중도·중복장애학생의 구강 기능능력을 향상시키고 섭식 발달과 일상생활에 필요한 적응행동을 향상시켜 아동의 삶의 질을 향상시킨다(고관우, 김동주, 2010). 이러한 섭식 프로그램은 매일 식사시간을 전후로 실시하여야 효과적이고, 아동의 심리적인 측면도 고려해야 한다.

〈표 8-7〉 섭식 향상 활동 프로그램

단계	시간	활동	목적
식사 전	10분	• 반사 억제 자세 조정	• 비정상적인 근긴장을 억제하고 전신이 근이완 자세 유지
	30분	• 구강 기능 운동 훈련	• 구강 주위에 민감성 감소 • 침 분비 · 입술 다물기 · 삼킴 반사 촉진 • 혀 내밀기와 과도한 구토반사 감소
식사 중	40분	• 숟가락 섭식 프로그램 • 저작 프로그램 • 컵 마시기 프로그램 • 구강 기능 운동 훈련	• 식사도구의 올바른 사용과 저작능력 향상을 통한 식사행동 향상
식사 후	10분	• 신변처리	• 올바른 식사 예절 • 구강관리를 위한 올바른 양치

출처: 고관우, 김동주(2010).

학습문제

1. 중도 · 중복장애학생에게 섭식이 중요한 이유를 기술하시오.

2. CSS 기능이 언어발달에 미치는 영향에 대해 설명하시오.

3. 원시반사 유형이 소실되지 않을 때 나타나는 행동 패턴에 대해 기술하시오.

4. 구강 기능을 향상시키기 위한 훈련에 대해 서술하시오.

제 9 장

일상생활 지도

아침부터 밤에 잠자리에 들 때까지의 모든 일을 나열하면 수백 가지의 활동으로 열거할 수 있다. 모든 사람은 잠에서 깨어나 옷을 입고, 세수하고, 식사를 하는 등 인간의 일상생활에서 공통적이고 기본적인 필수 활동을 하며 살아간다. 우리는 이러한 활동들을 쉽게 그리고 별 생각 없이 실행하고 있다. 그러나 장애를 지닌 학생들에게는 일상생활을 영위하기 위한 각종 동작 및 자세, 필요한 기술 및 기능 습득 등이 매우 어려운 일이다. 특히 뇌성마비를 동반한 중도 · 중복장애학생의 경우에는 운동장애로 인해 일상생활에 필요한 각종 활동을 독립적으로 수행한다는 것은 매우 어렵다. 일례로 한 지체장애 특수학교의 경우 신변자립능력에 있어서 보조 및 전적인 도움을 요구하는 학생이 거의 100%(식사 90%, 착탈의 99%, 용변 처리 99%, 몸단장 99%)에 해당되고 있다(한국우진학교, 2011). 이러한 현상은 타 특수학교(급)의 장애학생도 장애의 중도 · 중복화가 빠른 속도로 진행되고 있어, 특수교육에 있어서 용변 지도 및 몸단장과 같은 일상생활 지도는 매우 중요한 학습 영역이 되고 있다. 용변 처리 및 몸단장은 건강의 유지 및 발달, 일상 및 학교생활 유지, 학습발달과 직접적으로 영향을 주기 때문이다. 따라서 특수교육현장에서는 심신의 장애 정도에 따라 이들이 장차 타인의 도움을 최소한으로 받으려면 용변 처리 및 몸단장을 할 수 있도록 돕는 계획적 · 체계적 · 지속적 지도가 있어야 한다. 이 장에서 중도 · 중복장애학생들의 용변 처리 방법과 몸단장기술에 대한 지도의 실제를 중심으로 살펴보고자 한다.

1. 일상생활기술 지도의 일반적 원칙

학교환경에서 개인위생과 관련된 용변 처리기술이나 자기관리기술 지도가 적절한지에 대한 논란은 여전하다. 일상적인 과정에서 개인의 위생과 긍정적인 자아상을 형성하는 데 평생 영향을 미칠 수 있으므로 우선적으로 해결해야 할 과제를 선정하고 학생이 수행할 수 있는 영역과 도움을 주어야 할 영역을 구분하고 이 기술을 완수해 내어 학생이 스스로 건강을 유지해 나갈 수 있도록 해야 할 것이다. 이러한 기본적인 일상생활기술 습득은 자기주도성, 지속성, 선택하기, 자기조절, 자기효능감 등과 같은 개인의 자기결정능력에 기여하게 된다(Brown & Cohen, 1996). 즉, 일상생활기술의 습득은 학생에게 자기통제감과 성취감을 제공하고, 이들 기술을 능숙하게 사용하면 학생들은 독립적인 생활을 할 수 있게 되고 개인적인 요구에 부응할 수 있게 된다. 이들이 성취한 독립성은 다양한 환경에의 접근 기회 확대와 사회적 수용 가능성을 높일 수 있게 된다. 청소년기의 옷 입기기술과 몸단장기술은 또래들로부터 인정받는 데 큰 몫을 한다. 이처럼 개인의 위생과 사회적 독립성 신장을 위해 필요한 일상생활기술을 지도할 때는 다음의 8가지 원칙(Snell & Brown, 2006)에 근거하여 교육프로그램을 개발하는 것이 바람직하다.

1) 팀원과 협력

협력팀은 학생을 중심에 두고 가르칠 내용, 방법, 그리고 교육성과에 대한 평가의 순환적인 과정으로 진행되어야 한다(Snell & Janney, 2005). 따라서 교사는 가족, 관련 서비스 제공자, 일반교사, 학생과의 협력을 통해 교육활동을 전개한다.

2) 의미 있는 수행평가와 결과 활용

사정이나 진단은 다음의 사항을 결정하기 위한 정보 수집 과정으로 볼 수 있다. 즉, 다음의 질문들에 대한 답을 구하는 의미 있는 진단을 수행하고 그 결과를 바탕으로 한 교수목표를 설정한다. 이때 이들 정보를 수집하는 방법으로는 면담 또는 자기보고 방법을 활용할 수 있고, 또는 직접 관찰을 통해 학생의 수행 정도를 파악하는 것이 필요하다. 직접 관찰을 통해 수집된 정보를 바탕으로 학생의 특성 및 수행 정도를 고려하여 과제 분석에 기초한 학생 출발점을 선정할 수 있다. 과제 분석은 학생 주변 사람들이 과제를 하는 방법을 반영하고, 집이나 학교 또는 다른 관련 환경에서 사용되는 요소들을 포함한다는 점에서 사회적으로 타당해야 한다.

- 학생이 수행할 수 있는 기술은 무엇인가?
- 학생이 수행할 수 없거나 완벽하게 수행할 수 없는 기술은 무엇인가?
- 지금이나 미래에 우선 필요한 기술이지만 학생이 습득하지 못한 기술은 무엇인가?
- 알고 있는 기술을 능숙하게 실행할 수 있는가?
- 익히고 있는 기술들을 다양한 장면에서 활용할 수 있는가?
- 학생의 교육진전이 보이는가?
- 가르치는 방법을 바꾸지 않아도 되는가?

3) 연령과 문화에 적절하고 타당한 절차

교수목표가 된 일상생활기술과 교수 절차 및 진전도 점검 방법은 연령이나 문화에 적절해야 한다. 같은 연령의 다른 학생들이 수행할 수 있는 기술은 생활연령상 적합하다고 볼 수 있다. 자료와 환경의 수정뿐만 아니라 기술을 성취하는 특정 방법들은 학생의 연령에 영향을 받는데, 기술이 우선적인지 아닌지는 학생의 생활연령에 비추어 결정하는 것이 바람직하다. 그리고 사회적 가치 기준에 근거하여 문화적으로 적합한 기준 또는 실제에 주의를 기울여 판단하는 것도 필요하다.

4) 또래 참여의 효과

장애학생들에 대한 또래들의 태도는 장애학생이 자신과 비슷하다고 여길 때 더 나아진다고 한다(Bak & Siperstein, 1987). 몸단장을 예로 들어 설명하자면, 옷이나 머리 그리고 몸단장 습관에서 또래들과 같아 보이는 것, 그리고 같은 시간과 장소에서 몸단장기술을 수행하는 것 등으로 설명되기도 한다. 또한 수업 중에 장애학생을 지원할 수 있도록 또래 도우미를 시간과 활동 일정을 고려하여 배치한 결과 장애학생과 또래 간에 긍정적이고 적절한 행동지원이 이루어지는 성과를 낼 수 있다.

5) 부분참여에 대한 신중한 배려

중도 · 중복장애학생들은 교육활동 중 참여 정도에 대한 고려를 포함해야 한다. 학생에 대한 주의 깊은 관찰을 통해 팀은 전적인 참여를 독려하기보다는 몇 가지 과제에 대한 부분참여(예, 어떤 과제를 할 때 수정된 자료, 자동화된 기기, 순서 변화, 또는 개인적인 지원을 통해 과제의 일반 단계를 지원 받으며 학생들이 최대한 독립적으로 활동에 참여할 수 있도록 능력강화를 하는 과정을 포함할 수 있다)를 고려하여 접근할 수 있는 교육목표를 선택할 수 있도록 한다.

6) 적절하고 온화한 교수를 위한 환경 선택

일상생활에서 어떤 자기관리 기술이 학생이 익혀야 할 가장 중요한 것인지 그리고 학생들을 가르치기 가장 좋은 계획과 상황은 무엇인지를 결정하기 위해 환경 목록에 근거하여 선택한다. 이러한 결정을 하고 나면 교수 시간과 장소 선택을 하게 되는데, 정상적인 일상을 이용하고 또래 모델링을 할 수 있도록 고려하여 기술 일반화를 촉진시킨다. 그리고 교사들은 중도 · 중복장애학생의 특성을 고려한 일상생활기술을 지도할 때 학생 개인의 프라이버시를 존중해 주어야 한다. 중도 · 중복장애학생들을 돌봄의 대상으로 보고 평생 어린아이로 대접하여 더러는 의도와 달리 프라이버시를 침해하는 경우도 있다. 또 언제, 어디서 가르칠 것인지에 대한 신중한 의사결정을 해야 한다. 예를 들어, 교실에서 또래 학생들이 보고 있는 가운데 기저귀를 간다면 장애학생이 또래 친구들에게 낙인을 찍힐 수 있다. 둘째, 신체장애학생의 경우 근육을 이완하기 위해 특별한 기구나 쉼 장소가 필요한데, 조용하고 안정된 곳에 준비되어야 한다. 또래들과 분리하여 개별적으로 학생을 가르쳐야 하는 상황이 필요하다고 판단하기 전에 다음 지침에 따라 신중하게 의사결정을 하는 것이 좋다.

- 일상생활기술이 학교에서 다른 학생들이 개방적으로 수행할 수 있는 것이라면(예, 손씻기, 점심식사 때 도구 사용하기 등), 활동 중심으로 학생이 고립되지 않도록 하는 교수가 적절하다.
- 그 과제에 프라이버시가 자연스럽고 적절하다면(예, 용변, 월경, 수영복 갈아입기), 과제를 자연스럽게 성취할 수 있도록 개별적인 교수를 적용해야 한다.

7) 효과적인 교수방법

교수프로그램을 계획할 때 지침은 복잡하지 않고 효과적이어야 한다. 즉, 개별 학생에게 효과적인 가장 실행 가능성이 높은 프로그램을 개발하기 위해서는 학생의 선택을 중요하게 여기고, 연령이나 문화에 민감해야 하고, 검증된 교수 절차 및 방법을 선택하여 학습 특성, 학습 단계, 교수 상황에 근거하여 적용하는 것이 바람직하다. 몇 가지 검증된 교수전략을 소개하면 〈표 9-1〉과 같다.

〈표 9-1〉 효과성이 입증된 교수전략

전략		내용	고려사항
일반적 전략	기회 제공과 적절한 행동 강화	일과 동안 자연스러운 기회를 확인하거나 목표 기술을 사용할 수 있는 기회를 만듦. 활동들 속에 교수를 포함하고 교수 제공 횟수를 고르게 분산하여 제공함. 자연스러운 맥락에서 교수를 제공함. 자연적 강화를 강조하거나 제공하고, 수행에 대한 자기 모니터링을 독려함.	• 간단한 전략이며 상황에 적절하게 적용 • 자연적인 자극과 반응의 다양화, 그리고 집중적인 교수보다는 교수의 분산 제공. 삽입 교수는 일반화 촉진을 도모함 • 행동 수행을 위해 촉진이나 다른 교수를 통해 더 많은 정보를 필요로 함

일반적 전략	행동형성	계속해서 보다 적은 도움으로 수행이 점점 나아지길 기대하며 바람직한 행동에 비슷하게 다가가는 것을 강화함(강화지침을 따름) 일반적으로 행동형성은 모든 성공적인 교수 절차의 일부	• 수행에 대한 향상에 강화와 성공 경험 제공 • 과제 요구를 점진적으로 높이기 위해 별도의 자료나 시간이 필요할 수 있음
연쇄	후진연쇄	마지막 단계를 숙달할 때까지 과제의 마지막 단계에 대한 교수를 먼저 제공하고 나서 그 전 단계를 교수	• 전체 과제에 대한 교수보다 짧은 계열로 제시했을 때 효과가 있는 학생들에게 과제를 작은 단계로 나눔 • 과제를 완수하는 것으로 교수를 시작하여 자연스럽게 강화 • 독립적으로 수행할 수 있는 단계들에 걸쳐 촉진을 제공할 수 있음
	전진연쇄	과제의 첫 단계가 숙달될 때까지 가르치고 나머지 단계에서는 도움을 제공함. 첫 단계가 숙달되고 나면 다음 단계에 대한 교수 제공	• 전체 과제에 걸쳐 촉진하는 것에 힘들어하는 학생들을 위해 과제를 작은 교수 단위로 나눔 • 학생이 수행의 기능과 성과에 대하여 이해하기 어려울 수 있어 학습 동기에 영향을 줄 수 있음
	전체과제	과제의 모든 단계를 처음부터 순서대로 가르치며 각 단계마다 촉진 체계를 사용함. 학생이 주어진 단계를 숙달하고 나면 도움 없이 수행할 것이라 기대	• 모든 단계가 학습 기회로 이용되기 때문에 자연스러운 연쇄 접근이 가능함 • 연쇄가 너무 길지 않고 더 짧은 과제 군으로 나눌 수 있어 각 과제 군에 대해 전체 과제 접근이 가능할 때 가장 효과적임
촉진	점진적 안내와 지원 감소	학생이 과제를 수행하도록 신체적 지원 제공. 학생이 과제를 수행하기 시작하면 지원을 점차 줄여 나가는데, 압력을 줄이거나 신체적 지원을 할 때 교사의 손을 학생의 손–손목–팔꿈치–어깨로 옮겨가다가 나중엔 신체적 지원을 없앰	• 과제 수행 방법에 대한 정보를 최대한 제공 • 학생이 반응을 하지 않는 촉진 수준에 소비하는 시간을 줄임 • 너무 많은 도움을 줄 수 있으므로 지원을 점차 줄일 계획을 미리 함 • 신체적 지원을 혐오하는 학생들에게 부적절할 수 있음
	모델링과 관찰학습	다른 급우들이 하는 행동을 보게 하거나 직접교수를 제공함 집단 구성원을 2~3명으로 하고, 각 학생에게 다른 학생이 지도를 받는 동안과제 전체를 지켜보게 함	• 다른 사람을 보면서 배우는 방법으로 학습하도록 도움 • 학생들을 집단으로 구성하여 효율적으로 교수 가능 • 시각적 주의집중, 기억, 모방능력 요구 • 일부 자기관리기술의 관찰에 부적절하기도 함(예, 화장실 사용, 탈의 등)

	동시적 촉진	과제 자료를 보게 하고 과제 요구를 전달함. 각 단계마다 즉각적인 촉진을 제공함	• 과제를 처음 배우는 학생에게 과제 수행 방법에 대한 최대한의 정보 제공 • 학생이 일부 단계를 독립적 또는 적은 도움으로 수행할 기회 제한(예, 너무 많은 도움을 줄 우려가 있음)
촉진	최소 촉진 체계	도움증가 체계(예, 언어적 단서, 모델링, 신체적 지원 등)를 선정한 후 학생이 반응할 때가지 기다림 학생이 반응하지 않거나 오반응을 보이면 최소 방해적인 촉진을 제시한 후 다시 기다림. 성공 시까지 이 절차를 반복함	• 학생에게 각 단계를 독립적으로 또는 최소한의 도움으로 수행할 기회 제공 • 학생이 과제 단계의 약 1/3을 숙달하였다면 효과적인 방법이 됨
	시간지연	처음에는 과제 수행에 대한 즉각적인 촉진을 제공하다가 자연적인 단서와 교수적 촉진 사이에 시간 간격을 둠. 처음에는 고정 시간지연을 사용하다가 점진적으로 지연 시간을 늘려나가는 방법 적용	• 학생의 성공을 위해 최대한의 지원 제공함 • 촉진은 개별 학생의 특징과 쉽게 부합됨 • 지연은 개별화되고, 지원을 받기 전에 학생이 독립적으로 수행할 기회를 제공함 • 지원을 받기 위해 기다리기 어려운 학생에게 부적절함

출처: Snell & Brown (2006).

8) 교수를 위한 관련 기술 고려

일상생활기술은 몇 가지 구성 요소를 갖는다. 과제 성취와 관련된 필수적인 행동을 포함하는 핵심 단계, 일상의 독립적 수행에 핵심적이지 않지만 수행의 질에 부가적인 과제기술(예, 의사표현기술, 사회적 행동, 그리고 더 좋아하는 것이나 선택)인 풍부화기술, 그리고 집중적인 신체적 요구 없이 의미 있는 참여를 확대하는 과제 관련 기술(수행의 질 점검, 속도 체크 등)인 확장기술이 있다. 교사는 학생들에게 지도하고자 하는 핵심 기술에 확장기술과 풍부화 기술을 포함하여 과제 분석을 실시해야 하고, 이것들이 일상적인 과제 속에서 자연스럽게 실행될 수 있도록 계획해야 한다.

2. 일상생활기술 지도의 실제

1) 용변 지도

용변훈련은 아이들이 배워야 할 중요한 기술 중 하나다. 그러나 용변훈련을 시키는 것은 결코 즐거운 작업이 아니다. 용변훈련은 많은 시간과 의지를 필요로 하며, 그 과정에서 일어나는 좌절과 차질을 견뎌내야 하기 때문이다. 교사와 부모들은 이미 끝없이 옷을 갈아입히고, 때때로 찾아오는 난처한 상황에 여전히 직면하고 있고, 학생들도 '용변훈련이 확실히 된' 학생들만 참여할 수 있는 프로그램이나 활동에 참여하지 못하고 있다. 용변훈련은 지름길이 있는 것이 아니고, 즐겁지도 않으며, 쉽지 않다. 용변 지도에 앞서 교사들이 알아야 할 것(박경옥, 2012)을 소개하면 다음과 같다.

(1) 용변 지도에 필요한 기술

용변기술 평가

용변훈련을 위한 학생의 준비도를 평가하기 위해 다음의 3가지 범주에 포함되는 요인들을 고려해야 한다. 학생의 생리적 준비 기능, 현재의 배설 패턴, 관련 기술 수행능력이다.

① 생리적 준비 기능 평가

학생들 중 몇몇은 이 기술들 중 몇 가지는 습득했을지 모른다. 그렇다 하더라도 학생들이 스스로 용변을 볼 수 있도록 기회를 주어야 한다. 반면 어떤 학생은 이 기술들 중에 어느 것도 올바르게 수행하지 못하고 있을 수도 있다. 그렇다고 걱정만 할 일은 아니다. 학생이 준비되었는지 다음의 사항을 점검한다. 다음의 기술을 학생이 수행하고 있다면, 그 학생은 용변훈련 준비가 된 것이다.

- 학생은 간단한 지시(예, "이리 오렴.")를 따를 수 있다.
- 학생은 의자에 5분간 앉아 있을 수 있다.

- 학생은 용변 활동 사이에 최소한 1시간 반을 기다릴 수 있다(소변훈련 전).

  설명 만약 학생이 아직 간단한 지시를 따르지 못하거나, 5분 동안 앉아 있을 수 없다면, 이러한 기술을 가르치는 것에 집중해야 한다.

용변훈련에 앞서 중도·중복장애학생들에 가지고 있을 수 있는 의학적인 문제나 기능의 문제는 없는지에 대한 의료적 평가를 실시해야 한다. 그리고 학생에게 의학적으로 건강하고 생리학적으로 건강한 발달을 하고 있다면 용변훈련을 실시해야 한다. 용변훈련이 앞서 다음의 문제는 없는지를 살펴보고 필요한 경우 보조공학의 지원을 받거나 환경 수정 방법을 찾아야 한다.

- 신체장애 및 운동능력은 어떠한가?
  - 스스로 이동(자력, 보행기, 휠체어)이 가능한가?
  - 상지(하지)의 마비 및 동작의 정도는?
  - 체간은 조절이 가능한가?
  - 척추장애나 방광 기능의 문제는 수반하지 않았는가?(생리적인 요인인 경우 의료적인 문제를 우선 해결해야 한다)
- 인지능력 및 의사소통능력은 어떠한가?
  - 의사표현 및 소통은 가능한가?
- 용변훈련 여건은 어떠한가?
  - 교실에 화장실이 있는가?
  - 교실에서 화장실까지 이동거리는 얼마나 되는가?
  - 장애 유형 및 정도 등에 따른 다양한 보조기구나 물리적 환경이 잘 구비되어 있는가?

② 배설 패턴 평가

학생이 변기에 앉아서 용변을 보고 낮 동안 옷에 실수를 하지 않는 등, 이미 배변 시간을 잘 맞추고 있다면 혼자서 화장실에 가서 용변을 볼 수 있다. 하지만 학생이 이런 정도의 수행 수준이 아니라면, 학생의 용변훈련에서 가장 먼저 실시해야 하며 가장 중요한 단계는 학생의 배변 패턴—하루 중 언제 바지를 적시거나 더

럽히는지—을 알아내는 것이다. 학생의 배변 패턴을 알고 있어야 체계적인 프로그램을 통해 학생을 훈련할 수 있다. 학생의 패턴을 알아내기 위해, 학생이 소변을 보거나 대변을 본 시간을 2주 동안 기록해야 한다. 그 2주가 지나야만 배변훈련을 시작할 수 있다.

2주 동안 할 일

1. 교사는 그동안 해 왔던 것처럼 2주 동안 용변훈련을 지속한다. 학생을 변기에 앉히는 것이 원활하지 않다면 아직 시작하지 않는 것이 좋다. 학생이 변기에 앉아 용변을 보게 되었다면, 학생이 소변을 보는지 혹은 대변을 보는지 혹은 변기에 앉아 있는 동안 용변을 보지 않는지를 기록한다.
2. 학생이 아침에 잠자리에서 일어났을 때 바지가 말라 있는지 혹은 소변을 쌌는지 혹은 기저귀에 대변을 봤는지 기록한다.
3. 1시간 후에 다시 확인하고 학생이 잠자리에 들기 전까지 매시간 계속 체크한다.
4. 학생의 바지가 말라 있는지 그리고 소변을 봤는지 혹은 대변을 보았는지 매번 기록한다(잠시 후에 이것에 대해 다시 이야기할 것이다).
5. 학생의 용변 상태를 점검하면서 학생이 소변을 봤거나 대변을 봤을 때는 옷을 갈아입혀 준다. 학생이 1시간 뒤에 다시 용변을 봤는지 안 봤는지 확인하고 학생이 바지가 말라 있는 상태에 익숙해지게 한다.

③ 기록 방법

용변 기록지는 학생의 용변을 기록하기 위한 것이다. 이 부분을 다 읽고 도표를 2장 복사해서 날짜를 써 넣으면, 2주 동안 기록한다(〈표 9-2〉 참고). 모인 정보를 바탕으로 학생의 용변 패턴을 알아내고, 그에 맞는 용변훈련 계획을 세운다.

④ 관련 기술 평가

성공적인 용변기술을 가졌다는 것은 치우기, 옷 입기, 닦기, 씻기와 같이 상당히 복잡한 기술들을 연속적으로 할 수 있다는 의미다. 중도·중복장애학생들의 독립적인 용변기술을 가르치기 위해서는 각 단계에서 필요로 하는 기술들에 대한 평가를 해내야 하는데, 이는 학생의 배변훈련을 어디에서 시작해야 하는지에 대한 출발점을 설정하는 데 도움이 되기 때문이다. 배변훈련을 떠올릴 때면, 젖지

〈표 9-2〉 용변 기록지

시간	일		월		화		수		목		금		토	
	바지	변기	바지	변기	바지	변기	바지	변기	바지	변기	바지	변기	바지	변기
8:00	D		D	D	D		D		U	D	D		D	
9:00	BM	U	U	D	U		U		U/BM	D	D	U	U	D
10:00	D		BM		BM	U	BM		BM		BM	D	BM	
11:00	U		D		D		D	D	D		U	D	D	U
12:00	D		U		U		U		U		U		U	

바지 칸(Pants Column)	변기 칸(Toilet Column)
D 학생의 바지가 말라 있다.	D 학생이 변기에 앉아 용변을 보지 않았다.
U 학생이 바지에 소변을 보았다.	U 학생이 변기에 앉아 소변을 보았다.
BM 학생이 바지에 대변을 보았다.	BM 학생이 변기에 앉아 대변을 보았다.
U/BM 소변과 대변을 모두 바지에 보았다.	U/BM 학생이 변기에 앉아 소변과 대변을 모두 보았다.

않고 깨끗한 바지만을 생각하게 된다. 그러나 배변훈련이 확실하게 된 학생은 사실 배변을 하는 것보다 훨씬 더 많은 기술들을 요구받고, 학습해야 한다. 그 기술들은 〈표 9-3〉과 같다.

〈표 9-3〉 배변훈련이 된 학생들에게 요구되는 기술

이동 가능한 학생	휠체어 이용 학생
• 화장실에 가야 한다는 것을 인지하기 • 용변을 볼 때까지 기다리기 • 화장실에 들어가기	• 화장실에 가야 한다는 것을 인지하기 • 용변을 볼 때까지 기다리기 • 화장실에 들어가기 –의자의 위치를 정한다. –브레이크를 건다. –안전띠를 푼다. –변기 가장 자리로 이동한다. –지지대에 지탱해서 선다. –핸드레일을 붙잡는다.
• 바지를 내리기 –벨트를 푼다.	• 바지를 내리기

–지퍼를 내린다.	
–바지를 내린다.	
–속옷을 벗는다.	
• 변기에 앉기	• 변기에 앉기
• 변기 안에 용변 보기	• 변기 안에 용변 보기
• 화장지를 바르게 사용하기	• 닦기 위해 도움을 요청한다.
–화장지를 잡는다.	
–화장지 롤을 잡아당긴다.	
–앞에서 뒤쪽을 향해 닦는다.	
	• 도우미에게 세워 달라고 한다
	–핸드레일을 잡고 서 있는다.
• 바지를 올리기	• 바지를 올리고 잠그는 것을 돕는다.
	–속옷 올리기
	–바지 올리기
	–지퍼 올리기
	–밸트 채우기
• 변기 물 내리기	• 의지로 옮겨 앉기
	–돌기와 앉기를 돕는다.
	–휠체어 좌석에 앉는 것을 돕는다.
	–안전띠를 맨다.
	–브레이크를 푼다.
	–휠체어를 이동시켜서 핸들 근처로 가고 물을 내린다.
• 손 씻기	• 손 씻기

출처: Orelove, Sobsey, & Silberman (2004).

(2) 용변 지도 방법

부모나 교사가 용변 지도에 실패하는 주된 이유는 비효율적인 용변 계획을 세우거나 효과적이지 않은 프로그램을 지속하기 때문이다. 부모나 교사 중에는 더러 기록의 중요성을 알지 못하거나, 용변 기록을 해석해 내지 못하여 학생의 용변 패턴을 파악하지 못하는 경우도 있다. 어떤 경우에는 용변 계획을 수립하기는 하지만 인내심을 가지고 수행해 내지 못하기도 한다. 앞의 2가지 경우는 결과적으로 용변훈련에 실패하고 부모 및 교사와 학생 모두 지치게 된다. 하지만 대부분의 부모 및 교사들은 학생의 용변 지도에 성공할 수 있고, 당신도 그중 한 명이 될 수 있다. 대부분의 부모 및 교사는 용변 계획을 세울 때 배우자, 이웃 혹은 다른 형제의 도움을 받는 경우에 큰 도움을 받을 수 있다는 사실을 알게 된다. 그리고 다른 누군가와 용변훈련 계획을 논의한다는 것이 얼마나 유용한 것인지를 알게 된다. 대부분의 경우에는 용변 지도를 진행하면서 함께 이야기를 나눌 수 있는 누군가가 곁에 있는 것이 좋다.

① 대변 가리기 지도

대변 가리기 훈련의 단계는 7가지로 구성된다. 훈련 프로그램을 시작하기 전에 다음의 내용을 숙지해야 한다.

대변 가리기 훈련 7단계

■ 기저귀를 계속 사용한다(Continue the Diapers).

학생이 소변훈련에 준비가 될 때까지 기저귀를 사용한다.

■ 학생이 보내는 신호를 인식한다(Recognize Your Child's Signs).

학생이 화장실에 가고자 하는 요구 신호를 나타낼 때 계획된 시간 이외의 시간을 인식해야 한다.

■ 성공을 위한 상황을 설정한다(Set the Stage for Success).

- 일관성을 유지한다.
- 일반 변기를 사용한다.
- 학생의 주의를 끌 만한 장난감과 사람을 피한다.
- 주의를 산만하게 하는 이야기는 피한다.

■ 학생을 변기에 앉힌다(Put Your Child on the Toilet).

- 학생을 계획된 시간에 또는 학생이 신호를 보낼 때 앉힌다.
- 5분 동안 앉혀 둔다.
- 학생이 용변을 보면 칭찬을 하고 보상을 해 준다.
- 학생이 용변을 보지 않았으면 10분 동안 학생을 화장실에서 나오게 한다.
- 5분 후에 변기가 있는 곳에 다시 데려와서 앉힌다.

■ 학생을 단계적으로 화장실에 혼자 있게 한다(Phase Yourself Out of the Bathroom).

- 학생이 당신의 도움과 그리고 언어적 단서 없이 5분 동안 변기에 가만히 있을 수 있을

때 시작한다.
- 계속해서 칭찬하고 용변을 본 것에 대해 보상을 한다("잘했다! 너는 변기에 앉아 있구나!").

■ 기록을 한다(Keep Records).
- 학생을 화장실에 데려갈 때마다 바지가 말라 있는지 젖어 있는지 혹은 대변을 보았는지(D, U, BM) 그리고 화장실에서 무엇(D, U, BM)을 했는지 적는다.
- 다른 시간에 학생이 화장실에 갔었다면 그것도 기록한다.
- 학생이 기저귀에 대변을 보았으면 그것도 기록지에 적어 둔다.

■ 단계적으로 화장실에 학생을 혼자 앉혀 둔다.

■ 진전도를 평가한다(Evaluate Progress).
- 학생을 화장실에 데려갈 가장 좋은 시각을 정한다.
- 스케줄을 변경하기 전에 최소 일주일 동안 새로운 계획을 유지한다.
- 학생이 기저귀와 변기에 대변을 본 횟수를 센다. 그리고 매주 그 횟수를 적는다.

■ 마지막으로 프로그램을 잘 수행하고 있는 것에 대해 스스로에게 보상한다.

출처: Baker & Brightman (2005).

② 소변훈련

학생에게 용변훈련을 처음 시작했을 때 대변훈련을 먼저 시작하는 것이 좋다. 그러나 만약 학생이 변기에 앉아서 늘 대변을 보고, 용변 기록에 학생이 소변 보는 시간 간격이 1시간 30분 정도 되면 그때 학생은 소변훈련을 시작할 준비가 된 것이다. 2주간 기록을 잘 하고 대변 계획을 결정하고 나면 소변 지도를 시작할 준비가 된 것이다. 그러나 대변훈련 프로그램을 지속하고 있고, 학생이 이제 소변훈련을 할 준비가 되었을 때 대변훈련에서 했었던 것처럼 먼저 2주 동안 기록을 하면 도움이 된다. 소변훈련을 위한 용변 계획을 결정하고 새롭게 마련한 계획에 대변훈련 시간을 통합하여 실시한다. 단지 몇 가지만을 수정한 대변훈련의 7단계를 소변훈련에도 적용한다. 소변훈련에 대한 훈련 절차를 반복하기보다는 대변훈련과 소변훈련의 다른 절차를 중심으로 설명하면 다음과 같다.

소변 가리기 훈련 절차

■ 하루 종일 훈련용 바지를 입혀서 시작한다(Begin Using Training Pants During the Day).

학생이 입고 있는 기저귀와 방수용 바지(rubber pants)를 벗기고 낮에는 훈련용 바지로 바꾼다. 처음에는 불편하여 다른 생각들과 함께 혼란을 가져올 수 있다. 그러나 이것은 훈련 과정에서 필요한 불편함이다. 학생이 기저귀를 뗀다는 것은 이제 더 이상 학생의 기저귀가 젖어 있지 않다는 것을 의미한다. 소변훈련용 바지는 화장실에서 소변 보는 것을 배우는 학생들을 위한 것이다. 하지만 밤에는 기저귀를 채워야 한다.

■ 낮에는 훈련용 바지를 사용한다(Begin Using Training Pants During the Day).

낮에는 학생에게 기저귀와 방수용 바지(rubber pants)를 입히지 말아야 한다. 하지만 밤에는 기저귀를 계속 착용한다.

■ 학생이 보내는 소변을 보겠다고 하는 신호를 인식해야 한다(Learn to Recognize Your Child' s Signs).

화장실에 데리고 가기 위해 계획된 시각 이외에 학생이 화장실에 가야 한다는 신호로 나타내는 시각을 인식한다.

■ 성공에 대한 상황을 설정한다(Set the Stage for Success).

- 일관성을 유지한다.
- 일반 변기를 사용한다.
- 학생의 주의를 흐트리는 장난감과 사람들을 화장실에서 치운다.
- 주의를 산만하게 하는 이야기를 피한다.

■ 학생을 변기에 앉힌다(Put Your Child on the Toilet).

- 소변훈련계획에 맞게 혹은 학생이 신호를 보낼 때 화장실로 학생을 데려간다.
- 5~10분 동안 학생을 변기에 앉힌다.
- 앉아 있는 것에 대해 가끔씩 칭찬해 준다.
- 학생이 소변을 보면 즉각적으로 칭찬하고 보상해 준다.
- 학생이 소변을 바지에 보았다면 화장실에 가려고 계획한 시각에 학생을 화장실로 데리고 간다.

■ 학생을 단계적으로 화장실에 혼자 있게 한다(Phase Yourself Out of the Bathroom).
- 학생이 당신의 도움과 언어적 단서 없이 5분 동안 변기에 가만이 있을 수 있을 때 점진적으로 철회를 시작한다.
- 계속해서 칭찬하고 용변을 본 것에 대해 보상을 한다("잘했다! 변기에 잘 앉아 있구나!").

■ 기록한다(Keep Records).
- 학생을 화장실에 데려갈 때마다 바지가 말라 있는지 젖어 있는지, 혹은 대변을 보았는지(D, U, BM) 그리고 화장실에서 무엇(D, U, BM)을 했는지 적는다.
- 다른 시간에 학생이 화장실에 갔었다면 그것도 기록한다.

■ 진전도를 평가한다(Evaluate Progress).
- 학생을 화장실에 데려갈 가장 좋은 시각을 정한다.
- 스케줄을 변경하기 전에 최소 일주일 동안 새로운 계획을 유지한다.
- 학생이 기저귀와 변기에 소변을 본 횟수를 센다. 그리고 매주 그 횟수를 적는다.
- 마지막으로 프로그램을 잘 수행하고 있는 것에 대해 스스로에게 보상한다.

(3) 용변 지도 시 학생의 자세

학생들의 대소변 가리기 훈련 절차에 따라 용변 지도를 하는 것이 바람직하고, 가능하면 화장실에서 지도하는 것이 좋다. 하지만 화장실을 거부하는 학생들이나 체간의 안정성을 확보하기 어려운 학생들을 위해 생활에서 흔히 볼 수 있는 소재를 활용하여 용변 지도를 할 수 있다. 특히 학생들이 용변을 볼 때는 자세의 안정성을 가장 우선시한다. [그림 9-1]은 학생들의 용변 지도 시 특별한 보조용구가 없는 상태에서 접근할 수 있는 자세 유지 방법이다(박경옥, 2012; 한국지체부자유아교육학회, 2001).

중 · 고등학교 학생들의 용변 지도를 위해 기저귀를 갈아 주어야 하는 경우도 발생한다. 이때 어린아이의 기저귀 갈 듯 하려고 하면 학생은 물론이거니와 기저귀를 갈아 주는 사람도 어려움을 겪게 된다. 기저귀를 사용하거나 누워서 소변을 보는 학생들의 용변 지도는 [그림 9-2]와 같은 방법으로 접근하는 것도 도움이 된다.

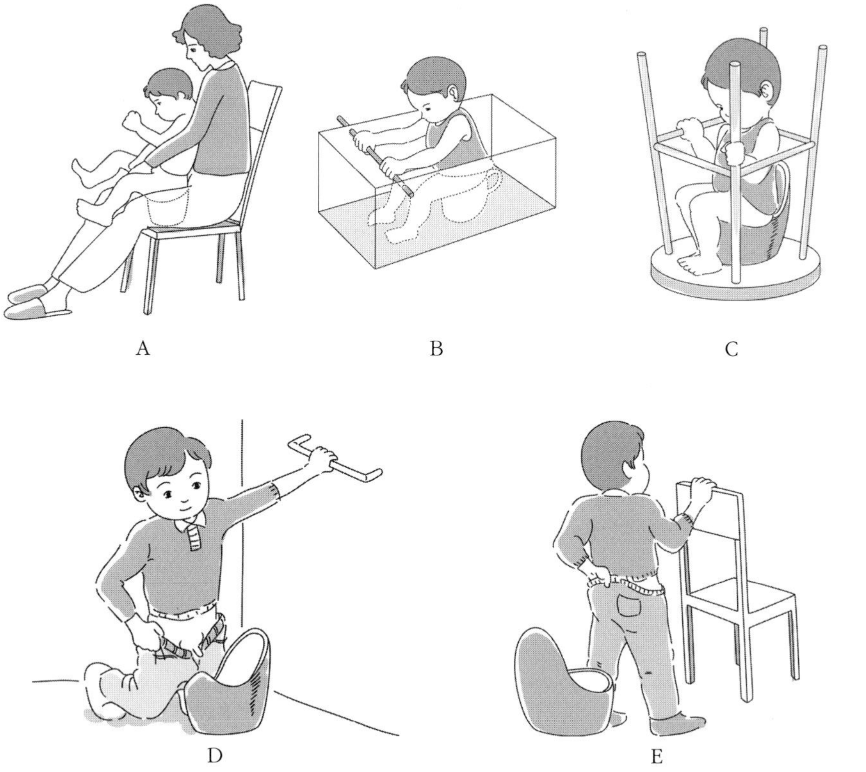

A: 이동식 변기를 의자 위에 놓고 등을 받쳐 주면서 다리를 벌려 준다.

B: 안정된 자세를 위해 통 속에 변기를 부착시킨 것으로 앞에는 손잡이가 있게 한다. 시중에 여러 가지 모양의 유사한 것이 많이 있다.

C: 거꾸로 세운 의자 안에 변기를 놓고 그 안에서 대소변을 볼 수 있게 한다. 의자에 손잡이가 있어 안정된 자세를 취할 수 있다.

D: 경증의 뇌성마비아동의 경우 벽에 손잡이를 설치해 주면 그것을 잡고 무릎서기 자세에서 소변을 볼 수 있다.

E: 대소변을 보고 옷을 입을 때 의자나 손잡이를 설치해 주면 쉽게 옷을 입을 수 있다.

그림 9-1 생활 소재를 활용한 용변 지도

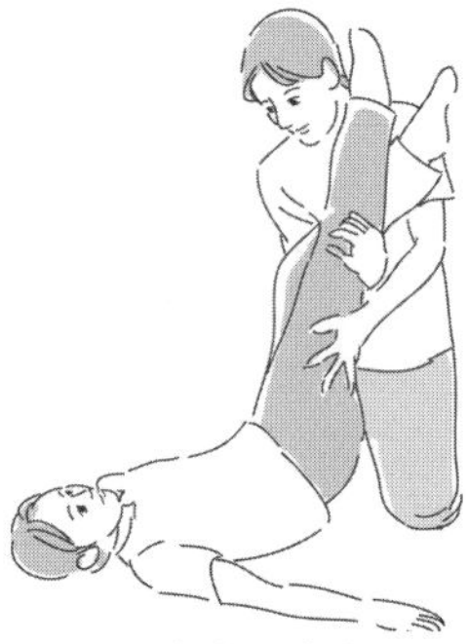

옳지 않은 방법

옳은 방법

정해진 방법이 있는 것은 아니지만 양쪽 다리를 잡고 학생을 들면 체중이 허리 및 어깨와 머리로 내려가 한쪽 혹은 양쪽 하지의 경직이 증가한다. 그러므로 한쪽 다리씩 들고 골반을 한쪽으로 돌리고 기저귀를 갈아 준다.

그림 9-2 기저귀 및 누워서 소변을 보는 학생의 용변 지도하기

출처: 한국우진학교(2003).

(4) 교사의 준비 및 유의사항

① 교사 준비사항

대변과 소변에 대한 구체적인 훈련 절차에 따라 체계적인 접근을 하게 되면 학생들의 자기관리기술은 향상된다. 이때 교사는 다음과 같은 준비와 유의사항을 지켜야 한다. 첫째, 학생의 용변 습관을 파악하고(관찰일지 작성 : 대소변 보는 시간 · 횟수 · 방법, 의사 표현 방식), 학교 및 가정과 연계하여 파악한다. 둘째, 용변훈련 방법을 설정한다(학생의 장애 상황 및 발달 정도를 고려한 맞춤식, 심리적 안정감 및 수치감 고려). 셋째, 개별 특성을 고려한 용변 보조도구 및 훈련 장소, 보조 범위 및 방법을 정한다. 용변 보조도구(가능한 일반적인 것 사용)는 남녀 성별, 장애 정도에 따라 적절한 방법 및 도구를 선정한다([그림 9-3] 참고).

구조화한 화장실

학생의 장애 특성을 고려하여 제작한 안전대

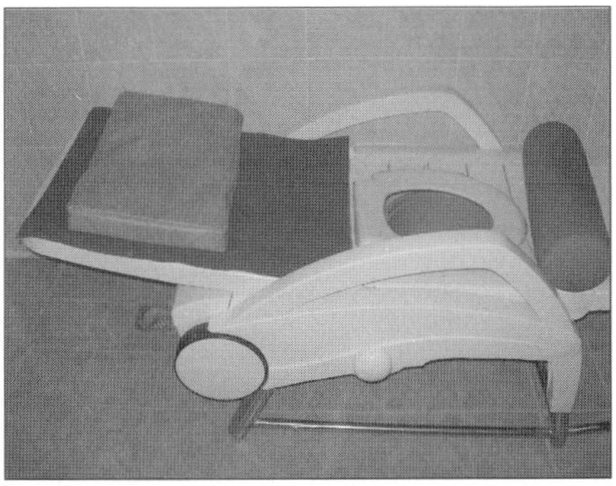

누워서 용변을 처리할 수 있는 와변기

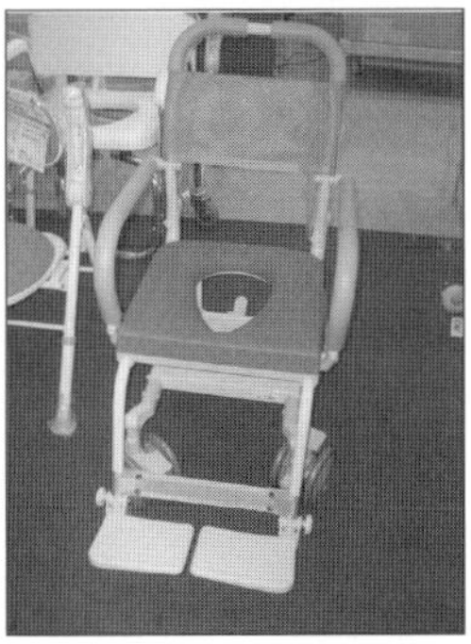

이동식 변기

그림 9-3 학생 특성에 적합한 다양한 변기 및 화장실 환경 구성

② 훈련 장소 및 유의사항

훈련 장소는 교실 내 화장실, 교실 내 칸막이, 화장실의 순으로 학생의 이동 능력과 환경을 고려하여 정한다. 보조 범위 및 방법은 장애 상태에 따른 자세(누워서, 안아서, 서서; 심리적 안정감 유지 및 관계형성 등), 장애 특성에 따른 도구(소(대)변기, 안전 바 등)를 선정한다. 그리고 용변을 지도할 때는 다음의 사항을 고려하는 것이 바람직하다(박경옥, 2012).

먼저 규칙적으로 소변/대변을 누인다(학교 및 가정). 학생이 화장실 가는 것이나 보조도구 사용을 싫어하는 경우라면 학생이 편안해하는 장소를 우선 활용하는 것이 좋다. 둘째는 대소변 보는 감각을 느끼게 하는 것이다. 학생이 대소변을 보겠다는 의사표현을 하는 경우에는 반응(칭찬)을 보여 주고, 기저귀에서 팬티로 상황에 따라 점진적으로 변경해 나가도록 장기적인 계획을 수립해야 한다. 셋째는 용변 욕구에 따른 의사표현 방법을 지도한다. 이때 학생이 할 수 있는 표현 방법을 적극적으로 활용하되, 음성 또는 몸짓, 손가락으로 가리키기 등 다양한 방법을 수용하고 일관성 있게 반복 지도하는 것이다. 특히 학생이 의사표현을 할 때마다 긍정적인 강화를 보여 주는 것이 관건인데, 상황이 발생하면 교사는 아동에게 "소변(대변) 보고 싶니?(보고 있니?)" 하고 묻고 그에 적절하게 반응을 하는 것을 의미한다.

2) 착탈의 및 몸단장기술 지도

(1) 지도의 목표

착탈의 및 몸단장기술의 지도 목표는 관련된 일상생활에서 학생의 점진적인 독립성을 키우고자 함이다. 훈련의 과정은 5단계로 나눌 수 있는데, 그 과정은 〈표 9-4〉와 같다.

〈표 9-4〉 착탈의 및 몸단장기술 훈련 과정

단계	내용
1단계	착탈의 및 몸단장의 과정을 성인에게 협력하도록 요구하는 단계
2단계	착탈의 및 몸단장을 규칙적인 일과 내에서 특정 행동 단계를 예측하고 그 행동들에 대한 약간의 책임을 지게 하는 단계
3단계	규칙적인 일과 내의 몇몇 행동에 대해서 독립적인 수행을 요구하는 단계
4단계	성인의 감독을 받으며 규칙적인 일과에 대한 독립성을 요구하는 단계
5단계	행동 전체에 대한 감독 없이 독립성을 요구하는 단계

(2) 지도의 순서와 기술

옷을 벗고 입고, 잠금장치를 잠그는 것을 학습하는 순서는 옷의 구조와 경험 정도, 운동능력 등에 따라 달라질 수 있다. 이러한 기술들이 발달하는 연령과 지원 정도를 살펴보면 〈표 9-5〉와 같다.

〈표 9-5〉 연령별 옷 입고 벗기 기술 발달

연령		발달 정도
옷 입기	7~12개월	아동은 팔을 들고 있거나 발을 내미는 행동을 보임으로써 옷 입기기술의 순서를 예측하기 시작한다.
	1세	느슨한 상의를 위로 벗을 수 있고, 젖거나 마른 바지를 내릴 수 있다.
	2세 초	양말과 신발을 벗을 수 있다.
	2세 말	코트나 앞이 열린 옷을 벗을 수 있다. 소매를 찾아 팔을 밀어 넣거나 바지의 다리 부분으로 발을 넣을 수 있다.
	3세 경	양말, 신발, 바지, 앞트임이 있는 옷을 입을 수 있다. 단추 잠그기, 지퍼 잠그기 등을 할 수 있다
	4~6세	운동화끈 매기를 할 수 있다.
몸단장	1세	목욕을 할 때 도우려는 시도를 한다.
	2세	손과 얼굴을 씻는 행동에 대한 흥미를 보인다. 양치질을 시작한다.
	2~3세	보조 없이 얼굴과 손을 씻고 닦을 수 있다.
	3세	언어적 지시와 약간의 보조만 있으면 스스로 씻고 닦을 수 있지만 깨끗하게 씻지 못한다.
	4세	계속적인 행동 감독이 필요하지만 스스로 수행할 수 있다. 보조 없이 혼자서 머리를 빗을 수 있다.

(3) 선수기술

착탈의 및 몸단장기술을 가르치고자 하는 특정 행동에 따라 다양할 수도 있으나 일반적으로 학생이 갖추어야 하는 선수기술과 선행조건으로 구분할 수 있다. 이와 관련하여 학생들이 갖추어야 할 3가지 선수기술은 다음과 같다(Bailey & Mark, 1992).

- 기술을 수행할 때 자세를 조절할 수 있는 능력과 착탈의 및 몸단장의 연속적인 행동을 완수하기 위해 필요한 균형감
- 적어도 한 팔을 의도적으로 정확하게 움직일 수 있는 능력
- 팔을 움직이는 동안 풀리지 않도록 잡고 있을 수 있는 능력

이 밖에 2가지 선행조건이 필요한데, 첫째, 학생의 학습을 조절할 수 있는 환경이 구성되어야 하는데, 이것은 강화물을 선정하고 문제행동이 어느 정도 통제되어야 하며, 학생은 교사의 요구를 이해하고 따를 수 있어야 한다. 둘째, 학생이 모방기술을 갖추고 있어야 한다. 모방을 하지 않거나 학습을 조절할 수 있는 상황에 처하지 않은 학생의 경우도 이러한 기술들을 배울 수 없지만, 두 조건이 만족된 상태라면 좀 더 쉽게 가르칠 수 있고, 학생은 수월하게 배울 수 있다.

(4) 착탈의 및 몸단장기술 지도 전략

착탈의 및 몸단장기술을 가르치기 위해 지도 계획을 수립하고 의사결정하기 위한 기초적인 교수지침을 제시하고자 한다(Bailey & Mark, 1992).

- 기술이 필요한 자연적인 시간에 학습시킨다.
- 전체-과제 교수법을 사용하여 학습시킨다.
- 난이도의 순서에 따라 학습시킨다.
- 필요하다면 수정과 부분참여를 이용하여 학습시킨다.
- 습득, 숙달, 유지, 일반화, 비감독하의 행동 반응을 최대화하도록 학습시킨다.

이러한 교수지침을 바탕으로 한 교수전략은 점진적 감소형 촉진, 점진적 보조, 최소촉진법 등을 소개할 수 있다. 또한 이들과 비슷한 과제들은 점진적 시간 지연법이나 고정시간 지연법 등을 통해서 학습할 수 있으며, 언어 촉진이나 언어적 촉진 없는 신체적 촉진이 병용될 수 있다.

(5) 착탈의 몸단장기술 지도의 실제

옷을 입고 벗는 것이 스스로 가능하게 되는 시기는 일반학생의 경우 약 5세 정도다. 하지만 1세 정도만 되어도 옷을 입고 벗기기 쉽게 간단한 방법으로 협력해 주기 시작한다. 때문에 학생이 손발을 움직여서 협력하게 하는 자세는 매우 중요하며 학생이 옷을 벗고 입는 데 의욕적으로 참여하게 해야 한다. [그림 9-4]와 [그림 9-5]는 스스로 옷을 입고 벗을 수 없는 학생에게 접근하는 여러 가지 방법이다. 이와 같이 보호자가 전적인 도움을 주는 방법부터 보호자가 학생이 독립적 수행을 이룰 때까지 점진적으로 안내 및 행동형성 방법을 활용하는 경우에 이르는 다양한 착탈의 지도는 학생의 일상생활기술을 향상시키는 데 도움이 된다.

① 상하의 입기

보호자의 도움을 받는 경우

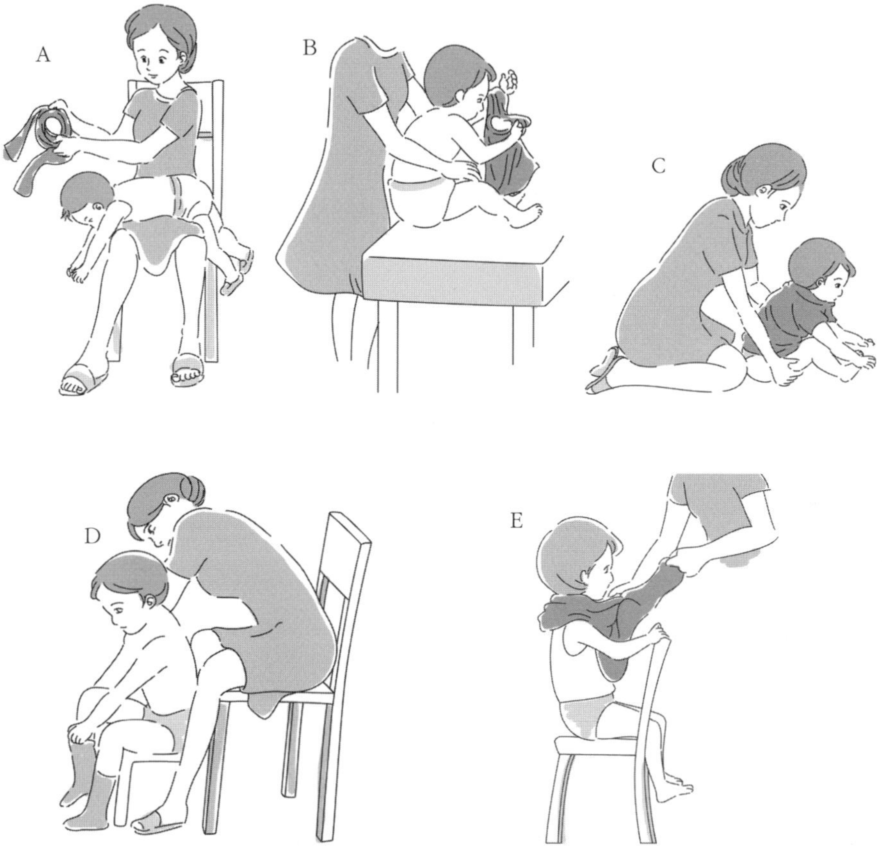

A: 머리와 상체를 잘 가누지 못하거나 강하게 뻗쳐 바로 누운 자세로 옷을 입고 벗기가 어려울 때 어른의 무릎 위에 아동을 엎드리게 하여 옷 입고 벗기를 한다. 이 자세에서 보조기나 양말을 신길 수 있다.
B, C: 아동 스스로 옷을 입거나 벗을 때 책상 위나 마루에 앉히고 뒤에서 보조해 주는 방법으로 엉덩이 관절을 구부리게 하고 상체를 조금 앞으로 숙이게 하는 것이 좋다.
D: 어른이 의자에 앉고 그 앞에 작은 의자에 아동을 앉게 하고 옷을 입고 벗게 할 수 있다.
E: 의자를 돌려놓고 아동을 앉힌 다음 의자를 잡게 하고 앞에서 보조하여 옷을 입힌다.

그림 9-4 보호자의 도움을 받아 옷 입고 벗기 지도 방법

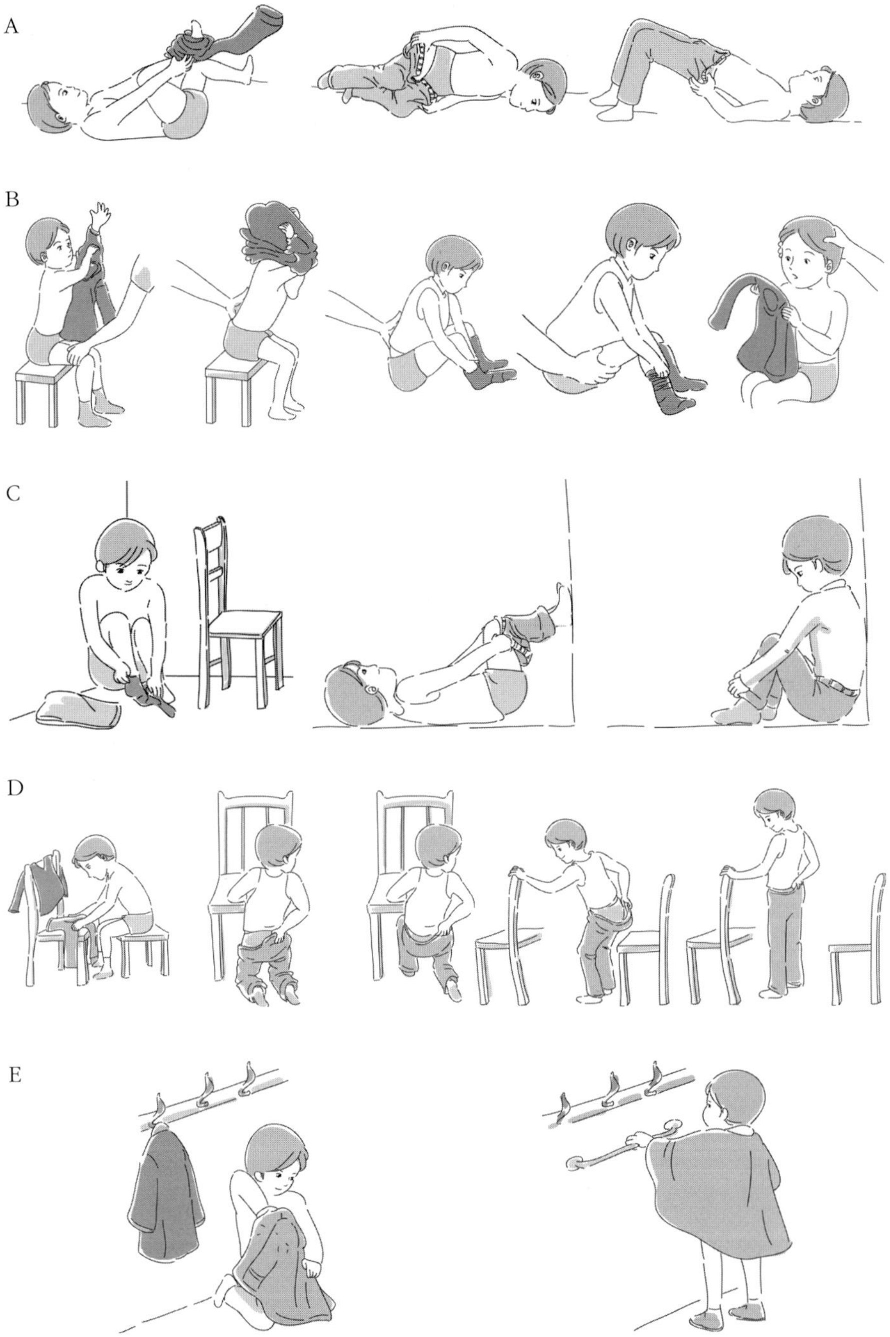

A: 심한 장애로 인하여 앉아 있을 수 없고 머리를 조절하기가 어려운 경우 혼자 누워서 옷을 입고 벗을 수 있게 한다.
B: 장애가 가벼운 학생은 조금만 도움을 주어도 쉽게 옷을 입고 벗을 수 있다.
C: 뒤로 넘어지는 것을 예방하기 위해 모서리에 등을 기대고 옷을 입고 옆에 의자를 두어 옷을 입고 난

후에 쉽게 일어설 수 있게 한다. → 뒤로 뻗혀 엉덩이를 들 수 없는 아동은 벽을 이용하여 엉덩이를 들 수 있도록 한다. → 하지의 뻗침이 강해 무릎과 엉덩이 관절을 구부리기 어려운 경우 벽에 등을 기대고 옷을 입을 수 있게 한다.

D: 혼자서 스스로 일어서지 못하는 경우 학생 앞에 의자나 책상을 놓아 두면 그것을 이용하여 스스로 옷을 입을 수 있다.

E: 서서 웃옷을 벗기가 어려운 학생은 무릎을 구부리고 앉아 벗으면 안전하게 벗을 수 있다. → 벽에 손잡이를 만들어 그것을 잡고 모자나 코트 등을 쉽게 벗을 수 있다.

그림 9-5 혼자서 옷 입고 벗기 지도 방법

출처: 한국지체부자유아교육학회(2001).

② 과제 분석을 통한 상의 입고 벗기

전적인 도움을 받거나 일부 도움을 받아 옷을 입고 벗는 과제를 수행하는 방법에 대해 알아보았다. 이와 같은 구체적인 접근 방법 이외에도 옷 입고 벗기 기술을 관련된 행동 과제 분석을 하여 가르칠 수 있다.

단추가 있는 옷을 입을 때와 단추가 없는 옷을 입고 벗을 때의 과제 분석은 달라진다(〈표 9-6〉 참고).

〈표 9-6〉 상의 입기와 상의 벗기

단추가 있는 상의 입기	1. 오른손으로 옷의 목 부분을 들고 왼손으로 오른편 앞깃을 잡는다. 2. 오른쪽 어깨에 옷을 걸친 후 오른손을 오른 소매에 넣는다. 3. 왼손으로 옷깃을 잡아당겨 오른팔을 완전히 넣는다. 4. 왼손으로 왼편 옷깃을 잡고 왼쪽 어깨에 걸친다. 5. 오른손으로 왼편 옷깃을 잡고 왼손을 왼쪽 소매에 넣는다. 6. 오른손으로 왼편 옷깃을 잡아당겨 왼손을 완전히 넣는다. 7. 편마비의 경우 건측 손을 사용하여 환측 손을 먼저 끼우고 건측 손도 끼워 입는다. 
단추가 있는 상의 벗기	1. 먼저 단추를 푼다. 2. 팔을 뒤로 모은 후 한쪽 소매를 뺀 후 나머지 팔도 빼낸다.

단추가 없는 상의 입기	1. 양손으로(편마비의 경우 기능이 양호한 쪽 손) 셔츠의 밑단을 잡고 오른손을 오른쪽 소매에 넣는다. 2. 왼손으로 오른손이 완전히 나올 때까지 잡아당긴다. 3. 왼손을 왼쪽 소매에 넣은 후 오른손으로 왼쪽 소매가 완전히 나올 때까지 잡아당긴다. 4. 양손으로 밑에서부터 목 부분까지 말아 쥔 후 머리에서 씌운 후 완전히 내리고 바로 한다.
단추가 없는 상의 벗기	1. 편마비의 경우 손을 뒤로하여 등 뒤의 옷을 당겨 올린다. 2. 등을 앞으로 구부려서 목을 빼낸 후 기능이 양호한 쪽 소매부터 빼낸다. 3. 마비가 없는 경우 양손을 어깨 뒤로 하여 셔츠 목을 잡은 후 등 뒤로 끌어올린다. 4. 머리를 빼고 양 소매를 뺀다. 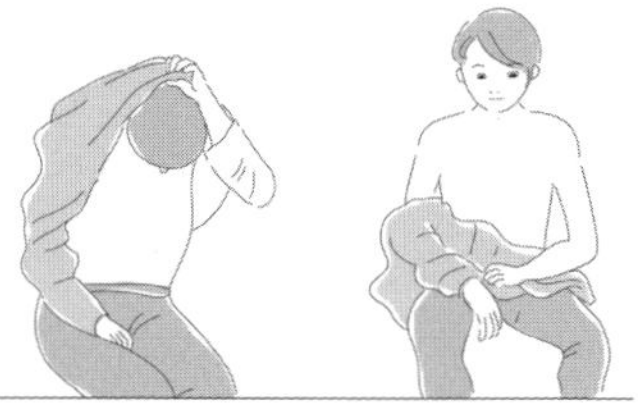

옷 입고 벗기를 지도할 때는 가능하면 간단하고 편리한 옷부터 시작하고 이때 학생이 서툴다고 거들거나 대신해 주는 것은 좋지 않다. 옷을 뒤집어 입어도 큰 불편이 없다면 바로 그 자리에서 바로 고쳐 주지 않고, 그 대신 다음에 앞뒤 구별이 명확한 옷을 준비하여 앞뒤를 가르쳐 주어 매번 옷 입는 순서를 바꾸지 않고 일관성 있게 지도하는 것이 좋다.

3) 이 닦기 지도

이를 닦는 것은 충치를 예방할 뿐만 아니라 입안에 자극을 주어 입의 움직임을 좋게 하는 데 도움을 준다. 중도·중복장애학생들의 이 닦기는 세수할 때와 같은 자세를 취해 주고 환경을 만들어 주어 시작할 수 있다. 구강방어가 심한 학생이 있을 수 있으므로 갑작스럽게 칫솔을 입 안으로 넣기보다는 구강 주변을 충분히 마사지해 주고 어느 정도 안정된 상태에서 부드러운 칫솔모의 칫솔을 이용하여 지도한다. 시판되고 있는 전동칫솔이나 분사식 세정기를 사용할 때는 학생이 거부하지 않는 경우에 실시하되, 강하게 거부하는 경우는 구강 주변에 다양한 감각 자극을 주어 외부 자극을 수용할 수 있도록 하는 것이 도움이 된다.

중도·중복장애학생들의 경우에는 혼자서 이를 깨끗이 닦을 수 없는 경우도 있으므로 성인이 마무리를 해 주되, 가능하면 학생과 함께하는 것이 좋다. 특히 장애 상태에 따라서 칫솔의 길이, 두께 등을 바꾸어 주어야 한다. 이는 상지의 움직임이 제한되어 있는 학생들에게는 많은 도움을 줄 수 있기 때문이다. 다음은 이 닦기 절차를 안내하는 방법이다.

이 닦기 절차 안내

■ 스스로 할 수 있는 학생은 교사의 양치질하는 시범을 보고 따라 하기

- 교사가 적당량의 치약을 묻힌 후 칫솔로 양치질하는 모습을 살펴본다.
- 학생의 교사의 시범에 따라 혼자 이를 닦는다.
- 교사는 보완할 사항에 대해 언어적 촉구–신체적 촉구 수준을 높여 접근한다.

■ 교사의 보조하에 양치질하는 방법 익히기(전동칫솔 사용하기)

- 세면대의 앞에서 안정감을 갖고 앉거나 선다(교사가 뒤에서 골반을 보조하거나 몸통을 밀착시켜 준다).
- 치약을 칫솔에 묻힌 다음 칫솔을 앞니에 갖다 댄다(과민 감각이 있거나 입을 여는 데 어려움이 있으면 구강훈련을 실시해 준다)[그림 ①].
- 양치질은 치아의 뿌리쪽을 향해야 하고 서서히 약간의 압력을 주면서 한다(교사가 어깨 및 팔꿈치를 보조하여 준다)[그림 ②, ③].

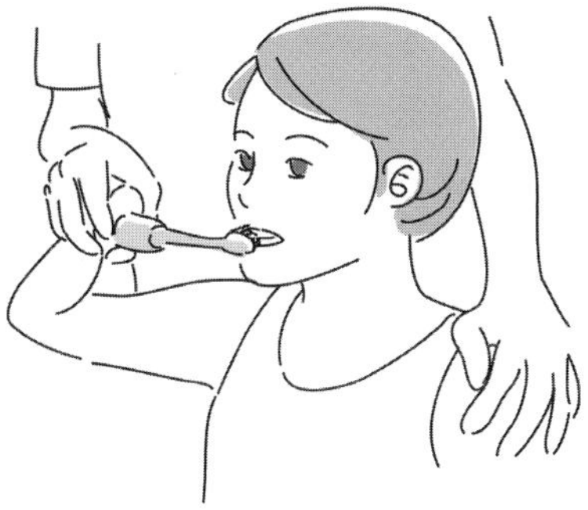
그림 ①

그림 ②

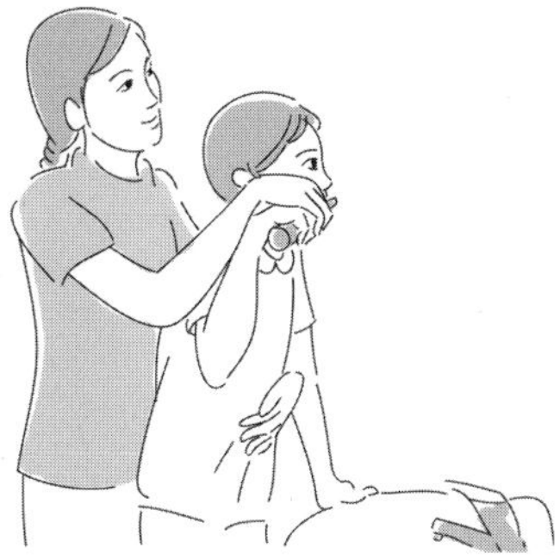
그림 ③

• 이의 바깥 면, 안쪽 면, 어금니, 혀와 입천장, 잇몸을 부드럽게 닦는다(이때 턱은 고정하고 머리를 약간 앞으로 구부린 상태에서 실시한다).
• 컵에 물을 적당한 정도로 받아 입 안을 헹굴 때 고개를 뒤로 넘기지 말고 컵을 기울인다.
• 물을 머금은 채로 교사가 턱을 조절하여 주면서 입 안을 씻어낼 수 있도록 도움을 준다[그림 ④].
• 전동칫솔을 깨끗이 씻는다.
• 입 주위를 닦는다.

그림 ④

출처: 한국우진학교(2003).

이 닦기 지도를 할 때 혹시 씹기 어려운 학생이 항경련제를 복용하는 학생은 충치에 매우 약하며 잇몸은 염증이 생겨 부을 수 있으므로 치아관리를 잘 해야 한다. 치아는 음식을 먹는 데 있어 가장 중요한 역할을 한다. 그런 치아의 건강은 곧 몸의 건강과 관련되므로 항상 청결해야 한다. 입 안이 청결하지 못할 때는 충치가 생기는데, 음식물 찌꺼기가 입 안에 남아 세균이 증식하고 산을 발생시켜 치아를 부식시킨다. 충치 예방을 위해서는 식사 후에 반드시 이를 닦는 습관을 들여야 하고, 당분이 많이 든 음식은 피하고 칼슘과 비타민이 많이 든 우유, 시금치, 당근, 귤과 같은 식품을 많이 먹는 것이 도움이 된다. 아침, 점심, 저녁 식후 3분 이내 3분가량 이를 닦는 습관이 중요하다. 이때 머리를 뒤로 넘기면 기침을 하거나 사레가 들 수 있으므로 어깨와 머리를 앞쪽으로 약간 내밀게 한다(박경옥, 2012).

현재 장애학생은 점차 더 중도 · 중복화되어 가고 있다. 그러므로 중도 · 중복장애학생을 지도하고 양육하는 교사나 부모는 학생의 발달 및 특성에 대해서 이해하고 교육적으로 접근해야 할 것이다. 일반적으로 발달의 지체가 크며, 발달의 개인차가 매우 심하며, 불규칙적인 발달을 한다는 것을 인식해야 할 것이다. 즉, 어떤 학생은 신체적 발달이 매우 지체된 학생이 있는가 하면, 어떤 학생은 지적 발달이 지체되어 있는 학생도 있다. 이렇듯 발달이 지체된 학생들을 이해하는 데 신경생리학적으로도 많은 지식을 가지고 있어야 한다. 왜냐하면 신경생리학적인 이해가 없이는 바른 자세를 유지시킬 수 없으며, 그러면 환경에 적응하는 능력을 익힐 수 없기 때문이다. 교실에서 학습을 할 때도 어떤 자세가 바른 자세인지, 그리고 화장실에서 대소변을 볼 때, 개인의 위생관리를 할 때나 몸단장을 할 때도 바른 자세를 유지할 수 있도록 지지해 주어야 한다

학습문제

1. 일상생활 지도 영역은 교사 혼자서 단위 시간에 성취하기 어려운 영역이다. 가정-학교-기관 간 연계를 위해 협력할 수 있는 방법으로 다학문적 접근, 간학문적 접근, 초학문적 접근을 고려할 때 효과적인 방법을 제안해 보시오.

2. 중도 · 중복장애학생의 일상생활 지도 과정에서 연령, 문화를 고려하라는 지침을 적용하기에 다소 어려움이 있을 수 있다. 학생들의 장애 정도와 연령 간의 관계를 고려하여 지도 방침을 수립하여 제시해 보시오.

3. 용변 지도를 위해 필요한 보조공학기기와 환경적 고려사항을 기술하여 보시오.

4. 특수교사로서 종합적이고 종단적인 일상생활기술 지도의 원칙을 수립한다면 제시할 수 있는 원칙과 그에 대한 설명을 서술해 보시오.

제 10 장

치료지원 서비스

특수교육의 특수성을 가장 잘 드러내 주는 치료지원 서비스는 과거에는 치료교육으로 명명되어 제공되었으나 오늘날은 특수교육 관련 서비스에 포함되어 제공되고 있다. 치료지원 서비스에는 대표적으로 물리치료, 작업치료, 언어치료 등이 있으며, 중도 · 중복장애를 가진 대부분의 아동들은 이들 치료들 중 하나 이상을 지원받고 있다. 특히 아동의 발달을 촉진하기 위해 치료지원 서비스는 단독으로 제공되기보다 치료사들 간의 협력하에 서로 결합되어 제공될 필요가 있으며, 이는 초학문적 팀 접근이라는 방법을 통해 그 효과를 극대화할 수 있다.

1. 치료지원 서비스의 개념 및 중요성

1) 치료지원 서비스의 개념

과거 특수교육진흥법(1994)은 교과교육, 치료교육, 직업교육을 중심으로 특수교육을 정의하였는데, 여기서 치료교육이란 장애로 인하여 발생한 결함을 보충함과 동시에 생활 기능을 회복시켜 주는 심리치료, 언어치료, 물리치료, 작업치료,

보행훈련, 청능훈련 및 생활적응훈련 등의 교육활동이라고 설명하고 있다. 한편 이규식 등(2000)은 치료교육을 단순히 결함이 있는 일부 기관의 치료나 능력의 회복을 목표로 하는 것이 아니라 장애를 가진 한 인간 전체의 제 기능의 조화와 회복이라고 정의한 바 있다.

하지만 이후 제정된 장애인 등에 대한 특수교육법(2007)에서는 치료교육이라는 용어를 삭제하면서 치료교육 중 훈련과 관련된 영역은 특수교육과 통합하고, 치료 서비스 영역은 치료지원으로 분리·독립시킴으로써 치료교육과 치료 서비스 간의 혼란과 치료교육과 특수교육 간의 혼란을 해소하고자 하였다. 이를 통해 장애인 등에 대한 특수교육법(2007)에서는 치료지원이란 치료적 성격이 강한 언어치료, 물리치료, 작업치료 등을 말하고, 치료지원 서비스란 이러한 치료들이 필요한 아동들에게 관련 치료를 제공해 주는 것이라고 정의하고 있다.

2) 치료지원 서비스의 중요성-관련법을 통해 본 중요성

다음에 제시하고 있는 장애인 등에 대한 특수교육법과 동법 시행령(2007)은 치료지원을 특수교육 관련 서비스에 포함시킴으로써 '교육'과는 엄연히 차이가 있는 개념으로 '치료'의 의미를 해석하고자 하였다. 이는 치료에 '교육'이라는 단어를 똑같이 사용하며 특수교육과의 비중에 차이를 두지 않았던 과거에 비하면 비중이 다소 적어진 것처럼 보일 수도 있다. 하지만 특수교육 관련 서비스가 특수교육의 특수성을 잘 드러내 주는 교육활동이라는 관점에서 해석한다면, 오히려 치료지원이라는 용어로의 수정과 관련 서비스 개념으로의 해석은 특수교육의 특수성을 잘 부각시키는 조치라고 해석된다.

치료지원 서비스 관련법

장애인 등에 대한 특수교육법

제2조(정의) ② "특수교육 관련 서비스"란 특수교육대상자의 교육을 효율적으로 실시하기 위하여 필요한 인적·물적 자원을 제공하는 서비스로서 상담지원·가족지원·치료지원·보조인력지원·보조공학기기지원·학습보조기기지원·통학지원 및 정보접근지원 등을 말한다.

제28조(특수교육 관련 서비스) ② 교육감은 특수교육대상자가 필요로 하는 경우에는 물리치료, 작업치료 등 치료지원을 제공하여야 한다.

장애인 등에 대한 특수교육법 시행령

제24조(치료지원) ① 법 제28조 제2항에 따른 치료지원에 필요한 인력은 의료기사 등에 관한 법률 제4조에 따른 면허 또는 자격기본법 제19조 제1항에 따라 주무부장관이 공인한 민간자격을 소지한 사람으로 한다.

② 교육감 또는 특수학교의 장은 특수교육지원센터 또는 특수학교에 치료실을 설치·운영할 수 있다.

③ 교육감은 공공보건의료에 관한 법률 제2조에 따른 공공보건의료기관 및 장애인복지법 제58조에 따른 장애인복지시설 등과 연계하여 치료지원을 할 수 있다.

2. 치료지원 서비스의 기본 원리

이규식 등(2000)은 昇地(1976)가 제시한 치료교육 10대 원리[1)]를 다음과 같이 소개하며, 이 원리들은 서로 상호 관련하여 적용되어야 함을 강조하였다.

1. 활동의 원리: 장애를 가진 아동들은 이동능력의 결여나 기타 사정으로 집단생활 경험이 부족한 경우가 많다. 이로 인해 장애학생들은 기초학습능력이 부족하게 되고, 자기중심적이며, 고립적인 성격 특성을 나타낼 수 있다. 집단은 그 성원에 대하여 교육적 기능을 발휘함과 동시에 치료적 기능을 수행할 수 있으므로 집단 활동 속에서 학습 경험을 확충하는 것은 치료교육의 중요한 원리가 된다. 집단 속에서는 상호자극이 주어지고 동일시와 모방이 일어나서 사회적 성장을 기대할 수 있기 때문에 집단 활동은 크게 강조되어야 한다.
2. 흥미의 원리: 각오나 주의에 따른 자기관심적인 정서가 바로 흥미다. 흥미가 있다고 하는 것은 유기체가 대상에 즐거운 마음으로 적극적으로 향하는 결

1) 이 책에서는 昇地(1976)의 치료교육 10대 원리에서의 '치료교육'이라는 개념을 '치료지원 서비스'와 같은 의미로 해석하였다.

합의식을 가리킨다. 흥미를 일으켜 주의를 지속시킴으로써 학습 효과를 높이기 위해서는 다양한 교재·교구를 개발하여 사용해야 한다.

3. 허용의 원리: 아동이 반항하고 거부행동을 할 때 이 행동을 차단하지 말고 무관심으로 대처하면서 잠시 자신을 돌아볼 시간적 여유를 준다면 대부분의 아동은 스스로에 대해 통찰할 기회를 가질 것이다. 이것이 바로 허용의 효과라 할 수 있다. 즉, 허용은 아동으로 하여금 부적응행동의 원천인 무의식 세계에 갇혀 있던 욕구불만을 정화시키고 분출시키는 계기를 마련함으로써 새로운 자신을 발견하게 한다.
4. 상찬의 원리: 아동은 자신의 행동 결과에 대해 강화받음으로써 성공감을 누적시켜 학습행동을 촉진하게 된다. 특히 긍정적인 행동에 대한 상찬은 보상이 되기 때문에 정적 강화로 작용하게 된다.
5. 자신의 원리: 정서불안이나 열등감을 가지고 있는 아동은 자기 행동에 대하여 부정적이거나 자신감이 결여되기 쉽다. 이들은 어떤 일을 시작하더라도 항상 불안감이 작용하여 도중에 중단함으로써 성공감과 같은 사회적 욕구를 충족시킬 수 없게 된다. 자신의 원리에 의하여 정서불안과 열등감 등을 제거하게 되면 장애는 중적되거나 심화되지 않을 것이다. 또한 중적 심화되어 있더라도 그것을 해소시킬 수 있기 때문에 장애학생에게 가장 중요한 치료교육 원리는 자신감의 회복이라고도 할 수 있다.
6. 예견의 원리: 예견의 원리는 '3분 전의 원리'라고도 하는데, 이는 아동의 행동 발생 3분 전을 통찰·예견하고 지도해야 하는 중요성을 강조하는 것이다. 장애학생의 행동은 일정한 법칙이 없어 그 반응도 개인에 따라 각기 다르게 나타나지만 어느 정도라도 이상행동의 원인과 그 과정이 명료해지면 문제행동 발생을 예견하여 예방할 수 있다.
7. 변화의 원리: 환경의 변화는 학습자에게 새로운 자극을 제공할 수 있기 때문에 학습과 사고의 효율성을 높이는 촉매제가 된다. 특히 장애학생에게 작용하는 학습 환경의 변화는 수업의 효율성을 높일 수 있는 결정적 변인이 될 수 있다. 치료교육에서 강조되고 있는 변화의 원리는 치료교육의 주체가 교사이기 때문에 교사의 계획적인 태도 및 사고의 변화가 치료교육의 효율성을 높일 수 있는 강력한 환경이 된다고 하겠다.

8. 집중의 원리: 어떤 일에 흥미나 관심을 가지게 되면 그 일에 집중하는 시간도 늘어나게 된다. 즉, 아동들이 어떤 목표를 정하여 꾸준히 나아간다면 그들의 학습 태도는 안정될 것이고 자신의 장애를 극복하는 힘도 기르게 될 것이다.
9. 공재의 원리: 공재란 치료교육 상황에서 교사와 학생이 언제나 함께 생활한다는 것을 의미한다. 교사가 학생과 공재한다는 것은 수업시간은 물론이고 휴식시간, 식사시간, 봉사활동시간, 특별활동시간 등 다양한 상황에서 학생과 함께 하면서 학생의 심리적 안정을 도모하여 자기를 개방하도록 하는 치료교육의 입장이라고 하겠다.
10. 체감의 원리: 물리치료, 작업치료, 언어치료, 감각 · 지각훈련, 신체활동훈련 등 다양한 학습 장면에서 아동과의 자연스러운 피부 접촉은 아동의 학습동기와 흥미를 높여 주는 강화제가 된다.

3. 치료지원 서비스 유형

대부분의 치료는 장애학생의 비정상적인 운동 패턴을 줄이고 정상적이며 목적을 가진 동작을 적극적이고 기능적인 방식으로 촉진하고자 실시된다. 이는 아동이 환경에서 정보를 취하고 분류하며 서로 연결하는 것을 돕는다(Heller, Forney, Alberto, Best, & Schwartzman, 2009). 치료지원 서비스의 유형으로는 물리치료, 작업치료, 감각통합치료, 언어치료, 약물치료 및 외과적 수술, 놀이치료 등이 있다.

1) 물리치료

물리치료는 자립보행을 위하여 신체의 기본 동작을 훈련시켜 반사와 반응 양식의 적절한 촉진 및 억제, 올바른 자세의 형성 및 신체 동작의 개선과 향상이 이루어지게 하며, 1차적 장애 때문에 발생하기 쉬운 2차적 후유 장애를 예방하는 영역이다(교육부, 2000). 특히 물리치료에서는 아동의 움직임과 자세, 몸이 놓이게 되는 형태 등을 다루게 되는데(민군식, 곽준기, 박희찬, 송은범, 이명훈, 임경애, 정창곤, 2003), 운동과 자세에 있어서의 문제점을 찾아내고 치료하는 것이 물리치료의 목표라 할 수 있다(Geralis, Anderson, Blacklin, Burke, Cowan, DeGangi, Foltz, Gersh, Jarrett, Lewis, Moore, Kaplan, Ritter, Smith, 1998). 목표를 달성하기 위해 물리치료에서는 운동, 열, 냉, 물, 빛, 전기, 초음파, 마사지, 온열자극 등의 물리적인 방법을 사용한다.

물리치료의 구체적인 목적은 첫째, 관절의 운동범위를 유지시키고, 둘째, 운동의 수의적 조절을 도와주며, 셋째, 협응 운동 및 균형을 유지시키고, 넷째, 보행훈련을 정상화시키며, 다섯째, 보장구 활용을 적절히 지원하는 것이다(구본권, 2007). 구체적인 물리치료적 지원으로는 똑바로 서기, 균형 잡기, 발바닥을 평편하게 해서 무게 지지하기, 회피하고 싶어 하는 자세에 익숙해지기, 관절 운동범위 유지하기, 몸의 여러 부분을 독립적으로 움직이거나 조화롭게 통합하여 움직이기, 근력 강화하기 등이 있다. 특히 수술이나 주사요법 전 물리치료계획을 세워 시술 후 물리치료를 즉시 시행한다면 수술이나 주사요법에서 좋은 효과를 얻을 수도 있다(민군식 외, 2003). 이러한 물리치료는 중추신경계가 생후 5세까지의 변화에 매우 민감하게 반응한다는 점을 감안하여 일찍 시작하는 것이 좋다.

2) 작업치료

미국작업치료협회(American Occupational Therapy Association; AOTA)에서는 '작업치료란 신체적 손상, 인지장애, 정신사회적 기능 이상, 발달 혹은 학습장애, 기타 장애를 가진 사람들의 독립성을 최대화하고 기능 증진, 유지, 예방, 건강 증진 등의 기능적인 목표를 달성하기 위한 치료 접근 방법을 고안하며 이를 위해 의미 있는 활동을 이용하는 것으로 숙련된 관찰 기술과 표준화 및 비표준화된 평가와 측정 방법을 이용하여 환자를 평가하는 것도 포함하고 있다."라고 정의하고 있다. 이러한 작업치료는 주로 손의 섬세한 근육 활동을 필요로 하고 있기 때문에 장애학생의 상체 기능 훈련은 그들의 학교생활 속에서 일어나는 여러 가지 활동을 원활하게 도와줄 수 있을 뿐만 아니라 신경계의 성숙을 촉진시켜 학습능력의 개선을 도모할 수 있게 한다(정재권, 오명화, 2007). 따라서 작업치료는 장애학생의 일상생활에 필요한 기본 동작의 원활한 수행을 위하여 놀이, 운동 및 작업 동작을 통한 전신의 종합 치료를 실시함으로써 사회적 자립의 기초를 이루는 활동

능력의 향상과 작업적 가능성의 확장을 위한 상지의 기능을 최대한 신장시키는 데 주안점을 둔다(교육부, 2000).

이상의 목적을 달성하기 위해 작업치료에서는 손이나 팔을 효율적으로 사용하는 데 문제가 되는 근 긴장도 또는 운동의 질, 물건을 잡거나 다루거나 놓는 등의 기본 손동작, 가위질, 쓰기 등의 좀 더 세밀한 손동작, 공 던지기, 공 받기 등 눈과 손의 협응을 요구하는 동작, 기기나 한 손으로 물건 잡기 등 한 팔로 몸무게를 지지하는 동작, 옷 입기, 세수하기, 이동하기 등 기본적인 일상생활 동작, 씹기, 삼키기, 먹기 등 얼굴과 입 주위의 근육을 사용하는 동작, 공간 개념의 지각(예, 퍼즐 맞추기, 블록 쌓기, 깊이 지각 등), 여러 가지 감각으로부터 받아들인 정보 인식, 언어가 아닌 수단으로서의 의사소통이나 놀이, 인지적인 부분 등 많은 부분을 다루고 있다(민군식 외, 2003)

감각통합치료

작업치료 접근 방법 중 하나로 작업치료사겸 임상병리학자인 Jeanne Ayres에 의해 발전된 감각통합치료는 자신의 신체와 환경으로부터 입력된 감각을 조직화하고 환경 안에서 효과적으로 신체 사용을 가능하게 하는 신경학적 과정으로 정의된다(Ayres, 1989). 즉, 감각통합이란 외부로부터 주어진 감각을 중추신경계에서 조직화하는 능력(김영미, 2009)이라 할 수 있다. 감각통합에는 다음의 중요한 3가지 전제가 있다. 첫째, 정상 발달을 하는 개인들은 환경과 그들 신체의 움직임으로부터 감각 정보를 받아들이고, 중추신경계 안에서 입력된 감각들을 처리하고 통합한다. 둘째, 감각 입력에 있어서의 결함은 운동 학습에 있어서의 결핍을 초래한다. 셋째, 중재는 의미 있는 활동과 적응행동 계획 및 산출 속에서 제공되고 보다 강화된 감각통합을 가져온다(Fisher et al., 1991).

한편 감각통합에서는 전정감각, 고유수용성 감각, 촉각의 3가지 감각을 중요하게 다룬다. 먼저 전정감각이란 태아에서부터 사망에 이르기까지 중력의 작용을 담당하는 것으로 이후 시각과 청각 발달을 위한 기초 단계를 제공한다(김경미, 2006; 양경희, 2000; Ayres, 2005). 그리고 고유수용성감각이란 근육, 관절, 인대와 뼈의 수용기로부터 받아들여져 조절되는, 관절의 위치와 운동에 관한 무의식적인 정보를 담당하는 것으로(Iyer & Pedretti, 2001) 신체운동감각이라고도 알려져 있다. 마지막으로 촉각은 자궁 내에서 최초로 발달되는 신경체계로 이를 통해 애착이나 먹기, 기기 등을 통한 긍정적인 피드백이 제공된다.

이러한 감각통합능력은 자동적이고 무의식적으로 이루어지지만 그렇지 못할 경우 감각통합치료가 필요하게 되는데(Bundy & Murray, 2002; Watling et al., 2001), 일반아동의 경우 보통 8세 정도에 감각통합이 완성되므로 조기에 감각통합치료를 실시하는 것이 효과적이다. 하지만 감각통합치료에 있어서도 몇 가지 주의해야 할 점이 있다(채수경, 김향지, 2006). 첫째, 아동이 관심을 보이는 자극부터 실시한다. 둘째, 대근육 운동에서 소근육 운동의 순서로 실시한다. 셋째, 계획된 두 가지 연합된 동작을 유도해 낼 수 있는 가속 운동에서 수준을 높인 급격한 가속, 급격한 정지와 같은 속도의 변화가 있는 치료 순으로 시행한다.

한편 감각자극에 대한 아동의 역치와 선호자극은 다양하다(Ermer & Dunn, 1998). 따라서 감각통합치료는 대부분 개별적으로 이루어지고 치료에 있어서도 일관된 절차가 없을 뿐만 아니라(Koomar & Bundy, 1991; Ottenbacher, 1991) 감각통합치료가 필요하다고 판단되는 진단 기준이나 감각통합장애를 판단하기 위한 기준, 감각통합치료를 위한 조건, 적절한 치료시간 및 기간과 빈도, 감각통합치료를 통해 개선되는 증상들에 대해서도 명확한 기준이 확립되어 있지 않다(有川眞弓, 繁田雅弘, 山田孝, 2006). 그러므로 감각통합치료를 결정하기 전에는 반드시 아동에게서 관찰되는 행동들이 감각장애로 인한 결과인지, 다른 요소들에 의한 것인지, 또는 2개가 서로 결합되어 나타나는 것인지를 고려해야만 하고(Murray & Anzalone, 1991), 감각통합치료를 계획할 때에는 아동이 경험하는 어려움의 형태를 보고 감각통합이 가장 좋은 접근인지 아닌지를 결정하는 것이 중요하다. 또한 얼마나 자주 그리고 얼마나 오랫동안 치료를 수행해야 할 것인지를 살펴보아야 하며 치료가 행해질 환경도 고려해야 한다(Lane, 1994).

보바스 치료법과 보이타 치료법

■ 보바스 치료법(Bobath treatment)

신경발달학적 치료(neurodevelopmental treatment; NDT)로도 알려진 보바스 치료법은 영국의 Berta Bobath와 Karel Bobath에 의해 알려졌으며, 미국에서 뇌성마비 아동에게 가장 많이 사용되는 치료법 중 하나다. 이 치료법의 목표는 '기능적 움직임', 즉 식사하기, 옷 입기, 목욕하기 등과 같이 가능한 독립적으로 살아가는 데 필요한 동작들이 가능하도록 아이들의 자세와 움직임을 준비시키는 것이다. 즉, 치료를 통해 비정상적인 운동 패턴보다는 정상적인 운동 패턴을 사용하도록 권장하고 운동 기술의 발달을 저해하는 근육의 구축과 기형을 예방하도록 한다(Geralis et al., 1998). 따라서 보바스 치료에서는 단순히 기능을 습득한다는 것보다는 동작의 질을 중요하게 여긴다.

보바스 치료에는 억제(inhibition), 촉진(facilitation), 자극(stimulation) 기술이 사용되는데, 이는 아동들의 필요에 의해 조정된다(정재권, 오명화, 2007). 단, 가능하면 아동을 울리지 않고 함께 놀아 주면서 비정상적 반사가 최대로 줄어드는 자세에서 정상적인 정위반사와 평형 반응을 계속 유도하되 정상 발달 순서에 따라 머리 가누기, 잡기, 뒤집기, 배밀이, 앉아 있기, 네발서기, 기기, 서기, 걷기 등을 꾸준히 훈련하여 정상 동작이 완전히 몸에 배도록 한다(구본권, 2007).

■ 보이타 치료법(Vojta treatment)

보이타 치료법은 독일의 Vojta에 의해 개발된 치료법으로 말초신경에 계속적인 유용한 자극을 주어 중추신경계로 자극을 전달함으로써 거기서 정상적인 반응을 이끌어 내도록 하는 방법을 말한다. 즉, 유아의 몸 가운데 9~13곳의 유발점(special zone)을 찾아내어 자극함으로써(구본권, 2007) 자발적 반응(기기반사, 뒤집기반사)을 유도하고 정상 발달 단계에 따른 운동을 뇌에 각인시킨다. 이러한 반복적인 정상적 운동 경험은 뇌에 입력되어 잠재기억으로 자리매김되고 향후 자발적인 움직임을 산출할 수 있게 한다. 하지만 이 치료법은 아동의 능동적인 참여가 어렵고 정확한 위치에서 유발점을 적당하게 눌러 줘야 하는 능숙함이 필요한데 보호자가 습득하여 집에서 시행하기가 어렵다는 단점이 있다(민군식 외, 2003).

3) 언어치료

언어의 문제는 한 개인의 생존에 필요한 극도의 자기중심적 언어에서부터 사회화된 언어에 이르기까지 다양한 수준에서 발생한다. 따라서 다양한 사회적 장면에서 의사소통할 수 있는 언어능력을 습득하게 하여 원활한 사회생활을 할 수 있게 하는 것은 중요한 문제다(교육부, 2000).

언어치료는 표현언어, 수용언어 혹은 대화와 관련된 전반적인 문제를 평가하고 해결함으로써 언어소통과 관련된 모든 어려움을 다루는 치료법이라고 할 수 있다. 언어치료에서는 근긴장도 조절, 발성 · 조음 훈련, 호흡훈련, 언어에 필요한 인지 부분 등을 다룬다(민군식 외, 2003). 의사소통 문제는 이후 아동의 학습, 친구 관계, 정서적 문제에까지 영향을 줄 수 있기 때문에 언어치료는 일찍 시작하는 것이 중요하다.

이러한 언어치료는 구강훈련(예, 입술 근긴장도 강화하기, 과민한 구강주위 감각 둔화시키기 등)에서부터 조음에 어려움이 있는 아동에게 대체적인 언어(예, 수화, 사진, 기호, AAC 등)를 사용하여 대화하는 방법 가르치기까지 그 범위가 매우 넓다. 단, 언어치료는 한꺼번에 많은 양을 긴 시간에 걸쳐 실시하는 것보다 매일 시간을 정하여 규칙적으로 편안한 분위기에서 실시하고, 아동이 흥미를 보이는 내용으로 시작하되 많은 자극을 경험하도록 자료를 다양하게 제공하며, 성공 시 즉시 보상을 해 줌으로써 말하기에 자신감을 갖도록 해 주는 것이 중요하다.

4) 약물치료 및 외과적 수술

(1) 약물치료

약물치료에서는 주로 구강 약물이 사용되나 어떤 약물은 복용 시 진정 작용을 일으킬 수 있으므로 복용을 피해야 하는 경우도 있고, 어떤 약물은 과다긴장을 줄이기 위해 약물 펌프(예, 바클로펜 펌프) 혹은 주사를 통해 제공할 수도 있다(Heller et al., 2009). 중도·중복장애학생에게 처방되는 가장 일반적인 약물은 항강직제, 항간질제, 항역류제, 항생제, 피부연고, 호흡기 약 등이 있다(Orelove, Sobsey, & Silberman, 2004 재인용).

먼저 경직형 사지마비와 같은 중증의 높은 근긴장을 가진 학생에게는 항강직성 약물로 발륨, 단트롤렌, 티자니덴, 보툴리눔 독소 A형(Botulinum toxin type A), 바클로펜(Baclofen)이 많이 사용된다(Orelove et al., 2004). 그 밖에 골격 이완제도 많이 사용되는데, 골격 이완제는 근육섬유에서 칼슘이 빠져나가는 것을 줄이기 때문에 말초 근육에 영향을 주고 근육의 수축을 감소시킨다(구본권, 2007). 한편 항경련제나 경련방지제로도 알려진 항간질성 약물은 발작을 예방하거나 줄이고 멈추기 위해 복용되는데, 개인의 흡수력과 분포, 신진대사, 배출 차이가 학생이 실제로 수용하는 약물의 양에 영향을 주기 때문에 정기적인 혈액검사가 반드시 필요하다(Orelove et al., 2004). 이러한 항경련제는 발작 시뿐만 아니라 예방적인 측면으로도 사용되기 때문에 일반적으로 하루 2~3회를 복용하게 한다(박화문, 김영한, 김창평, 김하경, 박미화, 사은경, 장희대, 2012).

다음으로 중도 · 중복장애학생에게 많이 발생되는 위식도 역류에는 시메티딘(Cimetidine)과 같은 항역류성 약물이 있다. 항역류성 약물은 하부식도근(괄약근)을 죄어 주고 자극을 줄이는 데 도움이 되도록 위산을 줄여 준다(Orelove et al., 2004). 또한 불안 완화제와 같은 향정신성 약물은 불안과 경련도 줄여 주지만 공격성과 근 긴장을 줄이는 데도 도움이 되며, 욕창과 피부감염을 치료하기 위한 약물의 하나로 피부연고도 사용된다.

하지만 약물치료에서는 진정제(anticonvulsant)를 복용하는 아동의 경우 잠을 많이 자기 때문에 치료시간을 잘 조절해야 하는 등 제한이 많다(구본권, 신현숙, 여문환, 최세민, 2002). 따라서 새로운 처치를 시도하거나 복용량에 필요한 적응을 위해 부작용과 효과에 대한 주의 깊은 관찰이 필요하다(Heller et al., 2009). 따라서 약을 투여하는 사람은 다음의 5가지 R을 점검할 필요가 있다(Orelove et al., 2004 재인용)—Right student(약물이 필요한 학생), Right drug(정확한 약), Right dose(정확한 복용량), Right route(정확한 경로), Right time(정확한 때). 〈표 10-1〉은 중도 · 중복장애학생에게 일반적으로 처방되는 약물을 소개한 것이다.

〈표 10-1〉 중도 · 중복장애학생에게 일반적으로 처방되는 약물

영역	약물명(상표명)	부작용
항강직제	Baclofen(Lioresal)	현기증, 변비
	Baclofen, Intrathecal	피로, 두통
	Botulism toxin type A	두통, 메스꺼움
	Dantrolene sodium(Dantrium)	현기증, 설사
	Diazepam(Valium)	현기증, 운동실조증
항간질제	Carbamazepine(Tegretol)	현기증, 졸음
	Clonazepam(Klonopin)	현기증, 행동문제
	Ethosuximide(Zarontin)	위장전도, 두통
	Phenobarbital(Luminal)	진정작용, 현기증
	Phenytoin(Dilantin)	협응력 저하, 메스꺼움
항역류제	Cimetidine(Tagamet)	두통, 설사
	Metoclopramide hydrochloride(Reglan)	안절부절못함, 피로
	Ranitidine hydrochloride(Zantac)	두통, 변비

출처: Orelove et al. (2004).

(2) 외과적 수술

수술은 운동 범위를 넓히고, 불편함을 줄이며, 신체 부분의 기능적 사용을 향상시키기 위해 필요하다. 하지만 외과적 중재는 일반적으로 아동의 이동성을 증가시키거나 유지하기 위한 모든 시도를 해 본 후에 고려해 보는 중재 방법이라 할 수 있다(Heller et al., 2009).

외과적 수술의 예로 근육의 구축이 있을 경우, 아동을 발끝으로 걷게 하는 발목의 발 기형을 바로잡는 수술이 공통적으로 시행될 수 있다. 아킬레스건 확장 수술 또는 Tendon 확장 수술이라고도 하는 이 수술은 아킬레스건이 긴장되었을 때 아동은 발끝으로 걷게 되므로 수술을 통해 아킬레스건을 늘여서 발이 땅 위에 붙는, 보통의 걸음걸이로 걸을 수 있게 한다. 걷기와 앉기를 위해서는 다리의 슬건 근육을 이완하도록 하며, 고관절의 기형을 야기하는 건과 근을 이완하는 수술도 필요할 수 있다. 이러한 수술은 고관절 탈구를 예방하고 아동이 앉기 자세를 취할 수 있도록 하는 것에 목표를 두고 있다(구본권, 2007; Heller et al., 2009).

한편 고관절 탈구와 관련된 수술로는 고관절 재건 수술(reconstruction)과 원위대퇴부 절제술(excision)이 있다. 만일 대퇴골이 고관절 밖으로 1/3이나 1/2 이상 탈구되면 더욱 복잡한 내반족 골절재술(varus osteotomy)이 필요하다. 이 수술에서는 대퇴골의 각을 대퇴골두가 다시 고관절 밖에 놓이도록 수술로 바꿔 주는데, 대체로 4~5세 이후에 실시한다. 하지만 골격에 대한 수술은 이보다 더 늦은 12세 이후에 실시하는 것이 좋다. 선택적 후근 절제술(selective posterior rhizotomy)은 강직을 경감시키기 위해 근래 사용되는 신경외과적 치료법으로 수술대상자의 지능이 정상이거나 적어도 경도의 지적장애를 가지고 있는 아동에게 추천된다(구본권, 2007).

그리고 항간질성 약물을 투여했으나 약물이 적절하게 발작을 억제하지 못한다면 뇌엽 부분을 제거하는 수술을 시행할 수 있으며, 위식도 역류가 심한 경우에는 위바닥주름술과 같은 수술이 필요할 수도 있다. 뿐만 아니라 구강 운동이 어려운 중증 뇌성마비나 목, 식도, 위와 같은 기관의 선천성 기형으로 인해 입으로 적절한 체액과 영양을 공급받을 수 없는 경우라면 코에 튜브를 삽입하여 영양을 공급하는 비위관 또는 복벽, 위, 소장 등을 절개하여 관을 삽입함으로써 영양을 공급하는 위루관 및 단추형 위루관을 통한 위관영양이 필요하다(Orelove et al., 2004).

한편 척수 손상이나 척수 파열로 인해 실금을 보이는 중도·중복장애학생에게는 간헐적 자가 도뇨(clean intermittent catheterization)을 실시함으로써 도관을 통해 소변을 모두 배출시켜 실금을 막고 이로 인한 욕창이나 감염의 발생을 방지할 필요가 있다.

5) 놀이치료

놀이치료는 특수아동 치료교육의 한 가지 기법으로 이용될 수 있지만 단순히 여러 가지 장난감이 갖추어진 놀이방에 아동을 둔다고 해서 자동적으로 이루어지는 것이 아니다. 즉, 치료사는 자기 자신과 아동에 대한 이해는 물론이고 놀이치료의 원리와 놀이치료에 관한 기본적인 이론 및 치료 과정에 대해 잘 알고 있어야 한다. 또한 치료사 자신이 그러한 놀이치료 상황에서 치료적 관계를 맺기 위해 노력할 때 비로소 놀이치료가 이루어진다고 볼 수 있다(이규식 외, 2000). 한편 Axline(1964)은 놀이치료의 원칙을 다음과 같이 8가지로 제시하고 있다.

- 치료사는 아동과의 사이에 따뜻하고 우호적인 관계를 가급적 빨리 형성하여야 하며 그 관계를 통해서 친밀한 사이가 되도록 한다.
- 치료사는 아동을 있는 그대로 받아들인다.
- 치료사는 아동이 자신의 감정을 솔직하고 자유롭게 표현할 수 있도록 편안한 분위기를 만들어 준다.
- 치료사는 아동이 표현하는 감정을 기민하게 인정하고 아동이 자신의 행동에 대한 통찰력을 기를 수 있는 방향으로 반응을 보인다.
- 치료사는 아동에게 기회만 주어지면 자신의 문제를 해결할 만한 능력이 있다는 점을 존중한다. 즉, 선택하고 변화를 일으키는 일은 아동의 책임인 것이다.
- 치료사는 아동의 행동이나 대화를 어떤 방식으로든 지시하려고 하지 않는다. 아동이 이끌면 치료사는 따른다.
- 치료사는 치료를 서두르지 않는다. 즉, 치료가 점진적인 과정이라는 점을 인정한다.
- 치료사는 아동이 외부세계와의 관계 속에서 자신의 책임을 알도록 하는 데

필요한 제한만을 가한다.

놀이치료를 통해 아동은 자연스럽게 환경에 적응하게 되며, 자신의 행동과 그 결과에 관심을 갖게 되고, 언어능력 향상, 또래와의 상호작용능력 향상뿐만 아니라 다른 대상으로의 관심도 증가하게 되는 등 많은 긍정적인 영향을 받을 수 있다.

박은혜, 이영선, 이명희(2010)에 의하면, 중도 · 중복장애학생의 부모는 그들의 자녀가 교육받기를 희망하는 교육기관 운영 내용으로 46.0%가 치료지원을 꼽았으며, 희망하는 특수교육 관련 서비스에 관한 질문에서도 84.0%가 치료지원이라고 응답하였다. 그리고 특히 원하는 치료지원 서비스로는 물리치료 84.0%, 언어치료 81.4%, 작업치료 71.9%라고 응답하였는데, 이는 국가 차원에서의 법적 · 재정적 지원 여부와 관계없이 현장에서 중도 · 중복장애학생에게 치료지원 서비스가 얼마나 필요하고 중요한지 대변해 주는 결과라 하겠다.

4. 치료지원 서비스를 위한 전문가 협력

아동의 효과적인 치료를 위해서는 많은 치료사들의 지원이 필요하다. 하지만 그들의 치료적 목표는 다를 경우가 많다. 예를 들어, 바른 자세로 앉기 기술은 물리치료사에게 매우 중요한 목표지만 작업치료사에게는 바르게 앉기보다는 어떻게든 앉아서 스스로 먹는 기술을 습득하게 하는 것이 더 중요한 목표일 수 있다. 또한 치료사들의 치료적 목표는 다를지라도(물리치료사는 대근육 활동에 보다 중점을 두는 반면 작업치료사는 소근육 활동에 중점을 둠) 보바스 치료법이나 보이타 치료법과 같은 동일한 활동을 수행하는 경우도 많다. 하지만 아동이 습득해야 하는 기술들을 따로 떼어 독립적으로 생각할 수는 없다. 어떠한 기술이든 서로 관련이 되어 있으며, 하나의 정상적인 기능을 습득하기 위해서는 많은 기술이 상호 결합되어야 하기 때문이다. 따라서 아동의 발달을 촉진시키기 위해 치료사들은 그들의 목표를 결합하거나 서로의 정보를 공유하는 등 협력해야 할 필요가 있다. 전문가 협력에는 크게 다학문적 팀 모델, 간학문적 팀 모델, 초학문적 팀 모델의 3가지가 있다.

1) 다학문적 팀 모델

다학문적 팀 모델(multidisciplinary team model)은 의학적 접근으로부터 발전된 모델로 각 영역의 전문가가 각자의 영역에서 아동에게 개별적인 서비스를 제공하고 평가하는 것을 말한다. 전문가들은 서로에 대해 잘 알지 못하며 아동의 전체적인 발달보다는 자신의 전문 분야에만 관심이 있다. 따라서 아동에 대한 전반적인 평가가 어렵고, 아동의 단면만을 평가하기 때문에 잘못된 진단이 내려질 우려가 있으며, 다른 분야와의 중복된 서비스가 제공될 수도 있다.

2) 간학문적 팀 모델

간학문적 팀 모델(interdisciplinary team model)은 다학문적 팀 모델과 같이 아동을 평가하고 서비스를 계획하며 실행하는 것은 각자의 전문 영역별로 지원되지만 영역 전문가들이 아동에 대한 정보를 서로 공유한다는 점에서 다학문적 팀 모델과 차별화된다. 하지만 이러한 교류가 서비스 코디네이터와 같은 공식적인 아동의 사례관리자에게 위임되어 이루어진다는 점이 초학문적 팀 모델과 다른 점이다.

3) 초학문적 팀 모델

초학문적 팀 모델(transdisciplinary team model)에서 각 영역의 전문가들은 아동에 대한 정보와 그들이 가진 기술을 공유한다. 이 모델에서는 아동을 둘러싼 모든 전문가들이 한 팀으로서 역할을 하게 되며, 아동의 전반적인 발달을 위해 함께 고민하고 해결하려고 한다. 또한 서로의 중재 방법을 가르침으로써 아동에게 일관성 있는 치료지원 서비스를 제공하는 등 이상적인 팀 모델 형태라 할 수 있다.

초학문적 팀 모델의 주요 개념으로는 ① 모든 팀원의 공유된 목표(팀원에는 대상아동과 가족도 포함되는데 이들은 개인의 개별화교육계획에 기술된 일련의 목표를 함께 발전시키고 실행하는 데 초점을 맞춘다), ② 역할 방출(전문가로부터 받은 훈련은 다른 팀원에 의해 적절히 수행된다), ③ 학생의 요구에 의해 서로 새로운 기술을 가르치고 배우는 적극적이며 상호적인 학습 과정이 있다(Heller et al., 2009).

통합된 치료(integrated therapy)

Heller 등(2009)은 Orelove 등(2004)의 글을 인용하여 통합된 치료 접근을 초학문적 팀 모델의 중요한 요소로 설명하고 있는데, 통합된 치료 접근의 기본 가정은 다음과 같다.

1. 학생 능력에 대한 진단은 자연적인 환경(예, 집, 교실, 활동 현장)에서 가장 잘 이루어질 수 있다.
2. 학생은 일상생활에 관련되고 자연적인 상황에서 일어나는 기능적 활동을 통해 가장 잘 배운다.
3. 학생에 대한 지원은 자연적 학습 기회가 발생하고 학생이 기능하는 실생활 상황과 환경에서 이루어져야 한다.
4. 학습 성과는 자연적 환경에서 확인되어야 한다.

학습문제

1. 특수교육진흥법(1994)과 장애인 등에 대한 특수교육법(2007)에 제시되어 있는 '치료교육'과 '치료지원'에 대해 논하시오.

2. 보바스 치료법과 보이타 치료법을 비교하여 설명하시오.

3. 전문가 협력 모델 3가지를 제시하고 설명하시오.

제 11 장

보조공학지원

보조공학의 적용은 가정, 학교, 지역사회 등에서 중도 · 중복장애학생의 통합을 위해 중요한 부분을 차지하고 있기 때문에 이를 적절하게 활용하고 기능할 수 있는 숙련된 특수교사에 대한 현장의 요구가 높아지고 있다. 또한 중도 · 중복장애학생의 일상생활에 대한 참여도를 증진시키고 자신의 의지에 따라 자립적인 생활에 다가갈 수 있도록 보조공학도구를 사용한 접근성을 강화시키는 것은 그들을 위한 교육에 있어서 중요한 요소 중 하나다. 이 장에서는 중도 · 중복장애학생의 장애 특성과 발달 수준에 적합한 보조공학 서비스를 계획하고 적용할 수 있도록 보조공학의 개념, 적용 대상, 중도 · 중복장애학생을 위한 다양한 보조공학도구의 실제 등에 대하여 살펴보기로 한다.

1. 보조공학의 개념

보조공학(assistive technology)이라는 용어는 1980년대 후반부터 미국에서 사용되기 시작했다. 그 전에는 특수교육공학, 재활공학, 재활 엔지니어링, 테크니컬 에이드라는 용어를 사용하였다. 보조공학은 장애인들이 직면한 문제들을 다양한 기구, 서비스, 보상 방법 그리고 실습을 통해 착상 및 응용을 하여 개선시키는 기술을 의미한다. 1998년 제정된 미국의 보조공학법에서는 보조공학은 보조공학기기와 보조공학 서비스를 포함한다고 언급하였다(Assistive Technology Act of 2004, 2005).

즉, 보조공학은 장애를 가진 사람들의 재활을 공학적으로 보완 또는 보충을 해주는 것으로서 집에서 손쉽게 만들 수 있는 도구, 예를 들면 식사 시 수저나 포크 등을 쉽게 잡을 수 있도록 손잡이를 달아 주는 것에서부터 고도의 기술을 이용한 전동휠체어나 음파 탐지 지팡이, 컴퓨터와 같은 장치에 이르기까지 장애인들의 기능적 능력을 유지 · 향상 · 개선시켜 그들의 일상생활 및 학습, 사회생활의 전반에 걸쳐 도움을 주는 모든 장비 및 기계장치, 더 나아가 이를 위한 서비스와 전략까지도 아우르는 개념이라고 할 수 있다.

여기에서는 보조공학기기란 장애인의 기능을 유지하고 향상시키기 위해 사용하는 기존 혹은 개조 제품, 맞춤 제작한 장비와 제품 시스템을 의미하며, 상업적으로 시판되어 언제든지 손쉽게 구입할 수 있거나 혹은 개조 변형하거나 주문제작 가능한 물품, 장비, 생산시스템으로 정의할 수 있다. 또한 보조공학 서비스는 보조공학기기를 선택 구입하여 사용하는 과정이며 준비에서부터 적용과 관리 그리고 지원에 이르기까지 장애인이 보조공학기기를 선택하고 획득하여 사용할 수 있도록 직접적으로 지원하는 특정 서비스를 의미한다(Day & Huefner, 2003).

한편 보조공학 서비스 초기 상태인 우리나라에서는 보조공학의 정의에 대한 논쟁이 여전히 존재한다. 이러한 논쟁의 핵심은 보조공학이 우리나라 사회에서 통용되는 관행적이고 현실적인 측면을 반영한다. 다시 말해, 재활공학, 재활보조공학, 보조공학, 보조테크놀로지 등의 다양한 용어가 구분 없이 사용되고 있다는 것이다(오도영, 2008).

우리나라에서는 장애인의 보조공학을 지원하는 독자적인 법률이 제정되어 있지는 않지만 장애인 등에 대한 특수교육법 및 그 시행령을 통하여 보조공학적 지원을 명확하게 규정하고 있다.

보조공학적 지원

장애인 등에 대한 특수교육법

제28조(특수교육 관련 서비스) ④ 각급 학교의 장은 특수교육대상자의 교육을 위하여 필요한 장애인용 각종 교구, 각종 학습보조기, 보조공학기기 등의 설비를 제공하여야 한다.

장애인 등에 대한 특수교육법 시행령

제26조(각종 교구 및 학습보조기 등 지원) 교육감은 법 제28조 제4항에 따라 각급 학교의 장이 각종 교구 · 학습보조기 · 보조공학기기를 제공할 수 있도록 특수교육지원센터에 필요한 기구를 갖추어 두어야 한다.

아울러 우리나라의 경우, 보조공학 서비스를 제공하는 전문적 기관은 2004년도 경기도 재활공학 서비스 연구센터를 시작으로 하여 관련 기관이 점차적으로 증가하고 있는 추세이지만, 개별 장애인의 필요와 요구를 모두 충족시키기에는 여전히 부족한 실정이다. 〈표 11-1〉은 우리나라의 주요 보조공학 서비스센터의 현황을 제시한 것이다.

〈표 11-1〉 국내 주요 보조공학 서비스센터 현황

기관명	주요 서비스 특징	설립년도
재활공학연구소 (산재의료원)	산재 장애인 대상 재활 보조기기 지원 및 연구 개발 표준화 상용화 사업	1994
테크니컬에이드센터 (노틀담 복지관)	인천지역 수급권자를 중심으로 장애아동의 착석, 자세 유지 및 이동기기 보급 사업	2002
경기도 재활공학서비스 연구지원센터	재활공학 전문 서비스 제공(자격 조건 없음), 대여 및 보급, 연구 개발	2004
보조공학센터 (한국장애인고용촉진공단)	근로 및 구직 장애인 대상 작업관련 기구 제공, 보조공학 연구개발, 보조공학 전시장 운영	2004
A-Tech (한벗재단)	호이스트, 휠체어 거치대 등 맞춤 제작 및 기타 보조기기 제공	2006
재활연구소 (국립재활원)	보조공학기기 개발 및 연구, 사례 연구	2008
보조공학센터 (서울장애인종합복지관)	보조기기 맞춤 제작, 지원 서비스, 보조기기 정보 제공	2008
대구광역시 보조기구센터	보조기구 개조 수리 제작 서비스, 보조기구 교육사업, 보조기구 사례관리 서비스	2010

출처: 장지영(2011).

2. 보조공학의 적용

1) 적용대상

보조공학은 정신적 또는 육체적 장애로 인하여 가정 및 학교, 지역사회생활에 어려움을 보이는 사람들을 지원하기 위한 것이다. 다시 말해, 인지적 · 신체적 장애를 가진 사람들이 가정이나 교실, 지역사회의 다양한 장면과 상황 속에서 과제를 수행하고 일상적인 생활을 영위해 나가는 데 있어서 그들이 가진 장애로 인하여 제약받지 않고 보다 독립적이고 자발적으로 생활해 나감으로써, 적극적이고 주체적인 사회 구성원의 한 사람으로서 그 역할을 담당할 수 있도록 도와주는 것을 목적으로 한다. 따라서 중도 · 중복장애를 가진 사람들뿐만 아니라 경도의 장애를 가진 사람에 이르기까지 그 적용대상의 범위가 포괄적이다. 대다수의 장애학생들은 보조공학적 지원을 통해서 기능과 능력을 향상시키고 교육기회를 확장시켜 나갈 수 있다.

2) 보조공학의 적용 방법

장애학생 개개인의 필요성을 충족시켜 줄 수 있는 올바른 보조공학기기를 선택하기 위해서는 장애학생의 기능적 능력에 대한 정확한 이해와 기계적인 지식도 함께 요구된다. 보조공학기기의 올바른 선택과 이용을 위해서는 보조공학기기의 복잡성과 장애학생 개개인의 독특한 요구뿐만 아니라 재정적인 측면에서도 가족, 교사, 관련 전문가들의 특별한 관심을 필요하다. 왜냐하면 엄청난 시간적 · 재정적 투자와 노력에도 불구하고 선택한 보조공학기기가 그 역할을 제대로 수행하지 못한다면 잦은 시행착오를 통하여 야기될 큰 손실이 예상되기 때문이다. 따라서 적절한 보조공학기기의 활용을 위해서는 다음의 사항에 유의할 필요가 있다.

- 현재 장애학생의 수행능력과 요구에 대한 인식
- 다방면에 걸친 다면적인 평가

- 장애학생의 필요성에 입각한 올바른 기기의 선택
- 시험 사용기간을 통한 기능 확인 후 신중한 구매
- 재정 보조에 대한 정보와 지식
- 구매 후에 필요한 사항들에 대한 조사

3) 보조공학의 영역

보조공학은 매우 단순한 도구에서 첨단장비에 이르기까지 다양한 기기 및 장치들을 이용하여 장애를 가진 사람들이 자신이 속한 가정, 학교, 직장 그리고 사회 속에서 보다 독립적이고도 적극적인 생활을 수행해 나가도록 지원한다. 이러한 보조공학의 영역에 대하여 한경진(2005)은 다음의 2가지 유형으로 분류하고 있다.

(1) 과학기술의 수준에 따른 영역

- 노테크(no-tech): 휠체어가 다닐 공간을 확보하기 위하여 교실을 확장시켜 주는 등과 같이 아무런 기술적 지원 없이도 해결 가능한 것을 의미한다.
- 로우테크(low-tech): 연필잡기에 어려움을 보이는 학생을 위한 쥐기 보조도구나 그림을 이용한 의사소통판처럼 고난이도의 기술이 요구되지 않는 비교적 덜 복잡한 기술을 의미한다.
- 하이테크(high-tech): 컴퓨터, 비디오, 오디오 등 광학 분야의 과학기술들이 대체로 포함되어 있는 것으로서 스티븐 호킹 박사가 사용하는 음성합성기기를 예로 들 수 있다.

(2) 기능에 따른 영역

- 보완 · 대체 의사소통(augmentative and alternative communication): 보완 · 대체 의사소통은 구어를 통한 의사소통이 어려운 사람들을 위한 의사소통 기구 및 장치다.
- 환경조정 장치(environment control unit): 사지의 사용이 힘든 사람들이 가정이나 자신의 환경 내에서 사용하고자 하는 물건들을 손쉽게 사용할 수 있도록 해 주는 장치다.

- 휠체어 및 이동기기(wheelchair and mobility): 하지를 사용할 수 없어 혼자 힘으로는 이동이 불가능한 사람들이 혼자서도 원하는 곳으로 이동할 수 있도록 해 주는 기기로서 전동 휠체어 등이 있다.
- 감각장애를 위한 보조기구(aids for sensory disabilities): 시각, 청각 등 감각적 결함을 가진 사람들의 손실된 감각을 다른 감각을 이용해 보완시켜 주는 장치로서 옵타콘 등이 있다.

3. 보조공학의 활용 분야

보조공학기기는 그 종류와 쓰임새가 매우 광범위해서 사용 목적에 따라 혹은 기기별 특성에 따라 여러 방법으로 분류될 수 있으며, 보조공학의 활용 분야는 일상생활, 의사소통, 신체의 유지와 균형, 여행과 이동, 환경 조정, 교육과 훈련, 여가 생활 등으로 구분하는 것이 일반적이라고 할 수 있다. 다음은 국립특수교육원(2002)이 분류한 보조공학 활용 분야의 범주에 따라 그 구체적인 내용을 정리한 것이다.

1) 일상생활

생활 속에 필요한 모든 동작으로 일상생활을 영위하기 위한 기본적이고 기초적인 기능들을 지원 하는 도구 및 기기들을 포함한다. 식사하기, 용변 보기, 세면 및 목욕하기, 착탈의하기, 몸단장하기, 취침하기 등의 일상생활 동작이나 과제를 수행할 때, 수저나 포크 등을 잡을 수 있도록 다양한 스프린트를 부착하거나 좌석 손잡이가 있는 용변기와 이동 목욕 기기 및 긴 손잡이가 달린 빗, 쉽게 옷을 입을 수 있는 고무줄 바지나 지퍼풀 의류, 침상 활동을 위한 이동용 그네와 사이드 테이블, 독서대 등과 같이 특수하거나 간단히 개선된 장치들이 여기에 해당된다.

2) 의사소통

다른 사람의 말을 받아들이고 이해하며 동시에 자신의 의사를 표현하는 것 등이 의사교환의 범주에 속하는 중요한 기능들이다. 이러한 의사소통 기능을 지원하기 위해서는 의사소통판, 음성 인식기, 언어 합성기, 전화증폭기, 보청기 등이 사용된다.

3) 신체의 유지와 균형

신체 및 운동장애를 가진 학생들은 안정된 자세를 유지하기 위하여 신체의 전부 혹은 일부를 보조를 할 수 있는 공학의 활용, 즉 관련 보조공학기기의 활용이 필수적이다. 여기에는 부목, 팔걸이 붕대, 신체 보호기, 의료 공학기기 등이 포함된다. 그리고 자세 유지 및 이동에 문제가 있는 중도 · 중복장애아동을 위해서 웨지, 수정된 의자 등의 보조공학도구를 통하여 지원할 수 있다.

4) 놀이 활동

중도 · 중복장애학생을 위한 보조공학은 아동의 일상 활동과 통합되어야 하며, 가정과 학교 등의 장면에서 발달수준에 맞게 적절한 활동에 적극적으로 참여할 수 있도록 촉매제의 역할을 담당해야 한다. 이에 따라 그들을 위한 보조공학은 의사소통, 사회화, 놀이를 촉진하고 기능적 일상생활기술을 신장시키는 장치들로 구성된다. 놀이는 중도 · 중복장애학생의 교육과정에서 중요한 부분이기 때문에 이러한 활동에의 참여를 촉진하기 위하여 보조공학 서비스를 계획하고 놀이도구를 선택할 때 보조공학의 사용을 고려해야 한다.

또한 장난감은 놀이를 위한 주요 수단이다. 간단한 스위치의 수정만으로도 아동은 독립적으로 놀이 활동에 참여할 수 있다. 장난감은 배터리 어댑터, 타이머, 컴퓨터 스위치 인터페이스와 같은 스위치 인터페이스가 설치될 수 있으며, 하나의 스위치만으로도 사용할 수 있도록 변경될 수 있다(구본권, 2007).

5) 환경의 조정 및 수정

환경이 사람에게 적응할 수도 있고 사람이 환경에 적응할 수도 있다. 장애를 가진 많은 학생들은 가정, 학교, 지역사회 등과 같이 하루 일과 중 보다 빈번한 활동이 일어나는 공간에서 자신의 요구에 따라 목적적인 움직임이나 일을 수행하기를 원한다. 차를 운전할 수 있도록 돕는 지원 및 보조 시스템, 음식을 준비하거나 정리 할 수 있도록 돕는 기기, 컴퓨터를 작동하는 특수한 스위치 등이 그 예시가 될 수 있다. 또한 높은 선반 위에 놓여 있는 물건들을 쉽게 꺼낼 수 있도록 손잡이를 부착하거나 휠체어에 탄 학생이 효율적으로 사용할 수 있도록 칠판이나 책상의 높이를 조절하는 기능을 추가하거나 휠체어가 편리하게 다닐 수 있도록 등하굣길 및 시설설비를 개조하는 것 등이 여기에 포함된다.

활동의 수정은 중도 · 중복장애학생에게 핵심적인 요소다. 적절한 활동 수정을 계획하기 위해서 가정과 학교 등에서 이루어지는 일련의 사건에 대한 스케줄을 파악해야 한다. 만약 활동을 위하여 식탁이 사용된다면 그 식탁이 학생이 사용하는 휠체어가 들어갈 수 있는 정도의 높이인지 확인해야 한다. 또한 학생이 활동을 위하여 장난감을 고정시켜야 한다면 테이블과 장난감에 벨크로를 사용하여 고정시키는 데 도움을 줄 수도 있다. 시각적 문제를 가진 중도 · 중복장애학생을 놀이 활동에 참여시키기 위하여 촉각적 보조공학도구를 지원하기도 한다(Beard, Carpenter, & Johnston, 2007).

6) 여행과 이동

대다수의 중도 · 중복장애학생은 이동을 위한 관련 서비스를 필요로 한다. 이동은 자신의 의지대로 수평, 수직, 좌우로 움직이는 능력을 말하는데, 이러한 기능을 지원하는 것에는 수동 및 전동 휠체어, 특수 승강기, 지팡이, 보행기, 목발 등이 있다.

7) 교육과 훈련

교육과 훈련을 위해서 여러 가지 공학기기들이 사용되고 있으며 보다 다양하고 효과적인 활용을 위한 연구들이 시도되고 있다. 컴퓨터 보조수업, 교육용 비디오 및 오디오 테이프, 확대 시스템, 책 받침대 등을 활용하는 것이 여기에 포함되는 몇 가지 예라고 할 수 있다.

8) 여가 생활

장애학생들은 그들이 가지고 있는 장애로 인하여 일반학생들에 비해 스포츠, 레저 등의 활동에서 소외되는 경향이 있다. 이들은 기능적인 영역에 대한 지원만 있으면 충분히 스포츠와 레저 활동을 할 수 있으며, 이를 위한 다양한 보조공학기기 및 장치들이 활용될 수 있다.

4. 보조공학 서비스를 위한 계획

Beard, Carpenter, Johnston(2007)은 중도 · 중복장애학생을 위한 보조공학 서비스 전달 계획에 포함되어야 할 내용을 다음과 같이 제시하였다. 첫째, 중도 · 중복장애학생의 경우, 보조공학 서비스 적용의 목적은 학생이 기능할 것으로 기대되는 환경과 상호작용할 수 있는 능력을 길러 최대한의 독립성을 신장시키는 것이다. 그러므로 특정 보조공학장치나 서비스의 효과성은 개별 학생이 성장 발달해 나감에 따라 계속적으로 변화해야만 한다. 둘째, 중도 · 중복장애학생을 위한 보조공학은 학생 중심적이고 가족 중심적이라는 사실을 염두에 두고 해당 장치의 실행과 관련된 인적 자원들에게 최소한의 훈련을 요구해야 하며, 학생이 자연스러운 환경 속에서 상호작용에 효과적으로 참여할 수 있도록 해 주어야 한다. 보조공학 서비스의 주요 목표는 중도 · 중복장애학생의 자립성 향상과 자연스러운 일상생활 환경 속에서 참여를 증진시키는 것이므로, 어떠한 문제를 해결하기 위하여 적용하였던 서비스가 더 이상 효과를 거두지 못할 경우에는 새로운 옵션들이 즉각적으로 고려되어야 한다.

1) 보조공학 서비스 적용의 일반적 원리

Oregon Vision Working Group(2002)이 제안한 보조공학 서비스 적용의 일반적 원리는 다음 내용과 같다.

- 보조공학은 장애학생이 기본적 기술을 습득할 수 있는 접근을 허용해야 한다.
- 보조공학은 사정과 개발 과정의 일부분으로서 사용되어야 한다.
- 장애학생을 위한 보조공학은 교수 도구만이 아니다. 장애학생이 다양한 환경에서 상호작용할 수 있도록 도와주기 위하여 개발된 기본 도구다.
- 장애학생은 표준 도구에 접근하고 사용하기 위하여 그리고 다양한 환경에서 주위 사람들과 동등한 참여를 위하여 보조공학을 적용받는다.
- 보조공학의 사용은 자동적으로 교육용·상업용 소프트웨어나 도구들에 접근 가능하게 하거나 사용 가능하도록 하지는 않는다.

2) 성공적인 보조공학 서비스 계획을 위한 절차

성공적인 보조공학 서비스를 위한 첫 단계는 의뢰 및 인테이크다. 서비스 제공자는 이 단계를 통하여 기본적인 정보를 수집하고 자신이 제공하는 서비스의 유형과 파악된 장애학생의 욕구 간에 대립이 있는지 판단한다. 인테이크 기준에 부합되면 초기 평가가 시작된다. 초기 평가에서는 장애학생의 욕구에 대한 철저한 파악을 하고 뒤이어 감각, 신체, 중추적 처리기술 등이 평가된다. 초기 평가의 결과는 요약 정리되어 관련 전문가 모두의 합의에 따라 보조공학기기에 대한 추천으로 연결되며, 모든 내용은 문서화된다.

두 번째 단계에서는 추천된 기기가 주문되거나 개조되거나 제작된다. 또한 기기의 기본 조작법에 관한 초기 훈련과 효과적인 사용 방법에 대한 지속적인 훈련도 이루어진다. 그 후 장애학생이 시스템에 만족하는지 혹은 설정된 목표가 충족되는지를 파악하는 단기 사후 지도 단계를 거쳐 추가적인 보조공학 서비스가 필요할 때마다 서비스를 제공하는 장기 사후 지도를 실시한다. 장애학생은 필요한 경우 다시 처음 단계로 돌아가서 이후의 과정이 전체적으로든 부분적으로든 반복되게 할 수 있다(장지영, 2011). [그림 11-1]은 보조공학 서비스 전달 절차를 도식화한 것이다.

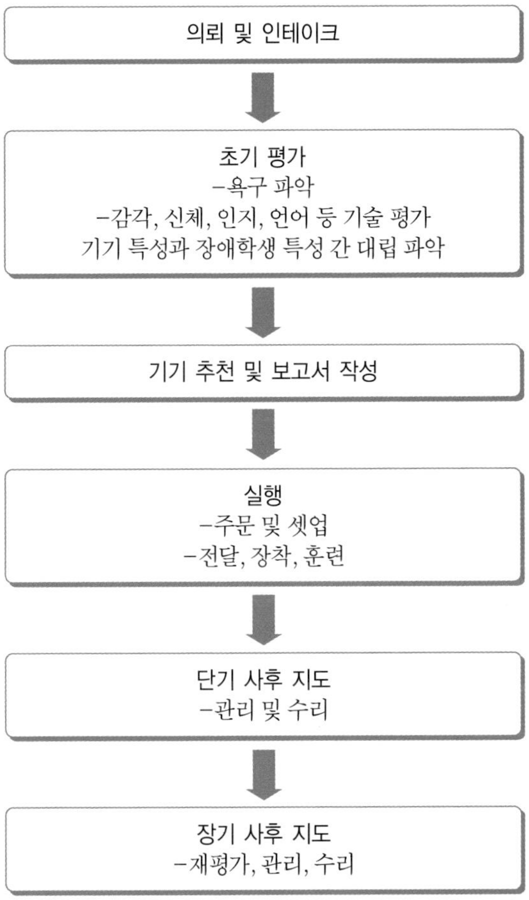

그림 11-1 보조공학 서비스 전달 절차

출처: Cook & Hussey (2002).

5. 보조공학도구의 실제

1) 일상생활 보조공학도구(http://www.seoulats.or.kr)

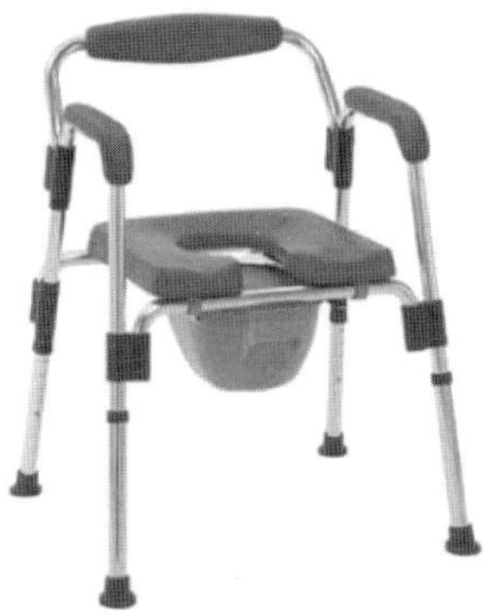

다기능배변의자

알루미늄 프레임으로 되어 있어 녹이 슬지 않아 샤워 및 배변이 용이한 목욕보조기구다. 5단계 높이 조절이 가능하여 사용자의 키에 맞춰 사용할 수 있고, 다리에 고무 압착기가 달려 있어 미끄러지지 않게 하며 접을 수 있어 보관 및 이동에 용이하다.

화장실 안전 손잡이

화장실 내에서 안전하게 이동을 도울 수 있도록 설치하는 안전 손잡이다. 안전 손잡이의 두께 및 위치를 장애학생의 신체 특성에게 맞게 설치하여 안전한 이동을 보조한다.

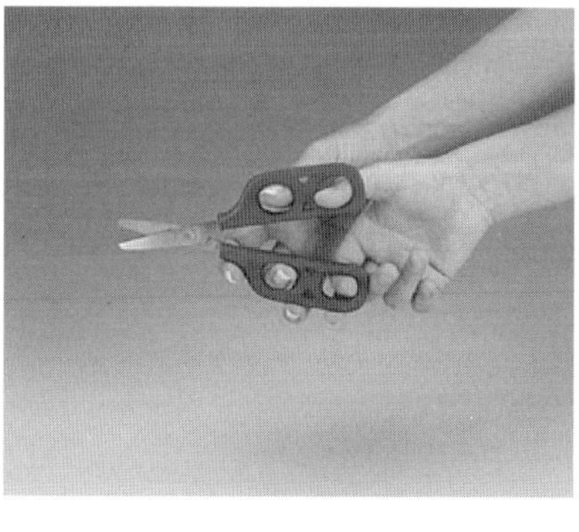

이중 조종 훈련용 가위

근육이 약하거나 수전증, 시각적인 문제로 인해 혼자 가위를 사용할 수 없는 장애학생을 위한 보조도구다. 정확한 가위질을 위해 장애학생이 가위날에서 먼 구멍에 손가락을 넣고, 도움자가 가위날에서 가까운 구멍에 손가락을 넣어서 사용한다.

케네디 컵

흘림방지 컵으로서 앉아서 또는 누워서 마실 때 흘림을 방지해 준다. 잡기 쉬운 손잡이는 약한 손의 힘으로도 잡히고 오른손 혹은 왼손잡이들도 편하게 잡을 수 있다. 뚜껑은 물이 새어 나오지 못하도록 단단하게 고정되어 있고 모든 일회용 빨대로 사용이 가능하다.

회전식 식사도구 세트

불수의적인 움직임 또는 상지 기능에 제한이 있는 장애학생에게 적합한 식사보조도구다. 음식을 떠먹는 부분이 회전하여 어떤 각도에서도 숟가락과 포크의 각도를 유지시켜 음식이 미끄러지는 것을 방지해 준다. 섭식훈련 시에 유용하다.

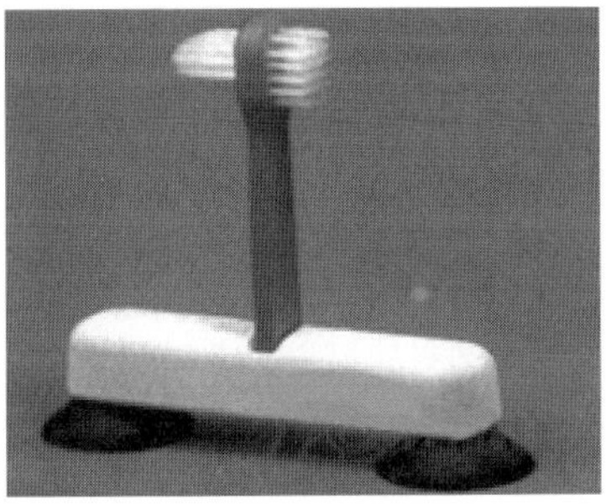

고정형 작은 솔

한 손 사용자들을 위한 고정형 칫솔이다. 바닥에 2개의 흡착판이 있어 떨어지지 않으며, 한 손으로도 세척이 용이하게 되어 있어 장애학생이 편리하게 사용할 수 있다.

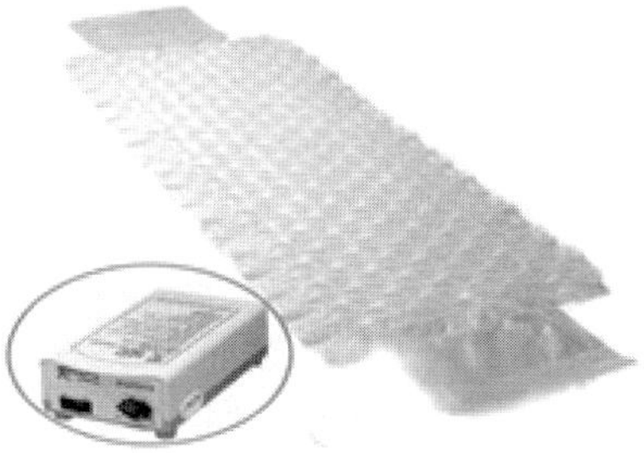

욕창방지 공기 매트리스

종일 누워 있는 장애학생을 위하여 일정하게 압력을 조절하고 체위를 변화시킬 수 있도록 하는 데 목적이 있는 매트리스다. 10분 간격으로 공기가 순환되어 근육 경직을 방지하고 혈액순환을 도와준다.

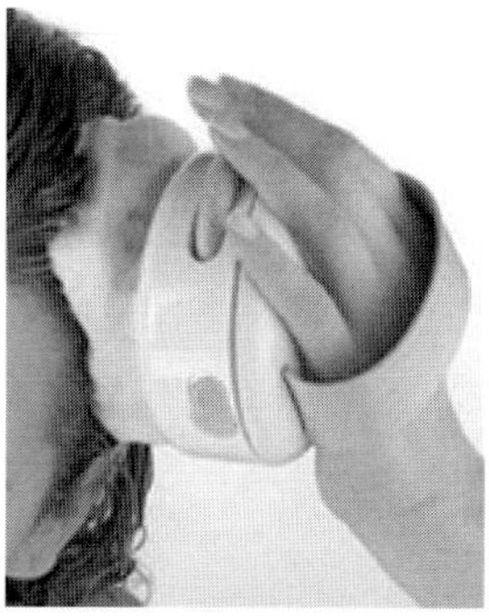

샴푸 거품기

손 기능 장애로 인해 샴푸 시 거품을 만들기 어렵거나 두피를 씻기 어려운 경우 사용한다. 샴푸를 넣고 버튼을 누르면 거품이 나오며, 한 번 더 버튼을 누르면 진동이 되어 두피마사지를 할 수 있다.

지퍼 잠그는 도구

손으로 움켜잡는 데 어려움이 있는 장애학생이 지퍼를 손쉽게 잠글 수 있도록 고안된 도구다.

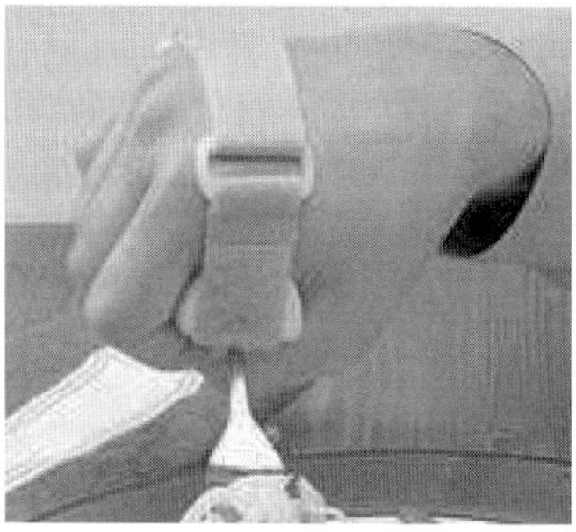

무게 있는 플라스틱 홀더

쐐기 형태의 무게 있는 플라스틱이 손바닥 쪽에 있으며, 식사도구와 손바닥에 일정한 간격을 주어 식사를 편하게 할 수 있도록 해 준다. 손잡이에 여러 가지 도구를 끼워서 사용할 수 있다.

손잡이가 긴 빗

인체공학적으로 미끄러지지 않는 손잡이로 설계되어 장애학생이 손잡이 전체를 잡고 머리를 빗을 수 있다.

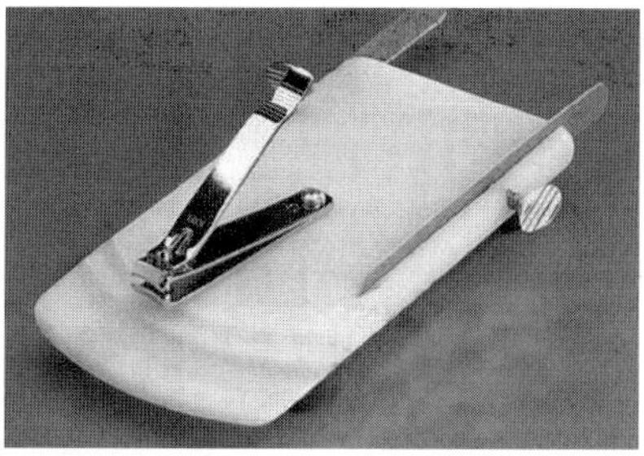

한 손 사용자용 손톱깎이 판

손놀림이 자유롭지 못하거나 손에 장애가 있는 장애학생을 위한 손톱깎이 판이다. 한 손 사용자의 경우 손을 판에 대고 발로 손톱깎이를 누르는 방식으로 사용한다.

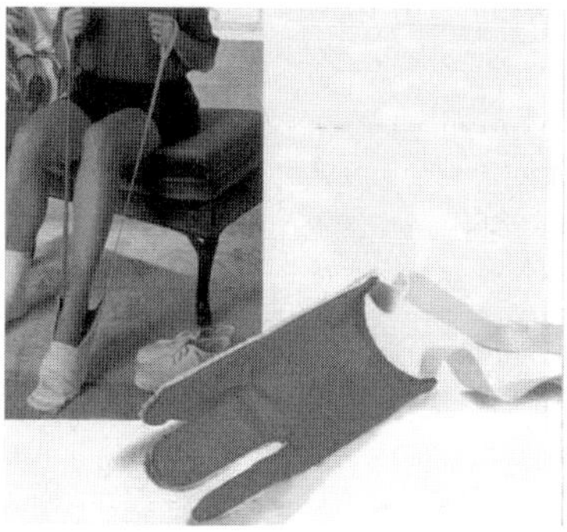

양말 신는 도구

손의 기능이 떨어지거나 아파서 등을 구부리기 힘든 사람이 편리하게 사용할 수 있다. 끈 끝에 고리가 있어 손에 걸고 잡아당기면 된다.

2) 보행 및 이동 보조공학도구(http://www.atech.or.kr)

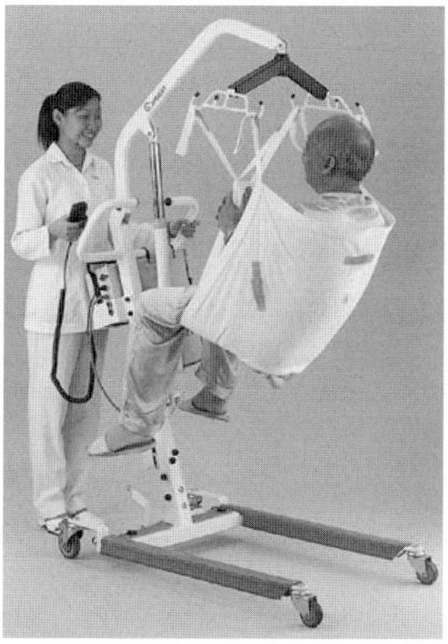

호이스트(이동식)

휠체어, 침대, 화장실 등 이동이 어려울 때 사용하면 효과적이다. 장애학생을 슬링(천)에 감싸고 버튼을 누르면 들어 올리거나 내릴 수 있다.

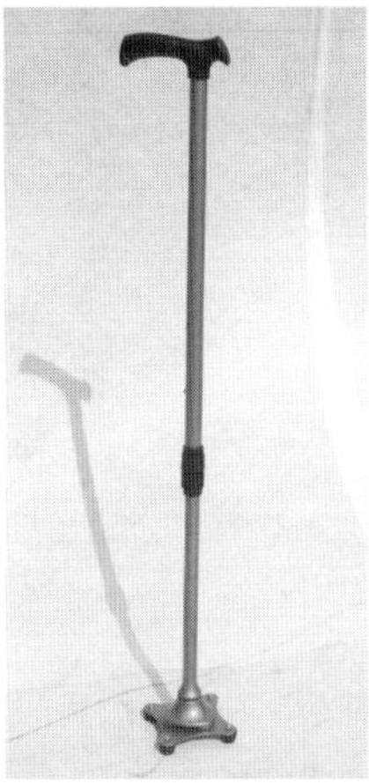

네 발 지팡이

옆으로 휨 기능이 있어 보행 시 지지력이 좋고, 빗길이나 미끄러운 바닥에서 안전보행을 하게 한다. 또한 길이 조절이 가능하고 바닥 접촉면 수를 조절할 수 있으며 세워 둘 수 있어 보관이 용이하다.

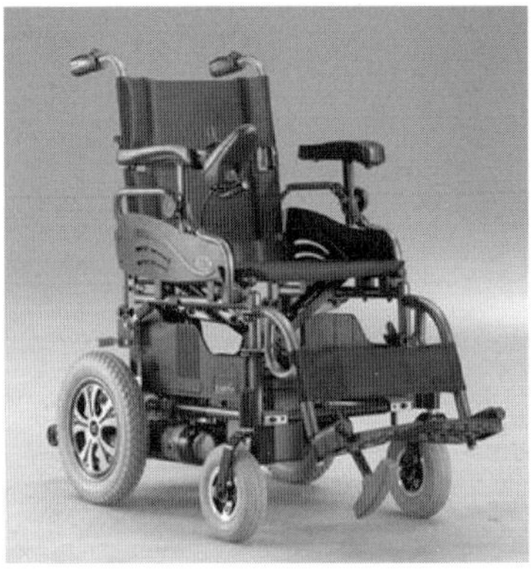

전동휠체어

팔걸이가 뒤로 젖혀지므로 휠체어에서 침대로, 침대에서 휠체어로 이동이 쉬우며 발판 각도 조절이 가능하다. 또한 탈착이 쉬워 장애학생이 좀 더 용이하게 책상이나 식탁 등으로 접근할 수 있다.

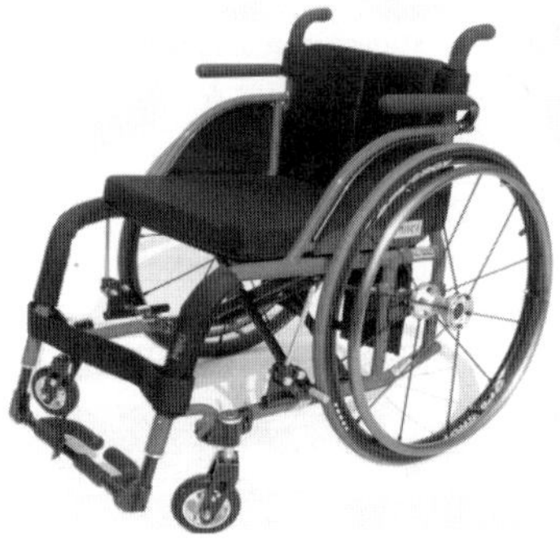

수동휠체어

휠체어가 가벼워 활동성이 좋고, 팔걸이가 없어 타고 내리기에 편리하다. 사용 시 옷이 바퀴에 말릴 수 있으므로 주의가 필요하다.

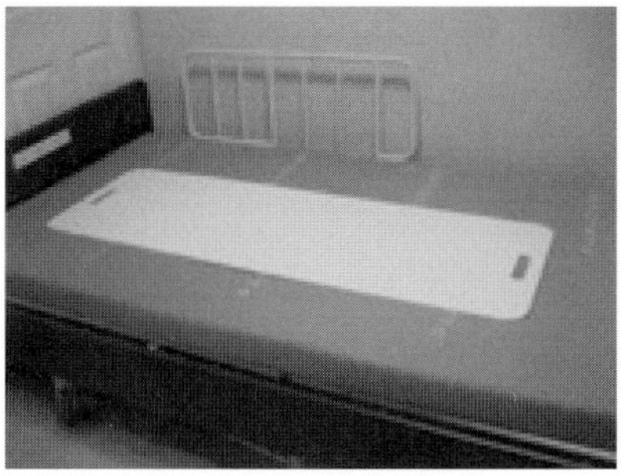

슬라이딩 보드

침대에서 휠체어 또는 다른 침대로 이동할 때 사용한다. 침대와 휠체어의 틈을 매워 장애학생을 옮길 때 힘을 덜 들일 수 있다.

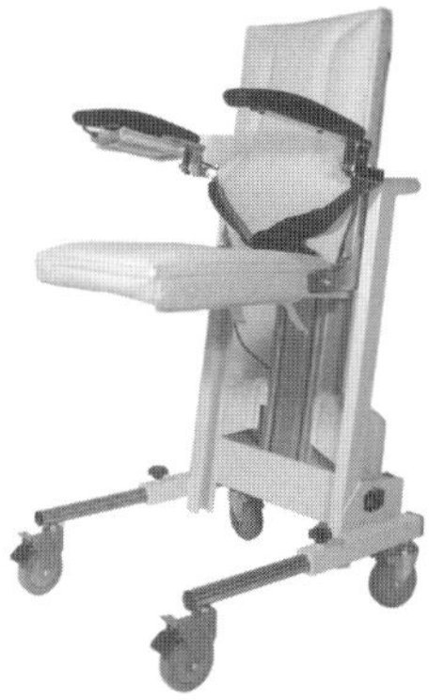

리프트 체어

방바닥에서 다른 사람의 도움 없이 휠체어나 침대에 오를 수 있는 리프트다. 컨트롤러를 사용하여 높낮이를 쉽게 조절하여 이동할 수 있다.

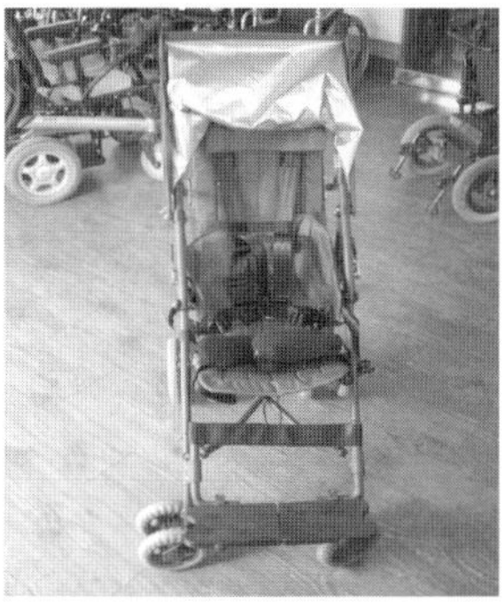

유모차

운동장애를 가진 중도·중복장애학생의 이동을 돕는 보조도구다. 차양막이 있어 햇빛과 비를 막을 수 있다. 접기가 쉬워 승용차에 탑재하기가 편리하다.

3) 자세 보조공학도구(http://www.atrac.or.kr)

자세유지 쿠션

하지의 신전구축 또는 근력약화가 있는 장애학생의 하지 자세유지를 돕는 쿠션이다. 학생들이 손쉽게 사용하고, 즐겁게 놀이를 할 수도 있으며 하지의 내전 및 외전을 예방하는 기능이 있다.

기립 테이블

높이와 기울기를 조절할 수 있는 테이블로, 7세에서 13세 사이의 지체장애가 있는 학생에게 적합하다. 벨트를 사용하여 몸을 지지할 수 있으며 조절 레버를 사용하여 높이와 기울기를 조절할 수 있다.

앉기자세지지용 의자와 받침대

기립과 앉기가 안 되는 장애학생을 위해 휠체어를 대신해 앉아 있는 자세를 유지시켜 주는 의자다. 신장에 따라 제품의 크기를 선택할 수 있다. 장애학생을 앉히고 올바른 자세를 유지시킨 후 H형 벨트로 고정시킨다.

눕기자세유지 보조도구

올바른 자세로 누워 있지 못하는 장애학생이 올바른 자세로 누워 있게 하고 이동을 도와주는 보조도구다. 벨크로와 벨트를 이용해 조립하여 사용할 수 있으며 체간을 고정할 수 있다. 옆으로 눕기, 엎드리기, 뒤로 눕기, 원통 통나무에 앉기 등과 같은 자세들을 유지하는 치료프로그램에 활용할 수 있다.

4) 컴퓨터 접근 보조공학도구(http://www.seoulats.or.kr)

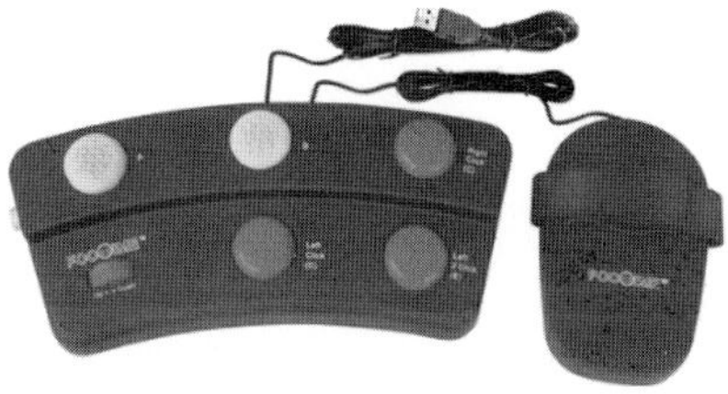

FOOTM1

상지를 이용해 일반 마우스의 커서 움직임 및 클릭이 어려운 분들을 위한 대체 마우스다. 두 부분으로 나누어 입력을 할 수 있는 시스템으로서 한쪽은 커서를 조정하고, 한쪽은 마우스의 클릭을 조정한다.

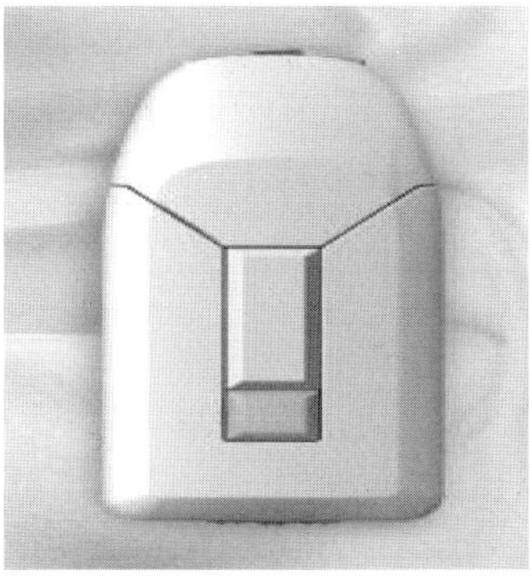

손가락 마우스

손목 및 손가락의 움직임만으로 쉽게 마우스를 제어할 수 있는 컴퓨터 보조기구다.

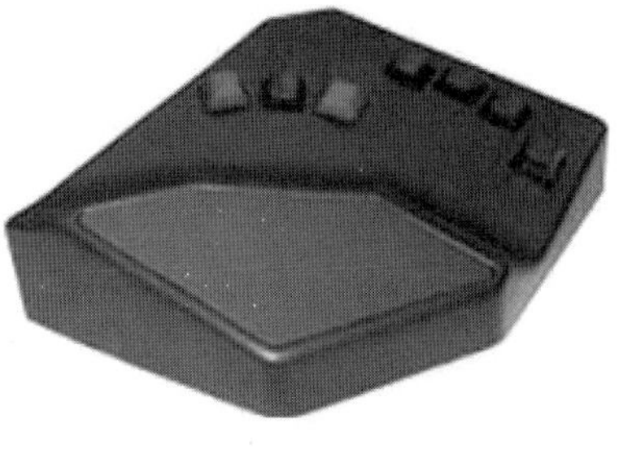

BAT 키보드

일반 키보드의 모든 기능을 한 손으로 대체할 수 있는 보조도구다. 기존 쿼티 키보드를 7개 키로 이용하는 인간공학적인 디자인으로 표현된 키보드로, 가볍기 때문에 이동이 용이하다. 글자 및 숫자 등을 입력할 때 각 키를 조합하여 눌러서 입력한다.

트랙볼 마우스

볼을 이용해 커서를 움직이는 트랙볼 마우스 형태다. 손목의 받침대를 탈부착 할 수 있기 때문에 손목을 통증으로부터 보호하고, 안정된 움직임을 지원한다.

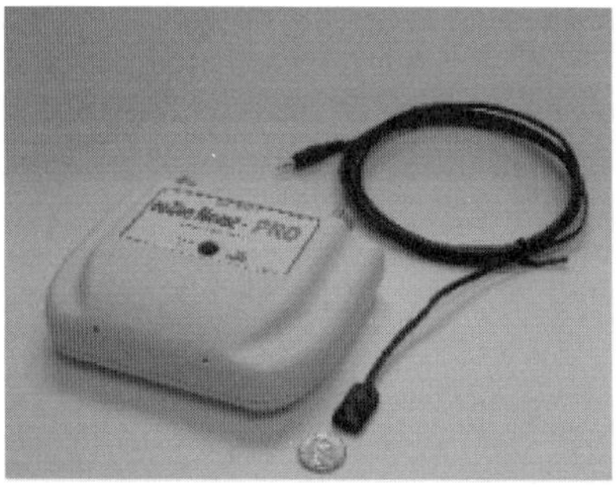

eeZee 마우스 PRO

머리나 몸의 움직임으로 사용하는 '헤드 마우스'다. 센서를 신체 부위 중 한 곳에 착용하고 센서를 기울여서 마우스 커서를 움직인다. 마우스 클릭은 마이크를 이용해서 하는데, 길게 내는 소리와 짧게 내는 소리로 구분해서 마우스의 기능을 사용할 수 있다.

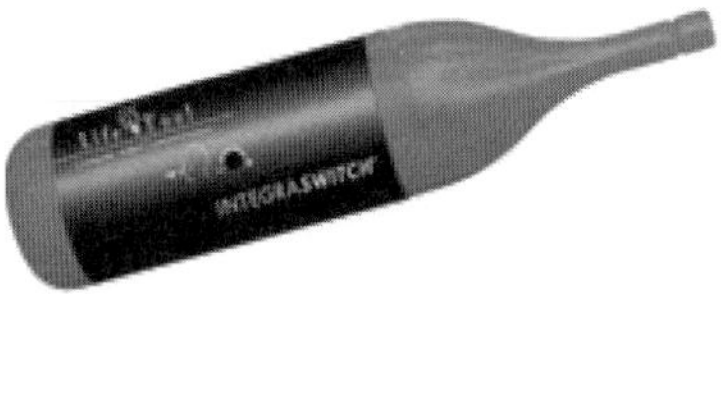

Integra 스위치

숨을 내쉬어서 신호를 입력할 수 있으며, 숨의 강도와 길이를 다르게 해서 가전제품의 각 기능을 작동시킬 수 있다.

OPTIMAX 무선 롤러볼

근기능에 어려움이 있는 장애학생을 위한 무선 롤러볼이다.

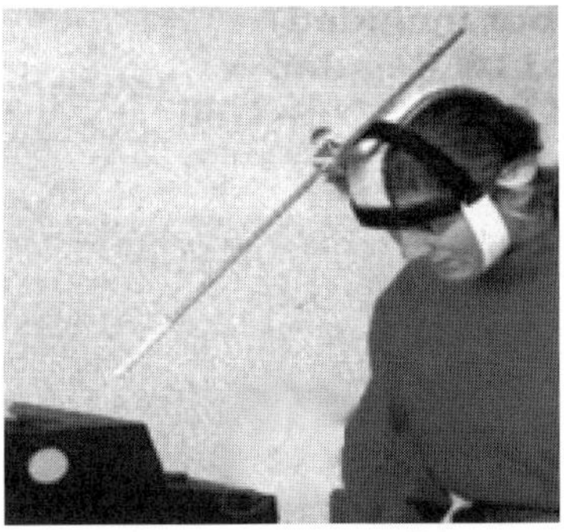

조절 가능한 헤드포인터

사지마비가 있거나 상지의 조절에 어려움을 가진 장애학생을 위해 머리 조절이 가능한 설계를 통해 타이핑이 가능하도록 지원한다.

유키모 화면터치마우스

화면을 터치하여 마우스 대신 쓸 수 있는 화면터치마우스다.

5) 놀이 보조공학도구(http://www.atrac.or.kr)

놀이집

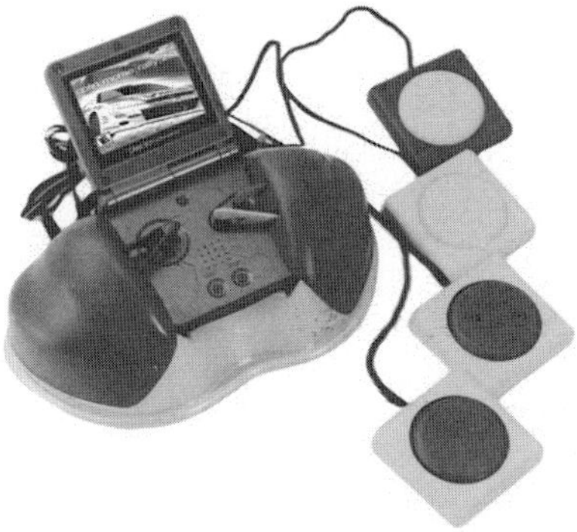

게임보이 어댑터

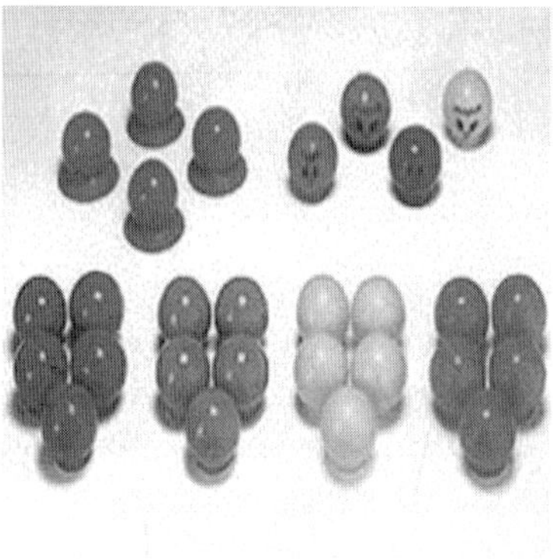

감각압축볼

튜브 진동

붓

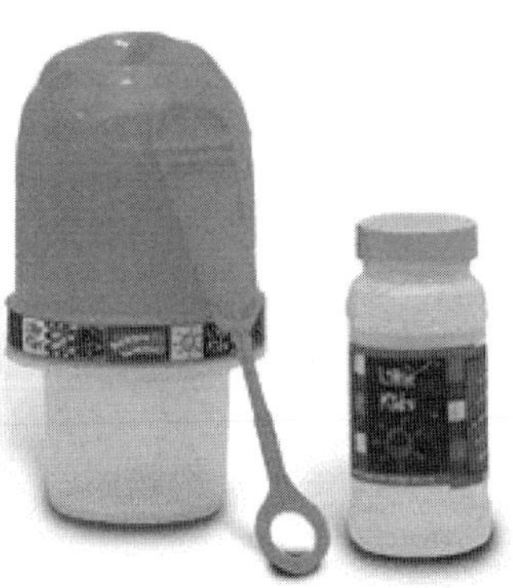

쏟아지지 않는 비눗방울 컵

감각제공판

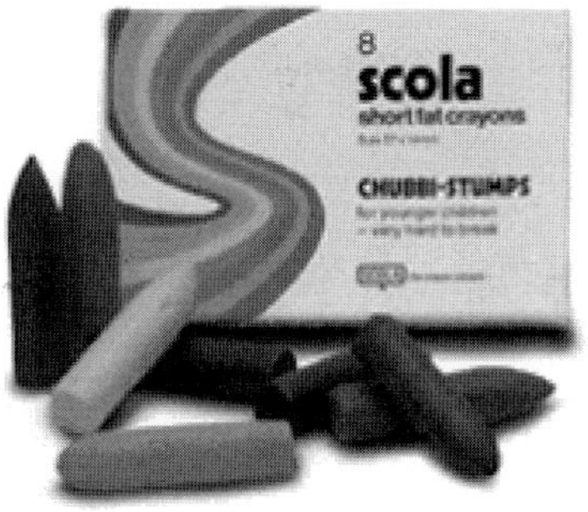

크레파스

6) 작업 및 학습 보조공학도구(http://www.seoulats.or.kr)

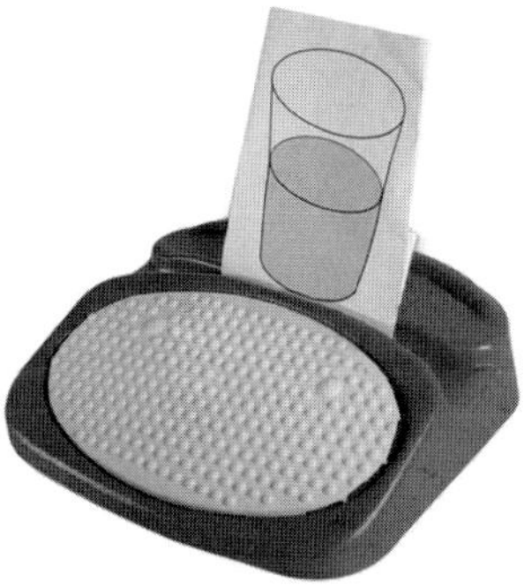

언어학습기 B1-R

12단계의 범주로 되어 있고, 한 단계에 4개의 음성을 녹음시킬 수 있어 총 48개의 서로 다른 음성을 녹음/재생할 수 있다. 사진이나 실물 등을 올려놓고 사용할 수 있으며, 버튼의 표면이 특수처리되어 있어 누를 때 감각을 느낄 수 있다.

선풍기와 빛 스위치

버튼을 누르면 진동이 발생하고 빨간 등이 켜지고 선풍기가 돌아가며 다감각적으로 피드백을 얻을 수 있기 때문에 인과관계 개념 형성이 어려운 중도·중복장애학생에게 도움이 된다.

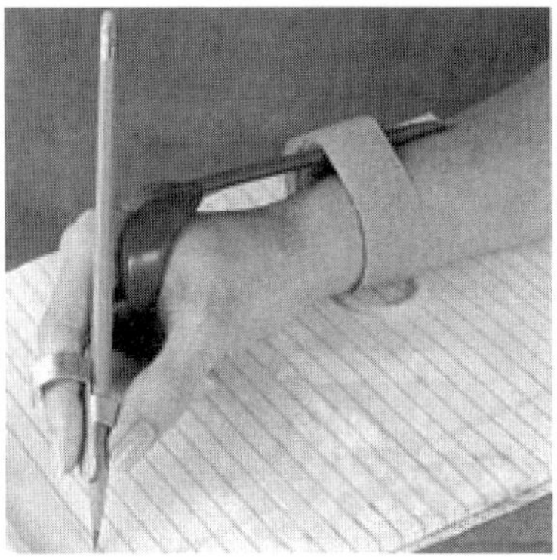

필기 보조도구

손 힘이 약해 필기도구를 쥘 수 없는 경우 이용하는 도구다. 손바닥 주변을 감싸 주어 펜을 손에 고정시켜 준다. 벨크로 끈으로 손목에 고정한다.

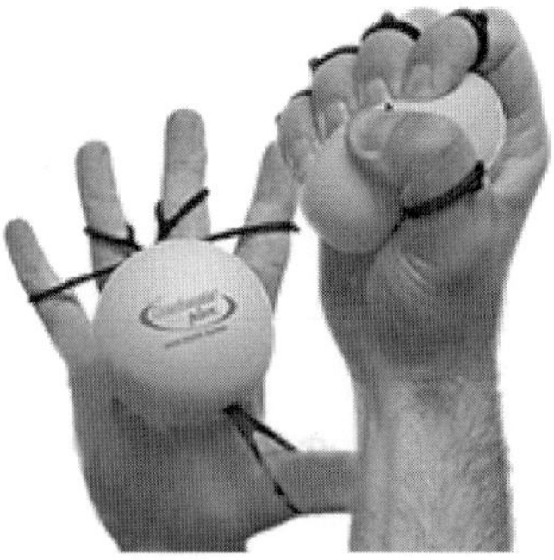

핸드마스터 플러스

상지의 부족한 근력을 보충하고, 조절능력을 향상시킬 수 있도록 지원하는 보조근력지원기구다.

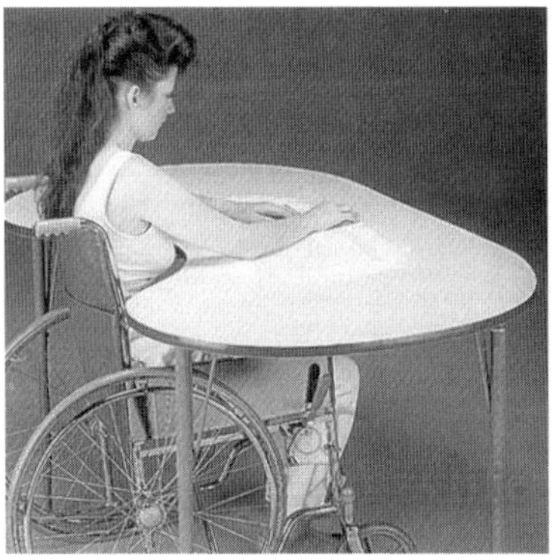

휠체어용 둥근 테이블

휠체어를 탄 채 테이블에 보다 가까이 앉아 어깨와 팔꿈치를 잘 사용할 수 있도록 테이블 앞부분을 둥글게 잘라낸 것이다.

학습문제

1. 보조공학의 개념에 대하여 설명하시오.

2. 중도 · 중복장애학생에게 특히 필요한 보조공학의 활용 영역에 대하여 설명하시오.

3. 중도 · 중복장애학생을 한 명 선정하여 학생에게 적합한 보조공학 서비스 적용 계획 사례를 작성해 보시오.

4. 중도 · 중복장애학생의 일상생활, 자세, 이동, 학습, 놀이 활동 등을 지원하는 보조공학도구의 예시를 들어 보시오.

제 12 장

순회교육

중도 · 중복장애학생에게 학교는 중요한 의미다. 우리나라 특수학교의 유형이 장애 영역별로 운영되기 때문에 중도 · 중복장애를 가지고 있는 학생들은 각각의 특수학교로부터 입학을 거부당할 수 있다. 따라서 중도 · 중복장애학생은 학교에 입학하는 데 어려움이 있으며, 순회교육은 그런 의미에서 학교교육을 받을 수 있는 방법적인 측면이 될 수 있다.

1. 순회교육의 개념

1) 순회교육의 필요성과 목적

교육의 패러다임 변화로 인해 특수교육도 철저한 인본주의를 바탕으로 한 질적 교육이 요구되고 있다. 특히 장애인의 정상화 철학이 대두되면서 인간의 존엄성, 평등의 이념을 실현하기 위해 특수교육도 많은 노력을 하였다. 이러한 노력은 '모든 학생은 교육받을 권리가 있다'는 가치와 같이 완전취학이라는 교육권 확보로 이어졌으며, 중도 · 중복장애학생의 교육권은 순회교육 실시로 확보되었다.

재택 · 순회교육이란 중도 · 중복장애학생에게 교육의 기회를 확대하고자 하는 교육적 요구의 결과라 할 수 있다. 즉, 학교에 갈 수 없는 가정이나 시설, 병원에 있는 아동들의 교육권 보장과 질적 교육이 필요한 특수교육대상자의 독특한 교육적 욕구가 실현되는 교육이다. 특히 특수교육 분야에서 '특수교육의 기회 확대'를 개혁의 목표로 그동안 공교육을 받지 못했던 중도 · 중복장애학생의 교육권 확보를 위하여 특수교육진흥법(1994)을 전면 개정하면서 국가적 수준에서 재택 · 순회교육을 실시하게 되었다(전헌선, 2001). 이것은 특수교육대상자 '누구'에게나 적절한 교육의 기회를 보장하고 언제, 어디서나 교육의 적절성에 제고된 학생 중심의 교육을 받을 수 있도록 하는 데 있다.

중도 · 중복장애학생들이 공교육 대상에서 제외되는 이유는 학교생활에 필요한 최소한의 행동 기능(behavior skill)이 결여되어 있기 때문이라고 본다. 최소한의 행동 기능이란 보행 기능, 기본적 욕구에 대한 의사소통 기능, 용변자립, 식사자립 기능 등을 말한다. 또 이들이 학교교육계획에서 제외되는 다른 이유는 특이한 의학적 문제나 이들이 가끔 나타내는 파괴적이고 위험한 행동 특성 때문이다(이규식, 강수균, 전헌선, 1999). 미국 공립학교들의 중도 · 중복장애학생에 대한 제외 현상은 미국 전장애아교육법(P.L. 94-142, 1975)에서 '완전취학, 무상교육, 적절한 공교육'의 개념이 정립되고 이를 시행함으로써 법적 제도를 정착시켰다.

중도 · 중복장애학생에게 특수교육의 기회 확대와 교육의 적절성이 보장되기까지의 순회교육 배경을 알아보면 다음과 같다(이규식 외, 1999). 첫째, 교육은 아동의 능력과 특성에 따라 내용과 방법이 고려되어야만 헌법에 명시되어 있는 "능력에 따라 균등하게 교육을 받을 권리를 갖는다"는 취지가 실현된다고 할 수 있다. 이것은 개인의 능력에 따른 교육적 배려가 되어야 한다는 의미다. 즉, 중도 · 중복장애나 건강상의 이유로 인해 학교를 다닐 수 없거나 취학을 할 수 없는 학생들에게도 헌법에 명시되어 있는 권리는 제고되어야 한다.

둘째, 중도 · 중복장애학생에게 학교교육은 무리라는 견해에는 학교 또는 학교교육에 대한 고정관념이 있었다고 할 수 있다. 즉, 학교라는 건물 · 시설 · 설비, 교육의 내용 및 방법, 교사상, 교사의 전문성, 혹은 교육의 장에 관한 이미지의 경직성 등이다. 이러한 경직성을 허물기 위한 방법으로 학교라는 건물 밖에서의 교육을 제도화하는 것으로, 순회교육은 그 노력의 과정이라고 할 수 있다.

셋째, 순회교육은 '교육이란 무엇인가' 하는 교육에 대한 근본적인 물음이다. 교육에는 읽기, 쓰기, 셈하기 등 교과를 학습하는 것 외에 바람직한 발달을 촉진시키는 것, 자립시키는 것, 사회적응을 조성하는 것 등 배워야 할 것이 많다. 중도 · 중복장애 때문에 교과 학습에 큰 기대를 가질 수 없지만 교육은 인간이 살아가는 데 필수적인 것이다.

넷째, 교육은 인간에 대한 사랑과 봉사가 필요하며, 이러한 교육의 이념을 성실히 실현하는 것이 순회교육이라고 할 수 있다. 학교라는 교육의 장에서는 또래와 교사들과의 상호작용으로 다양한 인간관계를 경험할 수 있지만, 순회교육에서는 교사 한 사람이 전부이기 때문에 중도 · 중복장애학생에 대한 애정이 남다르다고 할 수 있다. 그러므로 순회교육에서 교사의 능력이나 인격은 중요한 요소가 될 수 있다.

이러한 재택 · 순회교육의 배경을 바탕으로 정의를 내리면 다음과 같다(이규식 외, 1999). 첫째, 교육은 형식적인 학교교육만이 아니고 어떤 장소에서도 가능하다고 보아야 한다. 둘째, 교육은 교사만 하는 것이 아니고 또래, 이웃, 부모 등 모든 사람이 훌륭한 교육자가 될 수 있다. 셋째, 교육의 내용은 학교에서 주로 하는 3R's(읽기, 쓰기, 셈하기)만을 말하는 것이 아니고 인간으로서 살아가는데 필요한 일상생활 기본 동작과 삶의 지혜가 포함되어야 한다.

순회교육의 근본적인 목표는 중도 · 중복장애학생의 학교복귀에 있다. 중도 · 중복장애학생의 교육은 특히 사회복지적인 측면에서 권장되고 강조되어야 한다. 장애인의 재활 목표가 사회복귀에 있듯이 중도 · 중복장애학생 교육의 1차적인 목표는 학교에 복귀하는 것이다. 이를 위해 학교는 이들을 교육하는 데 머물지 말고 옹호하고 보호하는 일에도 적극 나서야 한다. 진정한 복지사회란 개인은 물론이고 사회 구성 조직의 가장 작은 단위인 개체나 이들의 협동체인 가정의 고민을 풀어 주고 대신해 줄 수 있는 사회여야 한다(전헌선, 2000). 따라서 순회교육의 목적은 중도 · 중복장애학생의 잔존능력을 개발하여 신변자립능력을 육성하고, 장애극복 의지를 길러 사회적응능력을 함양하며, 국민 기초소양을 갖추고 원만한 사회생활을 할 수 있는 시민의식을 기르는 데 있다.

2) 순회교육의 용어와 모형

우리나라는 1960년대 초에 순회교육이 시작되면서 '순회교육' '재택교육' '방문교육' '순회방문교육' '지원 · 순회교육' 등 용어를 다양하게 사용해 왔다(박화문, 전헌선, 김영한, 김정희, 김창평, 김하경, 도성화, 민강기, 박순길, 박정식, 조홍중, 주현숙, 한경임, 2011; 정동일, 2002). 우리나라에서 순회교육은 'itinerant education' 'peripatetic education'의 번역으로 사용되고 있고, 여기에 협의의 가정방문교육도 포함한다(박화문 외, 2011).

우리나라 순회교육은 특수교육진흥법(1994) 개정으로 법적인 근거를 갖추게 되었지만, 30여 년간 현장에서 다양한 용어로 사용되어 왔기 때문에 그 의미도 조금씩 다를 수 있다. 이규식 등(1999)은 '중도 · 중복장애 때문에 공교육의 혜택을 받지 못하고 가정이나 시설 혹은 병원 등에 있는 특수교육대상자들을 특수교육을 담당하고 있는 교원이 방문하여 지도하는 특수교육'으로 정의하였다. 일본도 1979년 양호학교교육 의무제도가 실시되면서 유럽과 미국의 순회교육 제도를 도입하였다(玉村, 박재국, 2001). 장애가 심한 학생을 대상으로 재택 방문 혹은 시설방문을 하는 형태의 방문교육(訪問教育, visiting education) 제도가 양호학교교육의 일환으로 실시되었다. 고등부 방문교육은 1997년부터 실시하였다.

순회교육 형태로는 일반학급이나 학습도움실에서 교사의 지도를 받는 통합교육 형태, 특수학교 및 특수학급에 편성되어 운영되는 재택학급이나 파견학급 형태, 가정이나 병원 및 시설의 특수교육대상자에게 실시하는 순회교육 형태 등이 있다(정동일, 2002). 재택학급은 가정, 병원, 시설 등에 있는 특수교육대상자들을 위해 특수교사가 방문하여 순회교육을 실시하지만 특수학교나 특수학급에 소속을 두는 형태다. 파견학급은 시설에 있는 특수교육대상자들을 위해 시설에 학급을 설치하여 특수학교나 특수학급의 교사가 파견되어 지도하는 형태다. 재택학급과 파견학급의 공통점은 특수학교나 특수학급의 정규학급으로 편성된다는 점이다. 순회교육은 각 시 · 도 교육청별 지역적 환경과 특성이 다르기 때문에 그 지침과 운영 방안이 조금씩 다르다고 할 수 있다.

중도 · 중복장애학생을 위한 순회교육의 모형으로는 가정학습 모형, 병원학습 모형, 시설학습 모형이 있고, 학습 형태는 개별 지도와 집단 지도의 형태로 구분

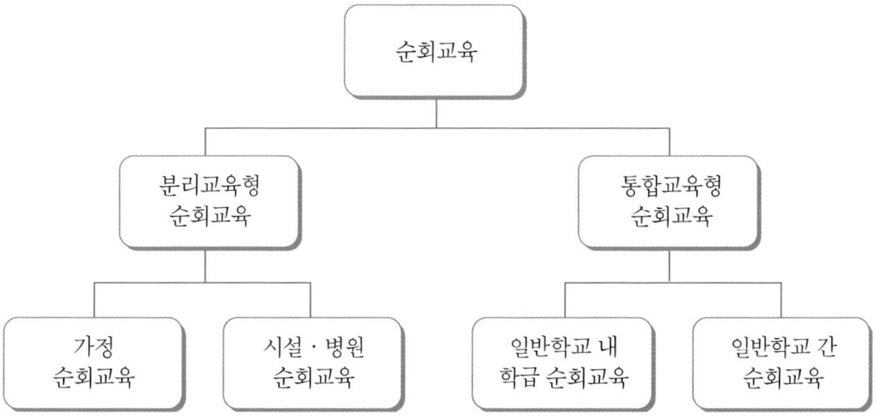

그림 12-1 한국 순회교육 모델과 범위

출처: 정대영(1997).

할 수 있다(전헌선, 2000). 그러나 정대영(1997)은 우리나라 순회교육을 분리교육형 순회교육과 통합교육형 순회교육으로 구분하였다. 분리교육형 순회교육은 가정, 시설, 병원에 있는 특수교육대상자를 위한 것으로, 순회교육이 여기에 포함된다. 통합교육형 순회교육은 일반학교 내 학급 순회교육과 일반학교 간 순회교육으로 구분하여 제시하였다([그림 12-1] 참조)

우리나라 순회교육 모형을 알아보면 다음과 같다. 첫째, 병원 순회교육 모형은 학령기 학생 중 만성적이거나 의료적 · 정형외과적 장애로 인하여 병원에 입원해 있을 동안 특수교육을 필요로 하는 장애학생들을 위해 교육적 조치와 서비스를 제공하는 교육 모형이다. 이 모형은 학교교육프로그램에 출석하지 못하는 장애학생에게 교육을 실시하는 것이며, 교수활동은 개별화교육계획에 명시되어 있는 목표와 활동을 보완하고 지속시키는 데 있다. 주로 개인 지도 및 소집단 지도 형태로 이루어지며, 학교교육과정을 학생 개인의 요구에 따라 수정하여 제공한다. 그러나 비장애학생들과의 활발한 교류나 통합교육활동 제공은 제한적이다(정동영, 정대영, 이효자, 이유훈, 이해균, 박희찬 1996; 정대영, 1997 재인용; Ellis & Mathews, 1982).

둘째, 가정 순회교육 모형은 의료적 및 정형외과적 장애로 인해 학교를 출석할 수 없는 장애학생이나 중도장애학생으로 병원에 입원할 상황이 아니면서 가정에 정기적으로 머물러 있는 경우에 서비스를 제공하는 모형이다(정대영, 1997; 정동영 외, 1996). 학습 활동은 개별화교육계획 수립과 치료지원 서비스, 지역사회 서비스 기관과 연계하여 학습 및 사회적 기술을 유지하고 향상시켜 보다 덜 제한적인 환경에 배치되도록 준비를 시킨다.

셋째, 일반학급 간 순회교육 모형은 특수학급이 설치되어 있는 학교의 담당 특수교사 및 특수교육지원센터 특수교사가 특수학급이 설치되어 있지 않은 인근 학교의 특수교육대상자를 위해 순회하며 특수교육 및 지원 서비스를 제공하는 모형이다(박화문 외, 2011). 이 모형은 지역적인 차이가 있겠지만 농어촌 지역의 특수교육 혜택을 받지 못하는 특수교육대상자들이 주로 교육적 조치를 받게 된다.

넷째, 시설 순회교육 모형은 장애인복지시설, 재활원 등에서 생활하는 장애학생들을 대상으로 하며, 대상자의 장애 정도 및 의료적 · 환경적 · 기타 제반 요인에 의해서 학교교육프로그램에 출석하지 못하는 장애학생들에게 실시하는 특수교육이다. 이는 시설에 순회교육 담당교사가 파견되어 그 시설의 환경에 따라 다양한 교수활동을 제공하고 있다. 또한 이 모형에서는 다른 순회교육모형과 같이 장애학생의 장애 정도와 유형에 따른 교육적 요구를 고려하여 개인에 적합한 개별화교육계획을 수립하여 운영하여야 한다. 시설 순회교육모형의 대상자들은 일반학생들과 함께 이루어지는 통합교육활동 경험은 적다고 할 수 있다(경기도교육청, 2000).

3) 순회교육 발전 과정

순회교육은 특수교육대상자의 교육기회를 보장하고 적절한 공교육을 실시하려는 지속적인 노력의 결과로 얻어진 특수교육 서비스 제도다. 특수교육의 질 향상을 위해 정책을 입안하고 추진하는 과정에서 제도권 밖의 장애학생들에게 순회교육을 실시하게 되었고, 특히 중도 · 중복장애학생들의 교육기회를 위한 노력은 순회교육의 발전으로 이어졌다. 또한 중도 · 중복장애학생들의 교육 여건을 위해 순회교육과 지원교사, 순회교사제 운영에 관한 여러 연구(전헌선, 1998; 정동영 외, 1996; 정재권, 정진자, 정대영, 1995)들은 순회교육의 발전을 이끌었다.

미국은 1975년 전장애아교육법(P.L. 94-142)에서 '완전취학, 무상교육, 적절한 공교육'의 개념을 규정하고 순회교육을 실시하고 있다. 일본은 1949년 고베(神戶)시 교육위원회에서 재택 장애학생 방문 · 순회교육으로 실시한 후, 1965년도에 법적 근거를 마련하였고, 1979년부터 방문교육을 제도화하였으며, 1997년에는 고등학교 과정의 방문교육을 실시하였다. 호주, 유럽 등은 탈시설화 및 시설의 소규모화 정책에 따라 순회교육 제도를 도입하였다.

우리나라 순회교육은 1963년도에 부산시교육청에서 최초로 실시하였다. 취학이 어려운 중도 · 중복장애학생 128명을 대상으로 가정 방문제 특수학급을 개설한 것이 순회교육의 시초다. 1965년도에는 236명의 학생이 35학급으로 편성되어 특수교육을 받았으며, 1973년도에는 182명의 학생이 28학급으로 운영되었다. 1979년에는 경기도교육청에서도 순회교육을 실시하여 1992년에는 7개교 12학급 101명이 순회교육을 받았다. 사립 특수학교로는 처음으로 삼육재활학교가 1980년에 순회교육을 실시하였다.

1977년 특수교육진흥법이 제정되면서 순회교육대상자들이 특수학교나 특수학급에서 특수교육 서비스를 받게 됨에 따라 그 수가 감소되었지만, 1994년 특수교육진흥법이 전면 개정되면서 순회교육이 법적인 근거를 가지면서 시 · 도교육청별(대구시교육청-1997, 제주도교육청-1997, 충북교육청-1998)로 순회교육이 활발히 이루어져 점차 증가 추세를 보였다. 지금은 장애인 등에 대한 특수교육법(2007)에 의해 순회교육을 실시하고 있다.

순회교육이 이루어진 초창기에는 여러 가지 미흡한 제도 장치들로 인해 개선점과 당면 과제에 대한 논의가 있었다(이규식 외, 1999). 첫째, 순회교육에 대한 특수아동 의무교육제도가 이루어져서 각 시 · 도별로 체계적으로 확립되어야 한다. 둘째, 순회교육 교육과정이 교육대상에게 적합하게 재구성하여 학습과 재활훈련이 동시에 이루어져야 한다. 셋째, 각 지역 장애인 복지관과 연관을 갖고 전문요원과 자원봉사자의 활동을 지원받는 방안이 연구되어야 한다. 넷째, 순회교육은 주당 3회 12시간 정도, 학급당 5명 이내는 확보되어야 한다. 다섯째, 매 학기마다 종합평가팀을 구성하고, 각 가정을 직접 방문하여 전문가들의 진단평가를 통하여 앞으로의 지도 방안을 강구하여야 한다. 여섯째, 순회교육 교사의 자질 향상을 위한 연수를 정기적으로 실시하여 질 높은 서비스를 제공할 수 있는 뒷받침이 되어야 한다.

정동일(2002)은 미취학 특수아동과 순회교육을 받고 있는 장애학생에 대한 구체적인 실태, 요구사항, 문제점, 개선점을 분석하고 지원 방안을 마련하는 것은 국가의 책임이라고 하였다. 순회교육대상자의 교육지원체제 구축을 위해서는 장애학생 출현율, 장애학생과 부모의 교육 요구, 특수교육기관 운영실태 및 평가 등 전반적인 실태조사 등 교육지원 형태의 다양화, 교육지원 방법의 다양화, 교육지원 내용의 확대, 교육지원 체계의 확대 등이 필요하다.

이러한 활발한 논의 덕분에 법적인 근거와 유치원부터 고등학교까지의 의무교육으로 중도·중복장애학생들의 교육이 가능하게 되었다. 아직도 순회교육의 실질적인 어려움은 여전히 존재하지만 여러 가지 법적인 제도화로 인해 특수교육대상자의 교육기회는 확장되었다고 할 수 있다. 반면에 재택·순회교사의 책무성은 점점 더 커졌다고 할 수 있다.

〈표 12-1〉 한국과 일본의 순회교육 비교

국가별 내용 / 영역별	한국		일본		비고
	기간	주요 내용	기간	주요 내용	
최초의 시도	1963년	부산광역시 교육청 가정 방문제 특수 학급 개설	1966년	오오이타현 퇴직여교사회. 재택 지체부자유아 가정 방문 지도 실시(8명)	한국은 공공기관, 일본은 민간단체가 시도
명칭 변화	1960~2000년대	재택교육–방문교육–순회교육–지원·순회교–재택·순회 방문교육–순회교육	1960~1979년	순회교육–재택교육–원내교육–재택방문교육–'방문교육'으로 정착	한국은 '순회교육', 일본은 '방문교육'으로 정착
법적 근거	1994~2000년	특수교육진흥법 제2조 5항, 제14조 1항에 순회교육 용어 정의, 실시를 명시함	1979~2000년	양호학교교육 의무제 실시의 일환으로 방문교육 제도가 정착	한국은 법적 용어로 규정된 교육활동, 일본은 법적인 규정이 명확하지 않음.
정책 연구 및 포럼	2001년 이후	국립특수교육원–한국의 순회교육의 실태와 개선점에 대한 연구 추진	1988년 이후 ~ 2001년	전국방문교육연구회–4년마다 전국 '방문교육' 실태조사. 전국 단위 연차대회 개최	한국은 국가 단위의 연구 추진, 일본은 민간 주도의 연구 활동

출처: 전헌선(2002b).

4) 순회교육의 법적 근거

순회교육은 '모든 학생을 위한 교육'이라는 교육의 이념을 충실히 이행하고자 하는 법적 근거이기도 하다. 우리나라 순회교육은 1960년대 초에 시작되어 50여 년의 역사를 지니고 있지만 1990년대에 와서야 본격적인 연구가 이루어졌고, 국가적인 차원에서는 특수교육진흥법(1994)이 전면 개정되면서 활성화가 되었다(전헌선, 2002a). 이후 2000년대 초반까지 현장 연구가 활발히 진행되었지만, 최근에는 순회교육의 대상이 점차 감소하여 순회교육 관련 최근 연구는 거의 미미하다고 할 수 있다.

특수교육의 법적인 용어는 '순회교육'이지만 교육현장에서는 재택·순회교육과 혼동해서 사용하고 있다. '재택·순회교육'이라는 용어를 사용하는 것은 일반교육에서 사용하는 순회교육과 차별화를 두기 위한 이유도 있지만, 용어 자체에 교육의 대상, 교수방법을 나타내기 위한 의미도 있다. '재택'이란 가정이나 병원, 시설에 있는 장애학생이라는 교육의 대상을 내포하고 있고, '순회교육'이란 장애학생을 특별한 교수법으로 지도하는 교육이라는 교육의 방법을 나타낸다. 즉, '순회교육'이란 가정이나 병원, 시설에 있는 중도·중복장애학생을 위해 특수교사가 그들의 독특한 교육적 요구에 부응하기 위해 실시하는 질적인 교육을 의미한다.

장애인 등에 대한 특수교육법(2007)에 제시된 순회교육의 법적 근거를 알아보면 〈표 12-2〉와 같다.

〈표 12-2〉 순회교육의 법적 근거

장애인 등에 대한 특수교육법	• 법 제2조 제8항(정의) "순회교육"이란 특수교육교원 및 특수교육 관련 서비스 담당 인력이 각급 학교나 의료기관, 가정 또는 복지시설(장애인 복지시설, 아동 복지시설 등) 등에 있는 특수교육대상자를 직접 방문하여 실시하는 교육을 말한다. • 법 제25조(순회교육 등) ① 교육장 또는 교육감은 일반학교에서 통합교육을 받고 있는 특수교육대상자를 지원하기 위하여 일반학교 및 특수교육지원센터에 특수교육 교원 및 특수교육 관련 서비스 담당 인력을 배치하여 순회교육을 실시하여야 한다. ② 교육감은 장애 정도가 심하여 장·단기의 결석이 불가피한 특수교육대상

장애인 등에 대한 특수교육법	자의 교육을 위하여 필요한 경우 순회교육을 실시하여야 한다. ③ 교육감은 이동이나 운동 기능의 심한 장애로 인하여 각급 학교에서 교육을 받기 곤란하거나 불가능하여 복지시설 · 의료기관 또는 가정 등에 거주하는 특수교육대상자의 교육을 위하여 필요한 경우 순회교육을 실시하여야 한다. ④ 순회교육의 수업일수 등 순회교육의 운영에 필요한 사항은 대통령으로 정한다.
장애인 등에 대한 특수교육법 시행령	• 시행령 제20조(순회교육 운영 등) ① 교육장이나 교육감은 법 제25조 제1항에 따른 순회교육을 하기 위하여 순회교육을 받는 특수교육대상자의 능력, 장애 정도 등을 고려하여 순회교육 계획을 작성 · 운영하여야 한다. ② 순회교육의 수업일수는 매 학년도 150일을 기준으로 하여 각급 학교의 장이 정하되, 순회교육을 받는 특수교육대상자의 상태와 교육과정 운영상 필요한 경우에는 지도 · 감독기관의 승인을 받아 30일의 범위에서 줄일 수 있다. ③ 교육장이나 교육감은 순회교육대상자를 위하여 의료기관 및 복지시설 등에 학급을 설치 · 운영할 수 있다.

5) 병원학교 운영

병원학교란 장기 입원이나 장기 통원치료로 인해 잦은 결석과 휴학 등으로 학교교육을 받을 수 없는 학생들을 위해 병원 내에 설치된 파견학급 형태의 학교다. 즉, 병원학교는 교사 1인이 운영하는 파견학급 성격을 띠지만, 병원 내의 특정한 장소에서 일반학교 초 · 중 · 고등학생 및 특수학교 학생들이 함께 공부하기 때문에 병원학교라 부른다(서화자, 박순길, 박현옥, 조정연, 2009).

병원학교의 목적은 심장장애, 신장장애, 백혈병, 소아암 등 만성질환으로 인해 결석, 휴학 및 중퇴를 하던 건강장애학생들이 학업결손 없이 병원에서 지속적으로 학업과 치료를 병행하여 학교에 복귀하도록 돕는 데 있다. 즉, 학생 측면에서는 교육기회 확보, 학업결손 부담감 최소화, 또래들과의 관계 유지에 도움을 주고, 학교 측면에서는 건강장애학생 지도의 연속성, 치료 중 일반학교 출석으로 인한 응급처치 부재의 미비점 해소가 되며, 학부모 측면에서는 출석 인정으로 인한 진급 문제점 해소, 무상교육 혜택 제공 등의 장점이 있다.

그러나 여전히 건강장애학생들이 겪는 어려움에는 장기간의 결석이 큰 부분을 차지하고 있으며, 병원생활로 인한 학업결손 문제와 학교로 돌아갔을 때 친구들과 관계에서 겪는 어려움, 교사와의 관계에서의 문제와 같은 학교복귀와 관련된 적응 문제 등이 있다(박은혜, 2006).

전국 병원학교는 2011년 기준 32개 곳에서 운영 중이며, 전국 4곳에 화상강의 시스템을 도입하여 건강장애학생들에게 학업결손이 생기지 않도록 사이버학습을 실시하고 있다. 〈표 12-3〉은 병원학교 현황과 사이버학교 현황이다.

〈표 12-3〉 병원학교 및 사이버학교 현황

구분	지역	학교명	지역	학교명
병원학교	서울	카톨릭대서울성모병원학교	대구	경북대학교병원학교
		고려대 구로병원학교		영남대의료원병원학교
		한국원자력병원학교		대동병원학교 나래교실
		서울삼성병원학교	울산	울산대병원다솜병원학교
		국립서울병원학교	경기도	국립암센터병원학교밝은교실
		세브란스병원학교	강원도	강원대학교병원학교
		서울아산병원학교		강릉아산병원학교희망교실
		서울시어린이병원학교	충남	단국대병원학교
		서울대학교병원학교	충북	충북대학교병원학교사랑의꿈터
		경희대의료원병원학교	전남	국립나주병원느티나무교실
		한양대학교병원학교누리봄교실		화순전남대학교병원여미사랑병원학교
	부산	인제대부산백병원학교		
		부산대학교병원학교	전북	전북대학교병원학교한누리교실
		동아대병원학교	경남	경상대병원학교희망교실
	인천	인하대병원학교		양산부산대병원학교
	대전	충남대학교병원학교		국립부곡병원학교도담교실
사이버학교	서울	꿈맛무지개학교	충남	꿈빛나래학교
	인천	인천사이버학급	경남	꿈사랑사이버학교

2. 순회교육 운영 계획

1) 교육과정 편성과 운영

순회교육의 1차적인 목표는 학교 복귀에 있기 때문에 '최소한의 행동 기능'으로 교육하여야 하며, 그 방법으로는 교사가 직접 방문하여 지도하는 개별화교육으로 기초 및 기본이 강조되는 질적인 교육이어야 한다(전헌선, 2002a). 기초·기본교육은 일상생활 기능을 회복시키는 치료지원 서비스가 우선시되어야 한다.

순회교육을 하기 위하여 순회교육을 받는 특수교육대상자의 능력, 장애 정도 등을 고려하여 순회교육계획을 작성·운영하여야 한다. 순회교육 운영 계획에는 특별한 형식의 양식은 없지만 일반적으로 순회교육의 정의, 목적과 필요성, 실시 근거, 교사의 역할, 교육방침, 대상자 선정 방법 및 절차, 학급 및 대상자 현황, 지도계획 및 방법, 개별화교육계획 작성, 평가 등을 포함시킨다.

순회교육의 교육방침은 첫째, 학교교육을 받지 못하고 가정 및 복지시설에 수용된 중도·중복장애학생을 교육대상으로 한다. 둘째, 특수교육대상자의 특성과 능력에 적합한 개별화교육을 실시한다. 셋째, 순회교육과 과제학습을 병행하여 지도한다. 넷째, 교재와 학습자료는 무상으로 지급한다. 따라서 교육방침은 학교별 특성에 맞게 지침을 두고 적용하면 된다.

순회교육대상은 중도·중복장애로 인해 등교가 어렵거나 통합교육을 받는 특수교육대상자 중 특수교육 환경이 요구되는 학생들이다. 선정 및 절차는 첫째, 장애학생 취학대상의 실태를 조사하여야 한다. 동사무소를 통해 장애인 등록이 되어 있는 미취학 대상자의 실태를 조사하여 가정으로 홍보를 하거나, 장애인 복지시설, 학교, 병원 등으로 홍보를 하여 순회교육대상자의 신청서를 접수받는다. 둘째, 신청자의 가정, 장애인 복지시설, 병원 등을 담당 장학사와 특수교육 전문가가 방문하여 기초 조사 및 진단평가를 실시한다. 기초 조사에는 생육사(임신 및 태아 시 심리·정서 상태, 약복용 유무, 분만 형태, 출생 후 고열, 섭식, 수면, 신체발달, 언어발달, 질병유무, 재활치료 유무 등)조사, 현재 상황 조사(문제가 되는 장애, 특징, 성격, 취미, 건강 상태 등), 가정환경 조사(주 양육자, 생활 정도, 양육태도, 가족 구성원,

부부관계 등), 장애학생의 행동관찰(외모, 감각 상태, 근육 운동, 신체발달 수준, 표현 행동, 언어 사용, 상동행동, 상호작용 등) 등이 있다.

진단평가에서는 주로 지능검사, 사회성숙도검사, 운동능력검사, 학력검사, 현재 수행능력검사 등을 하고 장애인등록사항 확인과 발달 상황을 점검한다. 발달 상황에는 식사, 배설, 신진대사, 체온조절 등의 생리적 기능과 감정, 정서적인 영역까지 자세히 알아보아야 한다.

순회교육 교육과정은 시 · 도 교육청별로 편성 · 운영 지침을 수립하고, 각급 학교는 편성 · 운영 지침에 따른 학교 상황에 맞게 운영 계획을 수립하여 실시한다. 순회교육대상자의 학적은 재적학교에 두고 재적학교의 교육과정 편제와 시간배당에 따르되, 장애 유형과 장애 정도에 따라 수정하여 운영한다. 특수교육대상자의 교육적 욕구에 맞게 국민공통 기본교육과정의 교수적 수정과 기본교육과정의 적용으로 수업을 실시하고, 필요시에는 과제나 통신교육 등으로 보충할 수 있다.

순회교육 수업일수는 장애인 등에 대한 특수교육법 시행령(2008) 제20조 2항에 있는 것과 같이 매 학년도 150일을 기준으로 하여 각급 학교의 장이 정하되, 순회교육을 받는 특수교육대상자의 상태와 교육과정의 운영상 필요한 경우에는 지도 · 감독기관의 승인을 받아 30일의 범위에서 줄일 수 있다. 학생별 주 2회 이상 방문교육을 원칙으로 하며, 1일 수업시간은 40분씩 3시간으로 운영하지만, 장애 유형 및 정도, 학습 내용에 따라 조정하여 운영할 수 있다. 연간 수업일수는 방문교육, 통신교육, 체험교육, 협동교육 등으로 확보하여야 한다.

순회교육의 지도 방법은 장애 특성에 맞게 인지적 · 정의적 · 운동 기능적 영역으로 구분하여 계획하여야 하며, 교사가 직접 방문하여 지도하는 개별화교육 프로그램이기 때문에 사례연구 방법이라고도 할 수 있다(전헌선, 2002b). 순회교육대상자의 지도 방법은 여러 가지가 있겠지만 무엇보다도 생활리듬의 관리가 우선이다. 생활리듬은 매일 규칙적으로 자극이나 변화가 있는 생활을 하는 것을 의미한다. 순회교육의 지도 프로그램을 제시하면 다음과 같다(류춘수, 1997). 생활적응 프로그램으로는 용변훈련, 식생활훈련, 옷 입고 벗기 훈련, 주의집중훈련, 공동생활훈련 등이 있다. 교과지도 프로그램으로는 언어 학습, 인지 학습, 표현 활동 등이 있고, 치료지원 프로그램으로는 언어치료, 물리치료, 작업치료 등이 있다.

순회교육 교육내용으로는 건강, 운동, 놀이 및 학습, 일상생활, 집단 학습으로 나누어 볼 수 있다(김하경, 2005). 첫째, 건강은 주치의나 간호사 등 의료진과 연락하여 취하며, 부모와 협력하면서 건강관리, 즉 간질발작, 체온, 식사, 배변 등에 관한 기록과 건강유지에 최선을 다해야 한다.

둘째, 대부분의 중도 · 중복장애학생은 극단적인 운동부족 상태에 있으므로 항상 운동의 기회를 제공해야 한다. 즐거운 분위기 속에 근육 긴장을 풀고, 호흡 상태를 개선하며 무리가 없는 완만한 운동이나 몸 문질러 자극하기 등을 실시한다.

셋째, 놀이 및 학습에는 시각, 청각, 촉각, 전정감각, 고유수용감각 등 장애학생이 즐길 수 있는 감각에 맞추어 놀이나 교재를 제공해야 한다. 이야기, 노래, 피부접촉, 손이나 몸을 활용한 작품 제작 및 장애 상태를 고려한 야외 체험의 기회를 제공한다.

넷째, 일상생활은 식사, 배변, 목욕, 착탈의 등과 같은 일상생활훈련을 통해서 부모와 함께 지도를 해야 한다. 이러한 것을 통해서 즐거운 대화나 체험의 기회를 제공할 수 있다. 특히 침대 형태 개선을 통해서 심신의 상태 및 생활 자세를 개선하고자 해야 한다.

다섯째, 집단학습은 순회교육에서 집단체험이 극히 적다는 문제점을 지니고 있다. 따라서 부모의 협력으로 학교에 보내거나 소풍, 운동회 등과 같은 학교행사 및 입학식과 졸업식에 참가할 수 있도록 한다. 이러한 것은 학교로 복귀를 하였을 때 수업을 받을 수 있도록 하는 목표이기도 한다.

순회교육은 중도 · 중복 장애학생을 대상으로 하는 만큼 노력이 많이 요구되는 교육이지만 모든 장애학생이 한 명도 빠짐없이 행복한 교육을 받을 수 있도록 교육내용에 관련한 더 많은 연구가 필요하다(김하경, 2005).

2) 순회교육 운영 현황

순회교육은 가정, 병원, 복지시설의 중도 · 중복장애학생 및 건강장애학생에게 학교교육기회를 제공하고, 가정 · 복지시설 · 야간학교의 과령아, 장애성인 등에 대한 의무교육과정과 학교교육기회를 제공하고 있다(국립특수교육원, 2011). 그 결과 2012년 4월 현재 가정, 시설, 병원, 학교 등에 순회 또는 파견 형태로 실시하

〈표 12-4〉 순회교육 운영 현황 (2012. 4. 1. 현재)

구분	학생 수										학급 수	교사 수
	기관					학교과정						
	가정	시설	병원	일반학교	계	유치원(장애영아 포함)	초등학교	중학교	고등학교	계		
특수학교에서 순회 · 파견	384	551	1	–	936	77	309	233	317	936	225	236
특수학급에서 순회 · 파견 · 겸임	577	1,054	14	228	1,873	36	940	492	405	1,873	461	490
특수교육 지원센터	256	154	5	3,089	3,504	661	1,291	832	720	3,504	–	719
계	1,217	1,759	20	3,317	6,313	774	2,540	1,557	1,442	6,313	686	1,445

출처: 교육과학기술부(2012).

는 순회교육은 686학급에서 1,445명의 교사가 6,313명의 특수교육대상자를 대상으로 실시하고 있으며 특수학교에서 936명, 특수학급에서 1,873명, 특수교육지원센터에서 3,504명을 대상으로 순회교육을 실시하고 있다. 〈표 12-4〉는 2012년 4월 현재 순회교육 운영 현황이다.

특수학교, 특수학급, 일반학교별로 순회교육대상자의 현황을 살펴보면, 2012년 4월 현재 특수학교에서는 가정 384명, 시설 551명, 병원 1명 총 936명의 특수교육대상자를 대상으로 순회학급 141학급, 파견학급 75학급, 병원학급 9학급 총 225학급을 편성하여 236명의 교사들이 순회교육을 실시하고 있다. 특수학교 순회교육대상자 수는 〈표 12-5〉와 같다.

또한 2012년 4월 현재 특수학급에서 가정, 시설, 병원, 일반학교 등에 순회학급 397학급에 1,390명, 파견학급 64학급에 327명, 겸임순회교육 156명 등 모두 461학급에서 1,873명의 특수교육대상자에 대해 490명의 교사들이 순회교육을 실시하고 있다. 특수학급 순회교육대상자 수는 〈표 12-6〉과 같다.

특수교육지원센터에 배치된 순회교육대상자는 2012년 4월 현재 총 3,504명으로 가정 256명, 시설 154명, 병원 5명, 일반학교 3,089명의 특수교육대상자를 대상으로 특수교사 631명, 재활복지교사 64명, 치료교육 교사 24명, 총 719명의 교사들이 순회교육을 실시하고 있다. 특수교육지원센터 순회교육대상자 수는 〈표 12-7〉과 같다.

교육과학기술부에서는 중도·중복장애로 이동이 곤란한 가정, 병원, 시설 내 특수교육대상자의 학교교육 제공을 위한 지원 확대와 순회교육의 내실화를 위한 순회교육 전담 특수교육 교사의 배치 확대 및 연수 강화를 추진해 나가고 있다(국립특수교육원, 2011).

〈표 12-5〉 특수학교 순회교육대상자 수 (단위 : 학급, 명)

구분	학생 수					학급 수				교사 수			
	가정	시설	병원	일반학교	계	순회	파견	병원	계	순회	파견	병원	계
특수학교에서 순회·파견	384	551	1	–	936	141	75	9	225	143	84	9	236

출처: 교육과학기술부(2012).

〈표 12-6〉 특수학급 순회교육대상자 수 (단위: 학급, 명)

구분	학생 수					학급 수			교사 수			
	가정	시설	병원	일반학교	계	순회	파견	계	순회	파견	겸임	계
특수학급에서 순회·파견·겸임	577	1,054	14	228	1,873	397	64	461	343	64	83	490

출처: 교육과학기술부(2012).

〈표 12-7〉 특수교육지원센터 순회교육대상자 수 (단위: 학급, 명)

구분	학생 수					교사 수			
	가정	시설	병원	일반학교	계	특수교사	재활복지 교사	치료교육 교사	계
특수교육 지원센터	256	154	5	3,089	3,504	631	64	24	719

출처: 교육과학기술부(2012).

3) 순회교육 교사의 역할

순회교육대상자의 장애 정도와 유형은 매우 다양하기 때문에 개별 학생의 특성에 따라 교육내용과 교육방법이 달라야 한다. 즉, 독특한 교육적 요구를 가진 이들에게 가정이나 병원 혹은 복지관 등 학교 이외의 장소에서 교육하며 교육목표를 달성해야 하는 것이 순회교육 교사의 임무라 하겠다(이규식 외, 1999). 그러므로 순회교육에는 중도 · 중복장애학생에게 교육권을 확보하여 주고 1차적으로 학교에 복귀할 수 있도록 일상생활기능 회복을 위한 지도를 할 수 있는 전문성을 확보한 유능한 교사가 필요하다.

김병하(1999)는 특수교사의 역할로 볼런티어로서의 특수교사, 사회복지를 위한 계몽자로서의 특수교사, 장애학생의 인권 옹호자로서의 특수교사, 심리치료사로서의 특수교사, 개척자로서의 특수교사, 교육 연구자로서의 특수교사 등 다양한 역할이 필요함을 강조하였다.

특히 순회교육 교사의 역할로 사정의 역할이 있다(정대영, 1997). 첫째, 사정의 절차가 개별 학생들의 교수 프로그램을 계획하고 수립하는 데 중점을 두어야 한다. 둘째, 사정을 계획하고 평가에 이르기까지 정보 수집, 진단평가 및 결과의 해석, 교수절차 제안 및 제안된 절차와 방법의 검토 등을 포함시켜야 한다. 셋째, 순회교육 교사는 다양한 분야에 걸쳐 사정할 수 있는 능력을 길러야 한다. 넷째, 사정에서 이용되는 측정 절차나 도구를 다양하게 이용할 수 있어야 한다.

또한 교사는 지도의 역할도 필요로 한다(정동영 외, 1996). 교육과정을 분석할 수 있어야 하고, 분석적 지도를 할 수 있어야 한다. 즉, 중도 · 중복장애학생이 흥미 있는 행동에 열중하는 것을 관찰하고 반응을 일관된 형식으로 기록하고 분석할 수 있어야 하고, 이러한 분석을 토대로 앞으로 선정할 단계는 그 결과를 기초로 행한다. 그다음은 물리적 요소와 특정 프로그램을 실시하는 데 필요한 시간 구성 등에 대한 학습 환경을 조직할 수 있어야 한다.

순회교육 교사는 상담의 역할도 필요로 한다(이규식 외, 1999). 상담은 진단과 교육적 조치에 대한 특별한 의사결정을 끌어내기 위한 과정이다. 장애학생의 변화에 대한 조언과 학습, 행동, 정서적인 면에서의 상담은 순회교육에서 기본적인 교사의 역할이라고 할 수 있다. 논의된 순회교육 교사의 역할을 정리하면 다음과 같다(전헌선, 1998). 정확한 진단평가 및 사정 활동에 참여할 수 있어야 하고, 학습자 특성에 적절한 교육과정 운영을 할 수 있어야 한다. 또한 수업의 효율적인 수행 및 관련 인사의 자문과 상담을 통해 교사, 학부모, 보호자 및 지역사회와의 협력을 모색할 수 있어야 한다.

순회교육 교사의 자질(이규식 외, 1999)로는 첫째, 순회교육 교사는 가족들과 대화를 할 수 있는 능력이 있어야 하고, 부모들의 좋은 친구가 되어 세상 돌아가는 이야기를 나누는 등 중도 · 중복장애학생의 가정에 받아들여져야 한다. 둘째, 장애학생의 실태파악을 단기간에 할 수 없기 때문에 시간을 두고 관찰하면서 파악한다. 셋째, 상담자의 역할로, 순회교육 교사라면 가정의 비밀을 지키는 것은 기본 윤리다. 부모가 마음을 개방하여 방향으로 안내하고 장애를 수용할 수 있도록 하기 위한 과정에서 알게 되는 개인, 가정, 가족과 관련한 여러 가지 사항을 타인과 공유해서는 안 된다. 넷째, 교사 자신의 정신건강을 관리할 필요가 있다. 중도 · 중복장애학생은 느리게 조금씩 발전되어 가기 때문에 초조감을 가져서는 안 된다. 더디게 변화하는 장애학생의 모습을 보면서 교사로서의 사명감이 위축될 수도 있기 때문에 여가와 취미 활동으로 정신적 · 심리적 여유를 확보해야 한다.

순회교육은 교감, 교장, 장학사 등 전문직에 종사하는 교원들이 순회교사의 교직윤리, 교직 사명감과 긍지, 대상자의 특성 이해, 교사의 기본 학력 및 연구경력 등 교사 자질의 중요도에 대해 더 중요시하였다. 또한 특수아동의 행동측정평가, 교육과정 적용과 교수방법 이해, 생활 지도 및 상담능력, 전문가와의 협력, 행정적 수행능력 등 교사의 역할에 대해 더 중요시하였다(조영훈, 2001).

순회교육 교사로서의 유의사항을 제시하면 다음과 같다(이규식 외, 1999). 첫째, 학부모, 학생과의 상호신뢰와 협력이 중요하다는 것을 인식해야 한다. 둘째, 순회교육 시에는 학생에 대한 사랑으로 밝은 인상으로 방문을 해야 한다. 셋째, 장애학생 부모 및 보호자의 입장을 이해하고 경청해야 한다. 넷째, 장애학생의 가능성을 믿고, 쉬지 말고 서두르지 않고 기다릴 줄 알아야 한다. 다섯째, 장애 정도와 유형을 통해 장애학생의 능력을 명확히 해야 한다. 여섯째, 장애학생에게 좋은 친구가 되어야 한다. 일곱째, 학교 복귀를 위해 집단으로 교육할 기회 확보에 노력해야 한다. 여덟째, 교육청, 아동상담소, 복지관, 전문의 등 유관기관과의 긴밀한 유대를 가지고 있어야 한다.

4) 부모교육계획

중도 · 중복장애학생의 부모들은 일반 또래 학생들의 부모보다 역할수행에 있어서 심리적, 물리적, 경제적으로 많은 부담을 가지고 있으면서 여러 가지 복합적인 문제를 해결해야 하는 어려운 상황에 놓이게 된다. 그래서 장애학생의 부모들은 자녀에 대한 책임감이 결여되기 쉽고, 자녀를 위해 무엇을 해야 할지 모르는 경우가 많다. 이런 측면에서 장애학생의 부모교육은 가정 구성원들의 사회적 · 정서적 안정을 찾을 수 있게 도와주며, 다양한 지식과 정보를 제공하는 데 목적이 있다.

또한 순회교육대상 장애학생의 경우에는 주로 중도 · 중복장애를 가지고 있기 때문에 그들의 능력을 최대한으로 증진시키기 위해서는 부모에 의한 교육도 동반되어야 한다. 교사와 부모는 장애학생에게 무엇을, 어떻게 가르쳐야 할지 논의해야 하며, 부모는 장애자녀에 대한 공식적인 진단평가와 서비스에 참여해서 결정할 수 있어야 한다. 부모교육의 당위성은 가정이 최초의 교육현장이라는 데 있다. 즉, 가정을 이끌어 가는 부모가 장애자녀를 양육하고 해결하는 최초의 교사이기 때문에 부모교육이 필요하다고 할 수 있다.

장애영아의 출산은 부모나 가족에게도 심각한 영향을 미치며, 특히 부모는 자신의 처지를 비관하면서 장애자녀에 대한 거부, 장애에 대한 책임 회피, 장애자녀 수용이라는 여러 단계의 심리적 변화를 경험하게 된다. 이러한 심리적 갈등이 길어지면 자녀에게 부정적 영향을 미칠 수 있다. 대부분의 장애학생 부모들이 겪는 이러한 갈등 기간이 끝나면 교육기관이나 의료기관을 방문하여 상담을 통하여 자녀의 장애에 대해 이해를 하게 된다.

장애학생의 잠재적 능력을 계발하기 위해서는 부모, 교사, 장애학생이 협력하여야 가능하며, 더불어서 부모교육도 강조되고 있다. 그렇지만 특수교육기관 및 관련 서비스기관에서 실시하고 있는 부모교육은 부모의 의견과 요구를 수용하는 프로그램 운영보다는 형식적인 접근이 많다. 장애학생별로 그들의 독특한 교육적 요구가 다르면 부모의 교육적 요구도 다를 수밖에 없다. 그러나 부모의 교육적 요구에 적합하지 않은 프로그램들은 그들이 가진 어려움이나 스트레스 등을 해소하기 어렵다. 이러한 프로그램들이 지속되면 자연스럽게 부모들의 참여율이 낮을 것이며, 부정적인 결과는 장애학생의 능력 저하로 나타날 것이다.

장애학생 부모의 역할을 살펴보면 다음과 같다(김정권, 1996; Hallahan & Kauffman, 1991). 첫째, 팀 구성원으로서의 부모역할이다. 부모는 누구보다도 귀중한 정보를 가지고 있어 전문가에게 평가나 치료의 기초 자료를 제공하고 교육과정에서 적극적인 역할 그리고 학교에서 배운 기능이 가정에서 적용되는지를 알아보는 역할을 한다. 둘째, 사회 적응자로서의 부모역할이다. 과잉보호나 겉치레적인 자선이 아닌 감정이입과 지원과 격려를 통해 자녀가 장애를 극복하고 적응하는 데 도와줄 특별한 책임이 있다. 셋째, 권리 옹호자로서의 부모역할이다. 자녀의 공통된 요구를 사회나 학교가 책임질 수 있도록 주장하고, 자녀가 인간으로서의 당연한 권리를 누릴 수 있도록 하는 역할이다. 부모 단체를 형성하여 전문가들이 하기 어려운 입법 제정이나 정치적 영향력을 행사할 수 있다. 넷째, 의사결정자로서의 부모역할이다. 의사결정은 자녀의 평가나 교육, 자녀가 관련된 권리나 사회참여 등에 관한 의사결정을 수행한다. 다섯째, 다양한 경험 제공자로서의 부모역할이다. 장애로 인해 부족한 감각 자극(듣고, 만지고, 맛보고, 균형 잡기)과 또래집단 활동, 견학 등의 사회적 경험을 직접 제공해서 긍정적인 자아개념을 발달시킨다.

미국의 장애학생 교육은 개별화가족지원계획(IFSP)으로 장애학생의 교육에 가족을 참여시키는 방향으로 나아가고 있다. 따라서 장애학생 부모는 장애학생의 평가 및 개별화교육계획의 각 단계에 참여하여, 가정에서의 학생교육에 주된 역할을 담당하도록 되어 있다(백은희, 김상진, 이석진, 1994).

효과적인 부모교육을 위해서는 자녀들의 제한된 능력을 바르게 인지 가능한 프로그램, 자녀에 대한 교육관, 미래관을 올바르게 정립시키는 프로그램, 학교 및 사회에서 적응해 갈 수 있는 프로그램 등이 필요하다. 장애학생 부모교육은 월별 계획을 세워서 운영하기도 하고, 학기별로 일정 시간을 정해서 운영하기도 한다. 〈표 12-8〉은 일반적인 장애학생 부모교육프로그램들로서 장애학생의 특성과 필요에 의해 선택하여 활용할 수 있다. 순회교육의 특성상 부모교육은 개별 교육 혹은 가정통신으로 이루지는 경우가 많을 것으로 예상할 수 있다. 그러나 순회교육대상자가 1명 이상일 경우, 학기별로 1회씩은 부모의 집단교육도 필요하다.

〈표 12-8〉 장애학생 부모교육프로그램

교육내용	교육목표	교육내용	교육목표
부모교육의 필요성	• 발달 과정상의 지적 · 심리적 · 행동적 특성 • 가정교육의 중요성 • 장애학생의 올바른 이해와 긍정적인 자녀교육관	올바른 가정교육	• 가정교육의 중요성 이해 • 가정교육에서 나타날 수 있는 문제점 이해 • 가정교육 문제점과 해결 방안 • 바람직한 부모 태도
부모 모습	• 자신이 어떤 부모인지 확인 • 자녀의 부모 모습 인식 • 자신의 모습 이해	인성교육	• 인성교육의 방향을 바르게 이해 • 유아의 인성교육 내용 이해 • 인성교육의 실제 지도 방법 이해
장애 출현 이유	• 장애의 출현과 행동 특성 • 장애의 예방과 치료 및 교육적 조치 이해	아동 실종 시 대책	• 친구 집과 잘 가는 장소 파악 • 대처요령 이해
장애 출현과 가족 영향	• 장애 출현과 가족의 심리적 특성 • 장애학생의 가족 문제 이해 • 장애학생 가족 문제의 극복 방안	장애학생 성교육	• 성교육의 필요성 인식 • 성에 관한 바른 태도 형성과 문제점 이해 • 장애 유형별 성적 특징 인식
부모의 기본 자세	• 교육프로그램 참여 인식 제고 • 장애 대처 방법 및 대처 전략 이해 • 가족들의 참여 필요성	가정학습 지도 방안	• 가정학습 의의 이해 • 가정학습 지도의 주된 영역 이해 • 가정에서의 학습 지도 방안 이해
신뢰감 형성	• 아동의 특성 이해 • '나'에 대해 표현 • 부모와 자녀 간 신뢰감 형성 방법 이해	법률 이해	• 장애인 등에 대한 특수교육법 이해 • 장애인복지법 이해
자녀 이해 방법	• 일반아동의 기본적인 특성 이해 • 자녀의 장애에 대한 기초 지식 습득 • 장애자녀의 바람직한 양육 태도	장애인 평생교육	• 평생교육의 중요성 이해 • 평생교육기관 및 교육내용 이해
자녀의 소질 개발	• 자녀의 소질 발견 • 소질 개발을 위한 환경 구성	재활교육	• 재활교육 개념 이해 • 장애 유형별 재활교육 이해 • 치료지원 서비스 법적 이해

장애진단 및 판별 절차	• 장애 진단 판별 목적 이해 • 장애학생 선정 기준과 진단 과정	조기중재	• 조기중재의 필요성 인식 • 조기중재의 방법
부모와 교사의 관계	• 긍정적인 부모-교사의 관계 형성 방법 • 부모-교사 관계 유형 이해	행동수정	• 행동수정의 필요성 인식 • 행동수정 적용 방법

출처: ○○초등학교 재택 · 순회교육 운영 계획(2004).

5) 순회교육 해결 과제

순회교육대상자가 주로 중도 · 중복장애를 가지고 있기 때문에 전혀 반응이 없는 학생에게 무엇을 가르쳐야 할지에 대한 고민이 가장 많다. 또한 바람직한 치료지원 서비스를 하고 싶어도 방법을 몰라서 접근이 어려운 점도 고민이다. 더 고민스러운 부분은 가정을 방문하였는데 학생이 없는 경우, 교사로서의 기본적인 예우를 받지 못하는 경우 등은 교사로서의 사명감과 자존감이 떨어지는 부분이다.

그러나 순회교육 실시로 인한 여러 가지 효과도 있다. 첫째, 자녀로 인해 자포자기에 빠져 있던 부모에게 교육에 대한 의욕과 재활의지를 심어 줄 수 있다. 둘째, 중도 · 중복장애학생에게 치료지원 서비스를 통해 소근육 · 대근육 운동능력을 향상시킬 수 있다. 셋째, 교육혜택을 받지 못한 장애인을 찾아 장애인의 권리와 교육의 기회를 부여함으로써, 지역주민의 호응과 장애인에 대한 편견을 해소하는 계기도 될 수 있다. 넷째, 다양한 순회교육프로그램을 개발하여 현장에서 활용할 수 있고, 부모교육을 통해 가정에서도 아동을 직접 교육하는 긍정적인 측면도 있을 수 있다.

순회교육이 중도 · 중복장애학생에게 좀 더 질 높은 교육이 되기 위한 여러 가지 해결 과제가 있다. 첫째, 중도 · 중복장애 개념에 대한 과학적인 탐구가 필요하다. 즉, 장애 원인과 치료지원 방법, 교육과정, 수업 내용 등 순회교사들이 방문하기 전, 방문 시, 방문 후의 과정들을 체계적인 매뉴얼로 제공하는 것이 필요하다. 둘째, 순회교사들이 이동 시에 필요한 시설, 설비가 확충되어야 한다. 어떤 장애학생에게는 많은 교재교구가 필요 없지만, 어떤 장애학생에게는 물리치료, 작업치료 등에 필요한 기구들이 필요하기 때문에 이러한 치료지원 서비스가 가능한 순회교육 전용차량 등이 요구된다. 셋째, 중도 · 중복장애학생에 대한 교육연한의 연장과 제도적 개선으로 생애교육제도 구축이 필요하다. 더불어서 장애인의 평생교육체제 시스템 구축이 요구된다. 넷째, 전문적인 교육을 받은 교사의 배치가 필요하다. 순회교육 대상자는 주로 중도 · 중복장애학생들이기 때문에 치료지원 서비스가 가능한 순회교사들로 배정되어야 한다. 다섯째, 순회교육의 핵심은 부모교육이므로 순회교육프로그램 중 부모교육의 활성화가 이루어져야 한다. 대부분 순회교육 운영 계획에 부모교육을 계획하고 있지만, 체계적인 운영은 미흡하므로 다양한 부모교육프로그램을 포함하도록 하는 제도적인 방안이 요구된다. 여섯째, 순회교육에 대한 체계적인 발전 계획이 필요하다. 장기적인 발전 계획은 순회교사가 순회교육 운영 계획을 작성할 때, 중도 · 중복장애학생들과 학부모에게 어떠한 방법으로 접근이 가능한지에 대한 지침이 될 수 있다.

3. 순회교육의 실제

순회교육의 일반적인 운영 내용을 제시하면 다음과 같다(김하경, 2005; 충북청주교육지원청, 2012).

1) 대상자 선정

중도 · 중복장애로 인하여 가정, 복지시설, 병원 등에 있는 특수교육대상자로 선정하며, 특수학급 학생 중 중도 · 중복장애학생부터 우선 적용하여 선정한다. 학급 구성은 지역 교육청별로 차이가 있지만 1명 이상 5명 이하로 한다. 그리고 학생 배치 및 학적은 특수학급이 설치된 인근 학교를 우선으로 하되, 순회교육 담당교사가 근무하는 학교에 배치할 수 있다. 정규 학적 처리는 일반학생과 동일한 학적으로 처리(상급학교 진학을 대비하여 필히 조치)하고 있다. 순회교육대상자의 교육연한은 입급한 학년을 기준으로 하여 초등학교 6년, 중학교 3년, 고등학교 3년으로 한다. 그러나 순회교육의 1차적인 목적이 학교 복귀에 있기 때문에 순회교육대상자로 선정된 후에도 학생 개개인의 실태에 따라 특수학급(교)과 일반학

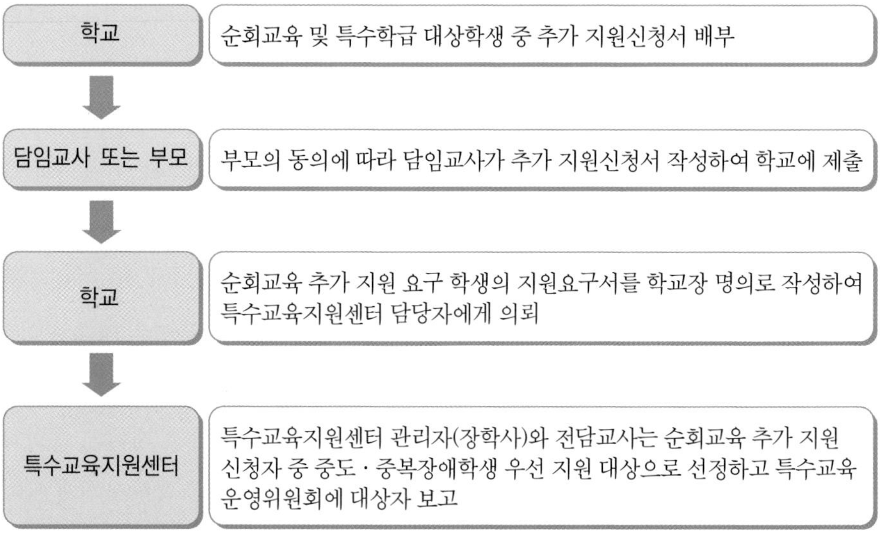

그림 12-2 순회교육대상자 선정 절차

교로 전환시킬 수 있는 기회는 항상 열어 두어야 한다(김하경, 2005).

대상자 선정 절차는 [그림 12-2]와 같다. 순회교육 지원신청서는 〈부록〉에 나와 있다.

2) 교육과정

교육과정은 교과 활동, 재량활동, 특별활동으로 편성하며, 대상자의 장애 영역에 따라 기본교육과정 및 특수학급의 교육과정의 편제를 적용하되 개별화교육계획을 수립하여 지도한다. 지도 형태는 특수교사가 순회교육대상자를 직접 방문하여 지도하는 방문 지도로 하며 장애 특성에 따라 과제 학습을 병행할 수 있다. 순회교육대상자의 장애 특성, 기후, 계절, 학습 내용의 성격 등을 고려하여 융통성 있게 시간을 배정하고, 특수교육 및 재활훈련, 사회적응 활동 중심으로 배정한다. 방문교육 이외에 통신교육, 가정교육, 출석교육 및 체험교육 등을 통해 연간 수업일수를 반드시 확보해야 한다(충북청주교육지원청, 2012).

교과 활동은 교육과정에 명시되어 있는 것처럼 과목별, 학년별 수업 배당 시간을 기준으로 계획을 하고, 결손 시에는 가정학습, 컴퓨터 수업, 그룹 수업 등으로 대신한다.

3) 교육내용

학년 초에 진단평가 및 초기 상담을 실시하여 이를 순회교육계획에 반영하고, 순회교육은 해당 학교 일과 시간에 준하여 실시하되, 별도 시간을 편성하여 연간 지도를 방침으로 한다. 연간 계획 및 주간 지도 계획과 장애학생별 시간표를 작성하고 순회교육을 실시한다. 학생 1인당 주 2회 이상을 순회교육을 하며 1일 40분씩 3시간 이상 편성을 원칙으로 방문교육을 실시한다.

순회교육의 교육내용으로 교과 활동은 장애학생의 장애 정도, 학습능력을 고려하여 개별화교육계획을 작성하여 개별 지도한다. 일반적으로 교과 활동은 5개 영역(국어, 수학, 과학, 사회, 예능)으로 나누고 있다. 특별활동은 입학식, 소풍, 운동회 등 학교(급)의 행사에 참여하고, 학교 재량시간은 현장학습 위주로 시행하고 있다. 치료지원 서비스는 특수교육지원센터와 협의하여 실시한다. 수업은 대부분 주당 2~3회, 주당 6~8시수, 시수당 40분을 원칙으로 하여 시행하고 있으며, 각 학교나 지역별로 다양하게 운영하고 있다. 부모교육은 장애학생의 장애 유형과 정도에 따라 수시 혹은 월별로 정기적으로 실시하고 개별 및 집단으로 교육을 실시한다.

4) 평가

평가는 수업 중, 수업 후에 수시로 형성평가를 실시하고, 이것을 누가 기록한다. 학기말에는 장애학생의 발달 상태를 체크하여 기록한다. 장애학생별 개별화교육계획의 주별/월별 목표에 따라 평가하고, 계획을 수정하면서 학생의 진전도를 평가한다. 또한 수시로 학생을 관찰하고 평가하여 수업 방법 개선에 활용한다.

학습문제

1. 순회교육의 대상자에 대해 설명하시오.

2. 순회교육 교사의 역할에 대해 서술하시오.

3. 순회교육에서 부모교육의 중요성에 대해 기술하시오.

4. 효율적인 병원학교 운영 방안에 관해 설명하시오.

제 13 장

전환교육

전환은 한 사람이 생애주기에 따라 한 단계에서 다음 단계로 이양되어 가는 변화를 말한다. 전환의 영역은 환경적인 변화일 수 있고, 인생의 단계로 구분되는 종단적인 변화일 수도 있다. 종단적인 전환은 전환이 순조롭게 이루어지도록 전환이 진행되기에 앞서 미래 환경이나 단계를 미리 계획하고 변화를 준비하는 것으로 구성하여야 한다. 이것은 다음 환경에서 독립적으로 기능하기 위해 가르쳐야 할 기술을 선택하는 과정이 연속적이고 학생의 연령을 고려하여 지속적인 진단과 평가를 통해 다시 조절되는 과정을 거친다는 것을 의미한다.

중도 · 중복장애학생은 종단적인 교육프로그램을 통해 궁극적으로 설정한 교육의 목표를 달성할 수 있다. 중도 · 중복장애학생을 치료하기 위해 많은 연구에서 그 효과성이 입증된 생태학적인 접근 방법을 적용하였을 때 종단적인 교육의 핵심인 현재와 미래에 필요한 기술들을 가르칠 수 있다(박경옥, 2011). 특히 중도 · 중복장애학생들은 유아기부터 성인기에 이르기까지 종단적인 전환 과정을 설정하는 것이 필요하며(박경옥, 박은송, 박희찬, 2010), 이에 적절한 교육프로그램을 설정하는 과정에 대해 교육을 담당하는 사람들 간의 논의를 바탕으로 의사결정하는 과정이 필요하다.

1. 전환의 개념

1) 전환의 정의

중도·중복장애학생이 학교교육을 마치고 성인기로의 원활한 전환을 수행하도록 종단적인 프로그램을 마련한 Brown 등(1981)은 부모나 보호자, 교사, 관련 서비스 제공자들이 모여 다음의 사항에 대한 논의를 해 나가야 한다고 하였다.

- 교육과 및 관련 서비스는 거주지와 가장 가까운 학교에서 연령에 적합한 내용으로 제공되어야 한다.
- 교육과정은 개별화하고, 연령에 적합하며, 현재와 미래의 환경에서 필요한 기능적인 기술들로 구성되어야 한다.
- 미래 환경에서 직접교수될 수 있도록 하고, 제공될 프로그램들은 종단적이고, 포괄적이며, 개별화된 전환계획을 수립해야 하고, 부모나 보호자, 교사, 관련 서비스 제공자들의 협의를 통해 이루어져야 한다.

전환은 대부분 성인기 입문 과정으로 설명되기는 하지만, 엄밀한 의미에서는 2세 전후의 공교육기로의 유아기 전환과 학교교육을 마치고 사회로의 환경 전환인 중등기 전환으로 크게 구분된다. 유아기 전환계획과 중등기 전환계획은 큰 틀에서도 다른 점이 있다(Repetto & Correa, 1996).

- 조기중재 전환계획은 개별화가족서비스계획의 일환으로 요구되고, 중등기 전환교육은 개별화교육프로그램의 한 부분으로 요구된다.
- 조기중재 전환계획은 아동이 학교에 입학하기 최소 90일 전에 제공되지만 중등기 전환계획은 14세에 시작되고 최소한 16세까지는 반드시 제공되어야 한다.
- 조기중재 전환계획 작성은 장애유아의 가족과 0~2세의 교육을 담당하는 기관의 전문가들, 지역 교육기관의 담당자들이 참여하여 진행하고, 중등기 전

환계획 작성은 장애학생의 교사, 지역 교육기관 담당자, 부모와 보호자, 학생 당사자, 성인기관의 대표자 등이 함께 한다.

- 조기전환 프로그램은 계획 실행에 대한 부모 만족도 평가를 요구하고, 중등기 전환계획은 그 계획이 실행되는 것에 대한 평가와 1년 단위로 검토해야 한다.

이와 같이 전환은 종단적인 과정이고, 법률적으로 규정한 유아기와 중등기에 한정된 것이 아니라는 점에 기초하며, 4~15세의 장애학생들에게도 전환계획은 다음과 같은 요소를 고려하여 마련해야 한다.

- 교육과정은 발달적 접근에서 기능적 기술 접근으로 변화해 가야 하고, 이는 직업과 거주와 지역사회 통합으로 마무리되어야 한다.
- 서비스 제공 장소는 가정과 유치원에서 초등학교와 중학교, 고등학교로 나아가야 하며, 최종적으로 통합된 직장, 거주와 지역사회 환경이어야 한다.
- 미래 계획은 가족지원서비스계획(IFSP)에서 시작하여 개별화교육계획(IEP)을 거쳐 중등기 개별화전환계획을 통해 이루어져야 한다.
- 다기관 협력은 조기교육기관에서부터 학교 연계 기관 그리고 성인 서비스 제공자로 종결되어야 한다.
- 전환교육의 초점은 가족중심에서부터 학생중심, 궁극적으로 자기옹호로 진전되어야 한다.

2) 성공적인 전환을 위한 준비

전환이 순조롭게 이루어지기 위해서는 학교에서 이루어지는 학생의 진로지도의 마지막과 성인기의 첫날이 중복되어야 한다. 즉, 학생이 학교체제에서 성인기 서비스 세계로의 진입이 자연스럽게 연계되도록 지원할 수 있어야 함을 의미한다. 하지만 이러한 성공적인 전환을 위해 아직도 해결되어야 하는 도전 과제들이 있는데, 필요한 지침이나 모델에 대한 여러 연구에서 언급된 내용을 살펴보고자 한다.

(1) 성공적인 전환의 걸림돌

Repetto와 Correa(1996)는 생애주기, 특히 중·고등학교와 성인기 사이에 발생하는 어려움에 대해 다음과 같이 소개하고 있다.

- 통합되지 않은 학업으로 구성된 단편적이고 일회적인 교육과정
- IEP를 영향력 있는 문서로서 존중하지 않는 것
- 가족, 지역사회, 학교보다는 학생에게만 제한된 중재
- 미래를 위한 장기 계획을 구성하는 데서의 가족의 인식 부족과 비협력적 자세
- 미래를 위한 장기 계획을 구성하고 실천하는 데 가정, 학교, 기관의 협력 부족
- 장애학생-가족-기관 간의 의견 불일치
- 교육이나 기관 활동에 가족 참여의 부재
- 성인 서비스와 가족지원에 대한 프로그램 부재

그리고 박경옥 등(2010)의 연구에서도 중도·중복장애학생의 전환교육에 대한 학부모와 교사들이 인식하는 어려움에 대해 〈표 13-1〉과 같이 지적하고 있다.

〈표 13-1〉 학부모와 교사가 인식하는 전환교육의 어려움

학부모가 인식하는 어려움	특수교사들이 인식하는 어려움
• 진로기관 및 기회 부족 -중도·중복장애학생의 진로기관 부재 -최중도 장애인이 참여할 활동 프로그램 부족 -프로그램 이용 시 가계의 경제적 부담 • 인권침해나 권리박탈에 대한 걱정 -교육 가능성에 대한 믿음 부족 -인권침해와 권리박탈에 대한 걱정	• 중도·중복장애학생들이 선택할 진로의 제한 • 지역사회와 연계가 안 되는 진로·직업교육 활동 • 중도·중복장애학생에 대한 '진로·직업'과 관련한 정보 획득 부족 • 정보 수집을 위해 장애인 관련 단체(장애인복지관 등)와 같은 외부 기관이나 인력에 의존 • 특수교육지원센터 등에서 중도·중복장애학생의 진로·직업 교육에 대한 정보 제공 부족

(2) 성공적인 전환을 촉진하는 요인

성공적인 전환을 위해 여러 가지 어려움과 과제를 극복하도록 돕는 다양한 요인들이 있다. 성공적인 전환을 위해 다음의 지침을 제공하고 있다(Repetto & Correa, 1996).

먼저 협력적인 기능적 교육과정은 융통성 있는 일과와 적절한 교수전략, 삽입된 학업 기술을 적용하여 다양한 환경에서 교수할 수 있어야 한다. 둘째, 교육프로그램은 학교와 지역사회가 동반자적인 관계를 통해 다양한 환경에서 실행할 수 있도록 교육자 간 합의가 필요하고, 프로그램의 안내를 위한 방문과 자연스러운

〈표 13-2〉 긍정적인 전환교육지원 방향

학부모	특수교사
• 생활연령에 적절한 종단적인 교육지원 -연령에 적합한 대우 및 교육활동 -과정별로 차별화된 종단적인 교육계획 수립 -체계적인 자립기술 교육 -여가의 의미를 담은 치료 활동 • 개별 학생-중심의 의사소통교육 및 도전행동지원 -의사소통교육지원 -문제행동 감소를 위한 지원 • 최소제한환경에서의 지역사회 기반 교수 -최소제한환경에서 교육 -프로그램 운영 시 이질적 집단 구성 -지역사회 기관연계 및 협력 교수 • 교육적 합성자로서의 진로상담과 전문성 확보 -교육적 합성자로서의 진로상담 실시 -진로 담당교사의 전문성 확보(진로교육에 대한 개념 및 방향성 확립) • 전문성을 갖춘 통합된 행·재정적 진로지원 기관 설치 -프로그램 운영 시 충분한 인력지원 -미래 거주 공간에 대한 선택 확대 -재학생과 졸업생을 고려한 프로그램 안배	• 학생의 꿈, 흥미, 선호, 장점, 능력에 근거한 활동·서비스·지원 제공 • 학생 본인과 학생에게 중요한 사람들이 생애계획에 참여하고 통제와 결정을 할 기회 제공 • 가능하면 자연스러운 지역사회지원을 받고, 활동 및 서비스는 대인관계, 지역사회 통합, 존엄, 그리고 존중을 성취할 수 있는 기술에 중점 지원 • 계획은 협력적이고 순환적인 구조이며, 학생에 대한 지속적인 책무성 • 중도·중복장애학생의 전환교육의 개념을 재정립. 즉, 지역 사회복지관의 직업훈련 프로그램의 기초 단계를 다니더라도 취업의 개념으로 수용 • 장애인연금제도 지원고용 등의 제도를 활용하는 등의 대안 모색

환경에 삽입된 관련 서비스들이 잘 갖추어져야 한다. 셋째, 미래에 대한 계획은 장애학생의 포트폴리오를 바탕으로 개별화된 목표를 설정해야 한다(박경옥, 2011). 넷째, 여러 기관이 협력을 해야 하는 경우, 정기적으로 이루어지는 회의에 가족들이 주도적인 역할을 할 수 있도록 하고, 교사는 전환 코디네이터로서의 역할을 충실히 할 수 있도록 전반적인 안내 및 전문적 정보를 제공할 수 있어야 한다. 즉, 효과적인 전환교육을 위해 학생중심 계획의 목표, 비전, 관심을 기반으로 한 진행, 학생의 자기결정을 통해 밝혀진 생활, 고용, 작업기술에 중점을 두어 지도, 기관 간 영역 간 협력은 지역사회 사업장, 조직, 기관에 걸쳐 협력적 지원, 가족참여는 역량 강화 및 훈련에 중점을 두고, 프로그램의 요소와 구조는 철학을 바탕으로 한 계획-정책-평가-자원 개발의 순환 구조를 가져야 한다. 학부모와 교사들은 긍정적인 전환교육을 수행하기 위한 노력과 준비가 필요하다(박경옥 외, 2010; 박은송, 박경옥, 박희찬, 2011).

2. 전환 프로그램과 교육과정에서의 전환교육

대부분의 사람들은 학령기 동안 익힌 지식과 기술을 바탕으로 경제적 · 사회적 독립을 통해 안정적인 생활을 실현해 나가고 있으며, 이는 장애 유무를 떠나 누구나 바라는 이상적인 성인기의 모습일 것이다. 특수교육대상자들도 예외는 아니어서 장애 경중에 따라 이들의 능력을 고려한 진로 및 직업교육을 강화해 나가고 있다. 실제 2010년에 졸업한 특수교육대상자 미진학자는 3,556명이었으며, 이들 중 1,500명(42.2%)은 취업을 하였지만 이 중에서 716명(47.7%)은 복지관 등 직업재활시설로 배치되고(실제 취업률은 그보다 훨씬 낮다고 보는 경우도 있다), 취업학생들 중 대다수는 단순 노무직이나 6개월 미만의 단기 고용으로 취업되는 비율이 높다. 또한 진학한 학생 2,353명 중에서 전공과로 진학한 학생이 1,391명(59.1%)에 이르고 있다(교육과학기술부, 2010b).

특수교육대상자들의 전생애적 지원에 대한 국가의 정책적 지원과 특수교육의 질적 · 양적 확대에 비해 중도 · 중복장애학생을 위한 특수교육, 특히 진로 · 직업교육의 성과는 그 성과를 측량할 수 없을 만큼 낮은 수치를 보이고 있다. 그러나 단지 장애 정도가 심하다고 하여 진로에 있어서 다른 장애 유형의 학생이나 특수교육대상자들보다 낮은 진학률과 취업률을 당연한 것으로 수용할 수만은 없는 일이다(박은송, 2011).

장애인이 일상생활과 경제생활의 측면에서 완전하게 독립적으로 살아가는 것은 장애인과 생활하는 모든 사람의 숙원이고, 또한 장애인들의 가장 큰 소원 중 하나일 것이다. 장애인과 그를 둘러싼 모든 이들의 간절한 소망인 장애인의 독립생활은 장애의 유형이나 정도와 상관없이 지역사회에서 중증장애인들이 자신의 선택에 따라 독립하여 살아가는 것이다(Brisenden, 1986: 178). 독립생활을 추구하는 장애인은 첫째, 중도장애인 스스로 자신의 삶의 방식을 결정해 나가겠다는 것이고, 둘째, 지역사회의 삶에 적극적으로 참여한다는 것을 의미한다(Cole, 1979: 459). 즉, 장애인들이 자신의 삶을 스스로 선택하고 조정하며, 자신의 삶의 전부를 관리하는 일로서 장애인들이 언제, 어디서나 자신들이 영위할 수 있는 자유를 가질 수 있음을 뜻한다(오혜경, 1999). 이는 장애인 자신이 가지고 있는 능력을 최대한 활용하여 직업적, 경제적으로 독립적인 생활을 영위하는 것을 의미한다(변용찬, 2004). 이 밖에도 독립적인 생활을 한다는 것은 자신에게 내재하고 있는 잠재능력을 발전시키기 위하여 끊임없는 노력과 스스로의 인생설계, 다양한 사회적 자원을 활용하고 창출하면서 스스로의 판단과 결정에 대한 주체적인 삶, 그 행동에 대해 스스로 책임을 지는 것으로 정의할 수 있다(오혜경, 1999).

미국의 NCH(National Council on the Handicapped)에서는 독립생활을 자신의 일을 스스로 처리하고, 선택하는 것으로 매일 지역사회생활에 참여하고, 생산적인 일을 포함하는 사회적 역할을 수행하며, 자기결정에 이르는 의사결정을 하는 것이라 정의하고 있다(White & Dodder, 2000). 이상의 정의를 종합해 볼 때, 독립생활은 "장애인이 타인의 의존에서 벗어나 자기 삶의 통제권을 회복하여 역량이 강화된 상태로, 지역사회에서 자기결정권과 선택권을 지닌 채 주체적으로 살아가는 삶의 과정이다."라고 할 수 있을 것이다. 동시에 장애인들을 좌절시키는 제도적 · 태도적 장벽을 없애고 보편적 설계(Universal Design) 원칙이 적용되도록 전환교육을 담당하는 인력이 일관성 있는 노력을 해 나가야 함을 의미한다. 이러한 전환교육에 대해 우리나라의 법과 교육과정에서 어느 정도 이에 대한 보장을 위해 노력을 기울이고 있는지 살펴보는 것이 수순일 것이다.

1) 전환교육과 관련된 제도 및 법규

중도 · 중복장애인의 전환교육과 관련한 제도를 법규와 규정을 통해 살펴보면, 장애인 등에 대한 특수교육법 제23조와 교육과학기술부(2009)의 장애학생 진로 직업교육 성과지표 개발 규정, 그리고 장애인복지법, 장애인고용촉진 및 직업재활법 등을 들 수 있다. 각 법규에 규정된 내용을 소개하면 〈표 13-3〉과 같다. 여기에서 보는 바와 같이 장애인의 독립생활과 관련한 근거 혹은 법 규정은 교육, 보건복지 및 노동계를 망라하고 있음을 알 수 있다.

〈표 13-3〉 장애인의 전환교육 관련 제도

구분	법규	주요 내용
교육	장애인 등에 대한 특수교육법 제23조	• 직업 재활훈련 및 일상생활적응훈련 · 사회적응 훈련 등의 독립생활훈련을 실시 • 진로 및 직업교육을 담당하는 전문인력 배치
	교육과학기술부(특수교육지원과-3881; 2009.12.28; p20)	• 장애학생의 진로 · 직업교육 성과관리 영역에서 장애학생의 독립생활 성과지표 또는 직업재활훈련 성과지표 개발하여 성과 관리에 활용 · 반영
보건복지	장애인차별금지 및 권리구제 등에 관한 법률	• 장애인의 완전한 사회참여와 평등권 실현 등을 목적으로 함
	장애인복지법 제53조 (독립생활지원)	• 중증장애인의 자기결정에 의한 독립생활을 위하여 활동보조인의 파견 등 활동보조 서비스 또는 장애인보조기구의 제공 등
	장애인복지법 제54조 (중증장애인 독립생활지원센터)	• 중증장애인 독립생활 지원센터를 통한 지원 서비스 제공
	장애인복지법 제55조 (활동보조인 등 서비스지원)	• 중증장애인이 일상생활 또는 사회생활을 원활히 할 수 있도록 활동보조 서비스지원 • 여성장애인에게 임신 및 출산과 관련한 진료 등을 위하여 활동보조인의 파견 등 활동보조 서비스를 지원
	장애인복지법 제56조 (장애동료 간 상담)	• 장애인이 장애를 극복하는 데 도움이 되도록 장애 동료 간 상호 대화나 상담의 기회를 제공

노동	장애인고용촉진 및 직업재활법	• 장애인 고용촉진 및 직업재활 • 장애인 직업재활 실시 기관 • 직업 지도, 직업적응훈련 • 지원고용 등

출처: 박은송, 박경옥(2011).

특히 장애인고용촉진 및 직업재활법에서는 고용노동부장관과 보건복지부장관이 함께 실현해 나아가야 함을 명시하고 있기도 하다. 이렇듯 장애인의 전환은 어느 특정 부처의 노력만으로는 실현하기 어려운 과제다.

〈표 13-3〉에서 보는 바와 같이 장애인의 전환을 위해서는 교육뿐만 아니라 보건복지부와 고용노동부가 협력적으로 역할을 나누어 분담하고 있다. 이러한 법적 제도가 유기적으로 연계되었을 때 중도·중복장애인들의 독립적 전환이 원활하게 이루어져 나갈 수 있다.

2) 전환교육 관련 지침

중도·중복장애인의 전환교육과 관련한 교육지침을 살펴보면, 크게 특수교육 교육과정, 교육과학기술부와 시·도 교육청의 지침 등에서 찾아볼 수 있다.

(1) 특수교육 교육과정

2010 개정 특수교육 교육과정에 명시하고 있는 독립생활교육에 대한 근거를 살펴보면 다음과 같다.

기본교육과정의 '진로와 직업' 중학교 과정에서는 일상생활 및 지역사회생활과 직업생활에 필요한 경험을 다양하게 갖도록 하여 지역사회 적응과 독립적인 생활 기능을 기르도록 하고 있으며, 고등학교 선택 교육과정의 전문교과 중 '직업과 생활'은 공통·선택 교육과정을 이수한 특수학교 학생 중 중도·중복장애로 인해 선택 교육과정의 공예나 정보 처리 등 공과 중심의 과목들을 이수하는 데 어려움이 있는 학생과 고등학교 특수학급 학생들의 직업에 대한 인식, 태도, 직업 현장에 대한 적응력을 높이고 사회적 능력의 향상과 독립생활 기능을 길러 주기 위한 교과로 신설되었다. 2008년 개정 특수학교 교육과정에서는 기본교육과정과

〈표 13-4〉 기본교육과정의 직업 교과의 내용 분석

영역	단원	개인생활	지역사회생활	여가생활	직업생활
직업 준비	7	5			2
직업 기능	7	3	1	1	2
직업생활	7	3	2	1	1
계	21	11	3	2	5

국민공통 기본교육과정 그리고 선택중심 교육과정을 특수학교 교육과정으로 공표하고 있어 중도·중복장애학생들에게는 장애 정도에 따라 기본교육과정을 선택하여 이수하는 데는 이견이 없다. 그렇다면 기본교육과정에서 고등학교 졸업 후의 사회로의 전환을 준비하는 중도·중복장애학생들에게 영역을 고르게 포함하고 있는지를 살펴볼 필요가 있다. 따라서 특수학교 교육과정 중 하나인 기본교육과정의 직업 교과의 영역과 내용 요소를 분석한 결과는 〈표 13-4〉에서 보는 바와 같다.

특수학교 기본교육과정의 직업 교과의 영역과 단원을 보면 크게 3개 영역과 21개 단원으로 나뉘고, 이를 다시 개인생활, 지역사회생활, 여가생활, 직업생활 영역으로 분류할 수 있다. 중도·중복장애학생을 위한 진로·직업교육에는 여가 영역은 상대적으로 낮은 빈도를 보이고 있었고 식사하기 및 배변훈련과 같은 기초적인 요구(박경옥 외, 2010; 박은송, 2010; 박은송 외, 2011; 조윤경, 2003; Collins, 2007)와는 달리 기본교육과정에 구성된 직업 교과의 영역과 내용은 사회 참여적인 요소인 지역사회 생활이나 여가 영역보다는 개인적인 기능과 직업기술 영역에 더 많은 내용을 다루고 있다는 것을 볼 수 있다. 따라서 중도·중복장애학생의 전환교육을 위해서는 교육과정 편성·운영에 대한 자율권이 학교 단위에 좀 더 포괄적으로 주의, 학생 특성을 반영한 학교수준의 교육과정 구성이 가능해야 한다.

(2) 진로교육 지침

교육과학기술부와 서울특별시교육청(2010)의 특수학교 교육과정 적용을 위한 진로교육 매뉴얼에 제시하고 있다.

진로 및 독립생활에 대한 교육지침으로 진로교육의 내용은 〈표 13-5〉에서 보는 바와 같이, 특수학교에서 진로교육의 영역은 자기이해, 진로정보 탐색, 진로계

〈표 13-5〉 특수학교 진로교육의 활동 영역

영역	내용 예시	
자기이해 활동	• 자기 이해 및 심성 계발 • 가치관 확립 활동	• 자기 정체성 탐구 • 각종 진로 검사
진로정보 탐색 활동	• 진로 정보 탐색 • 입시정보 탐색	• 직업 정보 탐색 • 직장 방문 및 직업체험 활동
진로 계획 활동	• 학업 및 직업에 대한 진로설계	• 진로교육 및 상담 활동
진로체험 활동	• 직업 세계의 이해	• 직업체험 활동

획, 진로체험 활동으로 나누어 제시하고 있다. 또한 교육과학기술부(2010a)에서는 장애학생의 장애 유형 · 정도 등 개별적 특성과 요구에 따라 독립생활훈련과 직업재활훈련으로 진로 · 직업교육이 특화되지 못하고, 전공과는 특수학교에만 설치되어 있는 등 장애학생의 요구에 적합한 진로 · 직업교육으로 정착되지 못하고 있음에 대한 인식을 통해 장애학생의 진로 · 직업교육의 기회 확대, 질 향상, 지원체제 구축 및 지역사회 참여 기회 확대 및 자립 기능 향상을 위한 학교(급) 학생들에게 독립생활훈련과 직업재활훈련으로 구분하여 개별화교육을 운영하도록 하는 방안을 내놓고 있다. 이는 중도 · 중복장애학생은 일상생활훈련, 사회적응훈련 등 다양한 프로그램을 구성하여 운영하되 교내 · 외 수업을 적절하게 조정하여 실시함으로써 보편적 사회인을 양성하겠다고 하는 취지이며, 결과적으로 사회복지 및 독립생활을 도모하고자 하는 독립생활 패러다임과 그 맥락을 같이 하고 있다고 할 수 있다.

중도 · 중복장애학생의 독립생활 특성에 대해 박미라(2006)는 다음의 몇 가지로 정리하였다. 우선 중도 · 중복장애학생들의 경우 습득한 기능을 자발적으로 수행하는 경우가 드물고, 교실과 같은 구조화된 환경에서는 적절하게 행동 습득을 하더라도 유사한 상황에 일반화시키거나 습득된 행동을 장기간 유지하는 것을 어려워한다. 그리고 청소하기, 물건사기, 세탁하기 등과 같은 독립생활 영역에서 수행해야 하는 연속적인 단계로 구성된 기능을 습득하기 어렵고, 외적인 언어적 · 물리적 촉구 없이 학생 스스로 행동을 시작하는 일이 드물며 각 기능의 계열화된 행동기술을 순차적으로 수행해 내야 함에도 불구하고 이를 따르지 못하는 경우도 있다고 보고하였다. 따라서 중도 · 중복장애학생들의 독립생활교육과 관련된 교육과정에는 직업에 대한 인식, 올바른 직업관, 그리고 작업태도, 대인관계, 사회성 등 많은 사회적응 및 일상생활 기술 등 다양한 기능적인 요소들을 포함해야 한다(서정희, 1997). 이와 같은 연구 결과를 바탕으로 했을 때, 중도 · 중복장애학생에게 전환 준비 과정으로 직업적 자립과 일상생활 및 사회생활에 필요한 기능 중심의 훈련, 그리고 학교가 아닌 지역사회 자원을 활용할 수 있는 훈련이 필요함을 알 수 있다(박선아, 2011; Wehmeyer, 1995). 성인기를 앞두고 경제 · 사회적 자립을 준비해야 하는 장애학생은 일상의 경험이 제공될 수 있는 환경 속에서 장기간의 교육과 훈련을 통해 성인기의 과업인 독립생활을 준비할 수 있도록 구체적인 독립생활훈련이 별도로 이루어져야 한다(이달엽, 이성일, 김윤봉, 2004).

3. 전환교육을 위한 지원 조건 및 유형

1) 전환교육을 위한 지원 조건

전환교육을 위한 요소는 장애인에 따라 다양하다. 일반적으로 요구되는 독립생활 패러다임에서 중요한 핵심은 자조(self-care), 이동, 고용 이외에도 생활 환경, 소비자로서의 권리와 주장, 야외에서의 이동, 집 밖에서의 활동 등을 포함해야 한다(DeJong, 2001). 박수경(2006)도 독립생활 패러다임에 따른 사회통합에 미치는 요인으로 일상생활 자율성, 접근성, 경제적 안정 정도, 사회적 지지의 적절성, 선택권, 심리적 임파워먼트 등의 하위 차원으로 구성된다고 하였다. 아울러 장애인의 독립생활을 위해서는 보조공학기술, 소득보장, 활동보조 서비스 등이 반드시 필요하며 이로 인하여 비로소 동등한 기회가 보장되어야 한다.

이와 같이 독립생활을 위한 다양한 요소가 갖추어지고 제공된다고 해도 중요한 것은 장애인들이 그 서비스를 스스로 선택, 통제할 수 있어야 하고, 지역에서 서비스 제공자들의 경쟁 속에서 자유롭게 서비스를 선택할 수 있는 정책이다. 이용자들 역시 자신의 삶의 질과 효용성을 높일 수 있는 서비스를 선택하고 이용할 수 있는 급여 제도나 직접 지불 제도를 선호(박은송, 박경옥, 2011)하고 있으므로, 이를 실제 구현할 수 있는 제도적 재정비도 필요하다고 볼 수 있다.

2) 전환교육에 필요한 지원 유형

전환교육을 위한 서비스는 중도 · 중복장애인이 자신의 생활을 관리하고, 지역사회에서 자립하여 살 수 있도록 지원하는 것이다. 다시 말해 장애인 스스로 결정하고, 자신이 선택한 활동에 참여하며 자신의 재활을 할 수 있도록 서비스를 지원하는 것이다. 제공되는 서비스는 권익옹호와 정보 제공, 독립생활기술훈련 프로그램, 활동보조 서비스, 동료상담, 주택개조, 보조기기 제공 및 수리 등이 있다. 물적 지원, 인적 지원과 더불어 무형의 정보 제공 등이 있을 수 있다. 여기에서는 장애인의 독립생활을 위한 지원을 물적 지원과 인적 지원으로 크게 2가지로 나누어 생각할 수 있다. 독립생활을 위한 서비스를 예를 들어 설명하면 다음과 같다.

(1) 물적 지원

① 독립생활시설의 지원

장애인의 독립적인 생활을 위한 훈련의 과정으로 장애인복지법에는 다음과 같이 정의하고 있다. 장애인복지법 제57조(보호조치), 제58조(장애인복지시설)에 장애인생활시설(사회 복귀 준비 기능)에 의하면 장애인생활시설 거주자들 중에서 지역사회로의 이주를 희망하고 지역사회에서의 생활이 적절하다고 판단되는 자에 대하여 일정한 주거공간을 지원하여 지역사회의 일상생활에 대한 체험 기회를 체계적으로 제공하여 향후 시설에서 벗어나 지역사회에서의 생활에 어려움이 없도록 지원하는 독립생활 체험홈(이하 '체험홈'이라 한다)의 설치 및 운영에 관한 사항을 규정하고 있다(http://www.koil.kr).

② 장애인 고용촉진을 위한 기금

장애인 고용촉진을 위한 기금은 장애인 고용장려금, 장애인 고용시설 무상지원, 장애인 신규 고용촉진장려금, 장기 실업자 고용촉진장려금 등이며, 이 중에서 자립생활센터가 장애인 고용촉진을 위해서 운영하는 장애인 고용장려금 제도를 가장 선호하고 있었다(조한신, 전정식, 2007).

(2) 자립생활센터를 통한 지원

자립생활센터는 지역사회 차원에서 장애인의 자립을 성취할 수 있도록 지원하는 기관으로 2007년 개정된 장애인복지법 제54조에 중증장애인 자립생활지원센터를 최초로 명문화함으로써 자립생활센터가 법적 테두리 안에서 중증장애인의 자기결정에 의한 독립생활을 위하여 활동보조인 파견 등 독립생활을 지원하는 활동을 수행할 수 있게 되었다(심석순, 남정휘, 임수경, 2009). 자립생활센터에서의 일반적인 지원 내용은 〈표 13-6〉과 같다.

〈표 13-6〉 자립생활센터의 독립생활을 위한 지원

영역	내용	세부 내용
장애인 권익옹호	권리 찾기	장애인이 지역사회에서 일반 시민으로서 교육, 노동, 이동 등의 일상생활의 권리 찾기와 옹호 활동을 추구하는 프로그램 및 사업 실시
독립생활 이념의 교육/홍보	독립생활 인식 개선	장애인 당사자에게 당사자 스스로가 삶의 선택의 권리를 갖도록 하여 장애인 당사자의 자기결정권을 확보하고 비장애인에게 장애인에 대한 인식개선사업 실시
	독립생활 리더 및 동료 상담가 양성	독립생활아카데미를 개최하여 장애인의 인권과 독립생활의 이념을 전파하고, 보다 많은 중증장애인의 독립생활인식이 증진될 수 있도록 독립생활 리더와 동료 상담가를 양성
동료상담	개별상담	지역의 재가 장애인을 발굴하기 위한 초기 과정과 지역에 활동하고 있는 장애인의 고민을 들어 주고 개인의 문제해결을 위해 정보 제공
	동료상담 강좌	현재 하고 있는 초기 장기 심화 과정을 실시하고 자신을 재평가할 수 있게 하며, 동료 상담가를 양성하는 과정
독립생활 지원서비스	활동보조인 파견 (PAS)	중증장애인이 일상생활을 할 수 있도록 중증장애인의 필요에 맞는 활동보조인 모집 및 교육을 실시하여 이용자에게 연결
	보장구 보급 및 대여	혼자 움직일 수 없는 중증장애인을 혼자 움직일 수 있도록 욕구에 따라 전동휠체어 및 각종 보장구 보급 또는 대여
	이동 서비스 지원	중증장애인의 활동 영역을 넓히고 이동의 편의를 위하여 리프트 장착 차량 제공

독립생활 지원서비스	주택 개조 및 알선사업	중증장애인의 독립생활을 가장 힘들게 하는 집안의 구조를 개조(문턱을 없애고, 편의시설을 갖추는 등)하여 일상생활을 보다 독립적으로 할 수 있도록 하는 장애인 주택 개조와 알선
	독립생활 정보 제공 및 네트워크 사업	장애인들에게 실질적으로 도움이 될 수 있는 정보와 장애를 가진 장애 전문가들이 지역사회의 모든 사람들에게 장애인 독립생활과 관련된 정확한 정보를 제공할 수 있도록 함

출처: 박은송, 박경옥(2011).

(3) 관련 정보 및 근로지원인

지원 내용으로는 취업 전 지도 및 교육, 취업 관련 정보 제공, 취업 알선, 취업 후 사후 지도 등이었다. 아울러 중도·중복장애의 직장생활에 중요한 요소 중 하나가 근로지원인이다. 활동보조 서비스나 이동지원 서비스 등 독립생활 서비스가 중도·중복장애의 취업에서 중요한 측면이지만, 이에 더하여 또 하나의 중요한 요소가 바로 직장재활 서비스 측면에서의 근로지원인이다. 지체장애인의 독립생활을 위해서는 장애인복지 서비스 전달체계의 기능을 독립생활 패러다임으로 전환할 필요가 있으며, 지체장애인이 독립생활을 영위하는 데 있어 활동보조 서비스(personal assistance service)는 개별적인 도움을 위해 절실히 필요하다(윤순이, 2010)고 하였다. 하지만 가장 중요한 것은 장애인 독립생활 서비스는 기존의 재활서비스와 달리 이용자의 지배와 선택에 따라 서비스가 제공되어야 하므로 장애인 이용자의 참여를 통한 서비스 구성이 필수적(윤재영, 2009)이라는 점이다. 즉, 중도·중복장애인들이 독립생활교육이나 서비스를 받기 전과 후의 변화에 대한 질적 분석을 통해 지식의 학습과 적용, 의사소통, 이동성, 자기관리의 영역에서 활동의 양과 기회가 증가하였고, 의사소통, 이동성, 대인관계 및 시민생활 영역에서 참여 정도도 증가하고 있음(한진수, 2004)을 밝히고 있다. 이들에게 독립생활교육과 서비스를 통해 중도·중복장애인들은 사회참여 욕구 증가, 장애에 대한 긍정적 인식, 사회에 대한 의식 변화를 제공하는 계기가 될 수 있다.

따라서 중도·중복장애인의 독립생활을 증진시키기 위해서는 경제적 자립을 꾀할 수 있는 지원과 독립생활을 체계적으로 실현해 나갈 수 있도록 하는 다양한 교육 및 활동 프로그램이 필요하며, 자립생활센터 건립 및 독립생활지원 서비스가 체계적으로 연계될 수 있는 시스템 확립이 시급하다고 할 수 있다.

4. 독립적 · 상호의존적 성인생활로의 전환교육 방향

특수교육을 받고 졸업한 많은 중도 · 중복장애학생들은 성인기에 실업 상태에 있거나 혹은 일부가 취업이 되었다하더라도 장기간 최저임금 이하 수준의 고용 상태에 있으며(이효성, 김언아, 김선규, 2008), 장애 특성으로 인해 독립적인 생활을 하기 어려워 사회적인 경험의 제한과 지역사회 참여 기회 부족으로 장애인 본인뿐만 아니라 가족에게도 부담을 주고 있는 실정이다(조윤경, 2003; 한국장애인고용공단, 2010). 이와 같은 중도 · 중복장애성인의 전환의 문제를 현재 특수교육 대상자의 취업자의 수로 교육 성취도를 평가하는 현재의 체계를 동일하게 적용하는 데는 무리가 있다. 그러므로 중도 · 중복장애학생의 진로 · 직업교육에 대한 새로운 개념 정의와 교육성과의 평가 방법에 대한 심도 있는 논의가 이루어져야 할 것이다.

1) 전환교육의 방향성

중도 · 중복장애인 권익을 위한 국제기구 TASH(미국중도장애인협회, 2011)에 따르면, 중증장애인들이 통합된 지역사회에 일원으로 참여하고 다른 모든 시민과 동등한 삶의 질을 향유하기 위해서는 최소 한 가지 이상의 주요한 일상 활동 분야에서 지속적인 지원이 필요하다고 정의하고 있다. 2007년 장애인 등에 대한 특수교육법과 2004년 개정된 미국 장애인교육법(IDEA)에서 특수교육은 "모든 장애아동이 그들의 독특한 요구에 맞는 특수교육과 관련 서비스를 강조하는 무상의 적절한 공교육을 받아, 향후 교육, 고용 및 독립적인 생활을 준비할 수 있도록 돕는 것"이라고 명시하고 있다. 이 정의에 내포된 개념은 특수교육을 특별하게 만드는 것은 어떠한 특정 공간이나 장소가 아니라 학습대상자, 서비스, 교수 · 학습 전략, 교육과정(교육내용, 계획, 평가, 평가 과정), 환경, 팀워크, 법규 등에 의해 특별한 교육이 이루어져야 함을 의미한다.

중도 · 중복장애인들에게는 지역사회의 생활, 고용, 자기만족을 위해 이동과 의사소통, 자기관리 및 학습에서 학생 특성과 요구 수준에 맞는 물리적 · 사회적 지원이 따라야 한다. 특히 TASH의 개념 규정 중 중도장애인들이 장애로 인하여 받는 영향을 보통 혹은 최소화시키기 위해 '지속적인 지원'은 정당한 이들의 권리가 되었다. 이러한 지원은 중도 · 중복장애인들은 자신의 삶의 터전에서 '통합된 지역사회 안에서의 참여'를 촉진시키지만 중도장애인들이 통합된 지역사회에서 그들의 삶의 질을 높일 수 있도록 지속적인 지원체계를 마련하는 것이 이들에게 평생과업이 되기도 한다(남상석, 2010).

박승희(1995; 1997)는 중도 · 중복장애학생의 '적합한 교육'의 요건으로 지역사회의 다양한 환경과 공간에서 '생활연령에 적합한 기능적 기술' 교수를 강조하고 있다. 아울러 기능적 기술교육과정의 실시는 기능적 교육과정 접근, 성인생활 중심적 접근, 미래지향적 접근, 생태학적 접근, 톱-다운 접근, 성과 기초적인 접근, 지역사회 중심의 교육과정 접근 등으로 불리면서 특수교육 '최선의 실제(best practices)'라는 주요 지표가 되고 있는 실정이다. 이와 관련하여 정동일(2010)도 중도 · 중복장애학생의 교육은 미래 사회에서의 적응능력을 길러 주는 것이라고 하였고, 생태학적 모델에 입각하여 개인-환경 간의 조화를 이룰 수 있도록 지속적인 지원이 필요하다고 하였다.

Collins(2007)도 중도 · 중복장애학생의 교육내용은 '자연스러운 가정, 직업, 지역사회 환경에서 자주 요구되는' 기능적인 기술들을 다루어야 한다고 정의하면서, 이를 생활 환경 속에서 지도하면 습득 및 활용이 용이하다고 보고 있다.

Downing과 Peckham-Hardin(2007)의 연구에서는 중도 · 중복장애학생을 위한 학교에서의 학생 중심의 전환계획, 환경적 목록, 전문가와 동료의 지원 그리고 공학적 기기의 지원으로 좀 더 효과적인 성과를 얻을 수 있다고 밝히고 있다. 이는 중도 · 중복장애학생의 교육을 위해서는 장애학생의 교육목적을 분명히 하고, 교육목록을 선정하는 기준을 환경적 · 지역중심적 지원으로 해야 함을 의미한다.

따라서 중도 · 중복장애학생의 중등교육은 ① 가정, 학교, 그리고 지역사회와 연계하여 포괄적이고 지속적인 지원이 이루어져야 한다. ② 진로 개발과 학교에서 지역사회로의 성공적인 전환을 최종적인 교육목적으로 삼아야 한다. ③ 개별

학생의 요구에 충족되는 진로 계획은 자연스러운 환경에서 구상되고 실현될 수 있어야 한다.

2) 중도 · 중복장애학생에게 적합한 전환교육

중도 · 중복장애학생에게 적합한 전환교육은 직업교육을 포괄하는 개념으로 정의하며 생활전반을 다루어야 한다는 관점(박경옥 외, 2010)에서 볼 때 전환교육은 교육 영역으로, 중도장애학생에게는 직업교육 안에 의사소통 및 사회교육까지를 그 대상으로 삼을 수 있다. 즉, 직업교육은 '일상생활 영역에서의 자립'에 중점을 두어야 할 것이고, '자립'의 개념도 학생이 일상생활에 필요한 기능을 습득하여 독립적으로 수행하는 것뿐만 아니라 도움의 정도를 줄이거나 도움을 청하는 방법을 익히는 등의 사회생활에 필요한 하위 수준의 과제를 포함해야 하기 때문이다(박경옥 외, 2010; 박은송, 2011). 이는 장애학생이 중도 · 중복화되어 학교의 진로지도는 학생의 주체성 중시라는 관점을 유지하면서 지역의 모든 관련 기관과의 연계 및 협력을 통해 의사소통 및 사회성 훈련 영역으로 확장해 나가야 한다.

따라서 중도 · 중복장애학생의 전환교육 방향성은 학교의 개별지원계획을 수립하여 사회 · 환경적 여건에 대한 대처와 학생의 요구의 일관성 있게 반영하여 학생의 요구와 지역사회가 일체되어 당면한 현실적 문제를 해결하기 위한 효과적인 전략을 찾는 데 중점을 두는 것이 바람직하다. 즉, 전환교육의 목적을 충실히 이행해 나가기 위해 장애인 등을 위한 특수교육법(2008)에서 정의하고 있는 바와 같이, 특수교육대상자가 학교에서 사회로 원활한 적응을 위하여 직업 관련 기관과 협력하여 직업평가 · 직업교육 · 고용지원 · 사후관리 등의 직업 재활훈련과 일상생활 적응훈련 · 사회적응훈련 등의 독립생활훈련에도 중점을 두어 교육을 해 나가야 하고, 지도 내용 영역 및 지도 요소에 대해 담당교사들과 학부모가 충분한 논의를 하여 개별 학생의 요구에 맞도록 구성하여야 한다.

3) 중도 · 중복장애학생에게 필요한 전환교육의 영역 및 내용 구성

중도 · 중복장애학생의 교육의 목적을 지역사회로의 이행 · 통합에 초점을 맞추게 됨으로써 특수교육 서비스의 영역과 범주가 재정의되고 있다. Hamre-Nietupski, Nietupski와 Strathe(1992)는 중도 · 중복장애학생들의 부모들은 자녀가 학업기술, 우정/사회적 관계보다 기능적 생활기술을 우선하여 습득하기를 바란다고 하였으며, Browder(2004) 등은 중도 · 중복장애학생들을 위해 기능적 교육과정을 계획하기 위한 자료 수집에서는 현재와 미래 환경에 필요한 기술의 생태학적 목록으로 지역사회 영역, 가정 영역, 교육 영역, 여가 활동 영역, 직업 영역으로 나누고 있다. 이와 같이 전환교육의 영역을 구분한 이유는 전통적인 학업이나 발달 범주들보다 학교교육 내에서 사용하는 것이 ① 주요 삶의 영역을 대표하고, ② 실제적인 기술의 선택을 이끌어내며, ③ 자기충족이라는 기능적 목표를 강조하기 때문이라고 밝히고 있다. 이와 관련하여 Brown(1988)도 교사들이 중도 · 중복장애학생들의 전환교육의 내용을 선정할 때에는 ① 이전의 성공 혹은 실패 경험, ② 국가 혹은 시 · 도 교육과정 지침, ③ 교과서 내용, ④ 학생의 흥미, ⑤ 학급 관리 요소, ⑥ 학교교육계획, ⑦ 전 학년의 경험 혹은 그 기간의 수준 등을 고려해야 한다고 했다.

전환교육내용 분석의 시작점을 특수학교 기본교육과정에서 찾아보면, 초등학교 5~6학년 '사회' '실과'와 중 · 고등학교 과정의 '진로와 생활' '직업' 교과에서 발견할 수 있다. 장애학생이 졸업 이후에 실질적인 직업생활로 이어질 수 있도록 그들의 흥미와 적성을 고려하고, 지역사회와 현장에 기반을 두며, 관련 기관 간의 연계를 통하여 실시하도록 권장하고 있다.

특수교사들을 대상으로 실시한 중도 · 중복장애학생의 전환교육 요구 분석(박은송 외, 2011)에서 전환교육의 운영에 대해 교육내용, 교육장소, 교육 담당자인 교사의 자질 부분으로 나누어 의견을 피력하고 있다. 그 결과 첫째, 직업 교과의 영역으로 분류된 직업생활, 직업 준비, 직업 기능보다 기초적이고 생태적인 측면을 강조하여 '신변자립 및 이동하기'가 우선 지도 내용으로 설정해야 하고, 둘째, 중도 · 중복장애학생들은 졸업 후에 배치될 곳인 '지역 사회복지관의 보호작업장'이라는 카테고리도 놓쳐서는 안 된다. 전환교육의 장(場)으로 인식해야 한다.

〈표 13-7〉 중도 · 중복장애학생에게 요구되는 전환교육 우선순위 목록

우선순위	목록	개인생활	지역사회생활	여가생활	직업생활
1	자기 소지품 관리하기	○			
2	다른 사람과 함께 일하기		○		○
3	직장 예절 지키기				○
4	직장에서의 외모, 품행 유지하기				○
5	사무 보조하기				○
6	직장 동료, 방문객, 상사에 맞게 적절하게 상호작용하기		○		○
7	시간 맞춰 출퇴근하기				○
8	사용한 용구를 제자리에 정리하기	○			○
9	독립적으로 과제 수행하기	○			○
10	직장 일에 집중하기				○
11	정해진 시간(15~30분 등) 동안 작업하기				○
12	학급에서 맡은 일하기		○		
13	작업활동 시간표 따르기				○
14	우편물 분류 및 배달하기				○
15	작업 후 작업장 정리하기				○
16	학교에서 다양한 일의 업무 보조(예, 도서관, 식당 등)		○		

셋째, 참여 가능한 성인 프로그램은 거의 없으나 그나마 참여할 수 있는 프로그램으로는 '지역 사회복지관의 단기 프로그램'이고, 주 교육내용으로는 '전환교육체험 프로그램'이 필요함도 인지해야 한다.

중도 · 중복장애학생의 성공적인 전환을 위해 국내외에 소개된 전환 프로그램과 교육과정 7종을 분석하였다. 이들 프로그램과 교육과정에 포함되어 있는 영역과 내용 요소를 구체적으로 살펴보면 〈표 13-8〉에 제시한 바와 같이 개인(자립) 기술, 지역사회생활, 여가생활, 직업생활로 구분할 수 있다(박은송, 박경옥, 2011).

〈표 13-8〉에서와 같이 7종 전환 프로그램 및 교육과정은 적게는 2개의 영역에서 많게는 9개의 영역으로 구성되어 있었으나 영역 간 중첩된 영역이 많다. 이들에 대한 내용 요소를 분석하여 보면, 시러큐스 지역사회중심 교육과정은 영역으로는 자기관리 및 가정생활, 직업, 여가오락/오락, 일반 지역사회 기능 영역으로 나누고 있고, 자기관리 및 가정생활 영역은 먹기와 음식 준비 등 8개 제재, 직

〈표 13-8〉 중도 · 중복장애학생을 위한 전환 프로그램 및 교육과정 영역과 내용 요소

전환 프로그램 교육과정	영역	개인생활	지역사회 생활	여가생활	직업생활
시러큐스 지역사회중심 교육과정	4	7	13	1	
중증 청소년 및 성인을 위한 대안적 활동 목록	3	4	5	9	
IMPACT의 환경 목록	2	10	4		
COACH의 목록표	9	47	31	4	8
중도 · 중복장애학생의 지역사회중심 교육과정	7	*영역에 따라 제재를 예시로 제시함			
LCCE 교육과정	4	9	6	1	6
지역사회통합교육과정	3	89	14		20

업 영역은 학교/학급 일과 지역사회 일의 경험, 여가/오락 영역은 학교와 과외(방과 후 활동), 일반 지역사회 기능 영역은 여행 등을 포함하고 있어, 이 제재를 개인생활, 학교생활, 지역사회생활, 여가생활로 분류하였다. 즉, 전환 프로그램과 교육과정에서 다루고 있는 영역은 개인생활, 직업생활, 지역사회생활, 여가생활 영역의 순이었으며, 개인적인 영역의 자립 기능과 지역사회에서의 적응기술에 중요도를 두고 있다.

이들 전환교육프로그램과 교육과정 그리고 적응행동검사 도구 등 전체 13종의 프로그램을 다시 합하여 공통 영역 및 내용 요소를 재영역화하여 분류하면 〈표 13-9〉와 같다.

〈표 13-9〉 전환 프로그램과 교육과정 및 적응행동검사 분석 결과

개인생활	지역사회생활	여가생활	직업생활
• 먹기, 음식물 준비 • 위생과 화장실 사용하기 • 안전과 건강 • 서로 돕고 지원하기 • 계획 세우기 • 집안 일하기	• 이동 및 안전 • 물품 구입하기 • 외식하기 • 서비스 이용하기	• 학교와 과외활동 • 혼자 하는 활동 • 가족과 친구들과 하는 활동 • 가족과 친구들과 함께 하는 활동 • 운동	• 학교에서의 직무경험 • 지역사회에서의 직무경험

5. 생태학적 관점에서의 전환교육 영역별 상세화

중도 · 중복장애학생에게 장차 그가 살아갈 지역사회에서 필요한 기술을 가르치는 것이 무엇보다 중요하다. 그래서 최근 중도 · 중복장애학생에 대한 서비스는 미래의 생활 환경에서 적절히 기능을 발휘할 수 있도록 하는 데 도움이 되는 수업 활동이 무엇인가를 결정하는 데 중점을 둔 생태학적 목록에 관심을 기울이고 있다(박은송, 2010). 지역사회를 고려하여 교육과정 내용을 결정하는 것은 학생의 수업 목표를 타당화하고 최우선화하는 이중 역할을 한다. 수업 목표는 발달 계열이나 선수 기술에 따라 결정되는 것이 아니라, 학생이 장차 살아갈 구체적인 환경에서의 빈도와 중요성에 따라 결정된다. 졸업 후의 환경에서 필요하다고 생각되는 기술들, 즉 생태학적 목록의 영역은 학자들에 따라 약간씩 다르다. 일반적으로 가사, 여가 · 오락, 일반 지역사회, 직업 영역으로 구분하는 것이 보통이지만(Brimer, 1990; Brown et al., 1980; Brown, Branston et al., 1979; Brown, Branston-McClean et al., 1979; Orelove, 1987), Wilcox와 Bellamy(1987)은 자기관리/가정생활, 직업, 여가/오락, 일반지역사회 영역으로 나누기도 하고, 그리고 드물기는 하지만, 의사소통, 사회성, 자기관리, 여가/오락, 선택된 학업기술, 직업, 가정, 학교, 지역사회 영역으로 구분하기도 한다(Giangreco et al., 1993). 중도 · 중복장애학생을 위한 생태학적 목록을 영역화한 결과(박은송, 2010), ① 가정/가사 영역 ② 직업 영역 ③ 지역사회 영역 ④ 위생 영역 ⑤ 여가 영역 ⑥ 안전 영역으로 구분된다. 각 영역별 항목에 대해 살펴보면 다음과 같다.

1) 위생 영역

중도 · 중복장애학생을 위한 위생 영역은 〈표 13-10〉과 같이 교육과정을 개발할 때 위생 영역에서 대소변 처리하기, 몸의 청결 유지하기, 화장실 사용하기 등에 대해 우선적으로 고려할 필요가 있다.

〈표 13-10〉 위생 영역 내 우선순위

영역	목록	
위생	• 대소변 처리하기	• 세수하기
	• 몸의 청결 유지하기	• 옷 입기/벗기
	• 화장실 사용하기	• 적절한 옷 선택하여 입기
	• 양치하기	• 머리 빗기

2) 안전 영역

중도 · 중복장애학생을 위한 안전 영역의 목록은 〈표 13-11〉과 같다. 중도 · 중복장애학생을 위한 교육과정을 개발할 때 안전 영역에 해당하는 아프거나 다쳤을 때 어른에게 알리기, 성적인 학대 피하기/알리기, 안전규칙 지키기 등에 대해 우선적으로 고려할 필요가 있다고 하겠다.

〈표 13-11〉 안전 영역 내 우선순위

영역	목록	
안전	• 아프거나 다쳤을 때 어른에게 알리기	• 건강한 생활 습관 유지하기
	• 성적인 학대 피하기/알리기	• 용량, 용법에 맞게 약 이용하기
	• 안전 규칙 지키기	• 비상벨 소리에 대처하기
	• 응급/비상 상황에 대처하기	• 낯선 사람 주의 및 경계하기

3) 직업 영역

중도 · 중복장애학생을 위한 직업 영역의 목록은 〈표 13-12〉와 같다. 중도 · 중복장애학생을 위한 교육과정을 개발할 때 직업 영역에 해당하는 자기 소지품 관리하기, 다른 사람과 함께 일하기, 직장예절 지키기 등에 대해 우선적으로 고려할 필요가 있다고 하겠다.

〈표 13-12〉 직업 영역 내 우선순위

영역	목록	
직업	• 자기 소지품 관리하기 • 다른 사람과 함께 일하기 • 직장 예절 지키기 • 직장에서의 외모, 품행 유지하기 • 사무 보조하기 • 직장 동료, 방문객, 상사에 맞게 적절하게 상호작용하기 • 시간 맞춰 출퇴근하기 • 사용한 용구를 제자리에 정리하기	• 독립적으로 과제 수행하기 • 직장 일에 집중하기 • 정해진 시간(15~30분 등) 동안 작업하기 • 학급에서 맡은 일하기 • 작업 활동 시간표 따르기 • 우편물 분류 및 배달하기 • 작업 후 작업장 정리하기 • 학교에서 다양한 일의 업무 보조(예, 도서관, 식당 등)

4) 여가 영역

중도 · 중복장애학생을 위한 여가 영역의 생태학적 목록은 〈표 13-13〉과 같다. 중도 · 중복장애학생을 위한 교육과정을 개발할 때, 여가 영역에 해당하는 관심 있는 취미 활동 선택하여 익히기, 여행하기, 여가시설 이용하기 등에 대해 우선적으로 고려할 필요가 있다고 하겠다.

〈표 13-13〉 여가 영역 내 우선순위

영역	목록	
여가	• 관심 있는 취미 활동(음악, 미술, 운동 등) 선택하여 익히기 • 여행하기 • 여가시설 이용하기 • 여럿이 함께 하는 규칙 있는 게임하기 • 체육 시간에 하는 운동에 참여하기	• 나이에 적합한 문화 활동(공연, 운동경기 등) 향유하기 • 친구들과 식당 이용하기 • 자신의 장애 특성에 맞는 경기 기술 익히기 • 경기 관람하기 • 동호회 활동 참여하기 • 스포츠 동호회 등에 정기적으로 참여하기

5) 지역사회 영역

중도 · 중복장애학생을 위한 지역사회 영역의 생태학적 목록은 〈표 13-14〉와 같다. 중도 · 중복장애학생을 위한 교육과정을 개발할 때 지역사회 영역에 해당하는 안전하게 길 건너기, 지역사회 안에서 안전하게 목적지까지 이동하기, 낯선 장소에서 길을 잃었을 때 해결 방법 알기 등에 대해 우선적으로 고려할 필요가 있다고 하겠다.

〈표 13-14〉 지역사회 영역 내 우선순위

영역	목록	
지역사회	• 안전하게 길 건너기 • 지역사회 안에서 안전하게 목적지까지 이동하기 • 낯선 장소에서 길을 잃었을 때 해결 방법 알기 • 의료 서비스 이용하기 • 복지 서비스(평생교육기관, 문화센터 등) 이용하기 • 서비스 이용과 관련된 도움 요청하기 • 교통안전표지판 인식하고 읽기 • 대중교통 예약하여 이용하기 • 관공서(동사무소, 학교 등) 이용하기 • 물건을 사고 점원에게 돈 지불하기	• 통신 서비스(전화, 우체국, 인터넷 등) 이용하기 • 상점에서 일정 금액으로 몇 가지 구입하기 • 점심, 간식 값 계산하기 • 지역사회의 여러 종류 식당 이용하기 • 필요한 물품 목록 정하기 • 필요 물품 구입처 알기 • 패스트푸드점에서 주문해서 먹기 • 금융 서비스 이용하기 • 자동판매기 이용하기 • 식사 초대하거나 초대받아 함께 식사하기

6) 가정/가사 영역

중도 · 중복장애학생을 위한 가정/가사 영역의 생태학적 목록은 〈표 13-15〉와 같다.

중도 · 중복장애학생에게 장차 그가 살아갈 지역사회에서 필요한 기술들을 가르치는 것이 무엇보다 중요하다. 그래서 최근 중도 · 중복장애학생에 대한 서비스는 미래의 생활 환경에서 적절히 기능을 발휘할 수 있도록 하는 데 도움이 되는 수

〈표 13-15〉 가정/가사 영역 내 우선순위

영역	목록	
가정/ 가사	• 사용한 것 정리정돈하기 • 용돈 관리하기 • 잠자리 준비하기 • 소풍, 현장학습 등의 활동에 필요한 것들을 계획하고 챙기기 • 자기 방 정돈하기 • 식사 후 식탁 정리하기 • 식사 후 접시, 그릇 정리하기 • 주별/월별 스케줄 관리하기	• 쓰레기 치우기 • 재활용 쓰레기 처리하기 • 필요 예산 짜고, 모으기 • 진공청소기 사용하기 • 설거지하기 • 다른 사람들에게 정확하게 메시지 전달하기 • 집주변과 마당 치우기 • 전화기로 응답하기 • 화분 관리하기 • 애완동물 돌보기

업 활동이 무엇인가를 결정하는 데 중점을 두고 있다. 이와 같은 생태학적 접근법은 해당 지역사회의 요구와 기대를 참조한 기능적 기술과 성취 준거를 밝혀 준다. 지역사회를 고려하여 교육과정 내용을 결정하는 것은 학생의 수업 목표를 타당화하고 최우선화하는 이중 역할을 한다. 수업 목표는 발달 계열이나 선수기술에 따라 결정되는 것이 아니라, 학생이 장차 살아갈 구체적인 환경에서의 빈도와 중요성에 따라 결정된다. 중도 · 중복장애학생의 전환교육은 학생의 개별적 환경에 기초하여야 하고, 학생 개개인을 위한 개별화된 기능적 교육과정을 중심으로 종단적이고 계획적인 접근이 필요하다. 이와 같은 전환교육의 목록을 생태학적인 관점에서 교사, 학부모, 당사자가 참여하여 의사결정을 해야 하고, 학생의 특성에 기인한 접근 방법의 모색이 어느 것에 우선해야 한다. 또한 개발된 전환교육의 목록은 종단적 교육 연계성을 지닐 수 있도록 협력적 · 협의적 접근이 필요하다. 또한 개발된 목록은 교육과정 중심 척도로서 작용을 할 수 있는 지원 체계 마련은 학교 수준에서 노력해야 할 과제로 볼 수 있다. 즉, 학생들이 현재와 미래의 생활에서 기능을 발휘하기 위해 필요한 개별 기술을 찾을 수 있는 방법을 제공하는 평가도구로도 활용된다는 점이다. 이 장에서는 전환교육의 영역으로 설정된 목록들은 폭 넓은 개념 중에서 교육내용 혹은 교수목표로서의 목록(inventories)의 의미로 사용할 수 있다는 점을 고려하되, 진단이나 평가 등 보다 광범위한 개념으로 확대

해석하는 일이 없도록 유의할 필요가 있다.

학습문제

1. 중도 · 중복장애학생에게 전환교육의 의미를 생각해 보고, 실제적으로 실천 가능한 전환교육의 의미를 새롭게 정의한다.

2. 전환교육을 성공적으로 수행하는 데 걸림돌이 되는 것에 대해 논하고, 현재의 교육 시스템에서 이를 극복할 수 있는 방안을 2가지 정도 수립한다.

3. 중도 · 중복장애를 이수하고 있는 교육과정의 범위 내에서 교육 영역과 내용 체계를 추출하여 연간 지도계획을 수립한다.

4. 성공적 전환교육을 수립하고 실천하기 위해 현행 교육과정의 실과 교과, 직업과 생활 교과, 진로 교과 내용 체계에 추가하거나 수정할 영역을 제시한다.

제 14 장

가족지원

특수아동의 탄생은 가족 구성원 모두에게 충격적인 사건이 될 수 있다. 특히 중도 · 중복장애를 가진 아동은 모든 가족 구성원들에게 많은 스트레스를 주기도 하며, 부모와 형제자매는 시기에 따라 다양한 심리적 상황을 경험하기도 한다. 하지만 가족이 스스로의 문제를 해결할 수 있는 역량이 있다면, 이러한 스트레스 상황에 잘 대처할 수 있을 것이며 아동 발달에 있어서도 긍정적인 영향을 줄 수 있을 것이다.

장애학생을 위한 교육이나 치료는 장애학생 혼자만의 문제가 아니라 가족 전체의 역동적인 문제라 할 수 있다. 따라서 장애학생이 가진 문제는 아동을 둘러싼 환경을 포함하여 생태학적으로 접근해야 효과적으로 해결할 수 있다. 이렇듯 궁극적으로 장애학생의 삶의 질을 향상시키기 위해서는 법적인 제도가 뒷받침되는 상황에서 가족이 중심이 된 가족지원이 적절히 이루어져야만 한다.

1. 가족지원의 개념과 원리

1) 가족지원의 개념

가족지원(family support)은 1980년대부터 사용되기 시작한 용어로 가족 구조를 강화하고 유지시키기 위해서 제공되는 모든 활동을 의미한다(이소현, 2003). 이는 단순히 가족이 필요로 하는 욕구를 충족시켜 주는 개념이 아니라, 가족들 스스로가 자신의 필요 및 욕구를 충족시키기 위해서 환경을 구성하고 독립적으로 문제를 해결하는 능력을 갖도록 지원하는 개념이다. 따라서 가족지원의 목표는 가족 구성원들의 역량강화(empowerment)에 있다(노진아, 홍은숙, 이미숙, 박현주, 정길순, 김정민, 강미애, 이나래, 2011). 특히 특수교육에서의 가족지원이란 가족을 지원함으로써 가족이 장애학생의 교육에 적절히 효율적으로 참여하여 궁극적으로 장애학생의 발달에 기여하는 데 있다(최민숙, 2009).

2) 가족지원의 원리

가족지원의 원리는 다음의 6가지로 제시될 수 있다(최민숙, 2009 재인용).

1. 공동체 의식 강화: 공동체 간 상호작용할 수 있도록 가치의 공유를 증진한다. 따라서 중재는 지역사회와 가족 구성원 간의 상호의존성을 구축하며 공동의 관심과 지원에 초점을 맞춘다.
2. 자원과 지원 확장: 가족을 도와줄 수 있는 지원체제를 구축한다. 따라서 중재는 가족이 공식적인 지원에 의존하기보다는 비공식적인 지원을 확장하고 강화하며, 지원은 가족이 이용하기 용이하도록 융통적이고 개인적이며 개인의 필요에 즉각 부응할 수 있도록 한다.
3. 공동의 책임과 협력: 부모와 전문가는 협력하기 위해 서로 원활한 의사소통을 해야 한다. 이를 위해 전문가와 가족은 서로의 입장을 이해하고 존중해야 한다.

4. 가족 공동체의 보호: 가족이 공유하는 가치와 믿음을 보호해 주며 외부인이 이를 침해하지 않도록 한다. 가족 간의 건전한 상호작용을 촉진할 수 있도록 가족지원이 이루어져야 한다.
5. 가족 기능의 강화: 가족의 능력과 가능성을 촉진한다. 이를 위한 중재로는 가족의 취약점을 강화하기보다는 가족의 강점을 촉진시킨다.
6. 적극적인 서비스의 실천: 가족을 강화하기 위해 제공자 중심이 아닌 소비자 중심의 프로그램을 제공해야 한다.

2. 특수아동과 가족

1) 부모의 역할

(1) 어머니 역할

어머니는 자녀의 양육과 성장에 직접적인 영향을 주는 대상이자 애착의 대상이다. 임신에서부터 출산 이후에 이르기까지 아기에게 영양분을 공급함으로써 아이를 성장 · 발육시키고, 촉각 자극을 비롯한 정서적 유대를 통해 강한 애착을 형성한다. 어머니와 자녀의 애착은 안정애착, 회피애착, 저항애착, 혼란애착이라는 4가지 유형으로 구분할 수 있는데(정옥분, 2011 재인용), 특히 초기에 형성되는 애착관계는 이후 부모-자녀관계나 자녀의 정서 발달에 장기적인 영향을 미치게 되며, 이후 사회성 발달에까지 큰 영향을 주는 요인이 된다(정옥분, 정순화, 2008).

(2) 아버지 역할

어머니가 자녀와의 관계에 있어 정서적인 역할을 담당한다면 아버지는 경제적인 측면이나 규칙이나 규범, 사람과의 관계형성 등 사회적 기능을 담당한다고 볼 수 있다. 즉, 과거의 아버지는 가족들의 부양을 책임지며 자녀들에게 사회적 규범을 가르치고, 성역할 모델이 되는 사람으로 여겨졌다. 어머니와 마찬가지로 자녀와 아버지와의 관계형성 역시 출생 직후가 결정적인 시기라 할 수 있지만 그들의 상호작용 형태에서는 이처럼 차이를 보였다. 하지만 오늘날에는 아버지도 어머니와 같이 아이를 양육하며 애착을 형성할 수 있는 존재로 재조명되고 있다.

따라서 아버지의 양육 참여는 아동의 학업 성취능력, 사회적 유능감, 정서적 행복감과 인지발달에 영향을 미칠 수 있다. 특히 아버지의 가정 내 양육 방식과 남성으로서의 역할은 남아의 성역할 수행능력뿐만 아니라 여아의 성역할 수행능력에까지 영향을 미치며 이러한 각 역할에 대한 아버지의 인정과 격려는 아동의 자아개념 발달에도 영향을 미치게 된다(유효순, 지성애, 2004).

2) 특수아동이 가족에게 미치는 영향

특수아동의 출생은 가족 구성원 모두에게 긍정적이든 부정적이든 많은 영향을 미친다. 특히 자녀의 장애를 수용하기 전까지는 긍정적인 면보다는 부정적인 면이 많이 부각되는데, 가족 구성원 각 사람이 장애자녀 혹은 장애형제자매로 인하여 스트레스를 경험하기도 한다. 최민숙(2009)은 이러한 스트레스 요소를 현실적인 문제와 심리적인 문제의 2가지로 제시하고 있다. 먼저 현실적인 문제로는 장애자녀를 먹이고, 입히며, 씻기는 등 신변자립 관련 문제와 문제행동이나 건강으로 인한 잦은 병원 진료 등으로 인한 경제 부담 문제를 들 수 있다. 둘째, 심리적 문제로는 자녀의 장애나 장애로 인해 나타나는 외형적인 문제들을 잘 수용하지 못하고, 수용하지 못한 상태에서 일상을 함께 해야 한다는 책임감과 부담감이 심리적 갈등으로 나타나게 된다는 문제를 들 수 있다. 이러한 여러 가지 부정적인 영향은 결국 가정 내 문제를 일으키는 원인으로 작용하게 된다.

(1) 부모에게 미치는 영향

장애자녀는 어머니나 아버지 모두에게 영향을 미친다. 특히 어머니는 주로 자녀의 양육, 치료, 교육과 같이 아동의 일상에 직접적으로 개입되어 있기 때문에 육체적인 피로와 정신적인 스트레스를 아버지보다 많이 경험한다. 그리고 대개의 경우에 아버지는 자녀에게 소요되는 경비를 부담해야 한다는 경제적 부담과 함께 자녀를 사회에 드러내는 것에 두려움을 느끼는 등의 심리적 갈등을 겪는다.

① 현실적 문제

특히 중도 · 중복장애를 가진 아동의 부모는 다음과 같은 현실적인 문제를 안고 있다. 장애자녀의 신체적 기능 제한으로 인해 육체적인 피로가 많고, 많은 관련 서비스(예, 물리치료, 작업치료, 언어치료 등과 같은 치료지원, 보조공학기기 등과 같은 설비 제공 등)가 요구되기 때문에 이로 인한 경제적 부담과 함께 자신을 위해 투자할 수 있는 시간이 부족하게 된다. 이는 다른 가족 구성원(예, 배우자, 비장애형제자매 등)에게 불만의 요소가 될 수 있으며, 주 양육자 자신에게는 사회적 고립을 겪게 하는 원인이 될 수 있다. 또한 장애자녀가 나타내는 부적응행동에 대한 대처가 미숙하여 자녀와 긍정적인 관계를 형성하기 어려울 수 있으며, 취학에서부터 취업, 결혼에 이르기까지 자녀의 미래에 대한 고민들이 늘 스트레스의 원인이 될 수 있다

② 심리적 문제

장애자녀의 부모는 자녀로 인한 여러 가지 스트레스 때문에 우울증을 비롯하여 많은 정신과적 문제 및 심리적 문제를 겪을 수 있다. 특수아동 부모의 심리를 3가지로 제시하면 다음과 같다(유안진, 김연진, 2003 재인용).

첫째, 현실을 거부하는 태도로서 신경증적 상태, 부정과 투사의 방어기제, 그리고 거부 또는 과잉보호와 같은 아동에 대한 부정적 양육태도를 갖는다.

둘째, 자기곤경의 원인에 대하여 타인에게 비난을 투사함으로써 부모 자신의 행동과 태도 책임을 전가시켜 아동에 대한 건전한 태도 형성을 저해하고 장애자녀를 자기불완전의 산물로 보아 세상으로부터 숨기려 하여 특수아동의 정상적인 사회 경험을 막는다.

셋째, 자신으로 인해 자녀가 장애가 되었다고 생각하여 장애자녀에 대한 죄의식을 나타내고, 이러한 죄의식은 장애자녀의 보호에 커다란 영향을 주게 된다. 또한 부모는 장애자녀를 사랑할 수 있기 이전에 열망했던 건강한 자녀의 손실에 가슴 아파함으로써 장애 발견에서부터 수용에 이르기까지 아동에 대한 부모의 역할 및 태도에 부정적인 관계를 형성하게 한다.

한편 Levinson은 장애자녀의 부모는 다음의 7단계로 심리적 변화를 겪는다고 보았다(여광응, 박대용, 이점조, 추연구, 2003).

첫째는 충격의 단계로, 자녀에게 장애가 있다는 사실을 처음 알았을 때 느끼는 심리 상태다. 이는 가까운 가족이나 친지, 이웃 등이 죽었을 때와 느끼는 슬픔과 비탄의 기분과 비슷하다.

둘째는 불신과 부정의 단계로, '설마 내 자식이 그런 장애를 가지고 있을까?' 하는 심리적 거부와 장애 증상 자체를 부인하려고 하는 과정이다. 이때 부모는 여러 곳, 여러 사람을 찾게 되며 모든 방법을 총동원하여 사실 여부를 재확인해 보려고 한다.

셋째는 수치의 단계로, 내 자녀에게 장애가 있다는 사실을 무척 창피해하고 수치스럽게 여기는 단계다.

넷째는 죄책감과 책임감의 단계로, 전생의 업보나 죄값 때문에 자기 자녀가 장애를 입은 것으로 여기게 되는 단계다. 장애자녀에 대한 애증이 교차하는 시기라고 할 수 있으며, 자녀가 측은해 보이기도 하고 때로는 미워지는 경우가 많아지기도 한다.

다섯째는 우울과 질투의 단계로, 어쩔 수 없이 받아들여야 되는 상황에서 우울이나 상심을 경험하게 되면서 심한 우울 속에 빠지게 되는 단계다. 이때 부모들은 자녀를 포기하거나 무관심한 상태로 방치해 버리는 경향이 있다. 또 장애자녀를 가진 괴로움과 열등감이 비장애자녀를 가진 부모에 대한 시기심으로 나타나기도 한다.

여섯째는 배척 또는 과보호의 단계로, 장애 정도가 심하면 심할수록 배척 또는 과보호의 정도도 정비례하게 된다. 장애자녀를 평생 뒷바라지해야 하는 심적 · 경제적 부담과 고통이 심한 학대나 배척으로 표출되다가도 어떤 단계가 되면 죄의식을 느끼면서 과잉보호로 돌변하여 장애자녀와 정서적 갈등의 골이 깊어지는 원인을 만들기도 한다.

마지막 일곱째는 적응의 단계로, 앞의 여러 단계 심리 과정을 거쳐 비로소 장애자녀를 가졌다는 사실을 현실로 받아들이고 장애의 문제를 이해하며 특수아동을 내 자녀로 인정하고 새로운 인식을 가지며 긍정적 자세를 취하게 되는 단계다. 이때가 되어야 비로소 특수교육기관의 문을 두드리게 된다.

하지만 모든 부모가 위와 같은 단계를 하나씩 거쳐 적응의 단계에 이르는 것은 아니다. 즉, 부모의 성격, 가족 구성원들 간의 관계, 가족을 둘러싼 환경 체계 등이 영향을 미칠 수 있는데, 이러한 다양한 변인들이 전 단계로 되돌아가게 할 수도 있고, 어떤 단계는 거치지 않고 지나치게 할 수도 있다.

방어기제

방어기제란(defense mechanism) 자신을 지키기 위해 무의식적으로 대처하는 심리적인 적응 방법으로 여광응 등(2003)은 특수아동의 부모가 나타내는 심리적 방어기제를 다음과 같이 제시하고 있다.

■부정(denial)
충격의 단계에서 흔히 일어나는 방어기제로 자녀의 장애 증상을 부인함으로써 일시적이나마 심적 안도감을 얻으려는 것이다.

■투사(projection)
장애의 원인을 적극적으로 규명해 보려는 과정에서 일어나는 방어기제로 장애의 원인이 자기 탓이 아니라 다른 곳에 있다고 생각함으로써 심리적 부담을 다소 덜려는 것이다. 이는 책임 전가의 수단으로 작용하는 방어심리라 할 수 있다.

■합리화(rationalization)
부정이나 투사 등은 장애 증상의 부인, 원인에 대한 책임 전가 등으로 일과성 안정에만 도움이 될 뿐 근본적인 심리적 갈등은 여전히 남아 있게 된다. 이는 결국 장애자녀에 대한 분노와 좌절 또는 거부와 같은 부정적 반응으로 나타나게 되고, 심한 경우 장애자녀를 배척, 학대하며 가족으로부터 먼 곳에 격리시키고자 기숙제 시설을 찾게 되기도 한다. 부모는 이러한 부당한 일들을 극구 정당화, 합리화하려고 애쓰는데, 이를 합리화라 한다.

■반동 형성(reaction formation)
합리화와 상반되는 과잉보호 심리로 장애자녀에 대한 그동안의 심한 거부와 부정적인 태도에 부모 스스로 죄의식을 느끼게 될 때 보상심리가 역으로 작용하게 된다. 즉 장애의 거부와 학대에서 지나친 연민과 동적적인 태도의 과잉보호로 스스로 위안을 얻으려고 한다.

(2) 형제자매에게 미치는 영향

특수아동의 형제자매는 장애형제자매로 말미암아 심리적 스트레스를 비롯하여 많은 측면에서 어려움을 겪을 수 있다. 스트레스는 장애형제자매의 장애 정도가 심할수록 더 클 수 있는데, 그들이 겪는 어려움으로는 먼저 정서적인 문제로, 장애형제자매가 손위일지라도 무엇이든 그들에게 양보해야 하는 경우가 많아 상대적 박탈감이나 장애형제자매보다는 부모의 지속적인 관심을 덜 받게 됨으로써 소외감을 느낄 수 있다. 또한 비장애형제자매에 대한 부모의 과한 기대 때문에 부담감을 가질 수 있고, 가족 구성원과 함께 보내는 시간이 적으므로 그들이 발달 과정에서 느끼는 고민을 제때에 해결하지 못하여 일탈이나 우울을 경험하기도 한다. 특히 장애형제자매가 중도·중복장애일 경우 부모가 장애형제자매를 돌보지 못하는 상황이 되었을 때 자신이 그들을 대신 돌봐야 한다는 무거운 책임감과 함께 피곤한 부모를 도와주어야 하기 때문에 육체적 고통도 겪을 수 있다.

하지만 모든 특수아동의 형제자매가 이러한 부정적인 스트레스만을 경험하는 것은 아니다. 김지연(2006)은 그의 연구에서 비장애형제자매를 가진 아동보다 장애형제자매를 가진 아동이 신체 외모나 친구관계에 있어서 자아개념이 더 높았다고 밝히고 있다. 이처럼 장애형제자매에 대한 비장애형제자매의 태도는 적대감과 당황을 나타내는 부정적인 감정을 가질 수도 있고, 수용과 지지의 긍정적인 태도를 보일 수도 있다. 하지만 일반적으로는 비장애형제자매는 장애형제자매에 대해 부정적인 감정과 긍정적인 감정의 양면을 동시에 가지고 있다(박재국, 강대옥, 김영미, 2011)고 볼 수 있다. 단, 비장애형제자매와 장애형제자매 사이의 연령터울이나 그 집안의 분위기 등이 장애형제자매의 태도에 영향을 미치는 변인으로 작용하기도 한다.

장애형제자매에 대한 비장애형제자매의 감정

■적대감

비장애형제자매는 장애형제자매 못지 않게 부모로부터 관심과 사랑을 받아야 함에도 불구하고 충분한 관심을 받지 못하고 소홀이 다루어질 때, 사회적으로 부적절한 방법으로 부모의 관심을 끌려 하거나 장애형제자매와 자신의 가족에 대해 적대감을 가질 수 있다. 이러한 감정은 흔히 경험할 수 있는 것이지만 부모나 비장애형제자매 당사자조차 이 감정에 대해 당혹감을 느끼기도 한다.

■분노

분노도 자신에 대한 부모의 관심 부족과 장애형제자매에 대한 부모의 관심 집중으로 인해 느끼는 감정이다. 장애형제자매로 인해 가족 외출이 자유롭지 못하거나 장애형제자매 교육과 치료로 인한 재정적 어려움, 그들을 돌보아야 한다는 책임감 등으로 인해 비장애형제자매는 때때로 장애형제자매가 사라지거나 사망하기를 바랄 수 있다.

■죄의식

장애형제자매에 대한 부정적인 감정을 느끼면서 동시에 이로 인한 죄의식을 경험하기도 한다. 또한 자신이 장애형제자매에 비해 건강함을 행운으로 여기는 동시에 죄책감을 느끼기도 한다.

■두려움

어린 형제자매는 자신도 같은 장애를 입게 될 것을 두려워하고 나이가 들면서는 자신의 2세가 같은 장애를 가지지 않을까 두려워하기도 한다. 또한 부모가 더 이상 장애형제자매를 돌보지 못할 때 자신에게 그 책임이 올 것을 염려하게 된다.

■당혹감

장애형제자매와 함께 공공장소에 갈 때, 친구들에게 장애형제자매에 관해 이야기할 때, 친구를 집에 데려왔을 때 등 여러 상황에서 당혹스러운 감정을 경험하고 이로 인해 수치심을 느끼기도 한다. 특히 장애형제자매가 예측불가능한 행동을 하고 문제행동을 보일 때 더욱 그러하다. 장애형제자매가 자라면서 행동 통제가 더 어려워지고 외견상 호감을 주지 못할 때 당혹감은 더욱 커질 수 있다.

출처: 박재국, 강대옥, 김영미(2011).

3) 장애자녀에 대한 바람직한 부모의 태도

장애자녀의 부모는 그들을 낳아 기르는 동안 다양한 심리적 상태를 경험하기도 하고, 여러 단계의 심리적 과정을 겪기도 한다. 하지만 장애자녀를 건강하게 양육하기 위해서는 부모가 가져야 할 몇 가지 태도가 있는데, 유안진과 김연진(2003)이 제시한 바람직한 부모의 태도 7가지를 재구성하여 제시하면 다음과 같다. 첫째, 부모는 될 수 있는 한 빨리 전문가와 상담을 해야 하며, 전문가의 진단 결과에 따라야 한다. 사실을 있는 그대로, 그리고 긍정적으로 빨리 받아들일수록 장애자녀에게 더 나은 길이 모색될 수 있다. 둘째, 부모는 죄책감이나 치욕감에서 빨리 벗어나야 한다. 부모의 이런 부정적인 감정은 결국 심리적인 갈등의 원인이 되며, 심리적 갈등은 불화와 불안, 열등의식을 조장하게 된다. 셋째, 부모는 자녀에게 능력 이상의 것을 요구해서는 안 된다. 장애를 가진 자녀는 결코 정상 아동과 같을 수 없으며 그들을 위한 교육도 자녀를 비장애로 만드는 것이 아님을 깨달아야 한다. 넷째, 부모뿐 아니라 온 가족이 일관성 있는 태도로 장애자녀를 대해야 한다. 일관성 있는 태도는 장애자녀의 문제행동을 줄일 수 있으며 교육 효과의 극대화를 가져올 것이다. 다섯째, 자녀에게 칭찬을 아끼지 말고 항상 애정으로 대해야 한다. 하지만 무조건적인 칭찬은 지양해야 한다. 칭찬은 장애자녀의 자존감을 높여 줄 것이지만 무조건적인 칭찬은 자녀의 잘못된 행동을 지속시키는 원인이 될 수 있다. 여섯째, 인내심을 가지고 자녀를 대해야 한다. 조급한 기대를 가지거나 성급히 결과를 기대하면 모든 면에서 서툴고 느린 장애자녀에게 긴장감을 줄 수 있으며 결국 그들의 발달을 더디게 하는 결과를 초래할 수 있다. 일곱째, 자녀를 위해서 무엇을 해야 할 것인가를 생각해야 한다. 부모는 다른 가족 구성원과 협력하여 장애자녀를 위해 할 수 있는 일을 강구해야 하며, 장애자녀에게 제공할 수 있는 최상의 서비스를 모색해야 한다.

4) 장애인 등에 대한 특수교육법상의 보호자의 권리와 책임

우리나라 장애인 등에 대한 특수교육법(2007)에는 장애학생 보호자의 권리와 관련된 법 조항들이 다수 있다. 이를 제시하면 다음과 같다.

장애학생 보호자의 권리와 관련된 법 조항

장애인 등에 대한 특수교육법

- 제9조(특수교육대상자의 권리와 의무의 안내) 국가 및 지방자치단체는 제15조 제1항 각 호의 장애를 가지고 있는 자를 알게 되거나 제15조에 따라 특수교육대상자를 선정한 경우에는 2주일 이내에 보호자에게 해당 사실과 의무교육 또는 무상교육을 받을 권리 및 보호자의 권리 · 책임 등을 통보하여야 한다.
- 제14조(장애의 조기발견 등) ③ 보호자 또는 각급 학교의 장은 제15조 제1항 각 호

에 따른 장애를 가지고 있거나 장애를 가지고 있다고 의심되는 영유아 및 학생을 발견한 때에는 교육장 또는 교육감에게 진단 · 평가를 의뢰하여야 한다. 다만 각급학교의 장이 진단 · 평가를 의뢰하는 경우에는 보호자의 사전동의를 받아야 한다.

④ 교육장 또는 교육감은 제3항에 따라 진단 · 평가를 의뢰받은 경우 즉시 특수교육지원센터에 회부하여 진단 · 평가를 실시하고, 그 진단 · 평가의 결과를 해당 영유아 및 학생의 보호자에게 통보하여야 한다.

- 제16조(특수교육대상자의 선정 절차 및 교육지원 내용의 결정) ③ 교육장 또는 교육감은 특수교육지원센터로부터 최종 의견을 통지받은 때부터 2주일 이내에 특수교육대상자로의 선정여부 및 제공할 교육지원 내용을 결정하여 부모 등 보호자에게 서면으로 통지하여야 한다.

  ④ 제1항에 따른 진단, 평가의 과정에서는 부모 등 보호자의 의견 진술의 기회가 충분히 보장되어야 한다.
- 제17조(특수교육대상자의 배치 및 교육) ② 교육장 또는 교육감은 제1항에 따라 특수교육대상자를 배치할 때에는 특수교육대상자의 장애 정도, 능력, 보호자의 의견 등을 종합적으로 판단하여 거주지에서 가장 가까운 곳에 배치하여야 한다.
- 제18조(장애영아의 교육지원) ① 만 3세 미만의 장애영아의 보호자는 조기교육이 필요한 경우 교육장에게 교육을 요구할 수 있다.
- 제19조(보호자의 의무 등) ① 특수교육대상자의 보호자는 그 보호하는 자녀에 대하여 제3조 제1항에 따른 의무교육의 기회를 보호하고 존중하여야 한다.
- 제22조(개별화교육) ① 각급 학교의 장은 특수교육대상자의 교육적 요구에 적합한 교육을 제공하기 위하여 보호자, 특수교육교원, 일반교육교원, 진로 및 직업교육 담당 교원, 특수교육 관련 서비스 담당 인력 등으로 개별화교육지원팀을 구성한다.
- 제28조(특수교육 관련 서비스) ① 교육감은 특수교육대상자와 그 가족에 대하여 가족상담 등 가족지원을 제공하여야 한다.
- 제36조(고등학교 과정 이하의 심사청구) ① 특수교육대상자 또는 그 보호자는 다음 각 호의 어느 하나에 해당하는 교육장, 교육감 또는 각급 학교의 장의 조치에 대하여 이의가 있을 때에는 해당 시 · 군 · 구특수교육운영위원회 또는 시 · 도특수교육운영위원회에 심사청구를 할 수 있다.

  ⑥ 심사 결정에 이의가 있는 특수교육대상자 또는 그 보호자는 그 통보를 받은 날부터 90일 이내에 행정심판을 제기할 수 있다.

장애인 등에 대한 특수교육법 시행령

- 제6조(중앙특수교육운영위원회 구성 · 운영) ④ 위촉위원은 다음 각 호의 어느 하나에 해당하는 사람 중에서 위원장이 위촉한다. 1. 특수교육교원 자격이 있는 사람으로서 7년 이상 특수교육대상자를 교육하거나 교육하였던 사람. 2. 특수교육대상자의 학부모 또는 보호자로서 특수교육 분야에서 활동하거나 활동 경험이 있는 사람
- 제9조(장애의 조기발견 등) ③ 교육장 또는 교육감은 선별검사를 한 결과 장애가 의심되는 영유아 등을 발견한 경우에는 병원 또는 의원에서 영유아 등에 대한 장애진단을 받도록 보호자에게 안내하고 상담을 하여야 한다.

  ④ 교육장 또는 교육감은 선별검사를 받은 영유아 등의 보호자가 법 제15조에 따른 특수교육대상자로 선정받기를 요청할 경우 영유아 등의 보호자에게 영유아 등의 건강검진 결과 통보서 또는 진단서를 제출하도록 하여 영유아 등이 특수교육대상자에 해당하는지 여부를 판단하기 위한 진단 · 평가를 하여야 한다.

  ⑤ 교육장 또는 교육감은 제3항에 따라 진단 · 평가한 결과 영유아 등에게 특수교육이 필요하다고 판단되면 보호자에게 그 내용과 특수교육대상자 선정에 필요한 절차를 문서로 알려야 한다.
- 제14조(취학 의무의 유예 또는 면제 등) ① 특수교육대상자의 보호자가 법 제19조제2항에 따라 특수교육대상자의 취학의무를 유예받거나 면제 받으려는 경우에는 관할 교육감 또는 교육장에게 취학의무의 유예 또는 면제를 신청하여야 한다.

  ② 제1항에 따른 신청을 받은 교육감 또는 교육장은 법 제10조 제1항에 따른 관할 특수교육운영위원회의 심의를 거쳐 특수교육대상자의 등 · 하교 가능성, 순회교육 실시 가능성 및 보호자의 의견 등을 고려하여 면제 또는 유예를 결정한다. 이 경우 유예기간은 1년 이내로 하고, 유예기간을 연장하려는 경우에도 관할 특수교육운영위원회의 심의를 거쳐야 한다.

  ③ 취학의무를 면제 또는 유예받은 사람이 다시 취학하고자 하는 경우 그 보호자는 교육감 또는 교육장에게 취학을 신청하고, 그 신청을 받은 교육감 또는 교육장은 관할 특수교육운영위원회의 심의를 거쳐 취학 여부를 결정하여야 한다.
- 제23조(가족지원) ① 법 제28조 제1항에 따른 가족지원은 가족상담, 양육상담, 보호자 교육, 가족지원프로그램 운영 등의 방법으로 한다.

  ② 제1항에 따른 가족지원은 건강가정기본법 제35조에 따른 건강가정지원센터, 장애인복지법 제58조에 따른 장애인복지시설 등과 연계하여 할 수 있다.
- 제27조(통학지원) ① 교육감은 각급 학교의 장이 법 제28조 제5항에 따른 통학지원

을 원활하게 할 수 있도록 통학차량을 각급 학교에 제공하거나 통학지원이 필요한 특수교육대상자 및 보호자에게 통학비를 지급하여야 한다.

장애인 등에 대한 특수교육법 시행규칙

- 제4조(개별화교육지원팀의 구성 등) ④ 각급 학교의 장은 매 학기마다 개별화교육계획에 따른 각각의 특수교육대상자의 학업성취도 평가를 실시하고, 그 결과를 특수교육대상자 또는 그 보호자에게 통보하여야 한다.
- 제8조(고등학교과정 이하의 심사청구 결과 통보 등) ① 특수교육대상자, 그 보호자 또는 각급 학교의 장이 심사청구를 할 때에는 별지 제6호 서식에 따른 심사청구서를 해당 시 · 군 · 구특수교육운영위원회 또는 시 · 도특수교육운영위원회에 제출하여야 한다.

이상에서 보는 바와 같이 특수아동 부모는 장애의 진단에서부터 지원에 이르기까지 법적으로 그 권리를 보장받고 있음을 알 수 있다. 즉, 장애의 진단 및 평가에 있어서는 보호자의 사전동의를 받도록 하고 있으며, 진단 · 평가 결과에 따른 교육지원 내용도 보호자에게 통지하도록 하고 있다. 그리고 진단 · 평가 과정에서 부모는 자신의 의견을 진술할 수 있는 기회가 있으며, 심사 결정에 이의가 있을 경우 행정심판도 제기할 수 있다. 또한 개별화교육지원팀이나 중앙특수교육운영위원회의 구성원도 될 수 있다.

한편 미국 장애인교육법(IDEA)에서도 부모의 권리와 책임을 명시하고 있는데, 즉 평가팀의 한 구성원이 될 권리, 평가보고서와 특수교육 적격성 또는 비적격성에 대한 사본의 소지 권리, 그들이 시작하고 제공한 정보들에 대하여 평가팀에 제출할 권리, 아동의 특수교육 적격성에 대해 결정하는 목적으로 더 이상 추가 정보가 필요하지 않다는 것을 보고받을 권리, 아동이 계속 특수교육 적격성을 가지고 있는지 결정하기 위해 진단을 요구할 권리, 학생 평가를 위한 첫 의뢰나 평가 또는 개별화교육계획(Individualized Education Plan; IEP) 회의가 있을 때, 또는 지역교육청이 아동의 IDEA상 권리를 침해한 것에 대해 고소할 경우 문서로 보고받을 수 있는 권리 등이 있다(Snell & Brown, 2006).

5) 특수아동 가족의 스트레스

특수아동 가족은 장애를 가진 아동을 양육하는 데 있어 여러 요인의 영향을 받는다. 이러한 요인들은 가족이 느끼는 스트레스 수준에 영향을 미치게 되는데, 영향을 주는 요인들을 가족이 통제하거나 조절할 수 있다면 그들이 느끼는 전반적인 스트레스 수준은 경감될 것이며, 결국 가족의 기능을 강화시켜 자녀 성장에 긍정적인 영향을 주게 될 것이다. 이처럼 스트레스라는 개념을 가족이라는 장(場)에 적용한 모델(노진아 외, 2011)에는 대표적으로 ABCX 모델과 Double ABCX 모델이 있다.

(1) ABCX 모델

Hill(1958)이 제시한 ABCX 모델에서는 특수아동 가족이 느끼는 스트레스와 대처에 대해 다음과 같이 설명하고 있다(노진아 외, 2011; 박원희, 장진섭, 하미경, 2003).

A–사건의 특성
B–위기에 대처할 수 있는 가족자원
C–사건에 대해 느끼는 가족의 지각 및 판단
X–가족의 위기

ABCX 모델에 따르면, 스트레스를 유발하는 사건(A)은 사건에 대처할 수 있는 가족자원(B) 및 그 사건에 대해 느끼는 가족 구성원의 지각이나 판단(C)과 상호작용하여 위기 상황(X)을 초래한다. 즉, A, B, C는 상호작용하여 X의 출현여부와 그 성격을 결정하게 되는데, 이때 A는 가족 내·외부에 존재하며 B(예, 가족의 적응력, 응집력, 과거의 위기 극복 경험 등)와 C는 가족 내부에 있다. 여기서 우리가 주목해야 할 점은 스트레스를 발생시키는 사건(A)이 반드시 가족의 위기(X)를 가져오는 것은 아니라는 점이다. 즉, B와 C의 개입을 통해 가족은 스트레스를 극복할 수도 있는데, 이는 결국 가족지원의 방향을 설정하는 데 중요한 역할을 할 수 있다.

(2) Double ABCX 모델

McCubbin과 Patterson(1983)은 힐(Hill)의 ABCX 모델을 기초로 하여 double ABCX 모델을 제안했다(노진아 외, 2011; 최민숙, 2009). 즉, 그들은 ABCX 모델에 새로운 자원의 개발과 사건에 대한 재인식을 더하였는데, 가족은 누적된 스트레스(aA)를 극복하기 위해 기존에 가지고 있던 자원(B)과 새로운 자원(bB)을 개발하게 되고, 스트레스에 대해 기본적으로 느끼는 가족의 지각 및 판단(C)과 그 상황에 대해 가족들이 재인식(cC)함으로써 스트레스에 성공적으로 적응할 수도 있고 그렇지 못할 수도 있다는 것이다. 이 모델 역시 ABCX 모델과 마찬가지로 스트레스가 되는 사건이 반드시 위기 상황을 초래하는 것은 아니며, 가족이 가지고 있는 자원과 스트레스를 어떻게 지각하고 판단하여 대처하는가에 따라 가족의 적응 여부가 결정됨을 시사한다.

3. 가족지원 모델

과거에는 가족을 아무것도 할 수 없는 무능력한 존재로 인식하여 그들이 가지고 있는 능력이나 잠재력은 전혀 고려의 대상이 되지 못했다. 하지만 오늘날 가족은 그들 자신의 문제를 해결할 수 있는 능력 있는 존재로 재인식되고 있는데, 이러한 흐름과 관련하여 Dunst 등(1991)은 다음의 4가지로 가족지원 모델을 설명하고 있다(국립특수교육원, 2009; 이소현, 2003).

1) 전문가-중심 모델

전문가-중심 모델(professional-centered model)은 전문가가 통제하는 모델로, 가족은 자신의 문제를 해결함에 있어 기능적이지 못하고 무능력한 존재인 반면 전문가는 전문성을 제공하는 유일한 대상이다. 따라서 전문가의 관점에서 가족의 욕구가 결정되며, 가족은 그들의 문제를 해결하기 위해 전문가의 개입을 반드시 필요로 한다.

2) 가족-제휴 모델

가족-제휴 모델(family-allied model)은 가족 협동 모델로, 가족을 전문가의 협력자로 본다. 따라서 가족들은 교사로서 역할은 할 수 있지만 전문가들에 의해 미리 계획된 프로그램만 실행할 수 있다. 또한 가족의 삶이 변화되기 위해서는 전문가의 교육과 보호가 전제되어야 한다.

3) 가족-초점 모델

가족-초점 모델(family-focused model)은 가족을 좀 더 긍정적으로 인식한 모델로, 전문가와 협력할 수 있는 능력 있는 존재로 본다. 하지만 전문가의 조언과 지도는 여전히 필요한데, 대부분의 전문가들은 가족들이 전문적인 보조를 받아야만 한다고 생각한다.

4) 가족-중심 모델

가족-중심 모델(family-centered model)은 가족이 이끄는 모델로, 가족을 생태학적인 체계 내 하나의 구조로 바라보는 견해에 의해 더욱 강조되고 있다. 이 모델에서 가족은 서비스 전달체계의 중심적인 역할을 한다. 따라서 가족의 강점과 잠재력을 사정하며 가족의 의사결정을 중시한다. 가족지원은 가족의 선택적인 결정에 의해 이루어지며, 가족은 원조의 대상자인 동시에 원조에 활용되는 도구이지만 전문가 개입의 실제 목적은 가족능력 강화에 있다.

4. 가족사정

1) 가족사정

가족사정은 전문가와 부모와의 협력관계를 개선할 뿐만 아니라 가족에 대한 서비스의 질을 높이는 데도 중요한 역할을 한다(노진아 외, 2011). 특히 가족-중심 형태로 서비스를 제공하기 위해서는 전문가들이 다음의 3가지 측면을 진단할 필요가 있다(이소현, 2003 재인용). ① 가족은 자녀와 관련된 의사결정 과정과 교육 서비스 제공 시 어떤 역할을 수행하기를 원하는가? ② 가족이 원하는 교육 서비스는 무엇인가? ③ 가족 구성원들은 교육 서비스와 부모와 교사 간 관계형성에 대해 어떻게 생각하고 있는가?

한편 가족사정은 가족의 자원, 우선순위, 관심이라는 3가지 영역에서 이루어질 수 있는데(Sattler & Hoge, 2006), 다음 내용은 교사에 의한 가족사정 시 고려해야 할 사항에 대해 설명한 것이다(노진아 외, 2011).

- 다양한 방법(예, 면담, 검사 및 질문지, 관찰 등)을 통해서 가족사정을 실시해야 한다.
- 가족사정과 중재의 연계성에 대해서 고려해야 한다.
- 가족사정은 여러 가지 요인(예, 검사도구의 목적, 전문가 의견 등)에 따라 그 시기를 달리할 수 있기 때문에 가족사정 시기를 고려해야 한다.
- 가족사정에 대해 책무성을 가져야 한다.
- 가족과의 견해 차이에 대해 인지하고 있어야 한다.
- 다양한 가족의 문화를 고려해야 한다.
- 가족사정의 도구와 방법을 점검해야 한다.

2) 생태학적 이론

Bronfenbrenner가 제시한 생태학적 이론(ecological theory)은 지금까지 관심 영역 밖에 있던 특수아동 가족에 대한 관심을 불러일으킨 이론으로(최민숙, 2002), 다양한 환경의 역할과 그것이 개인과 가정의 기능에 어떻게 영향을 주는가에 초점을 두고 있다. 이 이론은 아동을 중심에 두고 그를 둘러싼 다양한 환경으로 미시체계, 중간체계, 외체계, 거시체계, 시간체계가 있다고 설명한다(유효순, 지성애, 2004; 정옥분, 2011; 정옥분, 정순화, 2008). 먼저 미시체계(microsystem, 소구조)는 개인에게 가장 직접적인 영향을 주는 근접 환경으로, 가족, 또래, 학교, 이웃을 예로 들 수 있으며 아동의 성장에 따라 변할 수 있는 체계다. 둘째, 중간체계(mesosystem, 중간구조)는 미시체계들 간의 관계로, 예를 들어 형제관계, 또래관계, 이웃 사람과의 관계, 부모와 선생님과의 관계 등이 있는데, 미시체계들 간의 관계가 밀접할수록 아동 발달은 잘 이루어진다. 셋째, 외체계(exosystem, 외부구조)는 아동에게 직접 관여하지는 않지만 지속적으로 영향을 주는 체계로 정부, 지역사회시설, 대중매체 등이 포함된다. 넷째, 거시체계(mecrosystem, 대구조)는 지금까지의 모든 체계와 함께 아동을 둘러싼 문화적 환경까지 포함한다. 여기에는 신념, 행동양식, 관습 등이 있으며 아동의 삶에 직접적인 개입을 하지는 않지만 매우 강력한 영향을 끼치는 체계다. 다섯째, 시간체계(chronosystem)는 전 생애에 걸쳐 나타나는 사건과 변화, 사회역사적인 환경을 포함한다. 아동은 성장함에 따라 보다 많은 체계의 영향을 받게 되고 그 관계도 복잡해지게 된다.

5. 개별화가족서비스계획

가족을 전문가가 치료하거나 적극적으로 개입해야 할 수동적이고 나약한 존재로 여기던 1970년대를 지나 1980년대로 들어서면서 가족은 장애영유아 교육에 있어 중요한 대상으로 인식되기 시작하였다. 그리고 1980년대 중반, 그들을 위한 서비스가 법적으로 제도화되었고, 이를 계기로 개별화가족서비스계획(Individualized Family Service Planning; IFSP)이 탄생하게 되었다. 장애를 지녔거나 장애의 위험에 처해 있는 영유아를 조기에 발견하여 지원하기 위한 목적으로 만들어진 개별화가족서비스계획은 생후부터 만 3세 미만의 영유아와 가족을 대상으로 한다는 점에서 개별화교육계획(Individualized Education Plan; IEP)과 차별화된다. 하지만 현재는 만 5세까지의 유아들에게도 적용할 수 있도록 규정하고 있는 주들도 있다.

1) 개별화가족서비스계획에 포함되어야 할 내용

IDEA(1997)는 개별화가족서비스계획에 포함되어야 할 내용으로 다음 사항을 제시하고 있다(박원희 외, 2003; 이소현, 2003).

- 유아의 현재 발달 수준에 관한 진술(예, 신체발달, 인지발달, 의사소통 발달, 사회성 발달, 정서 발달, 적응행동 발달 등)
- 유아의 발달과 관련된 가족의 자원, 우선순위, 관심에 관한 진술
- 유아와 가족이 성취하게 될 주요 결과에 대한 진술, 그리고 결과나 서비스의 수정이 필요한지를 결정하기 위해 요구되는 기준, 절차, 시간 등에 대한 진술
- 유아와 가족의 독특한 요구를 충족시키기 위해 필요한 조기중재 서비스에 관한 진술(서비스 빈도, 강도, 방법 등을 포함)
- 조기중재 서비스가 적절하게 제공될 자연적인 환경에 관한 진술 혹은 서비스가 자연적인 환경에서 제공되지 않을 경우 그 정당성에 대한 설명
- 서비스 시작일과 서비스 지속 기간에 대한 계획
- 서비스 조정자(service coordinator)에 대한 명시
- 다른 프로그램으로의 전이 지원 계획

한편 앞에서 언급하고 있는 '가족의 자원'이란 가족이 가진 장점, 능력 등을 의미하며, '가족의 우선순위'란 가족이 가장 우선적으로 지원받고 싶어 하는 영역을, 마지막으로 '가족의 관심'이란 가족의 요구나 쟁점, 문제 등을 의미한다. 이러한 것들은 가족의 요구를 충족시키고 목적을 달성하기 위해 활용된다.

2) 개별화가족서비스계획 과정

개별화가족서비스계획은 다음의 5단계를 거쳐 시행된다(이병인, 2004).

- 1단계 첫 접촉과 적격성 판정을 위한 선별: 첫 접촉에서 가족과 전문가는 서로 긍정적인 관계를 형성해야 한다. 이를 기반으로 전문가는 가족의 관심, 우선순위 및 자원을 찾아내며 결정 과정에 가족을 참여시킨다. 그리고 개별화가족서비스계획의 전 과정에 가족이 얼마나 관여하기를 원하는지도 결정한다. 한편 아동의 발달 영역(예, 신체, 인지, 의사소통, 사회성, 정서, 적응행동)을

토대로 서비스의 적격성을 판정하게 되는데, 이때 전문가와 가족의 협력이 필요하다.

- 2단계 가족의 자원, 우선순위, 관심 및 아동의 강점과 요구에 관한 사정: 이 단계에서 가족은 능동적으로 역할을 수행해야 하며, 전문가는 가족의 참여를 유도해야 한다.
- 3단계 프로그램 개발: 개별화가족서비스계획 문서 개발이 의뢰된 지 45일 내에 프로그램 개발을 위한 모임이 이루어져야 한다. 이때 가족에게 기대되는 주요 목표가 결정되고 공식적 · 비공식적 자원을 사용하는 서비스 계획이 개발된다. 그리고 서비스 중재자가 선정되는데, 여기서 중요한 점은 사정 작업에 참여한 아동의 부모나 가족, 서비스 중재자와 전문가들은 모든 개별화가족서비스계획 모임과 검토 모임에 참여해야 한다는 것이다.
- 4단계 개별화가족서비스계획 시행 및 감독: 서비스 적격성 판정을 받은 아동과 가족은 개별화가족서비스계획 모임이 있은 후 곧바로 서비스를 제공받게 된다. 서비스 중재자는 조기중재 서비스 전달의 적기를 조정 · 감독하게 되는데 이 과정은 개별화가족서비스계획 과정의 핵심이라 할 수 있다.
- 5단계 개별화가족서비스계획에 대한 검토, 평가 및 전환 계획: 개별화가족서비스계획 검토는 6개월마다, 평가는 1년을 주기로 이루어진다. 가족의 우선순위, 관심 및 의미 있는 중재가 목표 진술에 명시되고 평가되는데, 프로그램 평가에는 자원의 효과적 활용, 전문가 만족도, 가족의 만족도 등을 포함한다. 한편 취학 전 프로그램을 위한 전환계획에서는 배치 및 또 다른 전환 문제와 관련하여 부모훈련이 논의되어야 하는데, 여기에는 새로운 환경에 적응하기 위한 절차 등이 포함된다.

6. 가족강화

가족강화(family empowerment)란 가족들이 원하는 것을 얻는 능력(Turnbull & Turnbull, 2001)을 말한다. 여기에서는 가족강화를 설명함에 있어 가족 역량강화와 가족 탄력성에 대해 설명하고자 한다.

1) 가족 역량강화

역량강화란 사회적인 약자가 자신의 문제와 능력을 정확히 인식하고, 개인적 자원을 개발하며 사회적 자원을 활용함으로써 자신에게 힘을 실어 주는 것을 말한다(노진아 외, 2011 재인용). 이러한 역량강화의 개념을 토대로 가족 역량강화를 정의하면, 가족 역량강화란 가족이 그들의 문제와 능력을 정확히 인식하고 그들의 자원을 개발하며 사회적 자원을 활용함으로써 스스로에게 힘을 실어 주는 것이라 할 수 있을 것이다.

한편 장애학생 가족의 역량강화는 다음과 같이 구분할 수 있다(노진아 외, 2011 재인용).

- 문제, 위기 혹은 스트레스 상황을 자신의 힘으로 극복하여 자율적인 삶을 이끌 수 있게 하는 개인의 능력
- 장애학생 및 그 가족이 불이익이나 편견을 타파하기 위해 법적인 평등과 정의를 위해 노력함으로써 정치적으로 그들의 주장을 관철시키는 능력
- 장애학생 및 그 가족이 자신의 문제에 직접 책임을 지고 스스로 지휘하면서 지식과 능력을 획득하고 자원을 활용하는 자기 결정적 행위 능력
- 장애학생 및 그 가족이 스스로 삶을 조직하고 이끌어 가는 데 유용한 강점과 능력을 발견하고 발전시키며 활용할 수 있는 능력

2) 가족 탄력성

탄력성이란 역경을 성장의 경험으로 이겨내고 앞으로 나아가는 능력(Polk, 1997)을 말한다. 따라서 가족 탄력성(family resilience)이란 역경을 극복하고 자원을 발견하여 유연하게 대처함으로써 스트레스 상황이 야기하는 부정적 영향으로부터 가족을 보호하고 가족 기능을 정상화시켜 가족의 역량을 강화하는 것이라고 볼 수 있다(노진아 외, 2011). 가족 탄력성은 가족의 신념 체계, 가족의 조직 형태, 문제해결 및 의사소통 과정으로 구성되는데, 이 중 신념 체계(belief system)는 가족 탄력성의 핵심 요소로서 가치, 확신, 태도, 편견 등을 포함한다. 조직 형태는

융통성, 연결성, 사회경제적 자원을 포함하며, 마지막으로 문제해결 및 의사소통 과정은 명료성, 개방적인 정서 표현, 상호 협력적 문제해결을 포함한다(Walsh, 1998 재인용).

한편 Walsh(1998)는 가족 탄력성이 다음과 같은 특징을 가지고 있다고 설명한다. 첫째, 가족이 위기에 직면할 때 가족의 균형을 유지하기 위한 보호 요인으로 작용한다. 즉, 가족 탄력성은 평상시에는 잠재되어 있다가 위기가 닥쳐 오면 비로소 표면화되어 가족 체계의 변화를 시도한다. 둘째, 가족 탄력성은 가족이 위기에 처했을 때 단순히 이전 상태로 돌아가는 것만이 아니라 이전보다 더 나은 상태로 돌아갈 수 있다는 것을 포함한다. 셋째, 가족 탄력성은 가족을 병리적인 체계가 아닌 건강한 체계로 보는 시각에서 나온 것이다(노진아 외, 2011 재인용).

학습문제

1. 특수아동이 부모와 형제자매에게 미치는 영향에 대해 설명하시오.

2. 장애인 등에 대한 특수교육법(2007)에서의 장애학생 부모의 권리와 책임에 대한 조항을 제시하고 현장 적용에서의 문제점을 찾아 논하시오.

3. ABCX 모델과 Double ABCX 모델을 비교하여 설명하시오.

4. 가족지원 모델의 4가지 종류에 대해 설명하고, 바람직한 지원 모델에 대해 논하시오.

특수교육대상자 선별검사 및 진단 · 평가 영역

(장애인 등에 대한 특수교육법 제2조 제1항 관련)

<table>
<tr><th colspan="2">구분</th><th>영역</th></tr>
<tr><td colspan="2">장애 조기 발견을 위한 선별검사</td><td>1. 사회성숙도검사
2. 적응행동검사
3. 영유아발달검사</td></tr>
<tr><td rowspan="5">진단 · 평가 영역</td><td>시각장애 · 청각장애 및 지체장애</td><td>1. 기초학습기능검사
2. 시력검사
3. 시기능검사 및 촉기능검사(시각장애의 경우에 한함)
4. 청력검사(청각장애의 경우에 한함)</td></tr>
<tr><td>지적장애</td><td>1. 지능검사
2. 사회성숙도검사
3. 적응행동검사
4. 기초학습검사
5. 운동능력검사</td></tr>
<tr><td>정서 · 행동 장애 자폐성장애</td><td>1. 적응행동검사
2. 성격진단검사
3. 행동발달평가
4. 학습준비도검사</td></tr>
<tr><td>의사소통 장애</td><td>1. 구문검사
2. 음운검사
3. 언어발달검사</td></tr>
<tr><td>학습장애</td><td>1. 지능검사
2. 기초학습기능검사
3. 학습준비도검사
4. 시지각발달검사
5. 지각운동발달검사
6. 시각운동통합발달검사</td></tr>
</table>

비고 : 특수교육대상자 선정을 위한 장애 유형별 진단 · 평가 시 장애인증명서 · 장애인수첩 또는 진단서 등을 참고자료로 활용할 수 있다.

(앞면)

<table>
<tr><td colspan="6">특수교육대상자 진단 · 평가 의뢰서</td></tr>
<tr><td>접수번호</td><td colspan="2">–</td><td colspan="3"></td></tr>
<tr><td rowspan="3">대상자</td><td>성 명
(한자)</td><td colspan="2"></td><td>성별</td><td>남 여</td></tr>
<tr><td>주 소</td><td colspan="4"></td></tr>
<tr><td>소 속</td><td colspan="4"></td></tr>
<tr><td rowspan="2">보호자</td><td>성 명</td><td></td><td>대상자와의 관계</td><td colspan="2">대상자의 (　　)</td></tr>
<tr><td>주 소</td><td></td><td>전화번호</td><td colspan="2"></td></tr>
<tr><td colspan="6">「장애인 등에 대한 특수교육법」제14조 제3항 및 같은 법 시행령 제9조 제4항에 따라 위와 같이 신청합니다.

년　　월　　일

보호자　　　　㉑
(학교장)　　　　㉑

시 · 도교육감(교육장)　귀하</td></tr>
</table>

---------------------------- (절취선) ----------------------------

특수교육대상자 진단 · 평가 의뢰서(고등학교과정 이하) 접수증

접수번호

<table>
<tr><td colspan="2">소속　　　　　　학생명</td><td>성별</td><td>비고</td></tr>
<tr><td colspan="4">위와 같이 접수하였음을 증명함.</td></tr>
<tr><td>접수자</td><td>년　월　일
성명　　　서명</td><td colspan="2">년　　월　　일</td></tr>
<tr><td colspan="4">시 · 도교육감(교육장)　㉑</td></tr>
</table>

(뒷면)

1. 특수교육대상자 진단 · 평가의뢰서 제출 및 처리 절차

보호자의 신청

각급 학교의 장이 신청 → 보호자의 사전 동의

↓

교육감 또는 교육장의 접수

↓

교육감 또는 교육장이 특수교육지원센터로 진단 · 평가 회부 — 즉시

↓

특수교육지원센터에서 진단 · 평가 실시 — 30일 이내

↓

진단 · 평가 결과를 교육감 또는 교육장에게 보고

↓

교육감 또는 교육장은 특수교육대상자 선정 여부 및 교육지원 내용을 결정하여 보호자에게 서면으로 통지 — 2주 이내

↓

교육감 또는 교육장은 해당 특수교육운영위원회의 심사를 거쳐 특수교육대상자를 배치(보호자 의견 수렴) — 즉시

↓ → 보호자 또는 각급학교의 장은 이의 있을 경우 심사청구

해당 특수교육운영위원회는 심사 후 그 결정을 교육감 또는 교육장이나 학교의 장에게 통보 — 30일 이내

↓

심사 결정에 이의가 있는 보호자는 행정심판 제기 — 90일 이내

2. 작성 시 유의사항

(가) 각급 학교의 장이 신청하는 경우 특수교육대상자의 보호자가 작성한 동의서를 첨부할 것.

(나) 접수번호: 시 · 도(하급)교육청에서 부여하므로 지원자는 기재하지 아니함.

(다) 의뢰서의 기재사항을 수정할 때에는 반드시 해당 학교의 장 또는 시 · 도 교육감(고등학교입학자격검정고시 합격자에 한함)의 날인이 있어야 함.

특수교육대상자 진단 · 평가 결과 통지서

교부번호:

특수교육대상자 선정 여부 및 교육지원 내용 등 결정 사항	

성 명: 성 별(남, 여)

주 소:

생년월일: 년 월 일생

현재 소속기관: 학교 부 제 학년 재학(졸업)

「장애인 등에 대한 특수교육법」 제16조 제3항 및 같은 법 시행령 제9조 제5항에 따라 진단 · 평가 결과를 통지합니다.

교부자 서명㊞

년 월 일

시 · 도 교육감(교육장) ㊞

제 3 장 교육과정 편성과 운영

특수학교 순회학급 사례(인천미추홀학교, 2012)

목적

■ 장애인 등에 대한 특수교육법 제25조에 의거하여 장애 정도가 심한 특수교육대상자 중에서 장단기 결석이 불가피한 경우 순회교육 실시
■ 이동이나 운동 기능의 심한 장애로 인하여 각급 학교에서 교육을 받기 곤란하여 복지시설, 의료기관, 또는 가정 등에 거주하는 특수교육대상자의 교육을 위하여 순회교육 실시
■ 일상생활에 필요한 기본 생활 기능의 훈련을 중심으로 잠재능력 계발

운영방침

■ 수업일수는 학생 개인별로 방문교육, 출석교육, 체험교육, 가정교육, 통신교육을 통해 매 학년도 150일 이상 기준으로 한다.
■ 주 4일 방문교육을 통해 개별 학습을 실시한다.
■ 수업의 실제를 위하여 순회교육의 지도 계획을 별도 작성하며 학생의 이수 교과 및 교과의 이수시간 수는 원적학급에 따른다.
■ 학사일정은 본교의 학사일정과 동일하게 실시한다.
■ 장애 정도, 특성을 고려하여 무학년제 편성 운영한다.
■ 학생의 거주지와 가정의 특성에 따라 순회학급을 편성한다.
■ 전입생의 경우는 학생 수가 적은 학급에 우선적으로 배치하되 학생의 거주지에 따라 재배치한다.
■ 학교교육이 가능한 학생은 출석교육을 받을 수 있도록 재선정 · 배치하여 솔빛 교실에서 수업을 실시한다.
■ 솔빛교실 수업을 희망할 경우, 보호자가 학교에 솔빛교실 입급 희망서를 제출하고 진단평가위원회를 걸쳐 학교장의 승인을 얻도록 한다.

평가

■ 다양한 평가 도구와 방법으로 성취도 평가를 한다.
■ 학생의 학습 상황과 특징, 진보 정도 등을 파악하여 서술식으로 평가한다.
■ 학생의 흥미, 태도, 적극성, 창의성 등이 충분히 반영되도록 평가한다.
■ 평가 결과를 교육과정의 적절성 확보와 개선에 활용한다.

3~7월 교육계획안

기간		단원	국어	사회	수학	과학	체육	예술		실과/진로와 직업/직업
월	주		제재	제재	제재	제재	제재	제재(음악)	제재(미술)	제재
3	1	새로운 만남	인사말 바르게 하기	호명에 반응하기	같은 물건 찾기	학용품 다루기	펴기와 굽히기	다양한 소리 듣고 구별하기	색종이 접어 달력 꾸미기	착석하기
	2	새학년	큰 소리와 작은 소리로 발성하기	우리 학교 살펴보기	같은 색깔 찾기	손발 관찰하기	전후, 좌우 돌리기와 휘돌리기	교가 익히기	점으로 표현하기	바른 자세 유지하기
	3	나	내가 잘 하는 일 말하기	자기 물건에 이름 쓰기	같은 모양 찾기	내 얼굴 거울로 비춰 보기	밀기와 당기기	소리 나는 곳에 집중하기	선으로 그리기	눈손 협응능력 기르기
	4	소중한 친구	친구 이름 말하기	친구에 대한 예절	같은 크기 찾기	친구 사진 찾기	여러 가지 스트레칭	친구들의 목소리 듣기	면으로 표현하기	동작 따라 하기
	5	우리 학교	우리 학교 이름 알기	우리 학교 위치 알기	같은 위치 찾기	우리 학교를 대표하는 상징물 찾기	눕기와 앉기 자세 취하기	교가 부르기	마크와 표지판	깨끗하게 청소하기
4	6	봄철의 자연	봄과 관련된 동시	봄철의 모습 알기	블록 수 세기	나무의 이름과 생김새 살펴보기	기어가기	리듬악기의 종류 알기(1)	찍어서 표현하기	모양별로 나누기
	7	봄철의 날씨와 생활	봄철의 모습과 관련된 말 알기	봄에 입는 옷	컵 수 세기	봄철의 날씨와 생활	균형 잡기	노래에 맞춰 4박자 리듬 치기	색 표현하기	재료별로 나누기
	8	봄의 식물과 동물	봄의 식물과 동물 이름 알기	식물이 자라는 모습 표현하기	팩꽂이 수 세기	동물의 이름과 울음소리	길 따라 걷기	리듬악기의 종류 알기(2)	찰흙으로 표현하기	쓰임새별로 나누기
	9	예절바른 생활	상황에 따른 말 알기	공중도덕	고리 수 세기	우리 몸의 변화 알아보기-키, 몸무게 재기	산책로 산책하기	노래에 맞춰 3박자 리듬 치기	놀잇감 만들기	제자리 찾기

5	10	우리들 세상	공연, 전시회 알기	장애인시설 알기	물건 짝짓기	얼굴의 생김새 알아보기	공 밀기와 타기	나의 신체로 소리내기	카네이션 접기	청소도구 사용법 알기
	11	감사하는 마음	감사편지 쓰기	우체국을 이용하여 편지 보내기	색깔 짝짓기	몸의 생김새 알아보기	공 건네주고 받기	〈어버이날〉 노래 부르기	감사카드 꾸미기	가전제품 사용법 알기
	12	여러 가지 동물 1	동물 이름과 특징 알기	집에서 기르는 동물 알기	모양 짝짓기	동물의 소리 들어 보기	공 굴려 표적 넘어뜨리기	〈스승의 날〉 노래 부르기	소금그림 그리기	사무용품 사용법 알기
	13	여러 가지 동물 2	동물들이 사는 곳	동물원에 있는 동물 알기	크기 짝짓기	동물소리 변별하기	공 던지고 받기	교가 부르기	놀잇감 만들기 (마라카스)	묶기와 붙이기
	14	고마운 분들	감사하는 마음 갖기	감사의 인사 표현하기	관계 있는 것 짝짓기	채소의 이름과 생김새 알아보기	손으로 풍선치기	건반 타악기 연주하기	보고 그리기	직업그림 종류 알기
6	15	정다운 이웃	동네 사람들이 하는 일 알기	고마운 마음 표현하기	하나씩 짝짓기	생활 속의 다양한 소리 알아보기	기구를 이용하여 공치기	전래동요 감상하기	주변의 아름다움 감상하기	공장에서 하는 일
	16	살기 좋은 우리동네	우리 동네 알기	동네의 모습 살펴보기	색깔끼리 모으기	그림자 놀이	오른쪽 왼쪽으로 구르기	전래동요 부르기	우리나라 전통 작품 표현하기	농장에서 하는 일
	17	나라사랑	나라를 상징하는 것 알기	나라를 위해 내가 해야 할 일 알기	모양끼리 모으기	여러 가지 음식의 맛 알아보기	비눗방울 놀이하기	전통악기 소리 듣기	나라를 상징하는 것 그리기	식당에서 하는 일
	18	기념일과 국경일	기념일과 국경일 의미 알기	국경일과 기념일의 종류 알기	크기대로 모으기	남녀의 모습 구분하기	스트레칭하기	egg shaker로 소리내기	여러 가지 채색 재료로 표현하기	여러 가지 직업 분류
7	19	세계의 여러나라	세계의 여러 나라	세계지도 보기	양 비교하기	인종의 특징 알아보기	표정 모방하기	연주곡 감상하기	평면으로 표현하기	내가 할 수 있는 일 찾기
	20	여름철 날씨와 과일	같은 낱자 구별하기	올바른 교통규칙 알기	길이 비교하기	과일의 맛 비교하기	동작 모방하기	여름 관련 동요 부르기	입체로 표현하기	사람들이 하는 일 알아보기
	21	여름방학	목소리 듣고 구별하기	여러 지역의 주요 시설 알기	넓이 비교하기	깨끗한 생활 알기	음악에 맞춰 움직이기	신체 표현하며 노래 부르기	판을 이용해 표현하기	내가 하고 싶은 일 알아보기

8월~다음 해 2월 교육계획안

기간		단원	국어	사회	수학	과학	체육	예술		실과/진로와 직업/직업
월	주		제재	제재	제재	제재	제재	제재(음악)	제재(미술)	제재
8	1	우리나라	생활 주변의 글자 알기	국경일과 기념일 알기	크기 서열하기	색깔 관찰하기	윷놀이	생활도구 소리 흉내 내기	색의 느낌 알기	몸 깨끗이 하기
	2	우리나라 지도	자음, 모음 선 따라 쓰기	우리나라의 국기 알기	양 서열하기	해 찾아보기	투호놀이	〈애국가〉 노래 부르기	전통 공예품 감상하기	단정한 옷차림 하기
9	3	우리 음식	생활 주변의 소리 듣고 같은 소리 찾기	우리나라의 민속음식 알기	길이 서열하기	낮의 모습 알아보기	제기 차기	소리 높낮이 표현하기	간단한 공예품 만들기	거울 보고 머리 빗기
	4	우리 옷	생각을 동작으로 나타내기	세계 여러 나라의 전통 옷 알기	넓이 서열하기	밤의 모습 알아보기	연 꾸미기	악기 소리 구별하기	조화롭게 공간 구성하기	기초화장품 사용하기
	5	우리 놀이	낱자 모양 따라 쓰기	전래 민속놀이 알기	무게 서열하기	낮에 하는 일 알아보기	민속놀이 체험하기	리듬에 맞게 신체표현하기	형과 색을 응용하여 표현하기	손수건, 화장지 사용하기
	6	추석	책의 그림에 관심 갖기	우리나라의 가정의례 알기	관계 있는 것 찾기	밤에 하는 일 알아보기	운동과 관련된 용품 알아보기	〈추석날〉 노래 부르기	자연미와 인공미 알기	작업복의 종류 알기
10	7	가을 날씨	동작이 요구되는 지시 따르기	계절에 따라 옷 입기	날씨 분류하기	양달 관찰하기	상체 관절 움직이기	가을 노래 듣기	생활의 경험 그리기	작업복 분류하기

10	8	가을 옷차림	생각을 그림에서 지적하기	때와 장소에 따라 옷 입기	의복 분류하기	응답 관찰하기	하체 관절 움직이기	실로폰으로 가락 연주하기	느낌과 상상 나타내기	상황에 맞게 인사하기
	9	가을 산과 나무	책의 글자에 관심 갖기	돈의 종류 알기	나뭇잎 분류하기	수평잡기	누운 자세에서 유연운동하기	멜로디언 가락 연주하기	포장지 디자인하기	전화기 다루기
	10	가을 열매	생각을 언어나, 카드로 표현하기	용돈 저축하기	과일 분류하기	여러 가지 물체의 수평잡기	리듬에 맞춰 스트레칭하기	율동하며 노래 부르기	부조로 표현하기	전화 바르게 사용하기
	11	가을 곡식	그림이 의미하는 지시 따르기	물, 전기 아껴 쓰는 방법 익히기	필요한 물건 짝짓기	수평잡기를 이용하여 무게 비교하기	목표 지점까지 이동하기	리듬 치며 노래 부르기	환조로 표현하기	전화 번호 이용하기
11	12	자연보호	간단한 낱말로 생각 말하기	쓰레기 줄이기	쓰레기 분류하기	땅에 사는 동물 알기	공 굴리기	반주에 맞춰 노래 부르기	장신구 만들기	화폐 구분하기
	13	쓰레기 분리배출	하루의 일과를 그림으로 나열하기	쓰레기 분류하기	생활 주변의 동그라미, 네모, 세모 모양 찾기	날아다니는 동물 알기	모래주머니 던지기	민요 부르기	재활용 작품 만들기	돈의 금액 알기
	14	여러 가지 직업	일상생활 지시어 따르기	이웃이 하는 일 알기	동그라미, 세모, 네모 색칠하기	물에 사는 동물 알기	풍선 던지기	4박자 리듬합주	모빌 만들기	컴퓨터 시작하기

11	15	이웃 돕기	바른 자세로 말하기	안전을 지켜 주는 이웃 알기	동그라미, 세모, 네모 모양으로 무늬 만들기	여러 가지 곤충 알기	종이비행기 날리기	3박자 리듬합주	동서양 미술 감상하기	마우스와 키보드 사용하기
12	16	겨울 날씨	여러 방법으로 그리기	깨끗한 환경 알기	계절별로 분류하기	물이 쓰이는 곳 알아보기	정지된 공 차기	겨울 노래 듣기	우리나라와 다른 나라 미술품 감상하기	워드프로세서 사용하기
	17	겨울 옷차림	바른 자세로 듣기	일상생활에서 스스로 할 수 있는 일 찾기	일상생활용품 분류하기	깨끗한 물과 더러운 물 알아보기	줄에 매달린 풍선 차기	겨울 노래 리듬치기	기념일에 어울리는 카드 만들기	인터넷으로 검색하기
	18	겨울철 놀이	성탄카드 쓰기	성탄절의 의미 알기	수 놀이 (숫자)	겨울철 물건과 안전	비석치기	캐럴에 맞춰 리듬치기	리본 흔들기	CD 사용하기
	19	겨울방학	방학계획표 만들기	운동계획 세우기	수 놀이 (블록)	사계절의 변화	간이볼링 게임하기	캐럴 부르기	크리스마스카드 만들기	좋아하는 노래 찾아보기
2	20	새해맞이	설날과 관계된 낱말 연결하기	설날에 하는 일 알아보기	새해 달력 만들기	빛을 이용한 놀이 알아보기	윷놀이	새해 관련된 노래 부르기	윷놀이 하기	여러 가지 직업 알아보기
	21	정리하는 생활	상대방을 바라보며 듣기	학용품 정리하기	달력에 숫자 넣기	우리 몸의 변화 알아보기–키, 몸무게 재기	건강유지 방법 알기	〈졸업식〉 노래 부르기	졸업축하카드 만들기	내가 좋아하는 일 알아보기

연간 창의적 체험 활동 계획

영역	활동 주제	지도 시기	활동 내용
자율 활동	1인 1역 기본생활습관 형성 친교 활동 학교행사 및 현장체험 상담 활동	연중	• 1인 1역 정하고 활동하기 • 바르게 인사하기, 내 물건 정리하기, 내 몸 단정히 하기 • 생일카드 만들기, 친구 생일, 가족 생일 축하하기 • 학교 행사 참여하기, 순회 현장학습 참여하기, 친구 이름 알기, 친구에게 편지 쓰기
동아리 활동	여가 문화 활동 학술 스포츠 실습노작	연중	• 영화 관람하기, 자연 관찰하기, 음악 감상하기, 컴퓨터 활용하기 • 재미있는 수학놀이, 재미있는 과학놀이 • 다양한 공놀이 하기 • 꽃병 꾸미기, 꽃꽂이하기
봉사 활동	지역사회 봉사 자연환경 보호	연중	• 청소 도구를 이용하여 청소하기, 쓰레기 줍고 버리기 • 분리배출 실천하기
진로 활동	자기 이해 진로 정보 탐색 진로 체험	연중	• 나의 성격과 흥미 알기 • 다양한 직업 알기 • 직업과 관련된 의상 착용해 보기

※ 지도 시기 및 시수는 학급 교육과정에 의거하여 운영한다.

교육활동계획 예시
(3)월

초등 3학년 과정(순회1반) 이 름 : ○○○
담 임: ○○○

주	기간	주제	영역	제재
3	1(3/1−3/5)	삼일절(1/화) 시업식 및 입학식(2/수)	소리 듣고 반응하기	• 소리 나는 물건 찾기 • 소리 나는 방향으로 고개 움직이기 • 노래에 맞추어 자유롭게 몸 움직이기
	2(7−12)	주5일 수업 휴업일(12/토)	바른 자세로 듣기	• 자기의 이름을 듣고 반응하기 • 자기의 이름에 듣고 대답하기 • 소리에 맞는 물건 찾기
	3(14−19)		큰 소리와 작은 소리 구별하기	• 큰 소리와 작은 소리 듣기 • 큰 소리와 작은 소리를 몸으로 표현하기 • 큰 소리와 작은 소리 내기
	4(21−26)	주5일 수업 휴업일(26/토)	마음대로 그리기	• 쓰기 도구 이름을 듣고 가리키기 • 점선 따라 그리기 • 크레파스로 자유롭게 그리기
4	5(3/28−4/2)		소리 듣고 반응하기	• 소리 나는 물건에 반응 보이기와 찾기 • 동요 듣기와 자유롭게 움직이기 • 동물소리 듣고 구별하기
	6(4−9)	주5일 수업 휴업일(9/토)	같은 것 찾기	• 같은 동물 찾기 • 같은 물건 찾기 • 소리에 맞는 그림 찾기
	7(11−16)		입모양 보고 소리내기	• 탁구공 불기와 놀이하기 • 거울 속의 자기 입을 보며 말하기 • 입모양을 보고 소리내기와 입술 모양 찾기
	8(18−23)	주5일 수업 휴업일(23/토)	선 안에 색칠하기	• 쓰기 도구 이름을 듣고 가리키기 • 크레파스 자유롭게 그리기 • 그림 위에 스티커로 꾸미고 빈 곳은 색연필로 색칠하기

교육활동계획 예시
(3)월

초등 3학년 과정(순회1반) 이 름 : ○○○

주	기간	주제	영역	제재	교수 · 학습 활동	학습자료
1	3/2 ~ 3/5	새로운 만남	사회 국어 수학 과학 체육 실과 음악 미술 재량 특별활동	인사말 바르게 익히기 학교에 있는 여러 가지 실 이름 알아보기 학교에 있는 여러 가지 실 위치 알아보기 내 자리 찾기 학교 둘러보기 내 사물함 찾기 봄에 관련된 음악 듣기 그림 도구 사용하기 행사 참석하기	선생님께 고개 숙여 인사하기 학교 이름, 위치와 선생님 이름 알기 즐거운 학교 생활을 위해 지킬 일 알기 사진 이름표 붙이기 내 사물함 위치, 사용 방법 알기 사진 이름표 붙이기 비발디 사계 듣기 색연필, 크레파스 사용 방법 알기 입학식 참석하기	사진 이름표 음악 CD 색연필 크레파스 도화지
2	3/7 ~ 3/11	새학년	국어 사회 수학 과학 체육 실과 음악 미술 재량 특별활동	1. 학교에 왔어요 −환영합니다 −우리 학교, 즐거운 학교생활 −내 자리 −내 사물함 −교실에 있는 물건, 사뿐사뿐 −바르고 깨끗하게 우리 학교와 관련된 음악 듣기 그림 도구 사용하기 행사 참석하기	초저부 입학축하식에 바르게 참여하기 *학교 이름, 위치와 선생님 이름 알기 *즐거운 학교 생활을 위해 지킬 일 알기 *우리 반 이름과 위치, 내 자리와 친구 자리 알기 *내 사물함 위치, 사용 방법 알기 *교실 물건의 종류와 쓰임 알고 바르게 이용하기 *질서 있게 교실 드나드는 방법 알기 *화장실과 수도 바르게 사용하기 교가 익히기 색연필, 크레파스 사용 방법 알기 동생들이 축하해 주는 입학축하식 참석하기	〈신나는 우리 학교〉 색연필 크레파스 도화지 음악 CD

3	3/14 ~ 3/19	우리들의 할 일	국어 사회 수학 과학 체육 실과 음악 미술 재량 특별활동	1. 학교에 왔어요 –자음 익히기 – 소중한 나 – 단정한 나 – 학교 구경 –바르게 인사해요 –안전하게 지내요 –다정한 친구 행사 때 듣는 음악 알아보기 –너랑 나랑 친구해 영화 관람하기 요리 활동하기	* 점선을 따라 바르게 직선을 긋고 점 잇기 활동하기 * 자음 이름과 모양 획순 익히기 * 내 이름 알리기와 친구 이름 익히기 * 바른 옷차림 알고 바르게 인사하기 * 학교 시설 이름, 기능 알고 바르게 이용하기 * 바른 인사법을 알고 바르게 인사하기 * 규칙 지키며 안전하게 놀이하기 * 친구와 사이좋게 지내는 방법 알고 놀이하기 *〈애국가〉〈교가〉 익히기 * 친구의 이름으로 재미있게 꾸미고 인사 나누기 *〈니모를 찾아서〉 관람하기 * '호떡' 만드는 과정 알고, 만들기 * 요리도구 사용법 알기	〈신나는 우리 학교〉 색연필 크레파스 도화지 음악 CD

특수학교 중복장애학급 사례(울산혜인학교, 2012)

(사회)과 연간 지도계획

초등학교 3학년 4반 　　　　　　　　　　　　지도교사 : 손 ○ ○ (인)

월	주	단원	지도 내용	유의점 및 준비물
3	1	오리엔테이션	이름 부르기	
	2	오리엔테이션	반응하기	
	3	1. 맛있게 먹어요	식사할 때 사용하는 도구 찾기	
	4	1. 맛있게 먹어요	식사 도구 바르게 잡기	
	5	1. 맛있게 먹어요	식사 도구 사용하기	
4	6	1. 맛있게 먹어요	컵, 빨대 사용하기	
	7	1. 맛있게 먹어요	바른 자세로 식사하기	
	8	1. 맛있게 먹어요	식사를 마친 후 정리정돈 하기	
	9	1. 맛있게 먹어요	식사 마친 후 식판과 식탁 정리하기	
5	10	1. 맛있게 먹어요	식사 후 물 마시기	
	11	1. 맛있게 먹어요	바른 자세로 앉아 식사하기	
	12	2. 화장실에 가고 싶어요	화장실 찾아가기	
	13	2. 화장실에 가고 싶어요	화장실 찾아가기	
	14	2. 화장실에 가고 싶어요	화장실 살펴보기	
6	15	2. 화장실에 가고 싶어요	남녀 화장실 구별하기	
	16	2. 화장실에 가고 싶어요	다른 건물에서 화장실 찾아가기	
	17	2. 화장실에 가고 싶어요	용변 의사 표현하기	
	18	2. 화장실에 가고 싶어요	용변 의사 표현하기	
7	19	2. 화장실에 가고 싶어요	소변기를 바르게 사용하기	
	20	2. 화장실에 가고 싶어요	좌변기를 바르게 사용하기	
	21	2. 화장실에 가고 싶어요	용변을 바르게 처리하기	
	22	2. 화장실에 가고 싶어요	용변 보고 난 뒤 손 씻기	

월	주	단원	지도 내용	유의점 및 준비물
8	1	2. 화장실에 가고 싶어요	화장실 예절 지키기	
9	2	2. 화장실에 가고 싶어요	용변 본 다음 몸단장하기	
	3	2. 화장실에 가고 싶어요	용변 본 다음 몸단장하기	
	4	3. 깨끗하게 씻어요	언제 손을 씻어야 하는지 알기	
	5	3. 깨끗하게 씻어요	바른 방법으로 손씻기	
10	6	3. 깨끗하게 씻어요	바른 방법으로 손씻기	
	7	3. 깨끗하게 씻어요	언제 세수를 해야 하는지 알기	
	8	3. 깨끗하게 씻어요	바른 방법으로 얼굴 씻기	
	9	3. 깨끗하게 씻어요	얼굴 씻고 정리정돈하기	
11	10	3. 깨끗하게 씻어요	언제 이를 닦아야 하는지 알기	
	11	3. 깨끗하게 씻어요	바르게 이 닦기	
	12	3. 깨끗하게 씻어요	옷 종류 알기	
	13	3. 깨끗하게 씻어요	속옷과 겉옷 구별하기	
	14	3. 깨끗하게 씻어요	윗옷과 아래옷 구별하기	
12	15	3. 깨끗하게 씻어요	도움 받아 상의 벗기	
	16	3. 깨끗하게 씻어요	혼자 상의 벗기	
	17	3. 깨끗하게 씻어요	도움받아 상의 입기	
	18	3. 깨끗하게 씻어요	혼자 상의 입기	
1	19	3. 깨끗하게 씻어요	양말 벗기	
2	20	3. 깨끗하게 씻어요	벗은 옷 정리하기	
	21	3. 깨끗하게 씻어요	벗은 옷 정리하기	

제12장 순회교육 부록

특수교육지원센터 순회교육 지원신청서

신청인	대상자	성명		성별		주민등록 번호	
		주소					
		재학학교 (미취학자 일 경우)	학교 제 학년 재학 · 졸업 · 수료 (교육경험을 기재함 예: 초등학교 졸업 후 집에 있음)				
	보호자	성명		관계	대상자의 ( )	전화 번호	
기초 자료	장애 등록사항	장 애 명		미등록자의 경우 추정 장애	( )장애		
		장애등급					
	심리 검사	지능 (IQ)		기초 학력	읽기 · 쓰기		
		사회성 (SQ)					
	행동 특성 및 요인				수		
	사회생활 적응능력			학부모 상담 결과			
	기타			지원 종류	순회교육대상 ( ) 치료교육대상 ( )		

위 학생을 특수교육지원센터 교육 지원대상자로 신청합니다.

201 년 월 일

보호자 (인)

○○○ 학 교 장 (직인)

○○교육지원청 특수교육지원센터장 귀하

※ 학교장 명의로 작성하여 교육청으로 인편 제출한다.

참고문헌

제1장

국립특수교육원(2001). 특수교육요구유아 출현율 조사. 경기: 국립특수교육원.

국립특수교육원(2009). 특수교육학 용어사전. 서울: 도서출판하우.

국립특수교육원(2011). 2011 특수교육 실태조사. 충남: 국립특수교육원.

박순희(2010). 시각장애 아동의 이해와 교육. 서울: 학지사.

박원희, 김기창, 김영일, 김영욱, 이은주, 신현기, 한경근, 이숙정, 김매화, 윤미선, 김은경, 송병호, 이병인, 김송석, 양경희(2009). 함께하는 사회를 지향하는 특수교육학. 서울: 교육과학사.

박은혜, 박지연, 노충래(2005). 건강장애학생을 위한 교육 지원 모형 개발. 특수교육학연구. 40(3). 269-298.

박은혜, 이정은(2004). 건강장애학생의 학교적응지원을 위한 기초연구. 특수교육학연구, 39(1), 143-168.

우주형(2004). 현행법제상 직업적 중증장애인의 개념 및 법률에 관한 고찰. 중앙법학과 실천, 4(4), 465-487.

이숙정(2005). 특수교육학에서 현상학적 연구방법의 특징-중도중복장애 아동 교육 연구를 중심으로. 특수아동교육연구, 7(1), 199-215.

이해석(2004). 희귀 · 난치성질환자의 사회복지적 지원체계 수립방안에 관한 연구. 한일장신대학교 기독교사회복지대학원 미간행 석사학위논문.

한경근(2006). 중도 · 중복장애 학생을 위한 특수교사의 건강관리 서비스 실태조사. 특수교육연구, 13(1), 201-221.

한경근, 박윤정(2008). 희귀질환을 가진 중증장애학생의 교육적 고려 실태 및 지원방안. **특수교육학연구, 43**(3), 233-252.

한경근, 이미경, 박윤정(2009). 중도 · 중복장애의 개념, 진단평가 및 교육지원 관련 연구동향 분석. **중복 · 지체부자유연구, 52**(1), 287-316.

황정현(2012). 지적장애를 수반하는 시각장애 아동의 인지발달 특성 연구. 단국대학교 대학원 박사학위논문.

American Association on Mental Retardation (AAMR). (2002). *Mental Retardation: Definition, classification, and systems of supports* (10th ed.). Washington, DC: Author.

Brimer, R. W. (1990). 김삼섭 역(1996). **중증 장애인의 교육과 재활**. 서울: 이화여자대학교 출판부.

Council for Exceptional Children (1998). *What every special educator should know: The international standards for the preparation and licensure of special educators* (3rd ed.). Reston, VA: Author.

Healey, W., & Karp-Nortman, D. (1975). *The hearing impaired, mentally retarded: Recommendations for action*. Washington, DC: American Speech and Hearing Association.

Heller, K. W., Forney, P. E., Alberto, P. A., Best, S. J., & Schwartzman, M. N. (2009). 박은혜, 강혜경, 이명희, 김정연, 표윤희, 임장현, 김경양 역(2012). **지체, 건강 및 중복장애 학생에 대한 이해**(pp. 26-28). 서울: 학지사.

Huebner, K., Prickett, J., Welch, T., & Joffee, E. (Eds.). (1995). *Hand in Hand: Essentials of Communication and Orientation and Mobility for Students Who Are Deaf-Blind,* New York: AFB Press.

Individuals with Disabilities Education Improvement Act (IDEA) (2004). P.L. 108-446, 20.

Jensema C. K. (1980) A profile of deaf-blind children within various types of educational facilities. *Deaf-Blind News October, 80,* 896-900.

Mayer, L. H., Peck, C. A., & Brown, L. (1991). Definition of the people TASH severe. In L. H. Mayer, C. A. Peck, & L. Brown (Eds.), *Critical issues in the lives of people with severe disabilities* (p. 19). Baltimore: Paul H. Brookes.

McDonnell, J. J., Hardamn, M. L., McDonnell, A. P., & Kiefer-Onnell, R. (1995). *An introduction to persons with severe disabilities: Educational and social issues.*

Boston: Allyn and Bacon.

Schalock, R. L. (2011). *Intellectual Disability: Definition, Classification, and Systems of Supports* (11th ed.). Washington, D.C.: AAIDD.

Schein, J. D. (1974). *Education and rehabilitation of deaf persons with other disabilities*. New York Univ.

Snell, M. E., & Brown, F. (2006). 박은혜, 한경근 역(2008). **중도장애학생의 교육(6판)**. 서울: 시그마프레스.

TASH. (2000). TASH resolution on the people for whom TASH advocates. Retrived July 18, 2003, http://www.tash.org/resolutions/res02advocate.htm.

Westling, D. L., & Fox, L. (2000). *Teaching students with severe disability* (2nd ed.). New Jersey: Merrill.

제2장

국립특수교육원(2009). **특수교육대상아동 선별 · 진단검사 지침**. 충남: 국립특수교육원.

박도순, 홍후조(1998). **교육과정과 교육평가**. 서울: 문음사.

박도순(2005). **문항작성방법론**. 서울: 교육과학사.

서경희, 윤점룡, 윤치연, 이상복, 이상훈, 이효신(2004). **발달장애의 진단과 평가**. 대구: 대구대학교출판부.

성태제, 시기자(2006). **연구방법론**. 서울: 학지사.

이나미(2008). **특수아동 진단 및 평가**. 경기: 집문당.

이소현, 김수진, 박현옥, 부인앵, 원종례, 윤선아, 이수정, 이은정, 조윤경, 최윤희(2009). **교육진단 및 교수계획을 위한 장애 유아 진단 및 평가**. 서울: 학지사.

황복선(2008). 지방 특수교육 현장의 장애아동 선별 및 진단평가를 위한 개선방안 모색. **중복 · 지체부자유연구, 51**(1), 165-190.

Alper, S., Ryndark, D. L., & Schloss, C. N. (2001). 권요한, 이만영, 이말련, 이혜경, 최미숙 역(2009). **장애 아동 진단 및 평가**. 서울: 시그마프레스.

Gay, L. R. (1992). *Educational research: Competencies for analysis and application* (4th ed.). New York: Macmillan.

Pierangelo, R., & Giuliani, G. (2004). 한국발달장애학회 역(2006). **109가지 진단검사-선정, 해석 및 활용법-**. 서울: 학지사.

Salvia, J., & Ysseldyke, J. (1998). *Assessment in special and remedial education* (4th ed.). Boston: Houghton Mifflin.

Snell, M. E., & Brown, F. (2006). 박은혜, 한경근 역(2008). **중도장애학생의 교육(6판)**. 서울: 시그마프레스.

Waterman, B. B. (1994). Assessing Children for the Presence of a Disability. *New Digest, 4*(1), NICHCY.

제3장

교육과학기술부(2009). **특수학교 교육과정 해설(II) 기본교육과정**.

교육과학기술부(2010a). **특수교육 교육과정**(교육과학기술부 고시 제2010-44호).

교육과학기술부(2010b). **특수교육연차보고서**.

교육과학기술부(2011). **특수교육 교육과정**(교육과학기술부 고시 제2011-501호).

국립특수교육원(2008). **특수학교 기본교육과정 해설 연구 · 개발**. 충남: 국립특수교육원.

국립특수교육원(2011). **2011 개정 특수교육 교육과정 및 국립특수교육원 자료활용 세미나 자료집**. 충남: 국립특수교육원.

김경진(2000). 정신지체정서장애학교 기본교육과정 국어과 분석 연구. **특수교육 교육과정, 1**, 63-88.

김하경(2005). 중도 · 중복장애학생의 순회교육의 실제. **국립특수교육원 직무연수, 16**, 131-141.

김혜리(2009). 중도 · 중복장애아동의 지각양식 이해를 위한 현상학적 방법론과 실제. **중복지체부자유연구, 52**(1), 397-415.

김혜리(2010). 중복 · 중증장애아동 교과교육의 방향성과 원리에 관한 현상학적 이해. **중복지체부자유연구, 53**(4), 149-166.

김효선(1995). 기능적 생활중심의 기술지도의 실천방안. **국제세미나자료집, 2**, 25-46.

박재국, 김혜리, 김영미, 고혜정(2009). 기본교육과정 국어과 지도 및 구성체제에 관한 특수교사의 인식. **중복지체부자유연구, 52**(4), 117-141.

성은학교(2012). **학교교육과정 운영계획**.

울산혜인학교(2012). **학교교육과정 운영계획**.

윤광보(2010). **특수교육 교과교재연구 및 지도법**. 서울: 양서원.

인천미추홀학교(2012). **학교교육과정 운영계획**.

전병운, 유재연(2003). **특수교육과 교과교육**. 서울: 교육과학사.

전헌선, 오세철, 박재국, 한경임, 노선옥, 박순길(2003). **중복 · 지체장애아 치료교육**. 대구: 대구대학교출판부.

정인숙, 송영준(2009). 2008년 개정 특수학교 기본교육과정 사회과 교과서에 대한 교사의 만족도 및 요구분석. **정서 · 학습장애연구**, 25(3), 231-255.

정희섭, 강경숙(2009). 특수교육 교과교육의 기본원리 탐색. **지적장애연구**, 11(4), 199-226.

최정실(1990). 지식교육에 대한 현상학적 고찰. 이화여자대학교 대학원 박사학위논문.

최평임(2009). 국가수준 특수학교 교육과정의 개선방향 연구. 대진대학교 대학원 박사학위논문.

한현민(2009). 2008년 개정 특수학교 기본교육과정 사회과 교과교육의 적합성 검토. **지적장애연구**, 11(3), 1-44.

황계자, 전병운(2005). 정신지체특수학교 국어과 교육과정 수행수준 및 운영실태. **특수교육논집**, 9, 119-138.

Bigge, J. L., Best, S. J., & Heller, K. W. (2001). *Teaching individuals with physical, health, or multiple disabilities.* NJ: Prentice-Hall.

Borgioli, J. A., & Kennedy, C. H. (2003). Transitions Between School and Hospital for Students with Multiple Disabilities: A Survey of Causes, Educational Continuity, and parental Perceptions. *Research & Practice for Persons with Severe Disabilities, 28*(1), 1-6.

Brown, L., Branston, B., Hamre-Nietupski, S., Pumpion, I., Certo, N., & Gruenewald, L. (1979). A strategy for developing chronological age appropriate and functional curricular content for severely handicapped adolescents and young adults. *Journal of Special Education, 13*(1), 81-90.

Flinders, D. J., & Thornton, S. J. (Eds.). (2004). *The curriculum studies reader* (2nd ed.). New York: RoutledgeFalmer.

Munby, H., Cunningham, M., & Lock, C. (2000) School science culture: A case study of barriers to developing professional knowledge. *Science Education, 84*, 193-211.

Spector, J. M. (2008). Cognition and learning in the digital age: Promising research and practice. *Computers in Human Behavior, 24*, 249-262.

Salter, K., Jutai, J. W., Teasell, R., Foley, N. C., & Bitensky, J. (2005). Issues for selection of outcome measures in stroke rehabilitation: ICF body fuctions. *Disability and Rehabilitation, 27*(4), 191-207.

荒川智(2010). 特別支援學校學習指導要領の改訂と教育實踐. 障害者問題硏究, 38(1), 9-19.

落合俊朗(2010). 重複障害兒教育の現狀と課題. 國立特別支援教育總合硏究所.

大沼直樹(2002). 重度・重複障害兒の自立活動の在り方−興味的自立と感覺運動學習−. 大阪教育大學障害兒教育硏究紀要, 25, 33-46.

大沼直樹, 吉利宗久(2011). 特別支援教育の基礎と動向: 新しい障害兒教育のかたち. 東京: 培風館.

川合隆平(2010). 自立活動と教育實踐の課題: 自立像とICFの檢討を中心に. 障害者問題硏究, 38(1), 28-36.

川住隆一, 石川政孝, 後上鐵夫(2002). 養護學校において常時'醫療的ケア'を必要とする重度?重複障害兒の健康指導と健康管理に關する取り組み. 國立特殊教育總合硏究所硏究紀要, 29, 117-128.

木船憲幸(2009). 自立活動の意義と考え方−特別支援學校の新しい學習指導要領の告示に向けて−廣島大學特別支援教育實踐センター硏究紀要, 7, 27-33.

國立特別支援教育總合硏究所(2010). 特別支援教育における教育課程の在リ方に關する硏究−複數障害種への對應及び幼小學部から高等部までの一貫した教育課程の工夫−. 硏究成果報告書.

香川邦生, 藤田和弘(2000). 自立活動の指導. 東京: 教育出版.

竹重沙和(2011). 障害の重い子供の授業づくり−自立活動を主とした指導と各教科との關連. 肢體不自由教育, 200, 40-43.

松木芳子(2001). 重度・重複障害兒の自立活動のあり方. 佛敎大學大學院紀要, 29, 193-206.

文部科學省(2006). 中央教育審議會答申−特別支援教育を推進するための制度の在リ方について−.

文部科學省(2009a). 特別支援學校幼稚部教育要領特別支援學校小學部・中學部學習指導要領特別支援學校高等部學習指導要領.

文部科學省(2009b). 特別支援學校幼稚部教育要領特別支援學校小學部・中學部學習指導要領特別支援學校高等部學習指導要領解說.

文部科學省(2009c). 特別支援學校學習指導要領解說 自立活動編: 幼稚部・小學部・中學部・高等部.

文部科學省(2009d). 特別支援教育資料.

文部科學省(2010a). 學校教育法施行規則等の一部を改正する省令の施行について(通知. 22文科高第236號.

文部科學省(2010b). 今, 求められる力を高める總合的な學習の時間の展開−小學校編−.

吉川一義(2000). 知的障害養護學校における重度重複障害兒教育實踐の課題. 特殊教育學硏究, 38(3), 47-51.

松田直(2002). 重度・重複障害兒に關する教育實踐研究の現狀と課題. 特殊教育學研究, 40(3), 341-347.

宋在玉, 高橋智(2010). 韓國における重度・重複障害兒教育の實態と課題－巡回・派遣教師への質問紙調査から－. 東京學芸大學紀要 總合教育科學系, 61, 375-402.

山本雅章(2011). 重度・重複障害者の醫療的ケアに關する研究－養護學校及び通所施設におけるとりくみと國會審議の過程を中心に－. 社會福祉士, 18, 25-32.

横山孝子(2011). よさを伸ばし, 豊かな生活をつくる自立活動. 東京: 明治圖書.

大久保哲夫, 竹澤 清, 三島敏男(1997). 障害の重い子どもの教育實踐ハンドブック. 東京: 勞働旬報社.

飯野順子(2008). 障害の重い子どもの授業づくりPart2. 東京: ジアース教育新社.

岡澤愼一, 川住隆一(2004). 重症心身障害者間相互におけるコミュニケーションの促進. 特殊教育學研究, 42(4), 303-315.

제4장

국립특수교육원(2011). 2011 특수교육 실태조사. 충남: 국립특수교육원.

국립특수교육원(2012). 특수교유 교육과정 운영 실태 및 요구설문 조사. 충남: 국립특수교육원.

김삼섭(2005). 중도 · 중복장애아동의 교육 방향. 재택 장애아동 교육지원체제 구축방안 연구. 경기: 국립특수교육원.

김은주(2012). 중도 · 중복장애학생 교육 현황 및 추진 정책. 한국지체 · 중복 · 건강장애교육학회 하계학술대회자료집, 3-17.

김혜리(2011). 일본의 중도 · 중복장애학생 교육과정 분석 및 한국적 시사점 탐색. 특수아동교육연구, 13(3), 457-477.

박경옥(2011). 중도 · 중복장애학생을 위한 학교 교육과정 운영의 어려움과 운영 방향에 대한 교사 인식. 특수교육연구, 18(2), 259-282.

박경옥, 박은송, 박희찬(2010). 최중도 지체장애 학생의 진로교육에 대한 학부모 인식. 중복지체부자유아교육연구, 53(4), 167-190.

박경옥, 육주혜(2011). 비상징적 의사소통 평가척도(AINC) 타당화 및 유형 탐색. 중복 · 지체부자유아교육, 54(2), 75-95.

박은송, 박경옥, 박희찬(2011). 최중도 지체장애학생의 진로 · 직업교육에 대한 특수교사들의 인식. 중복지체부자유아교육연구, 54(1), 165-184.

박은혜(2005). 중도 · 중복장애 학생의 교수학습 전략. 국립특수교육원 초등 1정 자격연수 자료집. 경기: 국립특수교육원.

이숙정(2010). 중도 · 중복장애학생 학교 교육현황에 관한 일고찰. 교육의 이론과 실천, 15(1), 69-98.

인천시교육청(2009). 중도 · 중복장애학생을 위한 특수교육지원체계 개발. 인천: 인천시교육청.

한경임(2004). 초등 1급 정교사 자격연수과정. 경기: 국립특수교육원.

한국특수교육학회(2012). 중도 · 중복장애 학생을 위한 교육 및 복지 지원 방향. 한국지체 · 중복 · 건강장애교육학회 하계학술대회 자료집.

Agran, M., King-Sears, M., Wehmeyer, M. L., & Copeland, S. R. (2003). *Teachers' guides to inclusive practices: Student-directed learning strategies*. Baltimore, MD: Paul H. Brookes.

Bailey, D., & Mark, W. (1992). 이소현 역(2009). 장애 영유아를 위한 교육. 서울: 이화여자대학교출판부.

Best, S. J., Heller, K. W., & Bigge, J. L.(2004). *Teaching Individuals with Physical or Multiple Disabilities* (5th ed.). Prentice Hall.

Byers, R., & Rose, R. (2004). *Planning the curriculum for Pupils with Special Educational Needs-a practical guide* (2nd ed.). London: David Fulton Publishers.

Carr, E. G., Dunlap, G., Horner, R. H., Koegel, R. L., Turnbull, A. P., Sailor, W., Anderson, J. L., Albin, R. W., Koegel, L. K., & Fox, L. (2002). Positive behavior support: Evolution of an applied science. *Journal of Positive Behavior Interventions, 4*(1), 4-16, 20.

Center for Applied Special Technology (CAST). (2012.9.25.).

Cronin, M. E., & Patton, J. R. (1993). *Adapted from life skill instruction for all students with special needs: A practical guide for integrating real-life content into the curriculum* (p. 32). TX: PRO-ED.

Dick, W., & Carr, L. (1996). *The systematic design of instruction*. New York: HarperCollins Publishers.

Gagne, R., Briggs, L., & Wagner, W. (1992). *Principles of Instructional Design* (pp. 185-204). Fort Worth: Harcourt Brace Javanovich.

Heller, K. W., Forney, P. E., Alberto, P. A., Best, S. J., & Schwartzman, M. N. (2009). 박은혜, 강혜경, 이명희, 김정연, 표윤희, 임장현, 김경양 역(2012). 지체, 건강 및 중복장애 학생에 대한 이해. 서울: 학지사.

Lieberman, L. J., Lytle, R. K., & Clarcq, J. A. (2008). Getting it right from the start:

Employing the universal design for learning approach to your curriculum. *Journal of Physical Education, Recreation, & Dance, 79*(2), 32-40.

Mar, H., & Sall, N. (1999). *Dimensions of communication: Assessing the communication skills of individuals with disabilities.* Paterson, NJ: St. Joseph's Children's Hospital.

Snell, M. E., & Brown, F. (2006). 박은혜, 한경근 역(2008). 중도장애학생의 교육(6판). 서울: 시그마프레스.

Taylor, R. L., Smiley, L. R., & Richards, S. B. (2009). *Exceptional students: Preparing teachers for the 21st century.* Boston, MA: McGraw-Hill Higher Education.

Turnbull, A., Edmonson, H., Griggs, P., Wickham, D., Sailor, W., Freeman, R., Guess, D., Lassen, S., McCart, A., Park, J., Riffel, L., Turnbull, R., Warren, J. (2002). A Blueprint for school-wide positive behavior support: Implementation of three components. *Exceptional Children, 68*(3), 377-403.

제5장

교육과학기술부(2007). 장애인 등에 대한 특수교육법.

교육과학기술부(2009). 교육인적자원부 고시 제2008-3호에 따른 개별화교육계획 수립 · 운영 자료.

국립특수교육원(1999). 개별화교육계획 작성 · 운영 지침. 경기: 국립특수교육원.

국립특수교육원(2009). 2008 개정 특수학교 교육과정에 따른 개별화교육계획 수립 · 운영. 충남: 국립특수교육원.

권요한, 김수진, 김요섭, 박중휘, 이상훈, 이순복, 정은희, 정진자, 정희섭(2010). 특수교육학개론. 서울: 학지사.

김원경, 최평임(2011). 특수교육대상 학생 개별화교육계획 작성과 운영의 개선방안 연구. 지적장애연구, 13(2).

박승희(1996). 일반학급에서 장애학생의 통합교육을 위한 특수교육교사의 역할. 초등교육연구, 10(1).

박희찬(1995). 개별화교육계획의 작성과 시행. 현장특수교육, 제2권 3호.

이소현, 박은혜(2011). 특수아동교육. 서울: 학지사.

이유훈, 김형일(2002). 개별화 교육계획의 구안과 실행. 서울: 교육과학사.

정대영(1995). 개별화교육의 이론과 배경. 제2회 국내 세미나. 개별화교육 프로그램의 효율적인 수립과 실천방안. 경기: 국립특수교육원.

최영하(1997). 특수교사의 기본자질에 관한 고찰. **특수교육연구**, 20.

Abeson, A., & Weintraub, F. (1977). Underatanding the IEP. In S. Torres (Ed.), *A primer on IEPs for handicapped children*. Reston, VA: Foundation for Exceptional Children.

Butt, N., & Scott, E. M. (1994). Individual education programs in secondary schools. *Support for Learning, 9*, 9-15.

Eillott, S. N., & Sheridan, S. M. (1992). Consultation and teaming: Problem solving among educators, parents, and support personnel. *Elementary School Journal, 92*, 324-330.

Fleming, J. L., & Monda-Amaya, L. E. (2001). Process variables critical for effectiveness. *Remedial and Special Education, 22*, 158-171.

Hayes, J., & Higgins, S. T. (1978). Issues regarding the IEP: Teachers on the front line. *Exceptional Children, 44*, 267-273.

Milson, A., Goodnough, G., & Akos, P. (2007). *School counselor contributions to the individualized education program process*.

Morgan, D. P.(1981). Guidelines for development and implementation of quality IEPs. *Education Unlimited, 3*, 12-17.

P.L. 94-142(1975). The education for all handicapped children act.

Polloway, E. A., & Patton, J. R. (1993). *Strategies for teaching learners with special needs* (5th ed.). Columbus, Ohio: Merrill.

Smith, S. W. (1990). Comparison of individualized education program (IEPs) of students with behavioural disorders and learning disabilities. *Journal of Special Education, 24*, 85-100.

The Individuals with Disabilities Education Improvement Act IDEA. (2004).

제6장

한경근(2012). 특수교육 장면에서의 UDL 적용: 교수 방법적 실제. **한국특수교육학회 2012 춘계학술대회 자료집**, 27-48.

황윤한, 조영임(2005). **학생들의 다양한 특성을 반영한 개별화 수업: 이해와 적용**. 서울: 교육과학사.

CAST (2012).

Conn-Powers, M. (2009). Designing effective early education programs that meet the learning needs of all children: Application of multi-tiered and Universal Design teaching strategies. Unpublished article: Indiana University Bloomington.

Hitchcock, C., Meyer, A., Rose, D. H., & Jackson, R. (2002). Providing new access to the general education curriculum. *Teaching Exceptional Children, 35*(2), 8-17.

Male, M. (2003). *Technology for inclusion: Meeting the special needs of all students* (4th ed.). NY: Allyn and Bacon.

Orkwis, R., & McLane, K. (1998). A curriculum every student can use: Design principles for student access. *ERICIOSEP Topical Brief.* Reston, VA: ERIC.

Rose, D. H., Gravel, J. W., & Domings, Y. M. (2010). *UDL unplugged: The role of technology in UDL.* National Center on Universal Design for Learning.

Rose, D. H., & Meyer, A. (2002). *Teaching every student in the Digital Age: Universal design for learning.* Alexandria, VA: Association for Supervision and Curriculum Development (ASCD).

Thoma, C. A., Bartholomew, C. C., & Scott, L. A. (2009). *Universal design for transition: A roadmap for planning and instruction.* Baltimore: Brookes.

제7장

고은(2012). **의사소통장애아 교육.** 서울: 학지사.

김수진(2005). 중도중복장애학생의 의사소통기술 지도. **국립특수교육원 직무연수 자료집. 16**, 77-91.

김영태(1997). 언어장애의 화용론적 접근방법에 대한 고찰. **인간발달연구, 25**, 115-135.

김영태(2002). **아동언어장애의 진단 및 치료.** 서울: 학지사.

김은주(1999). **장애학생을 위한 보완대체의사소통 지도.** 경기: 국립특수교육원.

김은정(1998). 자폐성장애 아동이 대체언어 사용훈련-그림의사소통 상징체계를 중심으로. 단국대학교 대학원 석사학위논문.

김정연(2001). AAC 대화상대자 훈련이 중도장애아동의 의사소통기술 습득과 어머니의 의사소통중재기술 사용에 미치는 효과. 이화여자대학교 대학원 석사학위논문.

김혜리(2010). 중복중증장애아동 교과교육의 방향성과 원리에 관한 현상학적 이해. **중복지체부자유연구, 53**(4), 149-166.

박미정(2012). 학교-가정협력 통합발달 프로그램이 농중증·중복장애아의 의사소통기술에 미치는 영향. 우석대학교 대학원 박사학위논문.

박은혜(2004a). **중도장애아동을 위한 의사소통 개관 및 진단: 중도장애아동을 위한 의사소통 지도**. 서울: 이화여자대학교 특수교육연구소.

박은혜(2004b). **의사소통지도의 효과 평가 및 모니터링 방법: 중도장애아동을 위한 의사소통 지도**. 서울: 이화여자대학교 특수교육연구소.

박은혜, 김정연(2010). **지체장애 학생 교육**. 서울: 학지사.

박현숙(1994). 언어장애인을 위한 보완대체의사소통(AAC) 체계 적용방안: 보완대체의사소통(AAC) 체계의 개관. **제1회 이화특수교육 학술회 자료집**, 5-25.

오세진, 김형일, 임영식, 현명호, 김병선, 김정인, 김한준, 양병화, 이재일, 양돈규, 최창호, 이장한(1999). **인간행동과 심리학**. 서울: 학지사.

이근민(2000). 중증 중복장애인을 위한 보완대체의사소통 접근 방안. **난청과 언어장애연구, 23**(1), 229-245.

이소현(1998). 중도장애아 교육 가능성 및 교육 방법론에 관한 전반적 고찰. **재활복지, 2**(2), 75-105.

이숙정(2007) 중도중복 장애학생 수업구성을 위한 '기초적 관계'(Elementare Beziehung) 이론 분석. **특수교육저널: 이론과 실천, 8**(4), 241-262.

이숙정(2011). **인간학적 사유를 여는 중도중복장애 교육학**. 경기: 집문당.

임윤경(2003). 시각적 스케줄 사용이 초등학교 자폐아동의 장소이동시간의 문제행동 발생에 미치는 영향. 이화여자대학교 대학원 석사학위논문.

여문환, 임성혜(2002). 자폐아동 치료과정에서 나타난 언어생활세계에 대한 해석학적 이해. **유아특수교육연구, 2**(1), 83-119.

유정희(2003). 동작훈련이 중복장애아의 자세와 보행능력에 미치는 영향. 공주대학교 특수교육대학원 석사학위논문.

유경, 정은희, 허명진(2010). **의사소통장애의 이해**. 서울: 박학사.

장혜성(2004). **자폐아동의 시각자료를 통한 의사소통지도: 중도장애아동을 위한 의사소통지도**. 서울: 이화여자대학교 특수교육연구소.

전헌선(1998). 중증지체부자유아를 위한 치료교육의 접근방법. **98 하계방학 교원자율연수자료**. 서울지체부자유아교육연구회.

주해영(2008). 중도 · 중복장애아동의 의사소통이해를 위한 신체현상학적 접근. 단국대학교 대학원 석사학위논문.

최현화(2001). 음성출력 의사소통기구를 이용한 의사소통중재가 또래를 향한 자폐아동의 자발적 의사소통에 미치는 효과. 이화여자대학교 대학원 석사학위논문.

한경근, 이미경, 박윤정(2009). 중도중복장애의 개념, 진단평가 및 교육지원 관련 연구동향

분석. 중복지체부자유연구, 52(1), 287-316.

Allen, C. W., Silove, N., Williams, K., & Hutchins, P.(2007). Validity of the social communication questionnaire in assessing risk of autism in preschool children with developmental problems. *Journal of Autism and Developmental Disorders, 37*, 1272-1278.

Bernstein, D. K., & Ellenmorris, T. F. (2009). 권요한, 박용학, 이혜경, 임미경, 이동주, 김미숙 역(2010). 의사소통장애아 교육. 서울: 시그마프레스.

Beukelman, D. R., & Mirenda, P. (2005). 박현주 역(2009). 보완대체 의사소통. 서울: 학지사.

Bondy, A. S., & Frost, L. A. (1994). The Picture Exchange Communication System. *Focus on Autistic Behavior, 9*(3), 1-19.

Brimer, R. W. (1990). *Student with Severe Disabilities: Current Perspectives and Practices.* Mayfield Publishing Company.

Cornelia, K., & Michaela, N. (2005). 고은, 채기화 역(2007). 청각장애와 언어장애아동을 위한 이완놀이. 서울: 시그마프레스.

Hancock, B. T., & Kaiser, A. P. (2002). The effects of trainer-implemented enhanced milieu teaching on the social communication of children with Autism. *Topic in Early Childhood special education, 22*(1), 117-132.

Hegde, M. N. (2010). 성철재, 이숙향, 윤규철, 김선희, 김수진, 이윤경, 이혜란, 김재옥, 이은경, 권미선, 김민정, 허승덕 역(2011). 의사소통장애. 서울: 학지사.

Kaiser, A. P., Hemmeter, M. L., Ostrosky, M. M., Fischer, R., Yoder, P., & Keefer, M. (2001). *Topics in Early Childhood Special Education, 16*(3), 375-406.

Kuder, S. J. (2008). 김화수 역(2010). 언어장애와 의사소통장애. 서울: 시그마프레스.

Orelove, F. P., Sobsey, D., & Silberman, R. K. (2004). 곽승철, 박재국, 오세철, 정진자, 정해동, 조홍중, 한경임, 홍재영 역(2010). 중도 · 중복장애학생교육-협력적 접근-. 경기: 교육과학사.

Owens, R. E. (2005). *Language development: An introduction* (6th ed.). Boston: Allyn & Bacon.

Snell, M. E., & Brown, F. (2006). 박은혜, 한경근 역(2008). 중도장애학생의 교육(6판). 서울: 시그마프레스.

Snell, M. E., Lih-Yuan Chen., & Hoover, K. (2006). Teaching Augmentative and Alternative Communication to Students with Severe Disabilities: A Review of

Intervention Research 1997-2003. *Research & Practice for Persons with Severe Disabilities, 31*(3), 203-214.

Whittle, M. W. (1990). *Gait analysis: An introduction*. Oxford Orthopaedic Engineering Center University of Oxford.

大沼直樹(2009). 重度重複障害のある子どもの理解と支援. 東京: 明治圖書.

大久保哲夫, 竹澤 清, 三島麻敏男(1997). 障害の思い子どもの教育實踐ハンドブック. 東京: 勞働旬報社.

藤岡一朗(2000). 重症兒のQOL-「醫療的ケア」ガイド. 京都: クリエイツかもがわ.

石川公司 編集(2000). 重複障害兒の指導ハンドブック. 東京: (有)高原版.

長崎純子(2006). 遊びの指導とコミュニケーションの發達: 療育教室における遊びの分析. 障害者問題研究, 33(4), 266-274.

德永 豊(2003). 對人行動を形成し情動の調整を促す動作法. 肢體不自由敎育, 161, 52-55.

淺田里美(2000) 重度・重複障害兒に對する母子コミュニケーション支援の取り組み: アロマオイルマッサージを通して. 日本聽能言語學會學術講演會原稿集, 26, 84.

http://www.cheapdisabilityaids.co.uk/pecs-resource-disc-132-p.asp

http://cp4you.net

http://hongikmall.com

http://seoulats.or.kr

http://www.gjcity.go.kr

http://www.goodedu.com

http://www.aackorea.com

http://www.psicoreeduca.wordpress.com

제8장

강현옥(2005). 호흡훈련이 뇌성마비 아동의 섭식과 조음 및 발성능력에 미치는 효과. 용인대학교 재활보건대학원 석사학위논문.

고관우, 김동주(2010). 섭식 향상 활동 프로그램이 중증장애아동의 구강기능과 생활자립기능 향상에 관한 연구. 재활복지, 14(2), 93-113.

곽점태(2004). 뇌성마비 학생 섭식 행동의 기질적 요인 및 선호도 분석 연구. 대구대학교 특수교육대학원 석사학위논문.

김경숙, 김미숙, 김성애, 김수진, 박숙영, 백유순, 이성봉, 조광순, 조윤경, 최민숙, 허계형 (2003). **유아특수교육개론**. 서울: 학지사.

김선희(2011). 뇌성마비 아동용 한국형 섭식기능 평가 도구 개발의 기초 연구. 대구대학교 대학원 박사학위논문.

김선희, 안종복, 권도하(2008). 경직형 뇌성마비 아동들의 섭식기능과 조음정확도 간의 상관 연구. **언어치료연구, 17**(4), 1-18.

김선희, 안종복, 남현욱, 권도하(2010). 국내외 음식 재질과 연령에 따른 정상 영유아의 저작 능력에 대한 연구. **대학작업치료학회지, 18**(1), 1-12.

김잔디, 배윤경, 조미숙(2009). 식사도구 사용능력에 따른 뇌성마비아동의 식생활. **대한영양사협회 학술지, 15**(2), 139-151.

김정임(2005). 반사억제 자세조정프로그램이 뇌성마비 아동의 섭식기능 향상에 미치는 효과. 대구대학교 재활과학대학원 석사학위논문.

나은우, 정한영(2004). **장애아동의 섭식**. 서울: 을유문화사.

모수미(1996). 유아의 영양 관리. **월간 국민영양, 17**. 대한영양사협회.

박경옥(2005). 중도 · 중복장애학생이 일상생활 기술지도-화장실이용하기와 식사하기 영역을 중심으로-. **국립특수교육원 직무연수**, 93-109.

박혜숙, 나은우(1991). **뇌성마비의 언어치료**. 서울: 연세대학교출판부.

송민호, 김현정, 남순현, 김영진(1992), 섭식기능장애를 가진 심신장애아의 섭식기능형태 및 치료방법에 관한 고찰. **대한소아치과학회지, 18**, 192-193.

우지연(2005). 섭식훈련이 뇌성마비 아동의 언어기능 향상에 미치는 효과. 대구대학교 교육대학원 석사학위논문.

이영미(1996). 뇌성마비 아동의 섭식기능운동과 언어능력의 관계. 단국대학교 대학원 석사학위논문.

전헌선(2003). 뇌성마비아 언어훈련에 대한 Bobath의 접근방법 고찰. **중도 · 중복장애아교육연구, 42**, 15-31.

전헌선, 노선옥, 한경임(2004). **뇌성마비아 언어치료교육**. 대구: 대구대학교출판부.

정진자(1998). 구강운동훈련이 뇌성마비 아동의 언어능력에 미치는 영향. **언어치료연구, 7**(2).

Fox, M. K., & Pac, S. (2004). Feeding infants and toddlers study: What food are infants and toddlers eating? *Journal of the American Dietetic Association, 104*(1), 22-30.

Gisel, E. G. (1998). Chewing cycles in 2 to 8 year old normal children: A Development profile. *The American Journal of Occupational Therapy, 42*(1), 40-46.

Kenny, D. J., Koheil, R. M., Greenberg, J., Reid, D., Milner, M., Moran, E., & Judd, P. L. (1989). Development of a Multidisciplinary feeding profile for children who are dependent feeders. *Dysphagia, 4*, 16-28.

MacNeilage, P. F. (1998). The frame/content theory of evolution of speech prodution. *Behavioral and Brain Sciences, 21*(4), 499-511.

Morris, S. E. (1982). *Pre-speech assessment scale: A rating scale for the measurement of pre-speech behaviors from birth through two years*. Clifton, NJ: J. A. Preston.

Morris, S. E., & Klein, M. D. (2000). *Pre-feeding skills; A comprehensive resource for mealtime development*. Texas: Therapy Skill Builders.

Palmer, S. (1975). Applied behavior analysis in the treatment of childhood feeding problems. *Dev. Med. Child Neurol, 17*, 333-339.

Rademaker, A. W., Vonesh, E. F., Longmann, J. A., Pauloski, B. R., Liu, D., Lazarus, C. L., Newman, L. A., May, A. H., MacCracken, E., & Gaziano, J. (2003). Eating ability in head and neck cancer patients after treatment with chemoradiation: A 12-month follow-up study accounting for dropout. *Head & neck, 25*(12), 1041-1043.

Reilly, S., Skuse, D., Mathisen, B., & Wolke, D. (1995). The objective rating of oral-motor functions during feeding. *Dysphgia, 10*, 177-191.

Steeve, R. W., Moore, C. A., Green, J. R., Reilly, K. J., & McMurtery, J. R. (2008). Babbling, chewing and sucking: oromandibular coordination at 9 months. *Journal Speech Lang Hear Res, 51*(6), 1309-1404.

Yoshihiro, K. (1995). 윤병완 역(1997). **섭식기능의 장애**. 대구: 요한바오로2세어린이집.

제9장

박경옥(2012). **특수교사 직무연수 교재**. 강원: 강원도교원연수원.

한국우진학교(2003). **중도 · 중복장애학생을 위한 학교 교육과정**. 서울: 한국우진학교.

한국우진학교(2011). **학교교육계획서**. 서울: 한국우진학교.

한국지체부자유아교육학회 (2001). 뇌성마비아의 일상생활 동작의 이론과 실제. **동계학술대회자료집**. 대구: 한국지체부자유아교육학회.

Baliy, D., & Mark, W. (1992). 이소현 역(2009). **장애영유아를 위한 교육**. 서울: 이화여자대학교출판부.

Bak, J. J., & Siperstein, G. N. (1987). Similarity as a factor effecting change in children's attitudes toward mentally retarded peers. *American Journal of Mental Deficiency, 91*, 524-531.

Baker, B. L., & Brightman, A. J. (2005). *Steps to Independence-Teaching Everyday Skills to Children with Special Needs.* Baltimore: Paul H. Brookes.

Brown, F., & Cohen, S. (1996). Self-determination and young children. *Journal of the Association for persons with Severe Handicaps, 12*, 117-124.

Snell, M. E., & Brown, F. (2006). 박은혜, 한경근(2008). **중도장애학생의 교육**(6판). 서울: 시그마프레스.

Snell, M. E., & Janney, R. E. (2005). *Practice for inclusive schools: Collaborative teaching* (2nd ed.). Baltimore: Paul H. Brookes.

Orelove, F. P., Sobsey, D., & Silberman, R. K. (2004). 곽승철, 박재국, 오세철, 정진자, 정해동, 조홍중, 한경임, 홍재영 역(2010). **중도 · 중복장애학생교육-협력적 접근-**. 경기: 교육과학사.

제10장

교육부(2000). **특수학교 치료교육활동 교사용 지도서**. 대구: 대구대학교1종도서편찬위원회

구본권(2007). **지체장애아동교육: 치료교육 접근**. 서울: 시그마프레스.

구본권, 신현숙, 여문환, 최세민(2002). **자폐아동치료교육**. 서울: 도서출판범한.

김영미(2009). 감각통합장애 유아 조기 선별척도 개발 및 감각통합 기능 특성. 부산대학교 대학원 박사학위논문.

민군식, 곽준기, 박희찬, 송은범, 이명흔, 임경애, 정창곤(2003). **뇌성마비아의 이해와 지도**. 서울: 도서출판 특수교육.

박은혜, 이영선, 이명희(2010). 중도 · 중복장애 학생의 특수교육 지원체계에 대한 요구조사. **중복 · 지체부자유연구, 53**(4), 31-58.

박화문, 김영한, 김창평, 김하경, 박미화, 사은경, 장희대(2012). **건강장애아동 교육**. 서울: 학지사.

양경희(2000). 감각통합치료에 대한 이론적 고찰. **경복논총, 4**, 618-636.

이규식, 강수균, 국미경, 변찬석, 석동일, 이상복, 전헌선(2000). **특수아 치료교육 원론**. 대구: 대구대학교출판부.

정재권, 오명화(2007). **뇌성마비아 작업치료의 이해와 실제**. 서울: 시그마프레스.

채수경, 김향지 (2006). 발달장애 아동의 놀이치료에서 감각통합의 치료적 의미에 관한 고찰. **놀이치료연구, 10**(2), 23-35.

Axline, V. M. (1964). 주정일, 이원영 역(2002). **딥스**. 서울: (주)샘터사.

Ayres, A. J. (1989). *Sensory Integration and Praxis Tests*. Los Angeles, Western psychological services.

Ayres, A. J. (2005). 김경미, 김정미, 노종수, 박수현, 유은영, 장문영, 최은희, 최정실 역(2006). **감각통합과 아동**. 서울: 군자출판사.

Bundy, A. C., & Murray, E. A. (2002). Sensory integration: A. J. Ayres' theory revisited. In A. C. Bundy., & S. J. Lane., & E. A. Murray., & A. Elizabeth (Eds.), *Sensory integration theory and practice* (2nd ed.). Philadelphia: F. A. Davis.

Ermer, J., & Dunn, W. (1998). The sensory profile: A discriminant analysis of children with and without disabilities. *American Journal of Occupational Therapy, 52,* 283-290.

Fisher, A. G., Murray, E. A., & Bundy, A. C. (1991). *Sensory integration theory and practice*. Philadelphia, F.A. Davis Company.

Geralis, E., Anderson, S., Blacklin, J. S., Burke, R., Cowan, N. S., DeGangi, G., Foltz, L. C., Gersh, E. S., Jarrett, M. H., Lewis, D., Moore, R. J., Kaplan, J. E., Ritter, T., & Smith, F. (1998). 김세주, 성인영, 박승희, 정한영 역(2008). **뇌성마비 아동의 이해**(2판). 서울: 시그마프레스.

Heller, K. W., Forney, P. E., Alberto, P. A., Best, S. J., & Schwartzman, M. N. (2009). 박은혜, 강혜경, 이명희, 김정연, 표윤희, 임장현, 김경양 역(2012). **지체, 건강 및 중복장애 학생에 대한 이해**. 서울: 학지사.

Iyer, M. B., & Pedretti, L. W. (2001). Evaluation of sensation and treatment of sensory dysfunction. In L. W. Pedretti., & M. B. Early (Eds.), *Occupational therapy: Practice skills for physical dysfunction* (5th ed.). St. Louis, Mosby.

Koomar, J. A., & Bundy, A. C. (1991). The art and science of creating direct intervention from theory. In A. G. Fisher., E. A. Murray., & A. C. Bundy (Eds.), *Sensory integration: Theory and practice*. Philadelphia, PA: F. A. Davis.

Lane, S. J. (1994). Review of learning disabilities and the vestibular system. In J. Daems (Ed.), *Reviews of research in sensory integration*. Torrance, CA: Sensory Integration International.

Murray, E. A., & Anzalone, M. E. (1991). Integration sensory integration theory and practice with other intervention approaches. In A. G. Fisher., E. A. Murry., & A. C. Bundy (Eds.), *Sensory integration: Theory and practice*. Philadelphia, PA: F. A. Davis.

Orelove, F. P., Sobsey, D., & Silberman, R. K. (2004). 곽승철, 박재국, 오세철, 정진자, 정해동, 조홍중, 한경임, 홍재영 역(2010). **중도 · 중복장애학생교육-협력적 접근-**. 서울: 교육과학사.

Ottenbacher, K. (1991). Research in sensory integration: Empirical perceptions and progress. In A. G. Fisher., E. A. Murray., & A. C. Bundy (Eds.), *Sensory integration: Theory and practice* (pp. 387-399). Philadelphia, PA: F. A. Davis.

Watling, R. L., Deitz, J., & White, O. (2001). comparison of Sensory profile scores of young children with and without autism spectrum disorder. *American Journal of Occupational Therapy, 55*(4), 416-423.

昇地(1976). 雷聲痲痺兒の 治療教育. 東京: ネルブ書房.

有川眞弓, 繁田雅弘, 山田孝(2006). わが國の感覺統合療法效果研究の現狀-文獻のシステマテイックレビュー. 日保學誌, 9(3), 170-177.

제11장

구본권(2007). **지체장애아동교육: 치료교육 접근**. 서울: 시그마프레스.

국립특수교육원(2002). **미국의 특수교육**. 특수교육 전문요원 양성과정 특별연수보고서. 경기: 국립특수교육원.

김용욱(2005). **장애학생을 위한 특수교육공학의 활용**. 경기: 집문당.

오도영(2008). 한국의 보조공학 서비스 활성화 방안 연구. 대구대학교 대학원 박사학위논문.

장지영(2011). 보조공학기기 사용이 장애인의 삶의 질에 미치는 영향. 대구대학교 대학원 석사학위논문.

한경진(2005). 보조공학 소개수업이 장애학생에 대한 일반학생의 태도에 미치는 영향. 단국대학교 대학원 석사학위논문.

Assistive Technology Act of 2004 (2005). Assistive Technology Act Programs. State Assistive Technology Act Programs. http://www.ataporg.org.

Beard, L. A., Carpenter, L. B., & Johnston, L. B. (2007). 노석준, 나경은 역(2011). **통합교육을 위한 보조공학**. 서울: 동문사.

Cook, A. M., & Hussey, S. M. (2002). *Assistive Technologies: Principles and Practice* (2nd ed.). Saint Louis, MO: Mosby.

Day, J. N., & Huefner, D. S. (2003). AssistiveTechnology: Legalissues for students with disabilities and their schools. *Journal of Special Education Technology, 18*(2), 23-24.

Hjaelpemiddel-institutte. (2007). Provision of Assistive Technology in the Nordic Countries. http://www.hmi.dk.

Oregon Vision Working Group, Oregon Department of Education, Office of Special Education, Oregon School for the Blind. (February 2002). Providing Assistive Technology for Students with Vision Impairments. Retrieved July 23, 2004. http://www.ode.state.or.us.

Schwank, T. D., & Smith, R. O. (2005). Assistive Technology outcome in work settings. *Work, 24*, 195-204.

Sullivan, M., & Lewis, M. (2000). Assistive technology for the very young: Creating responsive environments. *Infants and Young Children, 12*(4), 34-52.

http://www.act.or.kr

http://www.atech.or.kr

http://www.atrac.or.kr

http://datc.daegu.ac.kr

http://www.jatc.co.kr

http://www.ntd.or.kr

http://www.rehabtech.or.kr

http://www.seoulats.or.kr

제12장

경기도교육청(2000). 경기도 재택 · 순회교육-천사 찾아 움직이는 교실. **2000 특수교육 장학자료**. 경기: 경기도교육청.

교육과학기술부(2007). **장애인 등에 대한 특수교육법**.

교육과학기술부(2012). **2012 특수교육통계**.

국립특수교육원(2011). **2011 특수교육백서**. 충남: 국립특수교육원.

김병하(1999). **특수교육교사론**. 대구: 대구대학교출판부.

김정권(1997). **완전통합교육과 학교교육의 재구조화**. 서울: 도서출판 특수교육.

김하경(2005). **중도 · 중복장애 학생의 순회교육의 실제**. 직무연수자료.

류춘수(1997). 재택 · 순회학급 운영 개선 및 확대 방안. **현장특수교육, 제4권** 3호.

박은혜(2006). 건강장애에 대해서. 아이소리 장애아동과 테크놀로지. www.isori.net.
박화문, 전헌선, 김영한, 김정희, 김창평, 김하경, 도성화, 민강기, 박순길, 박정식, 조홍중, 주현숙, 한경임(2011). 지체부자유아교육. 대구: 대구대학교출판부.
백은희, 김상진, 이석진(1994). 중복장애아동교육. 서울: 양서원
서화자, 박순길, 박현옥, 조정연(2009). 특수아동의 이해. 서울: 학지사
이규식, 강수균, 전헌선(1999). 재택 · 순회교육의. 대구: 대구대학교출판부.
전헌선(1998). 특수교육대상자 재택 · 순회교육 프로그램 개발. 재활복지, 2권 1호.
전헌선(2000). 재택 · 순회교육의 동향과 교수-학습방법의 모색. 2000학년도 경기도 재택 · 순회교육. 경기: 경기도교육청.
전헌선(2001). 한국 재택 · 순회교육의 현상과 과제. 한국특수아동학회 학술대회논문집.
전헌선(2002a). 재택 · 순회교육 지원체제의 한일 비교 연구. 중복 · 지체부자유아교육, 40, 59-84.
전헌선(2002b). 한 · 일 재택 · 순회교육의 지원체제 개선 방안. 경상남도교육청 연수자료.
정대영(1997). 순회교육의 운영 방향. 현장특수교육, 4권 3호, 8-29. 경기: 국립특수교육원.
정동영, 정대영, 이효자, 이유훈, 이해균, 박희찬(1996). 특수교육 지원교사 및 순회교사제 운영방안. 경기: 국립특수교육원.
정동일(2002). 한국의 재택 · 순회 특수교육의 실태 및 개선방안. 중복지체부자유아교육, 39, 95-126.
정재권, 정진자, 정대영(1995). 중도 · 중복장애 학생 지도의 실제. 경기: 국립특수교육원.
조영훈(2001). 재택 · 순회교육 교사의 자질과 역할 연구. 대구대학교 특수교육대학원 석사학위논문.
충북청주교육지원청(2012). 2012 특수교육대상 순회교육 운영계획.

Elilis, J, R., & Mathews, G. J. (1982). Professional role performance difficulties of first year itinerant specialists. Northern Illinois University: Education Resources Information Center.
Hallahan, D. P., & Kauffman, J. M. (1991). *Exceptional Children*. New Jersey: Englewood Cliffs.
P.L. 94-142(1975). Education for All Handicapped Children Act.

玉村, 박재국(2001). 訪問教育 · 巡廻教育의 歴史 · 現状 · 課題-일본한국방문교육의 순회교육 비교. 한일학술대회 자료집. 한국특수아동학회.

제13장

교육과학기술부(2009). **특수학교 교육과정 해설(I)**, 47-48.

교육과학기술부(2010a). **장애학생 진로 · 직업교육내실화 방안.**

교육과학기술부(2010b). **특수교육 연차보고서.**

국립특수교육원(2005). **특수학교(급) 고등부 졸업생의 진로실태 및 진로 지원체제 구축방안.** 서울: 문덕인쇄.

국립특수교육원(2009). **특수교육학 용어사전.** 서울: 도서출판하우.

김기홍(2004). 지체부자유학교의 직업교육 실태 및 개선방안. **특수교육연구**, 11(2), 401-424.

김삼섭(2002). 중도 · 중복장애아동의 교육의 방향. **특수교육 정책포럼**(pp. 3-13). 경기: 국립특수교육원.

남상석(2010). 발달장애학생의 삶의 질을 향상을 위한 보편적 설계 및 전환 서비스 실제, **제 17회 국제 세미나 자료집.** 충남: 국립특수교육원.

박승희(1995). 장애학생 직업교육의 질적 제고를 위한 개혁 방향성 정립. **교과교육연구**, 4, 79-97.

박승희(1997). 중도장애학생을 위한 교육과정의 최선의 실제. 特殊敎育論叢, 14(2), 1-28.

박경옥(2011). 중도 · 중복장애학생을 위한 학교교육과정 운영의 어려움과 운영 방향에 대한 교사 인식. **특수교육연구**, 18(2), 259-282,

박경옥, 박은송, 박희찬(2010). 최중도 지체장애학생의 진로교육에 대한 학부모 인식. 重複 · 肢體不自由兒敎育, 53(4), 167-189.

박미라(2006). 비디오 자기모델링 활용이 자폐장애아동의 자립생활능력에 미치는 영향. 대구대학교 대학원 석사학위논문.

박석돈(1992). 산학협동중심의 장애아 직업진로교육에 관한 고찰. **직업재활연구**, 2, 59-84.

박선아(2011). 성인지적장애인의 자립생활능력 평가척도 개발에 관한 연구: 신체적 · 정신적 자립생활능력을 중심으로. 한남대학교 대학원 박사학위논문.

박수경(2006). 자립생활 패러다임에 따른 장애인의 사회통합에 관한 연구: 생애주기를 중심으로. **한국사회복지학**, 58(1), 237-264.

박은송(2010). 중도 지체장애학생의 교육과정 개발을 위한 생태학적 목록의 영역화 및 우선순위. 重複 · 肢體不自由兒敎育, 53(2), 23-41.

박은송(2011). 중도장애학생의 졸업 후 지역사회 전환에 따른 진로 · 직업실태 및 교육효과 분석. 重複 · 肢體不自由研究, 54(2), 159-180.

박은송, 박경옥(2011). 성공적인 지역사회로의 전환을 위한 중도 · 중복장애학생의 진로 · 직업교육 방향성 탐색. 중복 · 지체부자유연구, 54(2), 211-234.

박은송, 박경옥, 박희찬(2011). 최중도 지체장애학생의 진로 · 직업교육에 대한 특수교사들의 인식. 重複 · 肢體不自由研究, 54(1), 165-184.

박희찬(2005). 중도 · 중복장애학생의 전환교육의 실제. 직무연수 자료집, 16, 143-163.

변용찬(2004). 한국의 장애인복지정책과 자립생활. 장애와 사회, 5, 32-49.

교육과학기술부, 서울특별시교육청(2010). 2009 개정 교육과정 적용을 위한 중학교 진로교육 매뉴얼. 삼영D.P.

서정희(1997). 생활중심 진로교육 프로그램이 정신지체아의 일상생활기능에 미치는 효과. 우석대학교 교육대학원 석사학위논문.

심석순, 남정휘, 임수경(2009). 장애인 자립생활센터 평가도구개발과 활용방안에 관한 연구. 재활복지, 13(3), 271-295.

오혜경(1999). 장애인의 자립생화 실천에 관한 연구. 사회복지리뷰, 3(1), 39-63.

윤순이(2009). 지체장애인의 자립생활에 영향을 미치는 요인. 백석대학교 대학원 미간행 박사학위논문.

윤재영(2009). 개념도를 활용한 장애인 자립생활센터의 서비스 구성. 재활복지, 13(1), 41-60.

이달엽, 이성일, 김윤봉(2004) 정신지체인 지역사회적응기술 평가척도 연구. 특수교육저널: 이론과 실천, 5(1), 127-156.

이효성, 김언아, 김선규(2008). 중증장애인 직업영역 개발 사업 동향분석-1994~2007년 한국장애인고용촉진공단 사례를 중심으로-. 重複 · 肢體不自由兒教育, 51(2), 47-72.

장애인 등에 대한 특수교육법 시행령(2008). 대통령령 제20790호(신규제정 2008. 05. 26.).

정동일(2010). 지체장애 학생을 위한 교과지도의 이해와 실제. 2010학년도 서울지체장애교육연구회 하계 직무연수 자료집, 2-23.

조윤경(2003). 중도장애학생의 성인기로의 성공적인 전환을 위한 계획과 실행 과정 및 과제. 직업재활연구, 13(1), 235-260.

조한신, 전정식(2007). 자립생활센터의 중증장애인의 고용과 고용지원 서비스 실태. 장애와 고용, 7(1), 193-217.

한경임(2004). 초등 1급 정교사 자격 연수과정. 경기: 국립특수교육원.

한국장애인고용공단(2010). 장애인 구인 · 구직 및 취업 동향(2010년 1/4분기).

한국장애인자립생활센터총연합회(2008). IL MAP 장애인자립생활센터운영매뉴얼.

한진수(2004). 중증장애인의 자립생활에 관한 질적 연구. 성공회대학교 대학원 석사학위논문.

Brimer, R. W. (1990). 김삼섭 역(1996). 중증장애인의 교육과 재활. 서울: 이화여자대학교출판부.

Brisenden, S. (1986). Independent Living and the Medical Model of Disability. *Disability & Society, 1*(2), 173-178.

Browder, M. D. (2004). Educating students with severe disabilities: Enhancing the conversation between research and practice. *The Journal of Special Education, 31*(1), 137-145.

Brown, D. S. (1988). Twelve middle school teachers' planning. *Elementary School Journal, 8*(1).

Brown, L., Branston, M., B., Hamre-Nietupski, S., Pumpian, I., Certo, N., & Gruenewald, L. (1979). A strategy for developing chronological age appropriate and functional curricular content for severely handicapped adolescents and young adults. *Journal of Special Education, 13*, 81-90.

Brown, L., Branston-McClean, M. B., Baumgart, D., Vincent, L., Falvey, M., & Schroeder, J. (1979). Using the characteristics of current and subsequent least restrictive environments in the development of curricular content and severly handicapped students. *AAESPH Review, 4*(4), 407-424.

Brown, L., Falvey, M., Vincent, L., Kaye, N., Johnson, F., Ferrara-Parrish, P., & Gruenewald, L. (1980). Strategies for generating comprehensive, longitudinal, and chronological-age-appropriate individualized education programs for adolescents and young-adult severly handicapped students. *Journal of Special Education, 14*(2), 199-215.

Brown, L., Pumpian,m I., Baumbgart, D., Vendeeventer, P., Ford, A., & Nisbet, J (1981). Longitudinal transition plans in programs for severely handicapped students. *Exceptional children, 47*, 624-630.

Cole, J. A. (1979) What's new about independent living. *Arch Phys Med Rehabil 60*: 458-462.

Collins, B. C. (2007). 이정은, 강경숙, 김미선 역(2009). **중도장애**. 서울: 학지사.

DeJong, G. (2001). *Environmental Accessibility and Independent Living- Directions for Disability Policy and Research*. University Center for International Rehabilitation, Michigan State University.

Downing, J. E., & Peckham-Hardin, K. (2007). Rural Special Education Quarterly. *Morgantown, 26*(2), 10-16.

Hamre-Nietupski, S., Nietupski, J., & Strathe, M. (1992). Functional life skills, academic skills, and friend/social relationship development: What do parents of students with moderate/severe/profound disabilities value? *Journal of the Association for Persons with Severe Handicaps, 17*, 53-58.

Orelove, F. P. (1987). *Educating children with multiple disabilities a trans disciplinary approach*. Baltimore Maryland: Paul H. Brookes Publishing.

Repetto, J. B., & Correa, V. I. (1996). Expanding views on trasition. *Exceptional children, 62*, 551-563.

TASH (2011. 9. 10.).

Wehmeyer, M. (1995). A career education approach: Self-determination for youth with mild cognitive disabilities. *Intervention in school and clinic, 30*, 57-163.

White, D. A., & Dodder, R. A. (2000). The relationship of adaptive and maladaptive behaviour to social outcomes for individuals with developmental disabilities. *Disability & Society, 15*(6), 897-908.

Wilcox, B., & Bellamy, G. T. (1987). *The Activities Catalog: An Alternative Curriculum for Youth and Adults with Severe Disabilities*. Baltimore: Paul H. Brookes Publishing.

제14장

국립특수교육원(2009). **특수교육지원센터 운영자료**. 충남: 국립특수교육원.

김지연(2006). 장애아 형제자매 유무에 따른 초등학생의 자아개념과 스트레스의 관계. 이화여자대학교 대학원 석사학위논문.

노진아, 홍은숙, 이미숙, 박현주, 정길순, 김정민, 강미애, 이나래(2011). **장애영유아 가족지원**. 서울: 학지사.

박원희, 장진섭, 하미경(2003). **발달장애아 평가의 이론과 실제**. 서울: 도서출판 양지.

박재국, 강대옥, 김영미(2011). **유아교육기관중심 통합교육**. 경기: 서현사.

여광응, 박대용, 이점조, 추연구(2003). **특수아동 부모교육의 이론과 실제**. 서울: 양서원.

유안진, 김연진(2003). **부모교육의 이론과 실제**. 서울: 동문사.

유효순, 지성애(2004). **부모교육**. 서울: 정민사.

이병인(2004). **장애아동 가족 지원의 이해**. 서울: 단국대학교출판부.

이소현(2003). **유아특수교육**. 서울: 학지사.

정옥분(2011). **아동발달의 이해**(19쇄). 서울: 학지사.

정옥분, 정순화(2008). **부모교육**. 서울: 학지사.

최민숙(2009). 장애아동 교육을 위한 가족참여와 지원(2판). 서울: 학지사.

Hawley, D., & DeHaan, L. (1996). Toward a definition of family resilience: Integrating life-span and family perspectives. *Family Process, 35*(2), 283-298.

Polk, L. V. (1997). Toward a middle-range theory of resilience. *Advances in Nursing Science, 19*(3), 1-13.

Sattler, J., & Hoge, R. D. (2006). *Assessment of Children: Behavioral, Social, and Clinical Foundations* (5th ed.). San Diego, CA: Sattler Publishing Company.

Snell, M. E., & Brown, F. (2006). 박은혜, 한경근 역(2008). 중도장애학생의 교육(6판). 서울: 시그마프레스.

Turnbull, A. P., & Turnbull, H. R. (2001). *Families, professionals, and exceptionality: A special partnership*. Columbus, OH: Merrill.

Walsh, F. (1998). 양옥경, 김미옥, 최명민 역(2002). 가족과 레질리언스. 서울: 나남출판.

찾아보기

저자 소개

한경근

미국 University of Illinois at Urbana-Champaign 중증장애 전공(철학박사)

현재 단국대학교 특수교육과 교수

박순길

대구대학교 대학원 특수교육학과 중복 · 지체부자유아교육 전공(문학박사)

현재 남부대학교 초등특수교육과 교수

박경옥

단국대학교 대학원 특수교육과 중복지체장애아교육 전공(교육학박사)

현재 대구대학교 초등특수교육과 교수

김영미

부산대학교 대학원 특수교육학과 지체장애 전공(특수교육학박사)

현재 광주여자대학교 초등특수교육과 교수

김혜리

일본 히로시마대학교 교육학 연구과 장애아교육과 중도 · 중복장애아교육 전공(교육학박사)

현재 중부대학교 중등특수교육과 교수

중도 · 중복장애학생 교육

2013년 2월 28일 1판 1쇄 발행
2019년 2월 19일 1판 5쇄 발행

지은이 • 한경근 · 박순길 · 박경옥 · 김영미 · 김혜리

펴낸이 • 김 진 환
펴낸곳 • (주) 학지사
04031 서울특별시 마포구 양화로 15길 20 마인드월드빌딩 5층
대표전화 • 02) 330-5114 팩스 • 02) 324-2345
등록번호 • 제313-2006-000265호
홈페이지 • http://www.hakjisa.co.kr
페이스북 • https://www.facebook.com/hakjisabook

ISBN 978-89-997-0039-2 93370

정가 19,000원